OPIc 학습지

실전 전략편

1

OPIc 기본 이론 및
목표 레벨 공략 가이드

시원스쿨
OPIc 학습지
실전 전략편

초판 1쇄 발행 2022년 9월 23일

지은이 강지완·시원스쿨어학연구소
펴낸곳 (주)에스제이더블유인터내셔널
펴낸이 양홍걸 이시원

홈페이지 www.siwonschool.com
주소 서울시 영등포구 국회대로74길 12 남중빌딩 시원스쿨
교재 구입 문의 02)2014-8151
고객센터 02)6409-0878

ISBN 979-11-6150-629-6 13740
Number 1-110606-18180400-06

If you want to see a miracle, be the miracle.

필자는 오픽(OPIc) 주관사인 삼성 멀티캠퍼스(前 크레듀)의 어학연구소장으로 오픽 시험의 국내 도입 업무를 맡아 국내 도입과 개발, 운영 업무를 총괄한 경험이 있습니다. 이제 오픽 시험은 대한민국에서 채용과 인사에 가장 중요한 영어 말하기 시험이 되었습니다.

오픽 시험을 도입한 국내 유일의 오픽 전문가라는 타이틀에 걸맞은 **시원스쿨 오픽학습지 실전 전략편**을 여러분께 소개할 수 있게 되어 기쁩니다. 이 교재는 오픽 시험에서 어떤 문제가 나와도 답변할 수 있는 만능 답변과 최신 기출 트렌드를 완벽 반영한 모의고사 20회 분을 통해 목표 등급에 맞게 필요한 만큼만 준비할 수 있도록 기획한 실전 전략 학습지입니다.

오픽 국내 도입 및 시험 개발 과정에 참여한 경험, 지속적인 시험 응시를 통해 기출 트렌드 파악하여 오픽 현장 강의 노하우를 고스란히 녹여 **시원스쿨 오픽학습지 실전 전략편**에 모두 담았습니다.

필자가 운영하는 유튜브 오픽TV 채널에서 200만 뷰에 달하는 컨텐츠를 통해 해외 체류 경험이 없는 수험자들이 AL 등급을 획득하고, 한 달이내 IL 등급에서 IH 등급으로, IM1 등급에서 AL 등급으로 목표하는 오픽 등급을 획득할 수 있게 만들었던 노하우를 독자 여러분들에게 모두 공개합니다. 안 되는 것이 아니라 지금까지는 그 방법을 몰랐던 것뿐입니다. 이제 이 교재가 여러분의 새로운 도전과 커다란 도약의 발판이 되기를 기원합니다.

특별히 미국 현지에서 양질의 답변이 나올 수 있게 도와준 Charlie Oh, Jane Oh, 힘들 때마다 무조건적인 믿음과 지원을 보여준 가족, 그리고 좋은 교재를 만들기 위해 모든 노력을 다해주신 시원스쿨어학연구소의 홍지영 팀장님과 문나라 대리님에게 감사합니다.

강지완 드림

1

OPIc 기본 이론 및 목표 레벨 공략 가이드

학습 목표

⊘ OPIc 평가 기준과 등급 체계에 대해 이해할 수 있다.

⊘ 내 목표 레벨 획득을 위한 학습 포인트를 익힐 수 있다.

⊘ Background Survey와 Self-Assessment에서 나에게 유리한 선택 항목을 고를 수 있다.

목차

학습 플랜

2주 완성

Day 1	Day 2	Day 3	Day 4	Day 5	Day 6	Day 7
1. OPIc 이론 및 전략	2. 기본주제 자기소개, 거주	3. 선택주제 관람, 음악	3. 선택주제 운동, 여행	4. 돌발주제 재활용 ~음식점	4. 돌발주제 날씨 ~휴일/명절	5. 롤플레이 만능 템플릿 ~호텔
Day 8	**Day 9**	**Day 10**	**Day 11**	**Day 12**	**Day 13**	**Day 14**
5. 롤플레이 국내 여행 ~공원 가기	6. IH+ 실전 모의고사 AT1~3	6. IH+ 실전 모의고사 AT4~7	6. IH+ 실전 모의고사 AT8~10	7. AL 실전 모의고사 AT11~13	7. AL 실전 모의고사 AT14~17	7. AL 실전 모의고사 AT18~20

4주 완성

Day 1	Day 2	Day 3	Day 4	Day 5	Day 6	Day 7
1. OPIc 이론 및 전략	2. 기본주제 자기소개, 거주	3. 선택주제 관람, 음악	3. 선택주제 운동, 여행	3. 선택주제 복습	4. 돌발주제 재활용~친구	4. 돌발주제 재활용~친구
Day 8	**Day 9**	**Day 10**	**Day 11**	**Day 12**	**Day 13**	**Day 14**
4. 돌발주제 날씨 ~지구 온난화	4. 돌발주제 교통수단 ~휴일/명절	4. 돌발주제 복습	5. 롤플레이 쇼핑 ~영화 보기	5. 롤플레이 호텔~걷기	5. 롤플레이 집안일~공원 가기	6. IH+실전 모의고사 복습
Day 15	**Day 16**	**Day 17**	**Day 18**	**Day 19**	**Day 20**	**Day 21**
6. IH+ 실전 모의고사 AT1~2	6. IH+ 실전 모의고사 AT3~4	6. IH+ 실전 모의고사 AT5~6	6. IH+ 실전 모의고사 AT7~8	6. IH+ 실전 모의고사 AT9~10	6. IH+ 실전 모의고사 복습	6. IH+ 실전 모의고사 복습
Day 22	**Day 23**	**Day 24**	**Day 25**	**Day 26**	**Day 27**	**Day 28**
7. AL 실전 모의고사 AT11~12	7. AL 실전 모의고사 AT13~14	7. AL 실전 모의고사 AT15~16	7. AL 실전 모의고사 AT17~18	7. AL 실전 모의고사 AT19~20	7. AL 실전 모의고사 복습	7. AL 실전 모의고사 복습

정복 로드맵

① OPIc 기본 이론 및 목표 레벨 공략 가이드

OPIc 시험에 대한 기본 정보와 목표 레벨에 최적화된 학습 전략으로 본격적인 학습 전 기본기를 탄탄하게 다질 수 있습니다. 특히 본인에게 유리한 Background Survey와 Self-Assessment 선택 요령을 학습하고 3콤보 유형에 대해 학습하여 OPIc 시험에 대한 전반적인 이해가 가능합니다.

② 기본 주제 만능 답변

OPIc 시험에서 반드시 출제되는 기본 주제로 자기소개, 거주지, 집안 활동에 관한 문제를 집중적으로 학습합니다.

③ 선택 주제 만능 답변

사전 설문에서 수험자가 선택한 설문 항목을 바탕으로 나올 수 있는 문제를 비슷한 특징을 가진 주제로 묶어 전략적으로 학습합니다. 설문 항목을 선택하는 요령은 물론 이에 따른 필수 표현, 문장, 답변을 함께 학습할 수 있습니다.

4 돌발 주제 만능 답변

사전 설문에서 선택하지 않았으나 무작위로 출제되는 문제를 빈출 주제별로 학습합니다. 출제 확률이 높은 문제만을 선정하여 어떤 문제가 나와도 당황하지 않을 수 있는 만능 답변을 제시합니다.

5 롤플레이 만능 답변

질문하기, 문제 해결하기, 관련 경험 말하기로 이루어진 롤플레이 문제는 IH/AL 레벨을 결정 짓는 중요한 문제 유형입니다. 롤플레이 만능 템플릿을 활용해 전략적으로 답변할 수 있는 방법을 제시합니다.

6 IH+ / AL 목표 실전 모의고사
7

앞서 학습한 전략과 만능 답변을 토대로 실전 문제에 적용해 풀어봅니다. 권장 답변 시간이 적용된 실전 모의고사 영상을 통해 실전 감각을 키우고 본인만의 아이디어를 도입부-본론-마무리 순으로 직접 작성해봅니다. 또한, 저자 총평 및 꿀팁을 통해 시험 전 총정리를 할 수 있습니다.

OPIc 기본 정보

한 눈에 보는 OPIc (Oral Proficiency Interview-computer)

1:1 — 1:1 인터뷰 형식
iBT 기반의 응시자 친화형
외국어 말하기 평가

20 — 오리엔테이션 약 20분
Background Survey를 통해
시험 범위 간소화

40 — 시험 시간 40분
답변 제한 시간 없음

15 — 총 15개의 문항
선택형 주제 2세트
공통형 주제 2세트
롤플레이 1세트

5 — 5개의 주제
자기 소개와 함께 주제별
총 5세트 출제

3 — 한 주제에 3 콤보
하나의 주제에 3개의 문제가
연이어 출제

 다양한 성적 등급
Novice Low 등급부터
Advanced Low 등급까지 나뉨
Intermediate Mid 등급은 3단계로
세분화하여 제공(IM1 < IM2 < IM3)

7 — 다양한 언어
영어, 중국어, 러시아어, 스페인어,
한국어, 일본어, 베트남어

 개인 맞춤형 문제 출제
Background Survey를 통한
문제 출제

 총괄적 평가 방식
문제당 개별 점수 없음

OPIc이란?

OPIc은 1:1로 사람과 사람이 인터뷰하는 듯한 말하기 시험으로서, 최대한 실제와 가깝게 만든 인터넷 기반(iBT)의 수험자 친화형 외국어 말하기 평가입니다. 단순히 문법이나 단어 등을 얼마나 많이 알고 있는가를 측정하는 것이 아니라, 실제 생활에서 얼마나 효과적이고 또 적절하게 해당 언어를 사용할 수 있는가를 측정하는 객관적인 언어 평가 도구입니다.

우리나라에서는 2007년에 최초 시행되어 현재 약 1,700여 개 기업과 기관에서 채용 및 인사고과 등에 활발하게 활용하고 있습니다. 영어에서부터 중국어, 일본어, 스페인어, 러시아서, 한국어, 베트남어에 이르기까지 총 7개 언어에 대한 평가를 제공합니다.

평가 언어	7개 언어 (영어, 중국어, 일본어, 스페인어, 러시아어, 한국어, 베트남어)
시험 시간	60분(Orientation 20분 + 본 시험 40분) - 문항 청취 시간 제외 약 30~35분 간 답변 녹음
문항 수	12~15문항
시험 특징	• 개인 맞춤형 평가 • 실제 인터뷰와 흡사하여 수험자의 긴장 완화 • 문항별 성취도 측정이 아닌 종합적 평가 • 회화 능숙도 평가 • 신속한 성적 처리
문항 유형	• Background Survey를 통한 개인 맞춤형 문제 출제 • 직업, 여가 생활, 취미, 관심사, 스포츠, 여행 등에 대한 주제
평가 등급	Novice Low 등급부터 Advanced Low 등급까지 있으며, 특히 Intermediate Mid 등급을 세분화하여 제공 (IM1 < IM2 < IM3)
평가 영역	• 과제 수행 / 기능 (Global Tasks / Functions) • 문맥 / 내용 (Context / Content) • 정확도 / 의사전달 능력 (Accuracy / Comprehensibility) • 문장 구성 능력 (Text Type)
시험 규정 (25일 규정)	OPIc, OPIc Writing, OPIc L&R에 응시한 모든 수험자는 최근 응시일로부터 25일 경과 후의 시험에 응시 가능한 제도 단, 각각의 시험에는 한 언어당 1회에 한하여 25일 이내의 시험에 응시할 수 있는 Waiver 제도가 제공되므로 OPIc 공식 홈페이지의 '25일 규정 계산기'를 활용해 확인 하는 것을 추천

평가 목적과 평가 영역

❶ OPIc의 평가 목적은 아래와 같습니다.

- 수험자가 외국어를 활용해 어떤 일을 할 수 있는지 측정하는 것
- 실생활의 목적들과 연관하여 언어 기술을 사용할 수 있을지 측정하는 것

수험자가 얼마나 오랫동안 외국어를 학습했는지, 언제, 어디에서, 어떤 이유로 어떻게 습득하였는지 보다는 수험자의 본질적인 언어 활용 능력을 측정하는 데에 초점이 맞춰져 있다는 것을 알 수 있습니다.

❷ 상세한 평가 영역은 총 4가지이고 아래와 같습니다.

과제 수행/기능 Global Tasks/Functions 특정 과제를 수행하기 위한 언어 능력 측정	문맥/내용 Context/Content 과제 수행을 하기 위해 사용하는 언어 문맥 및 내용의 범위	정확도/의사전달 능력 Accuracy/ Comprehensibility 답변의 보편적 이해도, 정확성, 수용성 측정 - Grammar/Vocabulary, Fluency/Pronunciation, Pragmatic Competency, Sociolinguistic Competency	문장 구성 능력 Text Type 답변의 길이와 구성 능력 (단위: 단어, 구, 문장, 접합된 문장들, 문단)

우리가 흔히 알고 있는 문법(Grammar), 어휘(Vocabulary), 발음(Pronunciation) 등의 요소는 위 평가영역 중 하나의 영역에 포함된 요소에 불과한데, **OPIc은 총체적이고 다면적인 언어 수행 능력을 평가하는 시험**이라는 것을 보여줍니다.

평가 방식

OPIc은 절대평가 방식으로 진행됩니다. 수험자가 녹음한 답변은 시험 주관인 ACTFL 공인 평가자(OPIc Rater)에게 전달되며, 평가자는 ***ACTFL의 말하기 기준**(Proficiency Guidelines Speaking: Revised 2012)에 따라 수험자에게 등급을 부여합니다.

> ***ACTFL의 말하기 기준(Proficiency Guidelines Speaking: Revised 2012)이란?**
>
> 말하기 능숙도(Oral Proficiency)에 대한 ACTFL의 공식 언어능력 기준으로, 일상생활에서 해당 언어를 얼마나 효과적이고 적절하게 구사할 수 있는가를 측정하는 ACTFL의 40년 이상의 노하우가 집약된 공신력 있는 가이드라인입니다.

등급 체계

OPIc 등급은 총 7개로 구분되고 IM(Intermediate Mid) 등급은 IM1, IM2, IM3 로 세분화됩니다. 기업/기관 채용 시 지원하는 부서와 직무에 따라 개인별로 상이하지만 보통 이공계는 IM 등급, 인문계는 IH 등급이 요구됩니다.

NL Novice Low	NM Novice Mid	NH Novice High	IL Intermediate Low	IM Intermediate Mid	IH Intermediate High	AL Advanced Low

취업/승진 시 일반적으로
가장 많이 요구되는 등급

레벨		등급별 요약설명
AL	Advanced Low	생각, 경험을 유창히 표현하는 수준, 일괄적인 시제 관리, 묘사 및 설명에 다양한 형용사를 사용, 적절한 접속사/연결어 사용으로 문장 간의 결속력이 높고 문단의 구조를 능숙히 구성한다. 익숙하지 않은 복잡한 상황에서도 문제를 설명, 해결할 수 있다.
IH	Intermediate High	문법적으로 크게 오류가 없는 문단 단위의 언어를 구사하고 기본적인 토론과 업무 관련 의사소통이 가능하다. 익숙하지 않거나 예측하지 못한 복잡한 상황을 만날 때, 대부분의 상황에서 사건을 설명하고 문제를 효과적으로 해결 가능하다. 발화량이 많고 다양한 어휘를 사용한다.
IM	Intermediate Mid IM1 IM2 IM3	문법적 오류를 범하나 문장 단위의 언어를 구사하고 깊은 토론 외의 의사소통이 가능하다. 일상적인 소재 및 익숙한 상황을 문장으로 표현할 수 있다. 다양한 문장 형식이나 어휘를 실험적으로 사용하려고 하며 상대방이 조금만 배려해 주면 오랜 시간 대화가 가능하다. ※ IM등급은 Fluency, Delivery, Production을 기준으로 IM-1(하), IM-2(중), IM-3(상)으로 세분화 되어 제공됩니다.
IL	Intermediate Low	일상적인 소재에 한해서 짧은 문장으로 구성하며 말할 수 있다. 대화에 참여하고 선호하는 소재에서는 자신감을 가지고 말할 수 있다.
NH	Novice High	단어나 어구를 통한 의사소통이 가능하며, 일상적이고 간단한 대화가 가능하다. 일상적인 소재에 대해 복합적인 단어 혹은 문장으로 말할 수 있다.
NM	Novice Mid	이미 암기한 단어나 문장으로 말하기를 할 수 있다.
NL	Novice Low	제한적인 수준이지만 영어 단어를 나열하며 말할 수 있다.

시험 진행 순서

오리엔테이션 (20분)

오리엔테이션은 본격적인 시험 시작 전 진행됩니다. 이 때, 시험에 있어 가장 중요한 사전 설문조사(Background Survey)와 문제 난이도 맞춤을 위한 자가 평가(Self-Assessment)가 진행됩니다.

❶ 사전 설문조사 (Background Survey)

먼저, 평가 문항을 위한 사전 설문을 진행합니다.

❷ 자가 평가 (Self-Assessment)

시험의 난이도 결정을 위한 자가 평가가 진행 됩니다.

❸ 사전 점검 (Pre-Test Setup)

질문 청취 및 답변 녹음 기능을 사전 점검합니다.

❹ 샘플 문제 답변 (Sample Question)

화면구성, 청취 및 답변 방법 등 전반적인 시험 진행 방법이 안내됩니다.

본 시험 (40분)

❶ 1st Session

사전 설문조사 결과와 자가 평가에서 선택한 난
이도를 바탕으로 약 7개의 문제가 주어집니다.

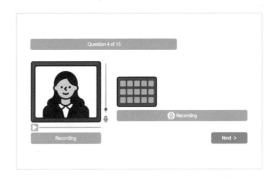

❷ 난이도 재조정

시험의 난이도를 다시 설정할 수 있는 2차 난이
도 설정입니다. 쉬운 질문/비슷한 질문/어려운
질문 중 선택하면 됩니다.

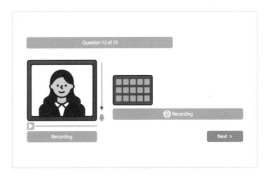

❸ 2nd Session

난이도 재조정 결과를 적용한 나머지 인터뷰 질문들
(약 7개)이 출제됩니다.

Background Survey

사전 설문조사에서는 수험자에게 12개의 질문을 통해 신원 및 주거 상황, 취미 및 기타 활동에 대한 정보를 선택하게 합니다. 여기서 수험자가 선택한 내용을 바탕으로 시험 문제가 출제됩니다.

1. 현재 귀하는 어느 분야에 종사하고 계십니까?

☐ 사업/회사 ☐ 재택근무/재택사업 ☐ 교사/교육자 ☐ 군 복무 ☐ 일 경험 없음

1.1. 현재 귀하는 직업이 있으십니까?

☐ 네 ☐ 아니오

1.1.1. 귀하의 근무 기간은 얼마나 되십니까?

☐ 첫 직장-2개월 미만 ☐ 첫 직장-2개월 이상 ☐ 첫 직장 아님-경험 많음

1.1.1.1. 당신은 부하 직원을 관리하는 관리직을 맡고 있습니까?

☐ 네 ☐ 아니오

문항 1에서 교사/교육자로 답변했을 경우

1.1. 당신은 어디에서 학생을 가르치십니까?

☐ 대학 이상 ☐ 초등/중/고등학교 ☐ 평생교육

1.1.1. 귀하의 근무 기간은 얼마나 되십니까?

☐ 2개월 미만-첫 직장
☐ 2개월 미만-교직은 처음이지만 이전에 다른 직업을 가진 적이 있음
☐ 2개월 이상

2. 현재 귀하는 학생이십니까?

☐ 네 ☐ 아니오

2.1. 현재 어떤 강의를 듣고 있습니까?

☐ 학위 과정 수업 ☐ 전문 기술 향상을 위한 평생 학습 ☐ 어학 수업

2.2. 최근 어떤 강의를 수강했습니까?

☐ 학위 과정 수업
☐ 전문 기술 향상을 위한 평생 학습
☐ 어학 수업
☐ 수업 등록 후 5년 이상 지남

3. 현재 귀하는 어디에 살고 계십니까?
- ☐ 개인 주택이나 아파트에 홀로 거주
- ☐ 친구나 룸메이트와 함께 주택이나 아파트에 거주
- ☐ 가족(배우자/자녀/기타 가족 일원)과 함께 주택이나 아파트에 거주
- ☐ 학교 기숙사
- ☐ 군대 막사

아래의 4~7번 문항에서 12개 이상을 선택해 주시기 바랍니다.

4. 귀하는 여가 활동으로 주로 무엇을 하십니까? (두 개 이상 선택)

☐ 영화 보기	☐ 클럽/나이트 클럽 가기	☐ 술집/바에 가기
☐ 박물관 가기	☐ 공원 가기	☐ 당구 치기
☐ 스포츠 관람	☐ 주거 개선	☐ 시험대비 과정 수강하기
☐ 게임하기	☐ 친구들에게 문자 대화하기	☐ 뉴스 보거나 듣기
☐ SNS에 글 올리기	☐ 리얼리티쇼 시청하기	☐ 쇼핑하기
☐ TV 보기	☐ 스파/마사지샵 가기	☐ 구직활동 하기
☐ 요리 관련 프로그램 시청하기	☐ 공연 보기	☐ 콘서트 보기
☐ 차로 드라이브하기	☐ 캠핑하기	☐ 해변 가기
☐ 카페/커피 전문점 가기	☐ 체스하기	☐ 자원 봉사하기

5. 귀하의 취미나 관심사는 무엇입니까? (한 개 이상 선택)

☐ 아이에게 책 읽어주기	☐ 음악 감상하기	☐ 악기 연주하기
☐ 글쓰기(편지, 단문, 시 등)	☐ 그림 그리기	☐ 요리하기
☐ 독서	☐ 주식 투자하기	☐ 신문 읽기
☐ 사진 촬영하기	☐ 혼자 노래 부르거나 합창하기	☐ 춤추기
☐ 애완 동물 기르기	☐ 여행 관련 잡지나 블로그 읽기	

6. 귀하는 주로 어떤 운동을 즐기십니까? (한 개 이상 선택)

☐ 농구	☐ 야구/소프트볼	☐ 축구
☐ 미식 축구	☐ 하키	☐ 크리켓
☐ 골프	☐ 배구	☐ 테니스
☐ 배드민턴	☐ 탁구	☐ 수영
☐ 자전거	☐ 스키/스노보드	☐ 아이스 스케이트
☐ 조깅	☐ 걷기	☐ 요가
☐ 하이킹/트레킹	☐ 낚시	☐ 헬스
☐ 태권도	☐ 운동 수업 수강하기	☐ 운동을 전혀 하지 않음

7. 당신은 어떤 휴가나 출장을 다녀온 경험이 있습니까? (한 개 이상 선택)

☐ 국내 출장	☐ 해외 출장	☐ 집에서 보내는 휴가
☐ 국내 여행	☐ 해외 여행	

강지완 쌤이 추천하는 사전 설문조사 선택 항목

1. 현재 귀하는 어느 분야에 종사하고 계십니까?
☐ 사업/회사   ☐ 재택근무/재택사업   ☐ 교사/교육자   ☐ 군 복무   ✔ 일 경험 없음

1.1. 현재 귀하는 직업이 있으십니까?
☐ 네   ✔ 아니오

> 신분과 관련된 1~2번 항목에서는 일 경험 없음-학생 아님을 선택하여 직장/신분 관련 문제를 피하는 것이 전략!

1.1.1. 귀하의 근무 기간은 얼마나 되십니까?
☐ 첫 직장-2개월 미만   ☐ 첫 직장-2개월 이상   ✔ 첫 직장 아님-경험 많음

1.1.1.1. 당신은 부하 직원을 관리하는 관리직을 맡고 있습니까?
☐ 네   ✔ 아니오

문항 1에서 교사/교육자로 답변했을 경우

1.1. 당신은 어디에서 학생을 가르치십니까?
☐ 대학 이상   ☐ 초등/중/고등학교   ☐ 평생교육

1.1.1. 귀하의 근무 기간은 얼마나 되십니까?
☐ 2개월 미만-첫 직장
☐ 2개월 미만-교직은 처음이지만 이전에 다른 직업을 가진 적이 있음
☐ 2개월 이상

2. 현재 귀하는 학생이십니까?
☐ 네   ✔ 아니오

2.1. 현재 어떤 강의를 듣고 있습니까?
☐ 학위 과정 수업   ☐ 전문 기술 향상을 위한 평생 학습   ✔ 어학 수업

2.2. 최근 어떤 강의를 수강했습니까?
☐ 학위 과정 수업
☐ 전문 기술 향상을 위한 평생 학습
☐ 어학 수업
✔ 수업 등록 후 5년 이상 지남

3. 현재 귀하는 어디에 살고 계십니까?

- ✔ 개인 주택이나 아파트에 홀로 거주
- ☐ 친구나 룸메이트와 함께 주택이나 아파트에 거주
- ☐ 가족(배우자/자녀/기타 가족 일원)과 함께 주택이나 아파트에 거주
- ☐ 학교 기숙사
- ☐ 군대 막사

거주 관련 선택 사항인 3번 항목에서는 가족이나 룸메이트 문제를 피하기 위해 개인으로 혼자 거주를 선택하세요!

아래의 4~7번 문항에서 12개 이상을 선택해 주시기 바랍니다.

4. 귀하는 여가 활동으로 주로 무엇을 하십니까? (두 개 이상 선택)

- ✔ 영화 보기
- ☐ 박물관 가기
- ☐ 스포츠 관람
- ☐ 게임하기
- ☐ SNS에 글 올리기
- ☐ TV보기
- ☐ 요리 관련 프로그램 시청하기
- ☐ 차로 드라이브하기
- ☐ 카페/커피 전문점 가기

- ☐ 클럽/나이트 클럽 가기
- ☐ 공원 가기
- ☐ 주거 개선
- ☐ 친구들에게 문자 대화하기
- ☐ 리얼리티쇼 시청하기
- ☐ 스파/마사지샵 가기
- ✔ 공연 보기
- ☐ 캠핑하기
- ☐ 체스하기

- ☐ 술집/바에 가기
- ☐ 당구 치기
- ☐ 시험대비 과정 수강하기
- ☐ 뉴스 보거나 듣기
- ☐ 쇼핑하기
- ☐ 구직활동 하기
- ✔ 콘서트 보기
- ☐ 해변 가기
- ☐ 자원 봉사하기

4번 항목에서는 관람과 관련된 비슷한 여가 활동들만 선택하세요! 훨씬 더 적게 공부하고 더 높은 효과를 거둘 수 있어요.

5. 귀하의 취미나 관심사는 무엇입니까? (한 개 이상 선택)

- ☐ 아이에게 책 읽어주기
- ☐ 글쓰기(편지, 단문, 시 등)
- ☐ 독서
- ☐ 사진 촬영하기
- ☐ 애완 동물 기르기

- ✔ 음악 감상하기
- ☐ 그림 그리기
- ☐ 주식 투자하기
- ☐ 혼자 노래 부르거나 합창하기
- ☐ 여행 관련 잡지나 블로그 읽기

- ☐ 신문 읽기
- ☐ 춤추기

5번 항목에서 '음악 감상하기' 하나만 선택하는 것을 추천해요. 하나만 선택해서 더욱 높은 출제 가능성을 확보하기 위함입니다.

6. 귀하는 주로 어떤 운동을 즐기십니까? (한 개 이상 선택)

- ☐ 농구
- ☐ 미식 축구
- ☐ 골프
- ☐ 배드민턴
- ✔ 자전거
- ✔ 조깅
- ✔ 하이킹/트레킹
- ☐ 태권도

- ☐ 야구/소프트볼
- ☐ 하키
- ☐ 배구
- ☐ 탁구
- ☐ 스키/스노보드
- ✔ 걷기
- ☐ 낚시
- ☐ 운동 수업 수강하기

- ☐ 축구
- ☐ 크리켓
- ☐ 테니스
- ✔ 수영
- ☐ 아이스 스케이트
- ☐ 요가
- ☐ 헬스
- ✔ 운동을 전혀 하지 않음

6번 즐기는 운동에서는 유산소 운동 관련 항목들과 '운동을 전혀 하지 않음'을 골라 주세요.

7. 당신은 어떤 휴가나 출장을 다녀온 경험이 있습니까? (한 개 이상 선택)

- ☐ 국내 출장
- ✔ 국내 여행

- ☐ 해외 출장
- ✔ 해외 여행

- ☐ 집에서 보내는 휴가

7번 휴가/출장 항목에서는 여행 관련 항목만 선택하면 유사한 여행지 하나로 장소만 바꾸어 설명할 수 있으니 일석이조입니다.

Self-Assessment

현재 자신의 영어 말하기 실력을 선택하는 자가 평가인데, 총 6개의 단계가 있습니다. 영어에 자신이 있다고 높은 단계를 선택하면 어려운 문제가 나와서 힘들 수 있고, 너무 낮은 단계를 선택하면 문제는 쉬운 반면 등급을 받는 데는 불리합니다. 보통 시험 화면에는 아래와 같이 노출되는데, 선택 전략은 아래 설명을 참고하시면 됩니다.

1단계	◁》 샘플 답변 듣기	나는 10단어 이하의 단어로 말할 수 있습니다.

2단계	◁》 샘플 답변 듣기	나는 일반적인 사물, 색깔 요일, 음식, 의류, 숫자 등에 대해 말할 수 있습니다. 항상 완벽한 문장을 구사하지 못하며, 간단한 질문도 하기 어렵습니다.

3단계	◁》 샘플 답변 듣기	나는 나 자신, 직장, 친한 사람과 장소, 일상에 대한 기본적인 정보를 간단한 문장으로 전달할 수 있으며, 간단한 질문을 할 수 있습니다.

4단계	◁》 샘플 답변 듣기	나는 나 자신, 일상, 일/학교와 취미에 대해 간단한 대화를 할 수 있습니다. 나는 친근한 주제와 일상에 대해 쉽게 간단한 문장들을 만들 수 있습니다. 나는 또한 내가 원하는 질문도 할 수 있습니다.

5단계	◁》 샘플 답변 듣기	나는 친숙한 화제와 집, 직장/학교, 개인적이거나 사회적인 관심사에 대해 대화할 수 있습니다. 나는 일어난 일, 일어나고 있는 일, 일어날 일에 대해 연결된 문장을 말할 수 있고, 질문을 받을 경우 이를 설명할 수 있습니다. 일상 생활에서 예기치 않은 복잡한 상황이 발생하더라도 임기응변으로 대처하여 말할 수 있습니다.

6단계	◁》 샘플 답변 듣기	나는 직장/학교, 개인적 관심사나 시사 문제에 대한 어떤 대화나 토론도 자신 있게 할 수 있습니다. 높은 수준의 정확성과 다양한 어휘가 요구되는 대부분의 화제에 대해 충분한 길이나 내용으로 자세히 설명할 수 있습니다.

강지완쌤이 추천하는 자가 평가 선택 항목

IM 목표: 3단계, IH 목표: 4단계

3, 4단계는 문장 단위로 말할 수 있으며, 질문도 할 수 있는 수준입니다. 일반적으로 영어 말하기나 듣기에 자신이 없다면 3단계를, 어느 정도 자신이 있다면 4단계를 선택하시기를 권합니다. 3단계 이상만 선택하면 만점 등급인 Advanced Low까지 받을 수 있으므로 자가 평가에 너무 신경 쓰지 않도록 합니다.

AL 목표: 5단계

5단계는 높은 등급(IH이상)을 목표로 하는 수험자에게 추천하지만 문제 자체의 난이도가 높으며 자신이 선택한 주제를 바탕으로 하는 문제가 줄어드는 단점이 있습니다. 시험 도중 7번과 8번 사이에 난이도 재설정이 가능한데, 이때 난이도를 내리거나 올리지 않는 것이 좋습니다.

시험 문제 구성 한 눈에 보기

| 1
(30초 이상/10문장 이상) | | | ➡ | 자기소개 |

2	3	4	➡	주제 1
5	6	7	➡	주제 2
8	9	10	➡	주제 3
11	12	13	➡	주제 4
14	15		➡	주제 5

현재	과거	경험	롤플레이
일상/루틴, 실내외 장소 묘사	시작하거나 좋아하게 된 계기, 과거 현재 변화, 최근 활동	관련 주제에 대한 나의 경험, 기억에 남는 경험	질문하기, 문제 해결하기

OPIc 학습 전략

목표 등급별 특징과 차이점

ACTFL 채점 기준에 따르면 각 등급은 발화량, 시제 관리, 돌발 문제 답변, 문법, 네 가지 항목에 의해 채점되고 아래와 같은 특징을 가집니다. 본인이 목표하는 등급의 채점 기준별 특징을 알아보고 평가 항목에 맞춰 학습 계획을 세우고 연습하는 것이 중요합니다.

	Intermediate Mid	Intermediate High	Advanced Low
발화량	문장 단위	문단 단위	문단 단위
시제 관리	현재 시제	현재 시제+과거 시제	현재 시제+과거 시제
돌발 문제 답변	제한된 답변	제한된 답변	능숙한 답변
문법	기본적인 실수	간헐적인 실수	거의 정확한 사용

❶ 발화량

- 문장 단위마다 머뭇거리거나 말을 하지 않는 끊김(pause)가 발생하는 경우 IM로 간주된다.
- 두 문장 이상을 이어서 말하는 능력이 있으면 IH이상으로 성적이 향상된다.
- 지속적으로 문단 단위로 이야기할 수 있으면 AL을 획득한다.

❷ 시제 관리

- 각 주제별 문항의 첫 문항을 현재 시제로 출제되는데 이를 통과할 경우 IM이상이 확보된다.
- 콤보의 두 번째, 세 번째 문항에서 과거 시제를 활용할 수 있는지를 측정하고, 통과하는 경우 IH이상을 확보한다.
- 현재 시제나 과거 시제 뿐만 아니라 현재완료나 가정법과 같이 다양한 시제를 사용해 상황을 설명하고 시제 관리에 능숙하면 AL을 획득한다.

❸ 돌발 문제 답변

- 선택 주제는 Intermediate 등급(IL-IH) 이상인지를 평가하는 문제로 답변 여부를 측정한다. 답변을 할 수 있는 경우 IM 확보, 제한된 답변을 하는 경우 IL이하를 받게 된다.
- 돌발 문제를 출제하여 수험자가 예상치 못한 문제에 대해 답변을 할 수 있는 경우 IH이상을 획득하게 된다.
- 지속적으로 돌발 주제에 능숙하게 대처하여 답변하면 AL을 확보한다.

❹ 문법

- 기본적인 수 일치, 명사의 단/복수 등의 실수가 발생하면 IM등급을 최대치로 점수가 제한된다.
- 전반적인 문법 활용도가 높더라도 간헐적인 실수가 발생하면 IH등급을 받는다.
- 기본적인 문법의 실수가 거의 발생하지 않으면 AL을 획득한다.

IH/AL 목표 핵심 전략

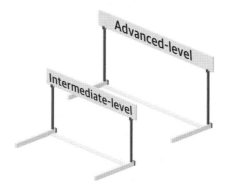

오픽 시험 문제는 수험자의 성적을 세분화하기 위해 Intermediate 등급과 Advanced 등급 두 가지 난이도로 구분되고 수험자가 얼마나 많은 문제에 능숙하게 답변하는지에 따라 등급이 결정됩니다. 마치 두 개의 장애물을 넘는 경기로 생각하면 이해가 쉽습니다. 첫 번째 장애물(Intermediate-level questions)을 통과하면 IM이상을 확보하고 두 번째 장애물(Advanced-level questions)을 통과하면 IH이상을 확보할 수 있습니다. 두 장애물에 모두 통과하면 AL을 확보하고, 일부 실수가 발생하면 IH를 주는 경기라고 생각하면 됩니다.

문제 유형별 특징

	Intermediate-level questions	Advanced-level questions
주제	선택 주제	돌발 주제
시제	현재 시제	과거 시제
평가 내용	묘사, 활동	비교/변화/대조, 사회이슈/트렌드
평가 항목	문장 완성력	문장 구조(복문 활용)
문항 번호	2, 5, 8, 11 난이도 3~4, 14, 15	3, 4, 6, 7, 9, 10, 난이도 5이상 14, 15

주요 등급별 채점 기준

등급	채점 기준(통과 여부)
IM	Intermediate-level questions 통과 선택 주제의 현재 시제 문제에 능숙하게 답변
IH	Intermediate-level questions 통과 Advanced-level questions 일부 실패 선택 주제, 돌발 주제, 롤플레이 대부분의 문제에 능숙하게 답변
AL	Intermediate-level questions 통과 Advanced-level questions 모두 통과 선택 주제, 돌발 주제, 롤플레이 모든 문제에 능숙하게 답변

3-combo 전략

오픽 시험에서는 한 가지 주제가 나오면, 그 주제에 관한 문제 3개가 연속적으로 출제되는 경향이 있습니다. 이를 '콤보 세트'라고 부릅니다. 어떤 시험이든 문제를 개발할 때에 일정한 원리가 있는데, 그 원리를 이용하면 준비해야 하는 대략적인 답안을 미리 추측하여 대비할 수 있습니다. 콤보 세트의 첫 번째 문항, 두 번째 문항, 세 번째 문항은 각각 현재 시제, 과거 시제, 경험 관련 문제입니다.

3 콤보 세트

❶ 현재	❷ 과거	❸ 경험
현재 시제를 사용한 문제를 첫 번째로 출제	과거 시제를 사용한 문제를 두 번째 문제로 출제	경험에 대해 묻는 문제를 세 번째로 출제

- 일반적인 루틴이나 일상
- 실내외 장소 묘사

- 특정 활동을 시작하게 되거나 좋아하게 된 계기
- 특정 활동에 대한 자신의 성향 변화
- 최근 했던 활동

- 관련 주제에 대한 나의 경험
- 기억에 남는 경험

콤보 세트 미리보기

쇼핑 콤보	**①** 현재 (루틴/일상 관련)	A lot of people like shopping. Where do you go shopping? How often do you go shopping? What do you usually buy when you go shopping? 많은 사람들이 쇼핑을 좋아합니다. 쇼핑을 하러 어디로 가나요? 쇼핑은 얼마나 자주 가나요? 쇼핑을 하러 가면 주로 어떤 물건을 구매하시나요?
	② 과거 (활동을 시작/ 좋아하게 된 계기)	Tell me about your early shopping memories and how you came to enjoy it so much. 어렸을 때 쇼핑을 한 기억과 어떻게 쇼핑을 좋아하게 되었는지에 대해 말씀해주세요.
	③ 경험 (관련 주제에 대한 나의 경험)	Tell me about a real experience you had with an item you bought that didn't function correctly or was damaged. 구매한 물건이 제대로 작동하지 않았거나 파손되었던 실제 경험을 말해주세요.

여행 콤보	**①** 현재 (루틴/일상 관련)	You have indicated in your survey that you like traveling in your country. Tell me some of the places you like to visit. Why are these places special to you? 당신은 설문조사에서 국내 여행을 좋아한다고 했습니다. 방문하기 좋아하는 장소에 대해 말해주세요. 그 장소들이 당신에게 왜 특별한가요?
	② 과거 (최근 했던 활동)	When was the most recent trip you took? Before traveling, what did you prepare for your trip? 가장 최근 여행은 언제인가요? 여행 전 어떤 준비를 하셨나요?
	③ 경험 (관련 주제에 대한 나의 경험)	You may have experienced some problems during your trip. What happened? How did you handle the problem? Tell me about the situation in detail. 여행 중에 어떤 어려움을 겪은 경험이 있을 수도 있을 텐데요. 어떤 일이 있었나요? 어떻게 그 문제를 해결했나요? 그 상황에 대해 자세히 말해주세요.

IH 필승 전략

IH 등급은 Intermediate-level 문항을 성공적으로 답변하였다는 전제 하에 IH/AL 등급을 가려냅니다.
이 때, 돌발 주제와 시제 활용, 문제 해결하기 롤플레이 문제에 얼마나 지속적으로 능숙하게 답변했는지를 중점적으로 평가합니다.

1			➡ 자기소개
2	3	4	➡ 주제 1
5	6	7	➡ 주제 2
8	9	10	➡ 주제 3
11	12	13	➡ 주제 4
14	15		➡ 주제 5

■ 시제 활용 문제　　■ 롤플레이 문제

❶ 다양한 시제를 활용할 수 있음을 보여줘라

Intermediate-level 문제는 현재 시제에 대해 묻는 문제가 대부분입니다. IH 이상을 목표로 한다면 단순 현재나 과거 시제 뿐만 아니라 미래 시제, 현재 완료 시제 등 다양한 시제를 활용해 답변하는 것이 좋습니다. 한 주제의 두 번째, 세 번째 콤보인 3, 4, 6, 7, 9, 10번 자리에 주로 등장하는 특징을 가지고 있습니다.

❷ 12번 문제 해결 롤플레이에 완벽하게 대비하라

롤플레이는 오픽 시험의 주요 특징 중 하나로 하나의 역할극으로 생각하면 됩니다. 이 때, 12번 문제에서 주어진 상황을 설명하고 대안을 제시하는 문제 대처 능력을 채점합니다. 따라서 고득점을 획득하기 위해서는 문제 상황에 활용할 수 있는 일반적인 대응책을 미리 준비해두는 것이 중요합니다.

❸ 돌발 주제 만능 문장을 준비하라

사전 설문조사에서 수험자가 선택하지 않았지만 출제되는 문제입니다. 그렇기 때문에 수험자의 임기응변 능력이 요구되고 이에 따라 최고 등급이 가려집니다. 날이 갈수록 주제가 다양해지기 때문에 유형별로 정리하는 것이 중요합니다. 예를 들어, 은행, 병원, 어학원, 호텔 등의 주제를 장소 묘사 유형으로 묶어 관련된 문제들에 대한 답변으로 활용할 수 있도록 준비합니다.

AL 필승 전략

AL 등급은 Intermediate-level은 물론 Advanced-level 문항까지 모두 성공적으로 답변했을 때 주어지는 등급입니다. 앞선 IH 필승 전략에 더하여, 비교, 변화, 대조, 이슈 문제에 대한 임기응변 능력을 평가합니다. 개인이나 사회 관련된 주제나 전문적인 주제에 대해 본인의 의견을 이야기할 수 있어야 합니다.

■ 시제 활용 문제　　■ 롤플레이 문제　　■ 비교/변화/대조/이슈

❶ 돌발 주제 만능 문장을 준비하라

사전 설문조사에서 수험자가 선택하지 않았지만 출제되는 문제입니다. 그렇기 때문에 수험자의 임기응변 능력이 요구되고 이에 따라 최고 등급이 가려집니다. 날이 갈수록 주제가 다양해지기 때문에 유형별로 정리하는 것이 중요합니다. 예를 들어, 은행, 병원, 어학원, 호텔 등의 주제를 장소 묘사 유형으로 묶어 관련된 문제들에 대한 답변으로 활용할 수 있도록 준비합니다.

❷ 14번, 15번 비교, 변화, 대조, 이슈 문제에 대비하라

다섯 번째 주제로 주어지는 14번, 15번 문제에 등장하는 문제로 개인이나 사회 관련 주제에 대해 비교하거나 변화를 설명하고 최근 사회 이슈에 대한 본인의 의견을 제시해야 합니다.

기출 문제 예시

Q14 작곡가나 음악 장르 비교

Compare two different composers or types of music. Explain both of them in as much detail as possible. What are their similarities and differences?

Q15 최신 음악 관련 기기에 대한 의견 제시

Describe new high-tech electronic gadgets or devices that people who enjoy music are currently interested in. Why do they like to buy some of the new products they are interested in, and why?

OPIc FAQ

❶ 1번 자기소개 문제에 대한 답변은 채점되지 않는다고 하던데 진짜인가요?

오픽 시험에서 **자기소개 문제는 채점하지 않습니다.** 따라서 자기소개를 넘겨도 불이익은 발생하지 않습니다. 다만 **워밍업의 용도로 활용**하거나 채점자에게 본인에 대한 소개를 통해 유리한 인상을 심어줄 수 있습니다. 하지만 선택 문제, 돌발 문제, 롤플레이 문제에 대해서 문항에 답변하지 않으면 불이익이 발생하니 유의하세요.

❷ 자가 평가에서 낮은 단계를 고르면 고득점을 받을 수 없다고 하던데 IM/IH 목표라면 몇 단계를 선택해야 하나요?

난이도 1, 2단계를 선택하면 12문항의 적은 문항수가 주어지고 문장으로 답변하지 않아도 되는 문제가 포함되어 있어서 IM이하의 성적이 나올 확률이 높습니다. **IM/IH를 목표한다면 3, 4단계 선택을 추천합니다.** 다만 AL 목표가 있으신 분들은 5단계를 고를 것을 추천합니다. AL단계로 가려지기 위한 비교/대조/변화 문제 3개가 나오기 때문에 고득점으로의 평가에 있어 AL획득에 유리하기 때문입니다. 난이도를 지나치게 높이면 고난도 문제로 인해 목표 등급 획득에 방해가 될 수 있으니 유의하세요.

❸ 응시일로부터 25일 이후에 다음 시험 응시가 가능하다고 하던데 맞나요?

오픽 시험 규정 상 응시일로부터 25일 경과 후 시험 응시가 가능합니다. 하지만 waiver 제도를 통해 **25일 이내에 시험을 재응시할 수 있으며 150일 단위로 부여됩니다.** 2013년 3월부터 평생 횟수 제한 없이 waiver를 사용할 수 있고 최근 waiver를 사용한 응시일로부터 150일 경과 후 시험부터 다시 waiver 활용이 가능합니다. 오픽 공식 홈페이지 '25일 규정 계산기'를 사용하면 보다 빠르고 편리하게 본인의 시험 응시 가능 날짜를 확인할 수 있습니다.

❹ 외운 티가 나면 NH 등급이 나오는 경우도 있다고 하던데 정말인가요?

외운 티가 나느냐 아니냐는 매우 중요한 부분입니다. 외운 답안으로 간주되는 경우 감점이 됩니다. 그리고 일부 부정 답안으로 간주되는 답변을 하는 경우 페널티 개념으로 NH등급을 줍니다. 특히, 경험 관련 답변에 대해 이를 엄격하게 적용하고 있는데, 기억에 남는 경험은 교재에 있는 답변을 그대로 사용하기보다는 **자신의 경험을 조금이라도 반드시 가미**하여 연습하고, **녹음을 통해 자연스럽게 만들 필요**가 있습니다.

❺ 시험 당일 챙겨가야 할 준비물이나 시험장 선택 팁이 있을까요?

먼저, 신분증을 반드시 챙겨가야 합니다. 신분증을 지참하지 않은 경우 시험에 응시할 수 없기 때문입니다. **주민등록증, 운전면허증, 여권** 등 ACTFL TEST 신분증 관리규정에 해당하는 신분증들 중 하나를 챙겨가면 됩니다. 이 때, **학생증이나 사원증은 규정 신분증으로 인정되지 않는다는 점** 유의하세요. 그리고 시험장 선택 시에는 멀티캠퍼스와 제휴를 맺은 시험장 보다는 **멀티캠퍼스에서 직접 운영하는 직영 시험센터를 추천** 합니다.

❻ 저는 돌발 문제만 나오면 당황해서 아무 말도 못하겠어요. 어떻게 대비해야 하나요?

돌발 주제는 말 그대로 사전 설문에서 수험자가 선택하지 않았지만 출제되는 문제입니다. 매우 방대한 범위를 가지고 있는 주제이기 때문에 선택과 집중이 중요합니다. 즉, 기출 문제로 자주 출제되었던 주제들 위주로 먼저 공부하는 것이 핵심입니다. 또한 시험장에서 생각치 못한 돌발 주제가 등장하더라도 주제와 연관된 이야기로 최대한 풀어 나가는 것을 추천 드립니다.

❼ 질문을 다시 듣기(리플레이)하면 성적이 나빠지나요?

리플레이 버튼은 질문이 나오고 5초 동안만 버튼이 생성되고 다시 사라집니다. 리플레이 버튼을 만든 취지는 주변 소음 등의 변수가 발생해서 문제를 못 이해하였을 때 생길 수 있는 채점 오류를 막기 위해 생겨난 기능입니다. 감점이 없으므로 적극 이용해서 시험 응시하는 시간에 생각할 시간을 확보하는 전략으로 활용하면 좋습니다. 리플레이 하는 질문의 시간 및 리플레이를 결정하는 5초가 확보되므로 한 문제 당 대략적으로 30초에 해당하는 추가시간을 확보할 수 있습니다.

❽ 오픽 시험은 얼마나 자주 있나요?

오픽 시험은 **거의 매일** 여러 차례 시험이 있습니다. 다만 **시험 응시하고자 하는 날보다 이틀 전까지는 신청을 해야 하기 때문에 이 점에 유의**하세요. 한 번 시험을 보면 25일 이내에 응시가 금지됩니다. 단 첫 응시이거나 6개월 이내에 시험을 붙여 본 경우가 아니면 예외적으로 25일 규정에 적용되지 않고 25일 이내에 시험을 바로 연이어 볼 수 있습니다.

❾ 오픽 시험은 얼마나 준비해야 하나요?

준비 기간은 자신이 이루고자 하는 **목표에 따라 다릅니다.** 또한 현재 영어 실력 수준과도 관련이 있습니다. 예를 들어 성적을 10일까지 제출해야 하는 급한 경우는 성적 발표 7일과 시험 응시 지원 2일을 포함한 기간을 고려하여 늦어도 해당 월 1일에는 시험 지원을 하셔야 합니다. 시험 신청일이 정해지면 지금부터 그 시험 당일까지를 시험 준비 기간으로 보고 학습을 해야 합니다. 비교적 시험 성적이 급하지 않은 경우는 4주 정도 준비하면 시험에 익숙해지기 위한 충분한 시간이 됩니다.

❿ 저는 암기력이 좋지 않은데요. 책에 있는 답안을 전부 외워야 하는 건가요?

책에 있는 답안을 전부 외울 필요는 없습니다. 수험자 여러분이 하고 싶은 말에 도움을 받는 정도면 됩니다. 언어에서 완전히 새로운 말은 없습니다. 내가 하고자 하는 표현이나 내용이 있는 경우는 다른 사람의 말이나 의견을 자신의 것처럼 이야기 해도 좋습니다. 완전한 암기를 하려는 경우는 더 어색하게 느껴지는 영어가 될 수 있으므로 **내가 할 수 있는 말의 수준보다 살짝 살을 보태는 것처럼 학습**하시면 좋습니다.

시원스쿨 LAB

OPIc
학습지

실전 전략편

2

기본 주제
만능 답변

시원스쿨
OPIc 학습지
실전 전략편

초판 1쇄 발행 2022년 9월 23일

지은이 강지완 · 시원스쿨어학연구소
펴낸곳 (주)에스제이더블유인터내셔널
펴낸이 양홍걸 이시원

홈페이지 www.siwonschool.com
주소 서울시 영등포구 국회대로74길 12 남중빌딩 시원스쿨
교재 구입 문의 02)2014-8151
고객센터 02)6409-0878

ISBN 979-11-6150-629-6 13740
Number 1-110606-18180400-06

기본 주제
만능 답변

학습 목표

⊘ 자기소개 답변틀을 학습하여 나의 답변으로 말할 수 있다.

⊘ 주거와 관련된 3 콤보 유형을 익힐 수 있다.

⊘ 집의 내부와 외부, 이웃, 동네를 묘사하고 관련 경험을 이야기할 수 있다.

목차

1 | 자기소개

자기소개는 몸풀기로 가볍게!

자기소개 문제는 1번 문제로 반드시 출제됩니다. 자기소개는 사전 설문에 기반하여 답변할 필요가 없음을 반드시 알아두세요. 이름과 나이 등의 기본 정보로 시작해서, 신분, 거주지, 성격, 취미나 관심사 순으로 이어가면 가장 일반적인 자기소개를 할 수 있습니다. 또한 마무리를 지을 수 있는 문장을 기억해두면 할 말이 생각나지 않는 상황에서 보다 유연하게 대처할 수 있습니다.

도입부	Let me briefly introduce myself. 간단히 제 소개를 할게요. I'm so glad to introduce myself to you. 당신에게 제 소개를 하게 되어 정말 기뻐요.
본론	이름과 나이 가족 회사/학교 성격 취미 활동
마무리	That's everything about me. 저에 관한 건 그게 다예요. That's all. 그게 다예요. That's about it. 이정도예요.

강쌤의 5초 꿀팁 ⏱

오픽 시험은 푼 문제에 대해서 채점하는 것이 원칙입니다. 따라서 자기소개를 넘겨도 불이익은 발생하지 않습니다. 다만 본격적인 선택 주제, 돌발 주제 문제 답변을 시작하기 전 워밍업의 용도로 활용하는 것을 추천합니다. 그리고 사전 설문조사의 선택 사항과 일치하지 않는 자기소개를 하여도 감점이나 불이익은 없으니 편하게 답변하시면 됩니다.

필수 표현과 문장

어휘/표현 익히기

대학생/취업 준비생

- ☐ freshman 1학년
- ☐ sophomore 2학년
- ☐ junior 3학년
- ☐ senior 4학년
- ☐ major in ~을 전공하다
- ☐ double major 복수 전공
- ☐ credit 학점
- ☐ job seeker 취업 준비생
- ☐ look for a job 구직하다
- ☐ be on a leave of absence 휴학 중이다
- ☐ go back/return to school 복학하다

회사원

- ☐ work at/for a company 회사에서 일하다
- ☐ work as an engineer 엔지니어로 일하다
- ☐ assistant manager 대리
- ☐ manager 과장
- ☐ director 부장
- ☐ get a promotion 승진하다
- ☐ get a raise 월급이 인상되다
- ☐ be self-employed, run a company, be my own boss
  자영업을 하다

문장 만들어보기

❶ 저는 한국대학교에서 컴퓨터 공학을 전공하는 4학년 학생입니다.

▶
....

(major in, computer engineering)

❷ 성격에 대해 말씀 드리자면, 저는 타고난 외향적인 성격이에요.

▶
....

(when it comes to, outgoing, by nature)

❸ 제 직업에 대해 말씀 드리자면, 저는 ABC 회사에 약 5년간 근무하고 있습니다.

▶
....

(as for, work at)

❹ 집은 서울 강남 주택가에 위치하고 있습니다.

▶
....

(be located in, residential)

모범 답안

❶ I'm a senior majoring in computer engineering at Hankook University.
❷ When it comes to my personality, I'm an outgoing person by nature.
❸ As for my job, I have been working at ABC Company for about five years.
❹ My house is located in a residential area in southern Seoul.

만능 답변

자기소개	학생
Let's start the interview now. Tell me about yourself.	
인터뷰를 시작하겠습니다. 당신에 대해 말해주세요.	

핵심 표현   **AL 표현**   🔊 MP3 2_2

	핵심 표현	AL 표현
❶	이름은 김해성, 24살	
❷	컴퓨터 공학을 전공하는 4학년	한국 대학교에서 공부하고 있음
❸	가족과 함께 서울에서 삶	학교는 집과 가깝고 대부분의 시간을 학교에서 보냄
❹	타고난 외향적인 성격	새로운 사람을 만나고 활동적인 것을 즐김

만능 답변

(도입부) Hi. ❶ My name is Haesung Kim, and I'm 24 years old. (본론) ❷ I'm a senior majoring in computer engineering <u>at Hankook University</u>. I'm in my last year and I'm so busy studying and seeking a job at the same time. ❸ I live in Seoul with my family. <u>My school is near my house, and I spend most of my time in school.</u> ❹ When it comes to my personality, I'm an outgoing person by nature. <u>I like meeting new people and doing something active.</u> I like sports, so I play basketball once in a while and swim every Saturday. I also like reading, so I spend a lot of money on books. I buy books that I want to read and read them carefully. (마무리) That's a little bit about myself.

안녕하세요. 제 이름은 김해성이고, 24살이에요. 한국대학교에서 컴퓨터 공학을 전공하는 4학년 학생이에요. 4학년이고, 공부하면서 동시에 직장을 구하느라 매우 바빠요. 가족과 서울에 삽니다. 학교가 집에서 가깝고, 대부분의 제 시간을 학교에서 보내요. 성격에 대해 말씀 드리자면, 저는 타고난 외향적인 성격이에요. 새로운 사람을 만나고, 활동적인 것을 하는 것을 즐겨요. 저는 스포츠를 좋아해서, 종종 농구를 하고 매주 토요일마다 수영을 해요. 또한, 독서를 좋아하고, 책을 구입하는 데 많은 돈을 써요. 좋아하는 책을 사고, 정독해요. 이상, 간단한 제 소개였습니다.

핵심표현 <u>AL 표현</u>

어휘 표현 ┃ **senior** 4학년   **major in** 전공하다   **seek a job** 구직하다   **personality** 성격   **active** 활동적인   **once in a while** 가끔, 종종

🔊 MP3 2_3

자기소개　직장인

Let's start the interview now. Tell me about yourself.

인터뷰를 시작하겠습니다. 당신에 대해 말해주세요.

핵심 표현　　　　　　　　　　　　　　　　**AL 표현**　　　　　　🔊 MP3 2_4

❶	이름은 박민수	
❷	ABC 회사에서 5년동안 일하고 있음	일로 종종 스트레스를 받지만 대부분은 즐거움
❸	집은 서울 강남 주택가에 위치함	
❹	성격은 긍정적임	항상 긍정적인 면을 보려고 함

만능 답변

(도입부) ❶ My name is Minsoo Park. (본론) I just got married to my wife and I have a son who is the apple of my eye. ❷ As for my job, I have been working at ABC Company for about five years. <u>My job sometimes gives me stress, but most of the time I enjoy it</u> because I can meet new people through my work. I'm busy working during the weekdays, but I usually do something fun on the weekends. ❸ My house is located in a residential area in southern Seoul. I live in an apartment. I love my apartment because it has a lovely, relaxed atmosphere. (마무리) ❹ When it comes to my personality, I'm positive. <u>I always try to look on the bright side.</u> I like watching movies. On the weekends, I go to a nearby theater to watch a good movie with my friends or family.

제 이름은 박민수입니다. 제 아내와 신혼이고, 눈에 넣어도 아프지 않은 아들 하나가 있어요. 제 직업에 대해 말씀 드리자면, 저는 ABC 회사에 약 5년간 근무하고 있어요. 일로 스트레스를 종종 받지만 일을 통해 새로운 사람들을 만날 수 있기에 대부분 즐겁죠. 주중은 업무로 바쁘고, 주말에는 뭔가 즐길 수 있는 일을 해요. 집은 서울 남부 주택가에 위치하고 있어요. 저는 아파트에 살아요. 사랑스럽고, 편안한 분위기에 우리집이 좋아요. 성격에 대해 말하자면, 저는 긍정적이에요. 항상 긍정적인 면을 보려고 해요. 저는 영화 보는 것을 좋아해요. 주말에 가까운 극장에 친구나 가족과 괜찮은 영화를 보러 가요. 이상, 저에 대한 간단한 소개였습니다.

핵심표현 AL 표현

어휘 표현 ┃ be newly married 신혼이다　the apple of my eye 눈에 넣어도 아프지 않은 사람　as for ~에 대해 말하자면　most of the time 대부분　a residential area 거주 지역　southern 남쪽의　atmosphere 분위기　positive 긍정적인　look on the bright side 밝은 면을 보다　nearby 가까운

2 | 거주

피할 수 없는 거주 관련 문제!

거주지 관련 문제는 사전 설문조사 3번 질문에서 어떤 항목을 고르든지 상관없이 출제되는 특징이 있습니다. 거주 문제는 가장 높은 확률로 출제되는 기본 주제로 시험 전 완벽한 대비가 필요합니다. 질문의 특징은 크게 집 안팎으로 나누어 생각할 수 있습니다. 집 안은 집, 내 방, 가구 묘사 집 밖은 집 주변, 이웃 묘사로 나누어집니다. 거주와 관련된 문제가 출제되면 세 문제가 연속적으로 나오며 묘사부터 과거 시제를 사용하는 경험 문제로 이어지는 점을 반드시 기억합니다. 또한 요즘에는 부동산, 주택난과 같이 최근 거주 관련 이슈에 대한 문제도 자주 출제되니 꼭 기억해주세요.

★☆☆	★★☆	★★★
Intermediate Level	Advanced Level	Advanced Level

묘사	과거 경험	비교/변화/이슈
현재 시제를 사용하는 문제로 첫 번째 문제로 출제	과거 시제를 사용하는 문제로 두 번째/세 번째 문제로 출제	비교/변화/이슈를 설명하는 문제로 두 번째/세 번째 문제로 출제

- 내가 사는 집
- 좋아하는 방
- 거실 묘사
- 함께 거주하는 구성원
- 동네 묘사
- 이웃 활동

- 기억에 남는 경험
- 이웃 관련 경험
- 집에서 발생한 문제
- 새 집으로 이사한 경험
- 이사를 도운 경험

- 과거와 현재 집 비교
- 집 안 변화
- 동네 장단점
- 집 관련 문제 경험
- 주택 관련 문제
- 주택 공급 관련 이슈

필수 표현과 문장

어휘/표현 익히기

거주 위치 및 형태

- [ ] residential area 주택가
- [ ] suburbs of Seoul 서울 변두리
- [ ] urban 도시의
- [ ] rural 시골의
- [ ] apartment 아파트
- [ ] country house 전원 주택
- [ ] detached home 단독 주택
- [ ] row house 연립 주택
- [ ] mansion 저택
- [ ] dorm/dormitory 기숙사

기숙사/학교 거주

- [ ] cafeteria 구내식당
- [ ] snack bar 매점
- [ ] library 도서관
- [ ] gym 체육관
- [ ] main gate 정문
- [ ] entrance 입구
- [ ] main road 주요 연결 도로
- [ ] water fountain 분수대
- [ ] parking lot 주차장

집안 활동

- [ ] sweep with a broom 빗자루로 쓸다
- [ ] vacuum the floor 진공 청소기로 청소하다
- [ ] mop the floor 바닥을 대걸레로 닦다
- [ ] do the laundry 빨래를 하다
- [ ] hang-dry the laundry 빨래를 널어서 말리다
- [ ] fold the laundry 빨래를 개다
- [ ] sort into piles 더미로 분류하다
- [ ] set the table 상을 차리다
- [ ] clear the table 상을 치우다, 정리하다
- [ ] do the dishes 설거지를 하다
- [ ] cook 요리하다
- [ ] homemade food 집에서 만든 음식

주택 관련 이슈

- [ ] shortage 부족
- [ ] severe 심각한, 극심한
- [ ] economic principles 경제 원칙
- [ ] supply and demand 공급과 수요
- [ ] economic growth 경제 성장
- [ ] housing-unit 주택 가구
- [ ] provide ~을 제공하다
- [ ] meet (조건 등) ~을 충족시키다
- [ ] extended 장기화된
- [ ] decline 하락하다, 줄어들다
- [ ] rise 오르다, 증가하다
- [ ] look for ~을 찾아보다
- [ ] accessibility 접근성
- [ ] public transport 대중 교통
- [ ] rent rate 임대료
- [ ] have a hard time -ing ~하는 데 어려움을 겪다
- [ ] reasonable (가격 등이) 알맞은, 합리적인
- [ ] be faced with ~에 직면하다
- [ ] make a decision 결정을 내리다
- [ ] make up for ~을 충당하다, 보충하다

문장 만들어보기

❶ 저는 서울 남부에 위치한 한 거주 지역의 고층 아파트 단지에 살고 있어요.

▶ ....

(live in, high-rise apartment complex, residential)

❷ 제가 가장 좋아하는 가구는 침대인데, 아주 편안하기 때문이에요.

▶ ....

(piece of furniture, comfortable)

❸ 엘리베이터에서 이웃 사람들을 볼 때마다, 저는 그저 인사만 하죠. 그게 거의 우리가 하는 전부예요.

▶ ....

(every time, say hello)

❹ 어느 날, 저는 주방에 있는 싱크대가 제대로 작동하지 않는다는 사실을 알게 되었어요.

▶ ....

(one day, find out, work properly)

❺ 우리는 시간을 정했고, 그분이 우리집으로 와서 문제를 살펴보셨어요.

▶ ....

(arrange a time, take a look)

❻ 무엇보다도, 한국에서는 임대료가 아주 빠르게 오르고 있죠.

▶ ....

(above all, rent rates, rise, fast)

❼ 한국의 주택난은 서울과 부산 같은 대도시에서 특히 심각해요.

▶ ....

(housing shortage, particularly, severe)

모범답안

❶ I live in a high-rise apartment complex in a residential area in southern Seoul.

❷ My favorite piece of furniture is my bed because it's so comfortable.

❸ Every time I see my neighbors at the elevator, I just say hello.

❹ One day, I found out that the sink in the kitchen was not working properly.

❺ We arranged a time, and he came to my house to take a look at the problem.

❻ Above all, rent rates are rising very fast in Korea.

❼ The housing shortage in Korea is particularly severe in large cities such as Seoul and Busan.

기출 문제 예시

▶ 내가 사는 집

I would like you to talk about where you live. Describe your house to me. What does it look like? Where is it located? How many rooms do you have?

살고 계신 곳과 관련해 얘기해 주셨으면 합니다. 당신의 집을 설명해 보세요. 어떻게 생긴 곳인가요? 어디에 위치해 있나요? 방이 몇 개 있나요?

▶ 좋아하는 방

I would like to know about where you live. Describe your house in detail. What is your favorite room at home? Please tell me everything in as much detail as you can.

살고 계신 곳과 관련해 알고 싶습니다. 당신의 집을 자세히 설명해 주세요. 집에서 어떤 방을 가장 좋아하나요? 가능한 한 자세히 모두 이야기해 주세요.

▶ 거실 묘사

Please tell me about your living room. What things are in your living room? Name the things you see in your living room.

당신의 거실에 대해서 말해주세요. 거실에는 무엇이 있나요? 당신의 거실에서 볼 수 있는 것들에 대해 말해주세요.

▶ 함께 거주하는 구성원

I would like to know where you live. Describe your house in detail. How many rooms are there? What is your favorite room at home? Do you live alone or who do you live with? Tell me everything in as much detail as you can.

어디에 거주하고 있는지 알고 싶습니다. 당신의 집을 자세히 설명해 보세요. 그곳에 방이 몇 개인가요? 집에서 어떤 방을 가장 좋아하나요? 혼자 살고 있나요, 아니면 누구와 함께 살고 있나요? 가능한 한 자세히 모두 이야기해 주세요.

▶ 동네 묘사

I would like you to talk about where you live. What kind of community do you live in? Tell me about your neighborhood and what your neighbors are interested in.

당신이 사는 곳에 대해 이야기했으면 합니다. 당신은 어떤 동네에 삽니까? 당신의 동네와 이웃들이 무엇에 관심이 있는지 말해주세요.

▶ 이웃 활동

Tell me what you do with your neighbors. How often do you see them? What do you like to do with them and what do you usually talk about with them?

이웃들과 무엇을 하는지 말해보세요. 그들을 얼마나 자주 보나요? 당신은 그들과 무엇을 하고 싶고 주로 무슨 이야기를 하나요?

🔊 MP3 2_5

거주 | 내가 사는 집

I would like you to talk about where you live. Describe your house to me. What does it look like? Where is it located? How many rooms do you have?

살고 계신 곳과 관련해 얘기해 주셨으면 합니다. 당신의 집을 설명해 보세요. 어떻게 생긴 곳인가요? 어디에 위치해 있나요? 방이 몇 개 있나요?

듣기 키워드

핵심 표현 **AL 표현** 🔊 MP3 2_6

❶	가족과 함께 서울에 삼	나를 포함해 세 명의 인원으로 구성
❷	침실 세 개, 화장실 두 개	카드 키 사용해서 문 열고 들어가면 바로 현관이 있음
❸	거실에서 소파에 앉아 쉬면서 TV봄	
❹	집에서 휴식 제공해 줘야함	이런 관점에서 우리집이 가장 살기 좋은 곳

만능 답변

(도입부) ❶ I live in Seoul with my family consisting of 3 members including me. I love where I live. It is a typical apartment you can think of. (본론) ❷ There are three bedrooms and two bathrooms. I live on the 10th floor. I use a card key to unlock the door to mine. Then there's an entrance area right next to it. There are shelves on the right where I can keep my shoes, leading directly to the living room. ❸ The living room is where I usually watch TV, sitting on the sofa and relaxing with a sense of freedom. I guess a living room is very important because you can do something entertaining in the living room or you can relax there to recharge yourself. Every room is connected to the living room. Each room is used for different reasons. One is mainly for sleeping. Another is for clothing. The other is for multiple purposes. (마무리) ❹ I believe relaxation is what my house has to offer. From that perspective, I can say my house is the best place to live.

저는 저를 포함해 세 명의 인원으로 구성되어 있는 가족과 함께 살고 있어요. 저는 제가 사는 곳이 아주 마음에 들어요. 사람들이 생각할 수 있는 전형적인 아파트예요. 침실은 세 개, 그리고 화장실은 두 개 있어요. 저는 10층에 살고 있어요. 저는 카드 키를 사용해 우리 집으로 들어가는 문을 열어요. 그러고 나면, 현관이 바로 나와요. 오른편에는 제 신발을 보관할 수 있는 신발장이 있고, 곧장 거실로 이어져요. 거실은 제가 보통 소파에 앉아 해방감을 갖고 쉬면서 TV를 보는 곳이에요. 저는 거실이 아주 중요하다고 생각하는데, 거실에서 뭔가 즐거운 것을 하거나 쉬면서 스스로 재충전할 수 있기 때문이에요. 모든 방은 거실과 연결되어 있어요. 각각의 방은 다른 이유로 쓰여요. 하나는 주로 수면을 위한 곳이에요. 또 다른 하나는 옷을 보관하기 위한 곳이고요. 나머지 하나는 다용도로 사용해요. 저는 휴식이 우리 집에서 제공해줘야 하는 것이라고 생각해요. 그런 관점에서 볼 때, 우리 집이 살기 가장 좋은 곳이라고 말씀 드릴 수 있어요.

핵심표현 _AL 표현_

어휘 표현 Ⅰ consist of ~로 구성되다   including ~을 포함해   typical 전형적인, 일반적인   unit 가구, 세대   unlock ~을 열다   lead to ~로 이어지다   recharge ~을 재충전하다   be connected to ~와 연결되다   for multiple purposes 다용도로

🔊 MP3 2_7

거주 | 집 묘사

I'd like to know about the place where you live. Do you live in an apartment or a house? What does it look like? How many rooms does it have? Describe it in as much detail as possible.

살고 계신 곳과 관련해 알고 싶습니다. 아파트에 살고 있나요, 아니면 주택에 살고 있나요? 그곳은 어떤 모습인가요? 그곳에 방이 몇 개 있나요? 가능한 한 자세히 설명해 주세요.

듣기 키워드

핵심 표현   **AL 표현**   🔊 MP3 2_8

	핵심 표현	AL 표현
❶	서울 고층 아파트 단지에 삼	20층, 각 층에 세 가구
❷	침실 3개 있음	냉장고, 오븐과 함께 시설 완비된 주방, 세탁기, 샤워기 있는 욕실
❸	킹사이즈 침대 있는 커다란 안방	거리 경관이 보이는 발코니에 드나들 수 있음
❹	근처에 다양한 상점들 있음	이곳에서 사는 편리한 점

만능 답변

(도입부) ❶ I live in a high-rise apartment complex in a residential area in southern Seoul. <u>The building has 20 stories with 3 units on each floor.</u> (본론) ❷ My apartment has 3 bedrooms, <u>a fully-equipped kitchen with a fridge and an oven, a washing machine, and 1 bathroom with a shower.</u> ❸ There is a huge master bedroom with a comfortable king-sized bed. <u>From this bedroom, you have access to the balcony with a street view.</u> The apartment offers a terrace. There's a large park where many people go to walk and exercise. (마무리) ❹ There are a variety of stores near where I live, <u>which is a convenience of living here.</u> The subway is within a 10-minute walking distance, and the bus stop is 5 minutes away. Overall, I like where I live.

저는 서울 남부에 위치한 한 거주 지역의 고층 아파트 단지에 살고 있어요. 건물은 20층으로 되어 있고 각 층에 세 가구가 있어요. 우리 아파트는 침실 세 개, 냉장고 및 오븐과 함께 시설이 완비된 주방, 세탁기, 그리고 샤워기가 있는 욕실을 갖추고 있어요. 편안한 킹 사이즈 침대가 있는 커다란 안방이 있어요. 이 안방에서, 거리 경관이 보이는 발코니에 드나들 수 있어요. 우리 아파트는 테라스를 제공해요. 큰 공원도 하나 있는데, 그곳에 많은 사람들이 걷거나 운동하러 가요. 제가 사는 곳 근처에 다양한 상점들이 있는데, 그게 이곳에서 사는 것의 편리한 점이에요. 경관은 그렇게 좋진 않은데, 지하철은 걸어서 10분도 채 되지 않는 거리에, 그리고 버스 정류장은 5분 거리에 떨어져 있어요. 전반적으로, 저는 제가 사는 곳이 마음에 들어요.

핵심표현 AL 표현

어휘 표현 ㅣ high-rise 고층의   complex (건물) 단지, 복합 건물   residential 주거의   story 층   full-equipped 시설이 완비된   fridge 냉장고   huge 커다란, 엄청난   master bedroom 안방   comfortable 편안한   have access to ~에 출입할 수 있다, 접근할 수 있다   a variety of 다양한   convenience 편리(한 점)   within a 10-minute walking distance 걸어서 10분도 채 되지 않는 거리에 있는   away 떨어져 있는   overall 전반적으로, 종합적으로

MP3   2_9

거주   함께 거주하는 구성원

I would like to know where you live. Describe your house in detail. How many rooms are there? What is your favorite room at home? Do you live alone or who do you live with? Tell me everything in as much detail as you can.

어디에 거주하고 있는지 알고 싶습니다. 당신의 집을 자세히 설명해 보세요. 그곳에 방이 몇 개인가요? 집에서 어떤 방을 가장 좋아하나요? 혼자 살고 있나요, 아니면 누구와 함께 살고 있나요? 가능한 한 자세히 모두 이야기해 주세요.

듣기 키워드

핵심 표현   **AL** 표현   MP3   2_10

❶	가족과 함께 삼	특히 주말에 가능한 많은 시간을 함께 보내려고 노력함
❷	가족과 사이좋게 지냄, 특히 누나(언니)와 잘 지냄	함께 많이 어울림
❸	쇼핑을 좋아하는데, 스트레스 풀기 가장 좋은 방법	마음 속에 있는 모든 걸 잊고 원하는 것에 대해서만 생각함
❹	쇼핑의 가장 좋은 면	

만능 답변

(도입부) ❶ I live with my family. We're a family of four; my dad, my mom, my sister, and me. I love my family. So I try to spend as much time with them as I can, especially on the weekend. (본론) My dad is an office worker. My mom is a housekeeper and my sister works at a financial company. ❷ I get along well with my family, especially with my sister. She's only two years older than me. So we are like best friends. We hang out a lot together. ❸ We are big shoppers, so we like shopping because it is the best way to relieve stress. Whenever I go shopping, I just forget everything that is on my mind and only think about what I want. (마무리) ❹ That is the best part of shopping.

저는 가족과 함께 살고 있어요. 우리 가족은 네 명인데, 아버지와 어머니, 누나(언니), 그리고 저예요. 저는 제 가족을 사랑해요. 그래서 저는 가능한 한 많은 시간을 함께 보내려 하는데, 특히 주말에 그렇게 해요. 아버지는 회사원이에요. 어머니는 주부이고, 누나(언니)는 금융 회사에서 근무해요. 저는 가족과 함께 사이 좋게 잘 지내는데, 특히 누나(언니)와 잘 지내요. 누나(언니)는 저보다 겨우 두 살 많아요. 그래서 우리는 마치 가장 친한 친구 같아요. 함께 많이 어울리죠. 우리는 쇼핑을 많이 하기 때문에, 쇼핑을 좋아하는데, 스트레스를 풀기 가장 좋은 방법이기 때문이에요. 저는 쇼핑을 하러 갈 때마다, 그저 제 마음 속에 있는 모든 걸 잊고 제가 원하는 것에 대해서만 생각해요. 그게 쇼핑의 가장 좋은 면이죠.

핵심표현 <u>AL 표현</u>

어휘
표현
try to do ~하려 하다   as much A as one can 가능한 한 많은 A   especially 특히   housekeeper 주부   financial 금융의, 재무의   get along well with ~와 사이 좋게 잘 지내다   hang out 함께 어울리다   way to ~하는 방법   relieve stress 스트레스를 풀다   whenever ~할 때마다, ~할 때는 언제든   forget ~을 잊다   on one's mind ~의 마음 속에 있는

🔊 MP3　2_11

거주　좋아하는 방

I would like to know about where you live. Describe your house in detail. What is your favorite room at home? Please tell me everything in as much detail as you can.

살고 계신 곳과 관련해 알고 싶습니다. 당신의 집을 자세히 설명해 주세요. 집에서 어떤 방을 가장 좋아하나요? 가능한 한 자세히 모두 이야기해 주세요.

듣기 키워드

핵심 표현　　　　　　　　　　　　　AL 표현　　　🔊 MP3　2_12

	핵심 표현	AL 표현
❶	침실 3개 있지만 내 침실 제일 좋아함	내 관심사와 관련된 모든 것이 있기 때문
❷	왼편에 침대 있음	킹사이즈 침대, 푹신푹신한 매트리스, 공간을 좀 차지함
❸	가장 좋아하는 가구는 침대	아주 편안해서 완전히 느긋하게 있을 수 있기 때문
❹	내 방에 상당히 만족함	

만능 답변

(도입부) ❶ There are three bedrooms in my apartment. However, the one that I like the most is my bedroom. The reason I like that room the most is that it has everything there that is related to my interests. (본론) I have a few different pieces of furniture in my bedroom. ❷ First of all, on the left, there is my bed. It's a king-sized bed. And the mattress is soft. It takes up some space. Beside the bed, I have a large wooden closet where I keep my clothes. On the right, there is a computer desk with a chair. And this is where I surf the Internet or do my stuff. ❸ My favorite piece of furniture is my bed because it's so comfortable and I can be totally relaxed on it. Even though my room isn't that big, I think I have everything I need. (마무리) ❹ I'm quite satisfied with that.

우리 아파트에는 침실이 세 개 있어요. 하지만, 제가 가장 좋아하는 곳은 제 침실이죠. 제가 그 방을 가장 좋아하는 이유는 그곳에 제 관심사와 관련된 모든 게 있기 때문이에요. 제 침실에는 몇 가지 다른 가구가 있어요. 가장 먼저, 왼편에, 침대가 있어요. 킹 사이즈 침대예요. 그리고 매트리스는 푹신푹신해요. 이게 공간을 좀 차지하고 있죠. 침대 옆에는, 제가 옷을 보관하는 큰 나무 옷장이 있어요. 오른편에는, 컴퓨터 책상과 의자가 있어요. 그리고 여기서 저는 인터넷 서핑을 하거나 제 할 일을 해요. 제가 가장 좋아하는 가구는 침대인데, 아주 편안해서 그 위에서 완전히 느긋하게 있을 수 있기 때문이에요. 제 방이 그렇게 크진 않지만, 제가 필요한 모든 게 있는 것 같아요. 저는 제 방에 상당히 만족해요.

핵심표현　AL 표현

어휘 표현 | be related to ~와 관련되다　interests 관심사　a piece of furniture 가구 한 점　take up space 공간을 차지하다　wooden 나무로 된　closet 옷장　surf the Internet 인터넷 서핑을 하다　do one's stuff ~의 할 일을 하다　comfortable 편안한　totally 완전히, 전적으로　relaxed 느긋한, 긴장이 풀린　even though (비록) ~이기는 하지만　be satisfied with ~에 만족하다

MP3 2_13

거주 | 거실 묘사

Please tell me about your living room. What things are in your living room? Name the things you see in your living room.

당신의 거실에 대해서 말해주세요. 거실에는 무엇이 있나요? 당신의 거실에서 볼 수 있는 것들에 대해 말해주세요.

듣기 키워드

핵심 표현 | **AL 표현**

MP3 2_14

	핵심 표현	AL 표현
❶	의심할 여지없이 중요함	특히 모든 사람이 집에 있으면서 함께 시간을 즐길 수 있는 저녁과 주말에
❷	집에 있는 시간 대부분을 거실에서 함께 보냄	다른 수많은 사람들의 거실과 비슷함
❸	대부분의 시간을 거실에서 보냄, 일도 하고 취미 활동도 함	대부분의 내 시간, 깨어있는 시간을 거실에서 보냄
❹	이게 거실에서 주로 하는 일	

만능 답변

[도입부] ❶The living room is unarguably the most important room when it comes to my apartment. It's where you spend time together, especially during the evenings and weekends when everybody's home and can enjoy each other's company. [본론] ❷ Of course, it is where my family tends to spend most of the at-home time together. The living room looks like thousands of other people's. ❸ I spend most of my time in the living room, which is where I work and perform most of my recreational hobbies. Most of my time, and most of my time awake, is spent in the living room. My hobbies include either watching TV or surfing on the Internet or reading books. I usually spend time on the couch. Usually, I watch TV, sitting on the couch at the coffee table. [마무리] ❹That's mostly what I do in the living room.

거실은 우리 아파트와 관련해서 의심할 여지없이 가장 중요한 공간이에요. 이곳이 함께 시간을 보내는 곳인데, 특히 모든 사람이 집에 있으면서 함께 있는 시간을 즐길 수 있는 저녁 시간대와 주말에 그렇죠. 당연히, 우리 가족은 이곳에서 집에 있는 시간의 대부분을 함께 보내는 경향이 있어요. 우리집 거실은 다른 수많은 사람들의 거실과 비슷해요. 저는 대부분의 시간을 거실에서 보내는데, 이곳에서 일도 하고 대부분의 여가용 취미 활동도 해요. 대부분의 제 시간, 그리고 대부분의 깨어 있는 시간을 거실에서 보내죠. 제 취미는 TV 시청이나 인터넷 서핑, 또는 독서를 포함해요. 보통 소파에서 시간을 보내요. 보통은, 커피 테이블을 앞에 두고 소파에 앉아 TV를 시청해요. 이게 제가 거실에서 주로 하는 일이에요.

핵심표현 AL 표현

어휘 표현 | unarguably 의심할 여지 없이 when it comes to ~와 관련해서는, ~에 관한 한 especially 특히 enjoy each other's company 함께 있는 시간을 즐기다 tend to do ~하는 경향이 있다 at-home time 집에 있는 시간 look like ~와 비슷하다, ~처럼 보이다 perform 하다, 실시하다 recreational 여가의 awake 깨어 있는 either A or B A 또는 B 중의 하나 usually 보통, 일반적으로 couch 소파

🔊 MP3　2_15

거주　｜　동네 묘사

I would like you to talk about where you live. What kind of community do you live in? Tell me about your neighborhood and what your neighbors are interested in.

당신이 사는 곳에 대해 이야기했으면 합니다. 당신은 어떤 동네에 삽니까? 당신의 동네와 이웃들이 무엇에 관심이 있는지 말해주세요.

듣기 키워드

핵심 표현　　　　　　　　　　　　　　　AL 표현　　　　🔊 MP3　2_16

❶ 큰 아파트 단지에 삼	관리 직원들이 거주 환경을 좋게 유지하기 유해 열심히 일함
❷ 동네에 사는 사람들 다양	놀이터에 있는 아이들 보이긴 하지만 대부분 학교, 학원에 있음
❸ 아빠들은 일찍 출근, 늦게 퇴근	그렇게 자주 보이지 않음
❹ 엄마들은 식료품, 일상 용품 쇼핑	커피숍에 모여 가장 큰 걱정거리, 아이들 교육에 관해 이야기

만능 답변

(도입부) ❶ I live in a large apartment complex. It is somewhat luxurious, and the maintenance staff work hard to keep the living environment favorable. (본론) ❷ The people in my living community vary. I see the kids in the playground but mostly they're in school or academies. ❸ The dads leave early for work and come home late. I don't see them very often. (마무리) ❹ The moms go shopping for groceries and get daily supplies. They often meet at the coffee shop to talk about their greatest concern - the education of their kids. The older people in our apartment complex don't come out so much. Some get up early and go to the Central park for exercise. That's pretty much what they do.

저는 큰 아파트 단지에 살고 있어요. 다소 고급스러운 곳이며, 관리 직원들이 거주 환경을 좋게 유지하기 위해 열심히 일해요. 우리 동네에 사는 사람들은 다양해요. 놀이터에 있는 아이들이 보이긴 하지만, 주로 학교나 학원에 있죠. 아빠들은 일찍 회사로 출근했다가 늦게 집에 와요. 그들이 그렇게 자주 보이진 않아요. 엄마들은 식료품 쇼핑도 하러 가고 일상 용품도 구입하죠. 흔히 커피숍에 모여 가장 큰 걱정거리, 즉 아이들의 교육에 관해 이야기해요. 우리 아파트 단지에 살고 있는 연세가 더 많으신 분들은 그렇게 많이 밖에 나오지 않아요. 어떤 분들은 일찍 일어나서 운동을 위해 중앙 공원으로 가시죠. 이게 그들이 하는 다예요.

핵심표현　AL 표현

어휘 표현 | complex (건물) 단지, 복합 건물　somewhat 다소, 약간, 어느 정도　luxurious 고급스러운, 호화로운　maintenance 시설 관리, 유지 관리　keep A 형용사 A를 ~하게 유지하다　environment 환경　favorable 좋은, 유리한, 호의적인　community 주민, 지역 사회　mostly 주로, 대체로　leave for work 출근하다　groceries 식료품　supplies 용품, 물품　concern 걱정, 우려, 관심사

MP3 2_17

| 거주 | 이웃 활동 |

Tell me what you do with your neighbors. How often do you see them? What do you like to do with them and what do you usually talk about with them?

이웃들과 무엇을 하는지 말해보세요. 그들을 얼마나 자주 보나요? 당신은 그들과 무엇을 하고 싶고 주로 무슨 이야기를 하나요?

듣기 키워드

핵심 표현 **AL 표현** MP3 2_18

❶ 주변에 많은 이웃 살고 있음	기회가 좀처럼 없어서 보통 서로 이야기하지 않음
❷ 엘리베이터에서 이웃 볼 때 마다 그저 인사만 함	이게 우리가 하는 전부임
❸ 마주치면 상냥하고 친절하게 대하려고 함	예전에는 옆집 이웃들과 함께 잘 지내곤 했음
❹ 그런 모습 자주 못 봐서 슬픔	

만능 답변

(도입부) ❶ There are a lot of neighbors that live near me, but we don't usually talk to each other because we rarely have a chance to. (본론) ❷ Every time I see my neighbors at the elevator, I just say hello. That's pretty much about what we do. We just say hello. That is it. There's nothing more than that. Just that. ❸ Anyway, when we come across each other, we try to be nice and friendly because we don't want to make each other feel uncomfortable. Looking back, in the old days, we used to get along with our neighbors that lived next door, but these days (마무리) ❹ what makes me feel sad is that I don't see that often because traditions change as our society changes.

제 주변에 많은 이웃들이 살고 있지만, 보통 서로 이야기하진 않는데, 그럴 기회가 좀처럼 없기 때문이에요. 엘리베이터에서 이웃 사람들을 볼 때마다, 저는 그저 인사만 하죠. 그게 거의 우리가 하는 전부예요. 그저 인사만 하죠. 그게 다예요. 그 이상은 하지 않아요. 그것뿐이죠. 어쨌든, 서로 마주칠 때, 상냥하고 친절하게 대하려 하는데, 서로를 불편하게 느끼도록 만들고 싶지 않기 때문이에요. 돌이켜 보면, 예전에는, 옆집에 사는 이웃들과 함께 잘 지내곤 했지만, 요즘 저를 슬프게 만드는 건 그런 모습을 자주 볼 수 없다는 점인데, 우리 사회가 변하면서 전통이 변하고 있기 때문이에요.

핵심표현 AL 표현

어휘 표현 I rarely 좀처럼 ~ 않다 have a chance to do ~할 기회가 있다 every time ~할 때마다, 매번 ~할 때 That's about A A 정도가 전부이다, A 정도일 뿐이다 across (우연히) ~와 마주치다 try to do ~하려 하다 friendly 친절한 make A do A를 ~하게 만들다 feel uncomfortable 불편하게 느끼다 look back 돌이켜 보다 in the old days 예전에, 과거에 used to do (예전에, 한때) ~하곤 했다 get along with ~와 잘 지내다 tradition 전통

🔊 MP3　2_19

거주	이웃 활동

I'd like to know about your neighbors. Tell me what adults and children do together in your neighborhood.

당신의 이웃들에 대해 알고 있습니다. 당신 동네에 사는 어른과 아이들이 함께 무엇을 하는지 알려주세요.

듣기 키워드

핵심 표현　　　　　　　　　　　　　　　AL 표현　🔊 MP3　2_20

❶	요즘은 핵가족이 많음	남들과 어울리지 않고 자신과 가족에 초점
❷	주중에 바빠서 대신 주말에 가족과 함께 시간 보내려 함	밖에 나가 공원에서 함께 시간을 보내는 모습 볼 수 있는 이유
❸	함께 어울리고, 건강을 위해 운동도 함	즐겁게 놀거나 각자 필요로 하는 것들을 함
❹	이게 그들이 하는 전부임	

만능 답변

(도입부) ❶ Since I live in a large apartment complex, there are a lot of neighbors who have a child or two. These days, people have a nuclear family. So they keep to themselves and focus on themselves and their family. So they try to spend their free time with their own family. (본론) ❷ Most people are busy making money or going to school on weekdays, so they try to spend their time with their family on the weekends instead. That is why I can see a lot of families spending their time outside in the park together. ❸ They hang out, exercise for their health, and do their own things that either entertain themselves or fulfill their own needs. (마무리) ❹ That's about what they do.

제가 넓은 아파트 단지에 살고 있기 때문에, 한두 명의 아이가 있는 이웃들이 많이 있습니다. 요즘은, 사람들이 핵가족을 이루고 있어요. 그래서 남들과 어울리지 않고 자신과 가족에게 초점을 맞추죠. 그래서 사람들은 각자의 가족과 여유 시간을 보내려 해요. 대부분의 사람들이 주중에는 돈을 벌거나 학교에 가느라 바쁘기 때문에, 대신 주말에 가족과 함께 시간을 보내려 해요. 그게 바로 많은 가족들이 밖에 나가 공원에서 함께 시간을 보내는 모습을 볼 수 있는 이유예요. 함께 어울리고, 건강을 위해 운동도 하고, 그들끼리 즐겁게 놀거나 각자 필요로 하는 것들을 해요. 그게 사람들이 하는 전부예요.

핵심표현　AL 표현

어휘 표현 | nuclear family 핵가족　keep to oneself 남들과 어울리지 않다, 혼자 지내다　focus on ~에 초점을 맞추다, 집중하다　be busy -ing ~하느라 바쁘다　instead 대신　see A -ing ~하는 A를 보다　either A or B A 또는 B 줄 중의 하나　entertain ~을 즐겁게 하다　fulfill ~을 충족하다, 이행하다, 수행하다

▸ 기억에 남는 경험

I would like to know whether there were any memorable events that took place in your neighborhood since you started living there. Can you tell me about the event and why it was so memorable?

당신이 그 동네에서 살기 시작한 이후로 기억에 남는 일이 있었는지 알고 싶어요. 그 일이 왜 기억에 남는지 말해주세요.

▸ 이웃 관련 경험

Tell me how you first met one of your neighbors. Describe in detail when you met and everything that happened during your first few meetings.

당신의 이웃 중 한사람을 어떻게 처음 만나게 되었는지 말해주세요. 만났던 순간과 처음 마주쳤을 때 일어난 모든 일들에 대해 자세히 말해주세요.

▸ 집에서 발생한 문제

Have you ever had any problems with your home? What was your problem, and how did you deal with it? How did the problem turn out? Give me as many details as possible.

집 건물에 어떤 문제라도 겪으신 적이 있나요? 무엇이 문제였으며, 어떻게 대처했나요? 그 문제는 결국 어떻게 되었나요? 가능한 한 많은 세부 정보를 이야기해 주세요.

▸ 집 관련 문제 경험

Things happen from time to time. Tell me about one of the problems you have experienced at home and tell me in detail about what happened.

때때로 이런저런 일이 생깁니다. 집에서 겪었던 문제들 중의 한 가지와 관련해 이야기하면서 무슨 일이 있었는지 자세히 이야기해 주세요.

▸ 새 집으로 이사한 경험

Please tell me about an experience of moving into a new house. Did anything interesting or unexpected happen while you were moving? And what kind of help did you get?

새 집으로 이사한 경험과 관련해 이야기해 주세요. 이사하시는 동안 흥미롭거나 예기치 못한 일이 한 번이라도 있었나요? 그리고 어떤 도움을 받았나요?

▸ 이사를 도운 경험

Think about a day when you helped a neighbor or a friend. Explain what the problem was, what you did to help, and how things turned out.

여러분이 이웃이나 친구를 도왔던 날을 생각해 보세요. 어떤 것이 문제였는지, 무엇을 도와줬는지, 그리고 어떻게 일이 해결됐는지 설명해주세요.

만능 답변

묘사 과거 경험 비교/변화/이슈

거주 | 기억에 남는 경험

I would like to know whether there were any memorable events that took place in your neighborhood since you started living there. Can you tell me about the event and why it was so memorable?

당신이 그 동네에서 살기 시작한 이후로 기억에 남는 일이 있었는지 알고 싶어요. 그 일이 왜 기억에 남는지 말해주세요.

듣기 키워드

핵심 표현 / AL 표현

MP3 2_22

	핵심 표현	AL 표현
❶	특별히 기억에 남을 만한 일 기억 안 남	하지만 하나를 꼽아야 한다면,
❷	몇 주 전 밤에 학교에서 화재 경보 울려서 경찰관, 소방관 옴	
❸	많은 사람들이 실제로 무슨 일이 생겼는지 있었음	화재 경보가 끝없이 울리는 것 같았기 때문
❹	화재 경보가 오작동 했기 때문임	여전히 가장 기억에 남을 만한 일로 기억함

만능 답변

(도입부) ❶ I don't quite remember any memorable events in particular **because things are quiet as usual.** But if I had to pick one, I would have to say (본론) ❷ a few weeks ago, a fire alarm went off at the school at night, and policemen and firefighters came together to check if there was any problem at the school. ❸ Many people were there to investigate what was actually going on <u>because the fire alarm seemed never-ending.</u> Fortunately, nothing happened. Nobody got injured, either. (마무리) ❹ That was because the fire alarm was malfunctioning, but <u>I still remember it as the most memorable event in our neighborhood.</u>

늘 그렇듯이 별다른 일이 없기 때문에 특별히 기억에 남을 만한 일이 잘 기억나진 않지만, 하나를 꼽아야 한다면, 몇 주 전에, 밤에 학교에서 화재 경보가 울려서, 경찰관들과 소방관들이 학교에 무슨 문제라도 있는지 확인해 보기 위해 함께 왔던 일을 얘기해야 할 것 같아요. 많은 사람들이 실제로 무슨 일이 벌어졌는지 살펴보기 위해 그곳에 있었는데, 화재 경보가 끝없이 울리는 것 같았기 때문이었죠. 다행히, 아무 일도 일어나진 않았어요. 다친 사람도 없었고요. 화재 경보가 오작동하고 있었기 때문에 그랬지만, 저는 여전히 그게 우리 동네에서 있었던 가장 기억에 남을 만한 일로 기억해요.

핵심표현 AL 표현

어휘 표현 | in particular 특별히, 특히 as usual 늘 그렇듯이, 평소대로 pick 꼽다, 고르다, 뽑다 go off (경보 등이) 울리다 check if ~인지 확인하다 investigate ~을 살펴보다, 조사하다 never-ending 끝이 없는 fortunately 다행히 get injured 다치다, 부상 당하다 either (부정문에서) ~도, 또한 malfunction 오작동하다

2 기본 주제 만능 답변 21

MP3   2_23

거주   이웃 관련 경험

Tell me how you first met one of your neighbors. Describe in detail when you met and everything that happened during your first few meetings.

당신의 이웃 중 한사람을 어떻게 처음 만나게 되었는지 말해주세요. 만났던 순간과 처음 마주쳤을 때 일어난 모든 일들에 대해 자세히 말해주세요.

듣기 키워드

핵심 표현   AL 표현

MP3   2_24

	핵심 표현	AL 표현
❶	이웃 사람과 대화 나눔, 동네의 변화에 대해 이야기 시작	이야기 나눠 본 적 없지만 이날 흥분해서 말했고, 몇 가지 타당한 주장도 함
❷	시의회에서 창업단지 개발하기로 함	지역 경제를 활성화시킬 가능성이 있는 일자리 창출하기 위해
❸	우리집이 긍정적으로 재평가될 수 있는 기회라고 함	집값이 오를 수 있다는 뜻임
❹	긍정적으로 봤고, 대화는 아주 흥미로웠음	공통된 관심사 이상이었을 거임

만능 답변

(도입부) ❶ I had a conversation with my next door neighbor when we both got into the elevator. We started talking about some of the changes made in the neighborhood. <u>We'd never spoken before but on this day he was excited to tell me about something.</u> (본론) ❷ We were talking about a new construction project, and the city council had decided to develop a start-up complex as part of some urban development planning, <u>in order to create jobs that could possibly boost the local economy.</u> ❸ He told me it may give me a chance to have my home revalued in a positive way. <u>It means my house price can go up.</u> (마무리) ❹ We looked at it positively, and the conversation was very exciting. <u>Perhaps it was more of a common interest.</u>

저는 옆집 이웃 사람과 함께 엘리베이터에 탔을 때 대화를 나눴어요. 우리는 동네에서 일어난 일부 변화에 관해 이야기하기 시작했어요. 우리가 이야기를 나눠본 적은 없었지만, 이날 흥분해서 말했고, 몇 가지 타당한 주장도 하셨죠. 우리는 새로운 공사 프로젝트에 관해 이야기하고 있었는데, 시의회에서 지역 경제를 활성화시킬 가능성이 있을 수 있는 일자리를 창출하기 위해, 어떤 도시 개발 계획의 일환으로 창업 단지를 개발하기로 결정했어요. 그분은 이게 우리집이 긍정적인 방향으로 재평가될 수 있는 기회를 줄 수 있다고 말씀하셨어요. 그 말은 집값이 오를 수 있다는 뜻이죠. 우리는 그걸 긍정적으로 바라봤고, 대화는 아주 흥미로웠어요. 아마 공통된 관심사 이상이었을 거예요.

핵심표현 <u>AL 표현</u>

어휘 표현 | get into ~에 타다, 들어가다   make a change 변화를 일으키다, 바꾸다   council 의회   decide to do ~하기로 결정하다   develop ~을 개발하다, 발전시키다   start-up complex 창업 단지   as part of ~의 일환으로   urban 도시의   planning 계획, 기획   in order to do ~하기 위해   create ~을 만들어내다   boost 활성화시키다, 촉진하다   local 지역의, 현지의   economy 경제   revalue ~을 재평가하다   in a positive way 긍정적인 방향으로   positively 긍정적으로   common interest 공통 관심사

MP3 2_25

| 거주 | 집 관련 문제 경험 |

Have you ever had any problems with your home? What was your problem, and how did you deal with it? How did the problem turn out? Give me as many details as possible.

집 건물에 어떤 문제라도 겪으신 적이 있나요? 무엇이 문제였으며, 어떻게 대처했나요? 그 문제는 결국 어떻게 되었나요? 가능한 한 많은 세부 정보를 이야기해 주세요.

듣기 키워드

핵심 표현 / AL 표현

MP3 2_26

❶	어느 날, 주방 싱크대가 제대로 작동하지 않는 다는 것 알게 됨	물이 배수관을 따라 내려가지 않음
❷	먼저 관리 사무소에 전화함	연락할 수 있는 배관공 목록은 있지만 자신들의 일 아니라고 함
❸	시간을 정했고, 집에 와서 문제를 살펴봄	파이프 중간에 음식물 찌꺼기로 막혀 있다고 함
❹	기계를 사용해 파이프를 세척해 줌	싱크대는 이제 잘 작동되고 있고, 만족함

만능 답변

I have been living in the same apartment since about 10 years ago. [도입부] ❶ One day, I found out that the sink in the kitchen was not working properly. The water did not go down the drain. Then I got a little worried about the smell. I couldn't even wash dishes. [본론] ❷ So to fix the problem I first called the maintenance office, and they had a list of plumbers to contact, saying it wasn't their job. And they gave it to me, so I called one of the plumbers on the list. ❸ We arranged a time, and he came to my house to take a look at the problem. He said the pipe got clogged with food scraps in the middle. It was quite solid and didn't move at all. [마무리] ❹ He used a machine to clean the pipes to solve the problem. As he said, the sink is working fine now and I'm happy with that.

저는 약 10년 전부터 같은 아파트에 계속 살고 있어요. 어느 날, 저는 주방에 있는 싱크대가 제대로 작동하지 않는다는 사실을 알게 되었어요. 물이 배수관을 따라 내려가지 않았어요. 그래서, 냄새가 좀 걱정되었어요. 심지어 설거지조차 할 수 없었죠. 그래서 문제를 바로잡기 위해 먼저 관리 사무소에 전화를 걸었는데, 그곳엔 연락할 수 있는 배관공 목록은 있지만, 자신들의 일이 아니라고 말했어요. 그리고 목록을 저에게 줘서, 목록에 있는 배관공들 중 한 분에게 전화했죠. 우리는 시간을 정했고, 그분이 우리집으로 와서 문제를 살펴봤어요. 그는 파이프가 음식 찌꺼기 때문에 중간에 막혀 있다고 했어요. 그게 완전히 꽉 차 있어서 꼼짝도 하지 않았죠. 그는 문제를 해결하기 위해 기계를 사용해 파이프를 세척했어요. 그 분이 말한 대로, 싱크대는 이제 잘 작동되고 있고, 저는 만족하고 있어요.

핵심표현 AL 표현

어휘 표현 | find out that ~라는 것을 알게 되다　work (기계 등이) 작동되다　properly 제대로, 적절히　drain 배수관　maintenance 시설 관리, 유지 관리　plumber 배관공　contact ~에게 연락하다　arrange (일정 등) ~을 정하다, 조정하다　take a look at ~을 살펴보다　get clogged with ~로 막혀 있다　solid 속이 꽉 찬, 단단한　not ~ at all 전혀 ~ 않다　narrow 좁은　prevent A from -ing A가 ~하는 것을 막다, 방지하다　pass through 통과해 지나가다

MP3 2_27

거주 | 집 관련 문제 경험

Things happen from time to time. Tell me about one of the problems you have experienced at home and tell me in detail about what happened.

때때로 이런저런 일이 생깁니다. 집에서 겪었던 문제들 중의 한 가지와 관련해 이야기하면서 무슨 일이 있었는지 자세히 이야기해 주세요.

듣기 키워드

핵심 표현 / AL 표현

MP3 2_28

❶	집에서 발생되는 문제를 보는게 그렇게 흔치는 않음	물이 위층에서 샌다면 천장에 생긴 누수 얼룩을 볼 수 있음
❷	천장에 생긴 회색 얼룩 봄, 점점 커짐	관리 사무소에 전화 걸어 무슨 일이 생긴 건지 알 수 있도록 함
❸	점검 후, 위층 배관 문제로 생긴 누수 때문이라고 함	
❹	좋은 점은 내 잘못이 아니어서 집주인이 비용 지불했다는 점	나쁜 점은 낯선 사람들이 집에 방문하는 게 전혀 즐겁지 않았고 그 사람들을 일주일 동안 들여보내야 했다는 점

만능 답변

도입부 ❶ Technically, it's not very common to see problems at home, but if water leaks from upstairs from time to time, you can see the leaky stains on the ceiling. This can cause another problem that can lead to mold on the wall. 본론 ❷ I had such an experience about four or five years ago, and one day, I saw gray spots on the ceiling, and they got bigger and bigger. So I called the maintenance office so that I could see what was going on. A repairman visited my house to check for the cause. ❸ After the inspection, he said it was due to a plumbing leak from upstairs. 마무리 ❹ The good thing was it wasn't my fault, so the owner paid for it. The bad thing is that it's not fun at all for strangers to visit my home, and I should let them in for a week.

엄밀히 말해서, 집에서 발생되는 문제를 보는 게 그렇게 흔치는 않지만, 물이 이따금씩 위층에서 샌다면, 천장에 생긴 누수 얼룩을 볼 수 있어요. 이건 벽에 나타나는 곰팡이로 이어질 수 있는 또 다른 문제를 야기할 수 있어요. 저는 약 4~5년 전에 그런 경험을 했는데, 어느 날, 천장에 생긴 회색 얼룩을 봤고, 그게 점점 더 커졌어요. 그래서 무슨 일이 생긴 건지 알 수 있도록 관리 사무소에 전화를 걸었죠. 수리 기사가 우리집을 방문해 원인을 확인했어요. 점검 후에, 그는 위층에서 배관 문제로 생긴 누수 때문이라고 말했어요. 좋은 점은 그게 제 잘못이 아니기 때문에, 소유주가 그 비용을 지불했다는 점이었죠. 나쁜 점은 낯선 사람들이 집에 방문하는 게 전혀 즐겁지 않았고, 그 사람들을 일주일 동안 들여보내야 했다는 점이었어요.

핵심표현 AL 표현

어휘 표현 ┃ technically 엄밀히 말해서 leak v. (물, 가스 등이) 새다, 누출되다 n. 누수, 누출 leaky (물, 가스 등이) 새는, 누출되는 stain 얼룩(= spot) ceiling 천장 lead to ~로 이어지다 mold 곰팡이 damage ~을 손상시키다 about 약, 대략 get bigger and bigger 점점 더 커지다 repairman 수리 기사 inspection 점검, 조사 plumbing 배관 (시설), 배관 작업 responsibility 책임 owner 소유주, 주인 replace ~을 교체하다, 대체하다 at one's expense ~의 비용으로 fault 잘못 let A in A를 들여보내다

MP3 2_29

거주 | 새 집으로 이사한 경험

Please tell me about an experience of moving into a new house. Did anything interesting or unexpected happen while you were moving? And what kind of help did you get?

새 집으로 이사한 경험과 관련해 이야기해 주세요. 이사하시는 동안 흥미롭거나 예기치 못한 일이 한 번이라도 있었나요? 그리고 어떤 도움을 받았나요?

듣기 키워드

핵심 표현 / AL 표현

MP3 2_30

	핵심 표현	AL 표현
❶	여러 번 이사를 한다는 건 번거로운 일 임	
❷	최근엔 2년 전, 친구가 이사 업체 소개 시켜 줌, 업체에서 견적서 만들어 줌	견적서에 따라 계약서에 서명함
❸	아침 6시, 업체 직원들이 물건 나르고 정오에는 새집에 들어갈 수 있었음	짐을 꾸리고, 옮기고, 다시 풀어서, 모든 것을 정확한 위치와 순서에 맞게 정리하는 것과 관련된 일
❹	모든 것이 순조롭게 진행됨	

만능 답변

[도입부] ❶ It is quite a hassle to move several times. [본론] ❷ It was recently two years ago, and I had to move for some reason, so my friend recommended a moving company and I made a call to them. They said they made an estimate for that. <u>And then we signed a contract according to that estimate.</u> The contract showed me how much luggage I had and how much it would cost. Since I had to move out of my old house ❸ around 6 in the morning, they started packing things up, and by noon they vacated the room and we could move into the new house. Nowadays, moving agencies provide perfect service. <u>It's about packing up, moving, unpacking things, and organizing everything in the correct place and order.</u> [마무리] ❹ Everything went smoothly as planned, so there were no problems.

여러 번 이사를 한다는 건 꽤 번거로운 일이에요. 최근엔 2년 전에 했는데, 제가 어떤 이유로 이사해야 했기 때문에, 친구가 이사 전문 업체를 하나 추천해 주었고, 저는 그곳에 전화를 걸었어요. 그쪽에서 그에 필요한 견적서를 만들었다고 말해 줬어요. 그래서 그 뒤에 우리는 그 견적서에 따라 계약서에 서명했죠. 그 계약서에는 저에게 얼마나 많은 짐이 있는지, 그리고 얼마나 많은 비용이 들어갈지 나타나 있었어요. 제가 아침 6시쯤에 원래 살던 집에서 나가야 했기 때문에, 그 업체 직원들이 물건들을 꾸리기 시작했고, 정오 무렵에 방을 비워서 새 집에 들어갈 수 있었어요. 요즘은, 이사 전문 업체들이 완벽한 서비스를 제공해요. 짐을 꾸리고, 옮기고, 다시 풀어서, 모든 것을 정확한 위치와 순서에 맞게 정리하는 것과 관련된 일이죠. 모든 게 계획대로 순조롭게 진행되었기 때문에 아무런 문제도 없었어요.

핵심표현 <u>AL 표현</u>

어휘 표현 | hassle 번거로운 일   make a call to ~에게 전화를 걸다   estimate 견적(서)   sign a contract 계약서에 서명하다   according to ~에 따라   luggage 짐, 수하물   pack A up A를 꾸리다, 싸다   vacate ~을 비우다   provide ~을 제공하다   unpack (짐 등) ~을 풀다   organize ~을 정리하다   correct 정확한, 맞는   go smoothly 순조롭게 진행되다   as planned 계획대로

🔊MP3 2_31

거주	이웃을 도운 경험

Think about a day when you helped a neighbor or a friend. Explain what the problem was, what you did to help, and how things turned out.

여러분이 이웃이나 친구를 도왔던 날을 생각해 보세요. 어떤 것이 문제였는지, 무엇을 도와줬는지, 그리고 어떻게 일이 해결됐는지 설명해주세요.

듣기 키워드

핵심 표현   **AL** 표현   🔊MP3 2_32

	핵심 표현	AL 표현
❶	비슷한 경험한 적 있음	
❷	옆집 이웃 가족 여행 계획, 문제는 집 앞에 신문 쌓임	보안 문제가 생기지 않게 하기 위해 도와주기로 함
❸	일간 신문과 편지를 우편함에서 치워 여행 간 것을 아무도 모르게 확실히 함	
❹	그들이 아주 감사해 함, 즐거운 여행할 수 있었다고 함	여행 중에 구입한 기념품을 나에게 줌

만능 답변

[도입부] ❶ I have had a similar experience you just mentioned. [본론] ❷ Not too long ago, a neighbor living next door was planning a family trip, so he asked me to do a favor. The problem is that if they were traveling, newspapers would pile up at the door. <u>It would be best if that did not happen, so I decided to help him not to let it create a security problem.</u> There could be a thief or an illegal attempt to enter the property. ❸ I did as they asked, making sure no one knew they were traveling by taking the daily newspaper and letters from their mailbox. In a few days, they got back from the trip. [마무리] ❹ They were so grateful, saying they could have a good trip because of what I did for them, <u>and gave me a souvenir they bought during the trip.</u>

방금 언급한 것과 비슷한 경험을 한 적이 있어요. 불과 얼마 전에, 옆집에 살고 있는 이웃이 가족 여행을 계획하고 있었기 때문에, 제게 한 가지 부탁을 들어달라고 하셨어요. 문제는, 그분들이 여행을 떠나면, 신문이 문 앞에 쌓이게 된다는 점이었죠. 그런 일이 생기지 않는 게 최선일 것이었기 때문에, 보안 문제를 생기게 하지 않도록 하기 위해 그분을 도와 주기로 결정했어요. 도둑이 들거나 건물에 침입하려는 불법적인 시도가 있을 수 있거든요. 저는 그분들이 요청한 대로 했는데, 일간 신문과 편지를 우편함에서 치워서 그분들이 여행하고 있다는 걸 아무도 알지 못하게 확실히 했어요. 며칠 후에, 그분들이 여행에서 돌아왔죠. 그분들은 아주 감사해 하면서, 제가 그분들을 위해 한 일 때문에 즐거운 여행을 할 수 있었다고 말했고, 여행 중에 구입한 기념품을 저에게 주셨어요.

핵심표현 AL 표현

어휘 표현 | not too long ago 불과 얼마 전에   ask A to do a favor A에게 부탁을 들어달라고 요청하다   pile up 쌓이다   it would be best if ~라면 최선일 것이다, ~라면 가장 좋을 것이다   security 보안   thief 도둑, 절도범   illegal 불법적인   attempt to do ~하기 위한 시도   property 건물, 부동산   make sure (that) 반드시 ~하도록 하다, ~하는 것을 확실히 하다   grateful 감사하는, 고맙게 생각하는   souvenir 기념품

▶ 과거와 현재의 집 비교

Tell me about the house or apartment you lived in when you were a child. How was it different from the one you live in now? What are the similarities and differences?

어렸을 때 살았던 주택 또는 아파트와 관련해 이야기해 주세요. 현재 살고 있는 곳과 어떻게 달랐나요? 어떤 유사점과 차이점이 있나요?

▶ 집 안 변화

Tell me about a change you made to your home. What was the change and why did you make that change? How did your home look afterwards? Give me all the details.

당신의 집에 준 변화에 대해 말해주세요. 어떤 변화였나요? 왜 그런 변화를 만들었나요? 변화 후에 집은 어떤 모습이었나요? 자세히 말해주세요.

▶ 동네 장단점

Let's talk about where you live. Tell me what you like and don't like about your neighborhood.

당신이 살고 있는 곳에 대해 이야기해봅시다. 당신의 동네에서 당신이 좋아하는 점과 좋아하지 않는 점에 대해 이야기해 주세요.

▶ 주택 관련 문제

Talk about the problems people have when they rent a house or an apartment. Why do those problems occur and how do people solve those problems?

사람들이 주택 또는 아파트를 임대할 때 겪는 문제들과 관련해 이야기해 주세요. 왜 그런 문제들이 발생하고, 어떻게 사람들이 그 문제들을 해결하나요?

▶ 주택 공급 관련 이슈

Housing has become a widespread topic in the news. What are the issues and trends in housing in your country so far? Talk about some of the issues people in your country are discussing regarding housing. Or what are individuals and other organizations doing to solve these problems?

주택 공급이 뉴스에서 광범위하게 다뤄지는 주제가 되었습니다. 지금까지 당신 나라의 주택 공급 분야에서 어떤 문제와 현상이 발생했나요? 당신 나라의 사람들이 주택 공급에 관해 의견을 나누는 몇몇 문제들과 관련해 이야기해 주세요. 혹은 이 문제들을 해결하기 위해 개인과 단체가 어떤 것을 하고 있나요?

만능 답변

🔊 MP3 2_33

거주	과거와 현재의 집 비교

Tell me about the house or apartment you lived in when you were a child. How was it different from the one you live in now? What are the similarities and differences?

어렸을 때 살았던 주택 또는 아파트와 관련해 이야기해 주세요. 현재 살고 있는 곳과 어떻게 달랐나요? 어떤 유사점과 차이점이 있나요?

듣기 키워드

핵심 표현   AL 표현   🔊 MP3 2_34

	핵심 표현	AL 표현
❶	어릴 때 큰 저택에 살았음	아파트에 비해 널찍하고, 취향에 따라 개인화 할 수 있음
❷	하지만 요즘은 아파트에 사는 걸 선호함, 모든 게 잘 유지 관리되어서 큰 불편함 없음	이용할 수 있는 편리한 설비와 편의시설이 많기 때문
❸	어렸을 때 집이 지금 집 보다 훨씬 더 큼	과거에 집은 그저 거주 공간, 요즘은 거주 환경이 중요해짐
❹	단지 내 자연과의 균형 강조하는 조경이 주목 받음	

만능 답변

(도입부) ❶ As for the previous house I lived in and the one today, I used to live in a type of mansion as a child. <u>Mansions are generally more spacious compared to apartments and could be personalized depending on your taste.</u> (본론) ❷ However, I prefer to live in an apartment nowadays <u>because there are so many convenient facilities and amenities to use.</u> Everything is well maintained, so I haven't experienced any great inconveniences. The biggest change would be the size. ❸ Back in my early days, the house where I lived was much bigger than the current one. Another change would be what and how people think of housing. <u>Houses back in the days were meant to be just a living space, but these days, living environments are becoming more and more important.</u> (마무리) ❹ So landscaping in apartment complexes that emphasizes a balance with nature receives more attention these days.

제가 살았던 이전의 집과 지금 살고 있는 집에 관해 말하자면, 저는 어릴 때 일종의 큰 저택에 살았어요. 저택은 아파트에 비해 일반적으로 더 널찍하고 취향에 따라 개인화 할 수 있어요. 하지만, 저는 요즘 아파트에 사는 걸 선호하는데, 이용할 수 있는 편리한 설비와 편의시설이 많이 있기 때문이에요. 모든 게 잘 유지 관리되기 때문에, 어떤 큰 불편함도 겪어보지 못했어요. 가장 큰 변화는 규모일 거예요. 예전에 제가 어렸을 때는, 제가 살았던 집이 현재 살고 있는 곳보다 훨씬 더 컸어요. 또 다른 변화는 사람들이 주택에 대해 무슨 생각을 어떻게 하고 있는가 하는 점일 거예요. 과거에는 집이 그저 거주 공간으로만 여겨졌지만, 요즘은 거주 환경이 점점 더 중요해지고 있어요. 아파트 단지 내에 자연과의 균형을 강조하는 조경이 요즘 더 많은 주목을 받고 있죠.

핵심표현 <u>AL 표현</u>

어휘 표현 | mansion 저택   generally 일반적으로, 보통   spacious 널찍한   compared to ~에 비해, ~와 비교해   personalize ~을 개인의 필요에 맞추다, 개인화하다   depending on ~에 따라, ~에 달려 있는   taste 취향   convenient 편리한 facility 설비, 시설(물)   amenities 편의시설   inconvenience 불편함   be meant to be A A인 것으로 여겨지다 environment 환경   landscaping 조경   attention 주목, 관심

🔊 MP3 2_35

거주	집 안 변화

Tell me about a change you made to your home. What was the change and why did you make that change? How did your home look afterwards? Give me all the details.

당신의 집에 준 변화에 대해 말해주세요. 어떤 변화였나요? 왜 그런 변화를 만들었나요? 변화 후에 집은 어떤 모습이었나요? 자세히 말해주세요.

듣기 키워드

핵심 표현   AL 표현   🔊 MP3 2_36

❶	집에 변화를 주는 이유는 두 가지	
❷	너무 익숙해지면 지겨워지게 됨, 물건이 닳거나 망가짐	아파트에 살고 있어서 외부에 대해 할 수 있는 게 많지 않음
❸	올해 새로운 소파로 업그레이드함	이전에 쓰던 소파의 가죽이 닳아 버림
❹	올바른 결정했다고 생각함	구입한 제품에 대해 상당히 만족하고 있기 때문

만능 답변

[도입부] ❶ There might be two reasons why we change things in the house. [본론] ❷ When people get used to something too much, they get kind of sick and tired of it. So people start to consider changing things. Or things wear out or break. <u>I live in an apartment, so I can't do much on the exterior.</u> That is why I tend to change the interior and furniture from time to time. I bought a sofa 10 years ago. ❸ So this year I upgraded it to a brand new one. In fact, <u>the leather part of the sofa was worn out.</u> It started falling off into pieces, and since some time ago I started to need more time to clean them, like a weekly routine, which is so terrible. <u>So I decided to buy a new one online to replace the old one.</u> [마무리] ❹ I think I made a right decision <u>because I'm quite satisfied with the purchase that I made.</u>

우리가 집에 변화를 주는 데 두 가지 이유가 있을 수 있어요. 사람들이 어떤 것에 너무 많이 익숙해지면, 좀 지겨워지게 되죠. 그래서 사람들은 뭔가를 변경하는 것을 고려하기 시작해요. 그렇지 않으면 물건들이 닳아버리나 망가지죠. 저는 아파트에 살고 있기 때문에 외부에 대해 할 수 있는 게 많지 않아요. 그게 바로 제가 이따금씩 실내와 가구를 변경하는 경향이 있는 이유예요. 저는 10년 전에 소파를 하나 구입했어요. 그래서 올해, 완전히 새로운 것으로 업그레이드했어요. 실제로, 그 소파의 가죽 부분이 닳아버렸어요. 여러 조각으로 떨어져 나가기 시작해서, 얼마 전부터는, 마치 매주 하는 일상 활동처럼, 닦는 데 더 많은 시간이 필요해지기 시작했는데, 이게 너무 끔찍해요. 그래서 저는 오래된 것을 교체하기 위해 온라인으로 새로운 것을 구입하기로 결정했어요. 저는 제가 올바른 결정을 내렸다고 생각하는데, 제가 구입한 제품에 대해 상당히 만족하고 있기 때문이에요.

핵심표현 AL 표현

어휘 표현 | get sick and tired of ~을 지겨워하다   consider -ing ~하는 것을 고려하다   wear out 닳아버리다   break 망가지다, 고장 나다   exterior 외부, 외면   from time to time 이따금씩, 가끔   brand new 완전히 새로운   fall off into pieces 여러 조각으로 떨어져 나가다   replace ~을 교체하다, 대체하다   make a purchase 제품을 구입하다   make a decision 결정을 내리다   be satisfied with ~에 만족하다

🔊 MP3 2_37

거주	동네 장단점

Let's talk about where you live. Tell me what you like and don't like about your neighborhood.

당신이 살고 있는 곳에 대해 이야기해봅시다. 당신의 동네에서 당신이 좋아하는 점과 좋아하지 않는 점에 대해 이야기해 주세요.

듣기 키워드

핵심 표현   **AL 표현**   🔊 MP3 2_38

	핵심 표현	AL 표현
❶	좋은 점도 싫은 점도 있음	
❷	고급스럽고, 시설 관리 직원들이 열심히 노력해서 잘 관리됨	식물과 나무가 많음
❸	가장 좋은 점은 주차장이 지하에 있어서 차가 길에 주차하지 않음	이보다 더 좋을 순 없음
❹	경관이 그리 좋진 않음	다른 단지들로 둘러싸여 있기 때문에

만능 답변

(도입부) ❶ I live in a large apartment complex. There are likes and dislikes about where I live. (본론) ❷ A good thing about it is that it is somewhat luxurious and the maintenance staff works hard to keep it clean, so it is well maintained. Another good thing would be there are plenty of plants and trees. ❸ The best thing about it is that the parking is underground, so the cars aren't parked on the road, which couldn't be better. (마무리) ❹ However, the scenery is not so good because the complex is surrounded by other complexes. The buildings are nicely designed. The front and back gates are truly impressive. All the buildings are very tall, over 20 stories each. Nearby, there are some shopping centers that are relatively large, so you can get everything that you need.

저는 큰 아파트 단지에 살고 있어요. 제가 사는 곳과 관련해서 좋은 점들도 있고 싫은 점들도 있어요. 우리 단지와 관련해 좋은 점은 어느 정도 고급스러운데다 시설 관리 직원이 깨끗하게 유지하기 위해 열심히 노력하기 때문에, 잘 관리되고 있다는 점이에요. 또 다른 좋은 점은 식물과 나무가 많이 있다는 점일 거예요. 가장 좋은 점은 주차장이 지하에 있기 때문에, 자동차들이 길에 주차되어 있지 않다는 점인데, 이보다 더 좋을 순 없어요. 하지만, 경관이 그렇게 좋진 않는데, 단지가 다른 단지들로 둘러싸여 있기 때문이에요. 건물들은 멋지게 디자인되어 있어요. 정문과 뒷문은 정말 인상적이에요. 모든 건물이 아주 높고, 각각 20층이 넘어요. 근처에는, 비교적 큰 몇몇 쇼핑 센터가 있어서, 필요한 것을 모두 구입할 수 있어요.

핵심표현 AL 표현

어휘 표현 | plenty of 많은   parking 주차장   park ~을 주차하다   couldn't be better 더 좋을 수는 없다   however 하지만, 그러나   scenery 경관, 경치   be surrounded by ~로 둘러싸여 있다   impressive 인상적인   story (건물의) 층   nearby 근처에   relatively 비교적, 상대적으로

🔊 MP3 2_39

거주	주택 관련 문제

Talk about the problems people have when they rent a house or an apartment. Why do those problems occur and how do people solve those problems?

사람들이 주택 또는 아파트를 임대할 때 겪는 문제들과 관련해 이야기해 주세요. 왜 그런 문제들이 발생하고, 어떻게 사람들이 그 문제들을 해결하나요?

듣기 키워드

핵심 표현 / AL 표현

🔊 MP3 2_40

	핵심 표현	AL 표현
❶	생각해봐야 할 것들이 많음	
❷	대중 교통과의 접근성	직장이 얼마나 떨어져 있는지도 생각해 봐야 할 수 있음
❸	한국에서는 임대료가 빠르게 오르고 있음	알맞은 비용으로 살 곳 찾는 데 어려움 겪고 있음
❹	더 많은 임대료 내거나 더 저렴하게 살 수 있는 곳 찾아야 함	많은 사람들이 직면하는 문제, 대부분의 사람들이 임대료 충당하기 위해 부업 하려고 함

만능 답변

(도입부) ❶ When looking for a place to live, there are many things you need to think about. (본론) It might be education. ❷ Or you may have to think about the accessibility to public transport. You may also have to think about how far your workplace is. ❸ Above all, rent rates are rising very fast in Korea. Those looking for a place to live have a hard time finding their place to live at a reasonable cost. (마무리) ❹ We have two options. One is to pay more rent, and the other is to find a cheaper place to live. This is a question that many people are faced with, but the decision is not easy to make. In order to solve such a problem, most people try to get a second job to make up for the rent.

살 곳을 찾아보는 경우에, 생각해봐야 할 것들이 많이 있어요. 교육 문제가 될 수도 있죠. 아니면 대중 교통과의 접근성에 관해 생각해봐야 할 수도 있어요. 직장이 얼마나 멀리 떨어져 있는지에 관해 생각해봐야 할 수도 있어요. 무엇보다도, 한국에서는 임대료가 아주 빠르게 오르고 있죠. 살 곳을 찾아보는 사람들은 알맞은 비용으로 살 곳을 찾는 데 어려움을 겪고 있어요. 우리에겐 두 가지 선택권이 있어요. 하나는 더 많은 임대료를 내는 것이고, 다른 하나는 더 저렴하게 살 수 있는 곳을 찾는 것이에요. 이는 많은 사람들이 직면하는 문제이지만, 쉽게 내릴 수 있는 결정은 아니에요. 이런 문제를 해결하기 위해, 대부분의 사람들은 임대료를 충당하기 위해 부업을 구하려고 해요.

핵심표현 AL 표현

어휘 표현 | look for ~을 찾아보다   accessibility 접근성   public transport 대중 교통   may have to do ~해야 할 수도 있다   above all 무엇보다도   rent rate 임대료   rise 오르다, 증가하다   have a hard time -ing ~하는 데 어려움을 겪다   reasonable (가격 등이) 알맞은, 합리적인   be faced with ~에 직면하다   make a decision 결정을 내리다   in order to do ~하기 위해   make up for ~을 충당하다, 보충하다

🔊 MP3 2_41

거주 | 주택 공급 관련 이슈

Housing has become a widespread topic in the news. What are the issues and trends in housing in your country so far? Talk about some of the issues people in your country are discussing regarding housing. Or what are individuals and other organizations doing to solve these problems?

주택 공급이 뉴스에서 광범위하게 다뤄지는 주제가 되었습니다. 지금까지 당신 나라의 주택 공급 분야에서 어떤 문제와 현상이 발생했나요? 당신 나라의 사람들이 주택 공급에 관해 의견을 나누는 몇몇 문제들과 관련해 이야기해 주세요. 혹은 이 문제들을 해결하기 위해 개인과 단체가 어떤 것을 하고 있나요?

듣기 키워드

핵심 표현 | **AL 표현** | 🔊 MP3 2_42

	핵심 표현	AL 표현
❶	한국의 주택난은 대도시에서 특히 심각	
❷	주택난은 공급과 수요 경제 원칙을 따름	튼튼한 경제 성장은 수백 만개의 일자리를 창출하여 주택 수요 충족시켜줌
❸	서울은 늘어난 주택난이 장기화되고 있음	
❹	예상 인구 증가율에 따라서 주택 비율 두 배로 늘려야함	추가적인 가격 인상을 방지해야 함, 임대료가 하락할 수 있도록 향후 10년 동안 현재의 주택 양산 비율 개선 필요

만능 답변

(도입부) ❶ The housing shortage in Korea is particularly severe in large cities such as Seoul and Busan. (본론) ❷ In general, a housing shortage follows the economic principles of supply and demand. Strong economic growth creates millions of new jobs, which increases demand for housing. However, the insufficient construction of new housing-units fails to provide enough supply to meet the demand. ❸ Since about 2000, Seoul has been experiencing an extended and increasing housing shortage. (마무리) ❹ Many experts say that Seoul needs to double its current rate of housing production to keep up with expected population growth and prevent prices from further increasing, and needs to improve the current rate of housing production over the next 10 years in order for prices and rents to decline.

한국의 주택난은 서울과 부산 같은 대도시에서 특히 심각해요. 일반적으로, 주택난은 공급과 수요라는 경제 원칙을 따르죠. 튼튼한 경제 성장은 수백 만개의 일자리를 창출하여, 주택에 대한 수요를 충족시켜 줍니다. 하지만, 미흡한 신규 주택 건설은 주택 공급량을 충분히 제공하지 못하게 되죠. 대략 2000년 이후로, 서울은 늘어난 주택난을 장기화로 계속 겪어오고 있어요. 많은 전문가들은 서울이 예상 인구 증가율에 발맞춰 가기 위해 현재의 주택 양산 비율을 두 배로 늘리고 가격이 추가로 증가하는 것을 방지해야 한다는 점, 그리고 가격과 임대료가 하락할 수 있도록 향후 10년 동안에 걸쳐 현재의 주택 양산 비율을 개선해야 한다는 점을 주장하고 있어요.

핵심표현 AL 표현

어휘표현 | shortage 부족 particularly 특히 severe 심각한, 극심한 economic principles 경제 원칙 supply and demand 공급과 수요 economic growth 경제 성장 housing-unit 주택 가구 meet (조건 등) ~을 충족시키다 decline 하락하다, 줄어들다

OPIc
학습지

실전 전략편

3

선택 주제
만능 답변

시원스쿨
OPIc 학습지
실전 전략편

초판 1쇄 발행 2022년 9월 23일

지은이 강지완 · 시원스쿨어학연구소
펴낸곳 (주)에스제이더블유인터내셔널
펴낸이 양홍걸 이시원

홈페이지 www.siwonschool.com
주소 서울시 영등포구 국회대로74길 12 남중빌딩 시원스쿨
교재 구입 문의 02)2014-8151
고객센터 02)6409-0878

ISBN 979-11-6150-629-6 13740
Number 1-110606-18180400-06

선택 주제
만능 답변

학습 목표

⊘ Background Survey에서 나에게 유리한 선택지를 고를 수 있다.

⊘ 자주 등장하는 빈출 선택 주제와 콤보 세트를 익힐 수 있다.

⊘ 관람, 음악, 운동, 여행과 관련된 필수 어휘를 사용해 답변을 만들 수 있다.

목차

1 | 관람

Background Survey 선택 전략

사전 설문조사에서는 수험자의 신분 및 주거 상황, 취미 및 기타 활동들에 대한 정보를 입력합니다. 대부분의 문제는 수험자가 선택한 내용을 토대로 출제됩니다. 사전 설문에서는 총 12개의 항목을 선택해야 하는데, 비슷한 항목끼리 묶어서 답변을 준비하면 훨씬 더 적게 공부하고 더 높은 효과를 거둘 수 있습니다.

4번 여가 활동은 크게 관람하기, TV 시청하기, 쇼핑하기 세 가지로 접근할 수 있습니다. 관람하기는 영화 보기, 공연 보기, 콘서트 보기와 같이 비슷한 항목으로 묶을 수 있습니다. TV 시청하기는 TV 시청하기, 리얼리티쇼 시청하기, 요리 관련 프로그램 시청하기 항목으로 묶어 준비할 수 있습니다. 이 때, 관람 및 TV 시청하기를 묶어 선택할 수도 있고 관람 및 쇼핑하기를 묶어 선택할 수도 있습니다.

4번에서 7번까지 최소 12개의 항목을 선택한다는 가정하에, 4번 항목에서는 관람과 관련된 비슷한 여가 활동들만 선택하는 것을 추천합니다.

4. 귀하는 여가 활동으로 주로 무엇을 하십니까? (두개 이상 선택)

☐ 영화 보기	☐ 클럽/나이트 클럽 가기	☐ 술집/바에 가기
☐ 박물관 가기	☐ 공원 가기	☐ 당구 치기
☐ 스포츠 관람	☐ 주거 개선	☐ 시험대비 과정 수강하기
☐ 게임하기	☐ 친구들에게 문자 대화하기	☐ 뉴스 보거나 듣기
☐ SNS에 글 올리기	☐ 리얼리티쇼 시청하기	☐ 쇼핑하기
☐ TV보기	☐ 스파/마사지샵 가기	☐ 구직활동 하기
☐ 요리 관련 프로그램 시청하기	☐ 공연 보기	☐ 콘서트 보기
☐ 차로 드라이브하기	☐ 캠핑하기	☐ 해변 가기
☐ 카페/커피 전문점 가기	☐ 체스하기	☐ 자원 봉사하기

■ 관람하기　■ TV 시청하기　■ 쇼핑하기

추천 선택 항목: 영화 보기, 공연 보기, 콘서트 보기

★☆☆
Intermediate Level

★★☆
Advanced Level

★★★
Advanced Level

묘사

과거 경험

비교/변화/이슈

현재 시제를 사용하는 문제로
첫 번째 문제로 출제

과거 시제를 사용하는 문제로
두 번째/세 번째 문제로 출제

비교/변화/이슈를 설명하는
문제로 두 번째/세 번째 문제로 출제

· 좋아하는 영화 장르
· 영화 관람 루틴
· 좋아하는 콘서트장
· 내가 좋아하는 콘서트나 공연
· 공연 장소

· 기억에 남는 영화
· 영화 관람 문제 상황 경험
· 최근 콘서트 관람
· 기억에 남는 공연 관람 경험
· 처음 관람했던 공연

· 처음 영화 관람, 취향 변화
· 과거와 현재의 영화 비교
· 내가 좋아하는 배우 관련 이슈

필수 표현과 문장

어휘/표현 익히기

영화/공연 시설

- □ play 상영하다
- □ concertgoer 콘서트 애호가
- □ audience 관객, 청중
- □ special effects 특수 효과
- □ hold (행사 등) ~을 개최하다, 열다
- □ popular 인기 있는
- □ on the spot 현장에서
- □ directly in person 직접 가서
- □ widely recognized 널리 인정받는
- □ feature ~을 출연시키다
- □ accommodate ~을 수용하다
- □ appear 출연하다
- □ earn one's fame 명성을 얻다
- □ surrounding sound system 입체 음향 시스템
- □ release ~을 공개하다, 발표하다
- □ catch (영화, TV 프로그램 등) ~을 보다
- □ subject 주제

영화/공연 분위기

- □ distraction 집중력 방해, 주의 산만
- □ atmosphere 분위기
- □ be well known for ~로 잘 알려져 있다
- □ controversy 논란
- □ based on ~에 바탕을 둔, ~을 기반으로 하는
- □ fascinating 매력적인
- □ sing along 따라 부르다
- □ go along 따라 가다
- □ raise one's hand 손을 들다
- □ make A 형용사 A를 ~하게 만들다

영화/공연 장르 및 관련 느낌 표현

- □ thrill 짜릿함, 스릴
- □ suspense 긴장감
- □ touching 감동적인
- □ astonishing 놀라운
- □ taste 취향
- □ Sci-Fi movie 공상 과학 영화
- □ legendary 전설적인
- □ sentimental 감상적인
- □ be titled A 제목이 A이다
- □ realistic 현실적인

영화/공연 느낌

- □ have quality time 소중한 시간을 보내다
- □ impress ~에게 깊은 인상을 남기다
- □ can't wait for A to do 빨리 A가 ~하면 좋겠다
- □ worth -ing ~할 만한 가치가 있는
- □ bring A to life A를 생동감 있게 나타내다
- □ refresh ~에 새롭게 활력을 주다
- □ breathtaking 숨이 멎을 듯한
- □ be immersed in ~에 흠뻑 빠져들다, 몰두하다
- □ would have to be A 아무래도 A일 것이다
- □ mind blowing 너무 감동적인, 너무 즐거운
- □ amazingly 놀라울 정도로
- □ particularly 특히, 특별히
- □ There's no doubt that
  의심의 여지 없이 ~이다, ~라는 데 의심의 여지가 없다

문장 만들어보기

❶ 일반적으로, 저는 시청하는 것과 관련해서 까다로운 사람은 아닙니다.

▶ _____

(in general, picky person)

❷ 영화를 보기 전에, 저는 그 시기에 무엇을 상영하는지 알아보기 위해 검색 엔진들을 통해 조사를 좀 해요.

▶ _____

(do some research, search engines, at the time)

❸ 코미디 영화는 너무 즐거워서, 사람들을 웃게 만들기도 하고, 때때로 감동을 느끼기도 해요.

▶ _____

(enjoyable, make you laugh, feel touched)

❹ 저는 스스로 대단한 콘서트 애호가라고 여기고 있어요.

▶ _____

(consider, concertgoer)

❺ 저는 기회가 있을 때마다 일년에 한두 번 콘서트를 보는 경향이 있어요.

▶ _____

(tend to, get a chance, once or twice a year)

❻ 가장 좋아하는 가수를 현장에 직접 가서 보는 건 더 재미있고 즐거운 것 같아요.

▶ _____

(directly in person, on the spot, fun and pleasurable)

❼ 저는 그 정도로 너무 감동적인 경험은 해 본 적이 없었어요.

▶ _____

(never, mind blowing experience)

모범 답안

❶ In general, I'm not a picky person when it comes to what I watch.
❷ Before watching a movie, I do some research through search engines to see what's playing at the time.
❸ Comedy films are very enjoyable, and they make you laugh and sometimes feel touched.
❹ I consider myself to be a great concertgoer.
❺ I tend to see concerts once or twice a year, whenever I get a chance.
❻ Seeing your favorite singers directly in person on the spot seems to be more fun and pleasurable.
❼ I had never had such a mind blowing experience.

▶ 좋아하는 영화 장르

You indicated in the survey that you like to go to the movies. What is your favorite genre of movie? Why do you like those types of movies?

당신은 설문조사에서 영화 보러 가는 것을 좋아한다고 했습니다. 가장 좋아하시는 영화 장르는 무엇인가요? 왜 그런 종류의 영화를 좋아하나요?

▶ 영화 관람 루틴

You have indicated in the survey that you like watching movies. Who do you usually go to the movies with? Are there any special reasons that you watch movies with this person? What do you do with this person after seeing a movie? What do you usually do before you go to a movie theater? What do you do after watching the movie?

당신은 설문조사에서 영화 보는 것을 좋아한다고 했습니다. 보통 누구와 함께 영화를 보러 가나요? 그 사람과 영화를 관람하는 특별한 이유라도 있나요? 영화 관람 후에 그 사람과 무엇을 하나요? 영화관에 가기 전에 보통 무엇을 하나요? 영화 관람 후에는 무엇을 하나요?

▶ 좋아하는 콘서트장

You indicated in your survey that you enjoy going to concerts. Tell me about the concert venue you visit the most often. Where is it located? What does it look like? Please describe it in as much detail as possible.

당신은 설문조사에서 영화 보는 것을 좋아한다고 했습니다. 당신이 가장 자주 방문하는 콘서트 장소에 대해 말해주세요. 어디에 위치해 있나요? 어떻게 생겼나요? 가능한 한 자세히 이야기해 주세요.

▶ 내가 좋아하는 콘서트나 공연

What kind of concerts or performances do you like to watch? Why do you like to watch these kinds of performances? Please explain everything in as much detail as possible.

어떤 콘서트나 공연을 관람하시는 것을 좋아하나요? 왜 그런 공연을 관람하시는 게 좋은가요? 가능한 한 자세히 모두 설명해 주세요.

▶ 공연 장소

You indicated in the survey that you enjoy watching performances. Tell me the performance hall that you like to go to. Where is it located? Why do you like to go there? I'd like to know about the ins and outs of the performance hall.

당신은 설문조사에서 공연 보는 것을 즐긴다고 했습니다. 당신이 가기 좋아하는 공연장에 대해 말해주세요. 어디에 위치해 있나요? 왜 그곳에 가는 것을 좋아하나요? 그 공연장의 내부와 외부에 대해 알고 싶습니다.

만능 답변

🔊 MP3 3_1

관람	좋아하는 영화 장르

You indicated in the survey that you like to go to the movies. What is your favorite genre of movie? Why do you like those types of movies?

당신은 설문조사에서 영화 보러 가는 것을 좋아한다고 했습니다. 가장 좋아하시는 영화 장르는 무엇인가요? 왜 그런 종류의 영화를 좋아하나요?

듣기 키워드

핵심 표현 / AL 표현

🔊 MP3 3_2

	핵심 표현	AL 표현
❶	시청하는 것과 관련해서 까다로운 사람은 아님	액션부터 코미디에 이르는 모든 종류 영화 즐기려 함
❷	영화를 볼 때마다 주로 가족과 함께 영화관에 감	사랑하는 사람들과 함께 소중한 시간을 보낼 수 있어서 같이 시간을 보내는 것을 즐길 수 있음
❸	가장 좋아하는 영화 종류 많지만 하나 선택하자면 가족 영화	혼자 영화를 보는 경우에는 기분에 따라 보고 싶은 것을 즉석에서 선택함
❹	영화 관람은 정말 좋은 시간임	함께 가족 유대감을 쌓을 수 있는 아주 좋은 방법이라고 생각함

만능 답변

(도입부) ❶ In general, I'm not a picky person when it comes to what I watch, so I try to enjoy all kinds of movies, ranging from action to comedy. (본론) ❷ Whenever I watch movies, I often go to the movies with my family. That is because I can have quality time with my loved ones so that I can enjoy spending time with them. Family comes first. ❸ I have many favorite types of movies, but if I had to choose one, it would be a family movie. When I watch a movie on my own, I instantly choose what I want to see, depending on my mood. But if I am with my family, my choices are very limited because my kids aren't grown up yet. (마무리) ❹ Watching movies is a really good time, and I think it's a great way to build a family bond together. I think it's the best part of watching them.

일반적으로, 저는 시청하는 것과 관련해서 까다로운 사람은 아니기 때문에, 액션에서부터 코미디에 이르는 모든 종류의 영화를 즐기려 해요. 제가 영화를 볼 때마다, 주로 가족과 함께 영화관에 가요. 그 이유는 제가 사랑하는 사람들과 함께 소중한 시간을 보낼 수 있어서 같이 시간을 보내는 걸 즐길 수 있기 때문이에요. 가족이 최우선이거든요. 제가 가장 좋아하는 영화 종류가 많기는 하지만, 하나를 선택해야 한다면, 그건 가족 영화일 거예요. 제가 혼자 영화를 보는 경우에는 제 기분에 따라 제가 보고 싶은 것을 즉석에서 선택해요. 하지만 가족과 함께 있으면, 제 선택권이 매우 제한적인데, 제 아이들이 아직 다 크지 않기 때문이에요. 영화 관람은 정말 좋은 시간이고, 함께 가족 유대감을 쌓을 수 있는 아주 좋은 방법이라고 생각해요. 이게 영화 관람의 가장 좋은 면이라고 생각해요.

핵심표현 AL 표현

어휘 표현 | picky 까다로운   when it comes to ~와 관련해서   range from A to B (범위가) A에서 B에 이르다   whenever ~할 때마다   have quality time 소중한 시간을 보내다   loved one 사랑하는 사람   A come first A가 최우선이다   instantly 즉시, 즉석에서   limited 제한적인   grown up 다 큰   way to ~하는 방법   bond 유대(감)

🔊 MP3 3_3

관람	영화 관람 루틴

You have indicated in the survey that you like watching movies. Who do you usually go to the movies with? Are there any special reasons that you watch movies with this person? What do you do with this person after seeing a movie? What do you usually do before you go to a movie theater? What do you do after watching the movie?

당신은 설문조사에서 영화 보는 것을 좋아한다고 했습니다. 보통 누구와 함께 영화를 보러 가나요? 그 사람과 영화를 관람하는 특별한 이유라도 있나요? 영화 관람 후에 그 사람과 무엇을 하나요? 영화관에 가기 전에 보통 무엇을 하나요? 영화 관람 후에는 무엇을 하나요?

듣기 키워드

핵심 표현

AL 표현

🔊 MP3 3_4

	핵심 표현	AL 표현
❶	가족과 가능한 한 많은 시간을 보내려 함	영화 관람을 통해 가족과 어울림으로써 유대감을 많이 느낌
❷	가족 모두가 보길 원하는 영화 선택함	
❸	영화 관람 전, 그 시기에 상영하는 영화 검색함	몇 번의 클릭으로 관객과 평론가들이 작성한 후기 읽음
❹	영화 관람 후, 어딘가 좋은 곳에 가서 일상 생활 대화함	각자에게 깊은 인상을 남긴 몇몇 장면과 줄거리에 관해서도 이야기함

만능 답변

(도입부) ❶ There are, of course, many reasons why I enjoy watching movies. One of them would be because I am a family person, so I try to spend as much time with my family as possible. I can feel the bond so much by hanging out with my family through watching movies. (본론) ❷ We choose movies that we all want to watch. ❸ Before watching a movie, I do some research through search engines to see what's playing at the time and read reviews from the audience and critics with just a few clicks. I prefer to buy tickets online. Right before the movie starts, we go to the bathroom. During the movie, we stay focused from beginning to end. (마무리) ❹ After the movie, we go someplace nice to talk about what's going on in our lives. We also talk about some of the scenes and storylines that impressed each one of us. That's pretty much what we do before and after watching movies

당연히, 제가 영화 관람을 즐기는 이유가 많이 있습니다. 그 중 하나는 제가 가정적인 사람이기 때문에, 가족과 함께 가능한 한 많은 시간을 보내려 한다는 점일 거예요. 저는 영화 관람을 통해 가족과 함께 어울림으로써 유대감을 아주 많이 느낄 수 있어요. 우리는 우리 가족 모두가 보길 원하는 영화를 선택해요. 영화를 보기 전에, 저는 그 시기에 무엇을 상영하는지 알아보기 위해 검색 엔진들을 통해 조사도 좀 하고, 몇 번의 클릭만으로 관객과 평론가들이 작성한 후기를 읽기도 하죠. 저는 온라인으로 입장권을 구입하는 걸 선호해요. 영화가 시작하기 직전에, 우리는 화장실에 가요. 영화 상영 중에는, 처음부터 끝까지 집중력을 유지해요. 영화 관람 후에는, 어딘가 좋은 곳에 가서 일상 생활에서 일어나는 일에 관해 이야기해요. 우리 각자에게 깊은 인상을 남긴 몇몇 장면과 줄거리에 관해서도 이야기해요. 그게 거의 우리가 영화 관람 전후로 하는 거예요.

핵심표현 AL 표현

어휘 표현 ┃ do research 조사하다   impress ~에게 깊은 인상을 남기다   pretty much 거의, 꽤 많이

MP3 3_5

관람   좋아하는 콘서트장

You indicated in your survey that you enjoy going to concerts. Tell me about the concert venue you visit the most often. Where is it located? What does it look like? Please describe it in as much detail as possible.

당신은 설문조사에서 영화 보는 것을 좋아한다고 했습니다. 당신이 가장 자주 방문하는 콘서트 장소에 대해 말해주세요. 어디에 위치해 있나요? 어떻게 생겼나요? 가능한 한 자세히 이야기해 주세요.

듣기 키워드

핵심 표현   **AL 표현**   MP3 3_6

핵심 표현	AL 표현
❶ 기회가 있을 때마다 일년에 한 두 번 보는 경향 있음	다음 공연까지 최소 반년에서 1년 동안 기다리고 싶지 않기 때문
❷ 많은 팬들을 수용할 수 있는 큰 콘서트 공연장 선호함	
❸ 콘서트장에 들어가면, 임시 매표소를 볼 수 있음	직원들이 원하는 입장권을 구입할 수 있게 도와줌
❹ 가장 중요한 부분은 스피커와 화려한 조명이 제대로 설치되었는 가 임	공연을 훨씬 더 환상적이고 특별하게 만들어 줌

만능 답변

(도입부) ❶ I consider myself to be a great concertgoer. I tend to see concerts once or twice a year, whenever I get a chance. That's because I don't want to wait at least half a year to about a year for the next performance to come. (본론) ❷ Since my favorite musicians are widely recognized and popular, they prefer relatively large concert halls where they can accommodate as many fans as possible. It could be Seoul Arts Center, and sometimes it could be Jamsil Sports Complex Stadium. ❸ When you enter these concert halls, you can see the temporary ticket office, where the staff will help you get the tickets you want. These places have spacious lounges so everyone can wait for the show to begin. (마무리) ❹ The most important part of these places should be whether the speakers and colorful lights are properly set up. That is what makes performances even more fantastic and special.

저는 스스로 대단한 콘서트 애호가라고 여기고 있어요. 저는 기회가 있을 때마다 일년에 한두 번 콘서트를 보는 경향이 있어요. 그 이유는 다음 공연이 다가올 때까지 최소한 반년에서 약 1년 동안 기다리고 싶지 않기 때문이에요. 제가 가장 좋아하는 음악가들이 널리 인정 받고 있고 인기 많기 때문에, 그 음악가들은 가능한 한 많은 팬들을 수용할 수 있는 비교적 큰 콘서트 공연장을 선호해요. 예술의 전당이 될 수도 있고, 때로는 잠실 종합 운동장이 될 수도 있죠. 이런 콘서트 공연장에 들어가면, 임시 매표소를 볼 수 있는데, 이곳에서 직원들이 원하는 입장권을 구입할 수 있게 도와줘요. 이런 곳은 널찍한 라운지가 있어서 모든 사람이 공연이 시작되기를 기다릴 수 있죠. 이런 곳에서 가장 중요한 부분은 스피커와 화려한 조명이 제대로 설치되어 있는가 하는 점이어야 해요. 그게 바로 공연을 훨씬 더 환상적이고 특별하게 만들어주는 것이죠.

핵심표현 AL 표현

어휘 표현 | concertgoer 콘서트 애호가   tend to do ~하는 경향이 있다   hold (행사 등) ~을 개최하다, 열다   relatively 비교적, 상대적으로   accommodate ~을 수용하다   temporary 임시의, 일시적인   spacious 널찍한

MP3 3_7

관람　내가 좋아하는 콘서트나 공연

What kind of concerts or performances do you like to watch? Why do you like to watch these kinds of performances? Please explain everything in as much detail as possible.

어떤 콘서트나 공연을 관람하시는 것을 좋아하나요? 왜 그런 공연을 관람하시는 게 좋은가요? 가능한 한 자세히 모두 설명해 주세요.

듣기 키워드

핵심 표현　　　　　　　　　　　　　　　　　**AL 표현**　　　MP3 3_8

	핵심 표현	AL 표현
❶	주로 음악 공연에 가는 것 좋아함	대부분 가장 좋아하는 가수의 콘서트에 감
❷		현장에 직접 가서 보는 건 더 재밌고 즐거운 일
❸	그들의 공연을 좋아해서 여러차례 관람함	기회가 생기면 다음 번에도 꼭 갈 것임
❹	그들의 공연은 입장권 가격만으로도 그만한 가치가 있음	

만능 답변

(도입부) ❶ I mostly like to attend music performances. I tend to go to concerts of popular artists. Sometimes I go for classical or jazz concerts, but <u>most of the time I go to my favorite singers'</u> <u>concerts.</u> (본론) ❷ <u>Seeing your favorite singers directly in person on the spot seems to be more fun</u> <u>and pleasurable.</u> ❸ To talk about the most famous boy band in Korea leading the Korean Wave, BTS, I like their performances and have watched them many times, and <u>I will definitely go next time if I get</u> <u>a chance.</u> I am always willing to see performances by my all-time favorite singers like Black Pink, too. (마무리) ❹ I suppose their performances are worth the ticket price alone.

저는 주로 음악 공연에 가는 것을 좋아해요. 인기 있는 아티스트의 콘서트에 가는 경향이 있죠. 때때로, 클래식 음악 콘서트나 재즈 콘서트에 가기도 하지만, 대부분, 제가 가장 좋아하는 가수의 콘서트에 가요. 가장 좋아하는 가수를 현장에 직접 가서 보는 건 더 재미있고 즐거운 것 같아요. 한류를 이끌고 있으면서 한국에서 가장 유명한 보이 밴드 BTS에 관해 이야기하자면, 저는 그들의 공연을 좋아해서 여러 차례 관람한 적이 있고, 기회가 생기면 다음 번에도 꼭 갈 거예요. 저는 블랙 핑크처럼 제가 항상 가장 좋아하는 가수가 여는 공연도 언제나 보러 갈 의향이 있어요. 그들의 공연은 입장권 가격만으로도 그만한 가치가 있다고 생각해요.

핵심표현 　AL 표현

어휘 표현
attend ~에 가다, 참석하다　performance 공연, 연주(회)　directly in person 직접 가서　on the spot 현장에서
pleasurable 즐거운　lead ~을 이끌다　definitely 꼭, 분명히　be willing to do ~할 의향이 있다, 기꺼이 ~하다　along (명사를 뒤에서 강조) ~만으로도, ~ 하나만 해도

🔊 MP3 　 3_9

관람	공연 장소

You indicated in the survey that you enjoy watching performances. Tell me the performance hall that you like to go to. Where is it located? Why do you like to go there? I'd like to know about the ins and outs of the performance hall.

당신은 설문조사에서 공연 보는 것을 즐긴다고 했습니다. 당신이 가기 좋아하는 공연장에 대해 말해주세요. 어디에 위치해 있나요? 왜 그곳에 가는 것을 좋아하나요? 그 공연장의 내부와 외부에 대해 알고 싶습니다.

듣기 키워드

핵심 표현　　　　　　　　　　　　　　　 AL 표현　　　　　　🔊 MP3 　3_10

	핵심 표현	AL 표현
❶	많은 공연이 서초 예술의 전당에서 열림	
❷	아주 높은 천장, 벽에는 공연했던 유명한 사람들 사진이 있음	좌석 공간은 그릇 같은 모양, 발코니 좌석은 무대 위쪽에 매달려 있음
❸	편안한 좌석 공간이 있는 공연이 더 좋음	가장 좋은 부분은 밀치거나 부딪히는 사람 없음
❹	여기까지가 어떤 곳인지, 어떤 모습인지에 관한 이야기임	

만능 답변

(도입부) ❶ Many performances are held in the Seoul Arts Center in Seocho. So I get to visit it once in a while. (본론) ❷ The art hall I usually attend is very large and elegant. There is a grand entrance with high arches when you walk into the hall. There are very high ceilings, and the walls are covered with photographs of all the famous people who have played there. When you enter the main hall, the seating area is shaped like a bowl. The balcony hangs over the stage so you feel as if you can touch the performer. ❸ Performances with comfortable seating are much better because you can relax and enjoy the show. The best part is that you don't have people pushing you and bumping into you. In your seats you can totally relax and not worry about being trampled. (마무리) ❹ That's about what it looks like and how it is.

많은 공연이 서초에 있는 예술의 전당에서 열리죠. 그래서 가끔 한번씩 그곳을 방문하게 돼요. 제가 보통 가는 아트 홀은 아주 넓고 우아해요. 걸어서 그 홀에 들어갈 때 높은 아치형의 웅장한 입구가 있어요. 아주 높은 천장이 있고, 벽들은 그곳에서 공연했던 모든 유명한 사람들의 사진으로 덮여 있어요. 중앙 홀에 들어가면, 좌석 공간이 움푹한 그릇 같은 모양으로 되어 있어요. 발코니 좌석 구역은 무대 위쪽으로 매달려 있어서 마치 공연자에게 손에 닿을 수 있는 것 같은 느낌이 들어요. 편안한 좌석 공간이 있는 공연이 훨씬 더 좋은데, 느긋하게 공연을 즐길 수 있기 때문이에요. 가장 좋은 부분은 밀치거나 부딪히는 사람이 없다는 점이에요. 좌석에 앉으면, 완전히 느긋하게 있으면서 발을 밟힐 걱정은 할 수 없어요. 여기까지가 그곳이 어떤 모습인지, 그리고 어떤 곳인지에 관한 이야기예요.

핵심표현 AL 표현

▶ 기억에 남는 영화

I'd like you to tell me about one of the most memorable movies you've seen. What is the story about? Who was the main actor or actress? How did the movie affect you?

관람했던 가장 기억에 남는 영화들 중의 한 가지와 관련해 이야기해 주셨으면 합니다. 줄거리가 무엇에 관한 것인가요? 주인공은 누구였나요? 그 영화가 당신에게 어떤 영향을 미쳤나요?

▶ 영화 관람 문제 상황 경험

Have you ever been bothered by someone or something while you were watching a movie? How exactly did this person bother you? Tell me about the situation in detail.

영화를 보던 중 다른 사람이나 무언가에 의해 방해를 받은 경험이 있나요? 그 사람이 정확히 어떻게 당신을 방해했나요? 그 상황에 대해 자세히 말해주세요.

▶ 최근 콘서트 관람

I would like to know about a concert you have been recently. Which concert was it? Where was it held? Who did you go with? Was there anything particularly memorable about it? Please describe everything in detail.

최근에 갔던 콘서트와 관련해 알고 싶습니다. 어느 콘서트에 갔었나요? 어디에서 개최되었나요? 누구와 함께 갔나요? 그 콘서트와 관련해 특별히 기억에 남는 일이라도 있었나요? 자세히 모두 설명해 주세요.

▶ 기억에 남는 공연 관람 경험

I'd like to know the most memorable performance you have ever seen. When was it? What kind of performance was it? Why was it so memorable to you? Tell me about it in as much detail as possible.

관람해 본 것 중에서 가장 기억에 남는 공연을 알고 싶습니다. 그때가 언제였나요? 어떤 공연이었나요? 그 공연이 왜 그렇게 기억에 남으셨나요? 가능한 한 자세히 그와 관련해 얘기해 보세요.

▶ 처음 관람했던 공연

Do you remember the first performance you watched? What was it? When was it? Tell me everything in as much detail as you can.

처음 관람했던 공연이 기억나나요? 어떤 공연이었나요? 그때가 언제였나요? 가능한 한 자세히 모두 이야기해 주세요.

만능 답변

MP3 3_11

I'd like you to tell me about one of the most memorable movies you've seen. What is the story about? Who was the main actor or actress? How did the movie affect you?

관람했던 가장 기억에 남는 영화들 중의 한 가지와 관련해 이야기해 주셨으면 합니다. 줄거리가 무엇에 관한 것인가요? 주인공은 누구였나요? 그 영화가 당신에게 어떤 영향을 미쳤나요?

듣기 키워드

핵심 표현　　　　　　　　　　　　　　　　AL 표현

MP3 3_12

❶	모든 종류 영화 좋아함, 특히 미국 영화	미션 임파서블, 악마는 프라다를 입는다 등 관람함
❷	가장 좋아하는 영화는 배트맨임	분명히 볼 만한 가치가 있었음
❸	로버트 패틴슨은 훌륭한 배트맨임	생동감 있게 연기함
❹	줄거리는 훌륭하고 충분히 쉽게 이해됨	깊게 들여다 보지 않았던 측면 보여줌

만능 답변

[도입부] ❶ I like all kinds of movies, especially American movies. I have seen 'Mission: Impossible', 'The Devil Wears Prada', and a few others. [본론] ❷ But my favorite movie would have to be 'The Batman'. It is a Hollywood film. There's no doubt that the movie is a global hit. This movie was definitely worth watching. ❸ Robert Pattinson is a great Batman! He brings the character to life. He is Batman and Batman is he. I had seen the first two Batman movies before watching this one. [마무리] ❹ Even if you have not, the storyline is still good and easy enough to follow. It shows a side of Batman that previous movies didn't get much into. Another good thing is that the special effects are so realistic. It seems like I was actually there. I have watched this movie many times and still really enjoy it. That is the best movie I've ever seen.

저는 모든 종류의 영화를 좋아하는데, 특히 미국 영화를 좋아해요. 저는 '미션 임파서블', '악마는 프라다를 입는다', 그리고 몇 가지 다른 것들도 봤어요. 하지만 제가 가장 좋아하는 영화는 아무래도 '더 배트맨'일 거예요. 이 작품은 할리우드 영화예요. 의심의 여지 없이 이 영화는 세계적인 히트 작이 되었어요. 이 영화는 분명히 볼 만한 가치가 있었어요. 로버트 패틴슨은 훌륭한 배트맨이에요! 그는 그 인물을 생동감 있게 연기해요. 그가 배트맨이고 배트맨이 그예요. 저는 이것을 보기 전에 첫 두 편의 배트맨 영화를 봤어요. 설사 그 두 편을 보지 않았다 하더라도, 줄거리는 여전히 훌륭하고 충분히 쉽게 이해가 돼요. 이 작품은 이전의 영화들이 깊게 들여다보지 않았던 배트맨의 한 측면을 보여줘요. 또 다른 좋은 점은 특수 효과가 아주 현실적이라는 사실이에요. 마치 제가 실제로 그곳에 있었던 것 같아요. 저는 이 영화를 여러 번 봤는데, 여전히 정말로 재미있어요. 이것이 제가 그 동안 본 최고의 영화예요.

핵심표현　AL 표현

어휘 표현 | bring A to life A를 생동감 있게 나타내다　previous 이전의　get much into ~을 깊게 들여다보다　special effects 특수 효과　realistic 현실적인

🔊 MP3　3_13

관람	영화 관람 문제 상황 경험

Have you ever been bothered by someone or something while you were watching a movie? How exactly did this person bother you? Tell me about the situation in detail.

영화를 보던 중 다른 사람이나 무언가에 의해 방해를 받은 경험이 있나요? 그 사람이 정확히 어떻게 당신을 방해했나요? 그 상황에 대해 자세히 말해주세요.

듣기 키워드

핵심 표현　　　　　　　　　　　　　　　　AL 표현　　　　🔊 MP3　3_14

❶	주변 사람들에 의해 집중력 흐트러 질 때 있음	영화 관람에 크게 영향 미침
❷	최근에 잡담하는 사람들 때문에 방해 받음	영화 내내 의견 말함
❸	슬픈 장면에서 웃어서 특히 짜증남	그 장면의 전체적인 분위기 망침
❹	모두가 영화관은 이야기 하는 곳이 아닌걸 안다고 확신함	입장 전 그런 사람 가려낼 수 있는 방법 있는지 궁금함

만능 답변

도입부 ❶ There are times you get distracted by people around you during a movie. <u>Distractions can greatly affect a movie-watching experience.</u> 본론 ❷ Recently when I went to see a movie, I was bothered by people chatting around me. <u>They kept making comments throughout the movie that were really annoying.</u> ❸ I found it especially annoying when they laughed out loud during some of the sad parts. It was a big distraction. <u>It ruined the whole atmosphere of the scene.</u> I don't really understand those people who talk in the theater. 마무리 ❹ I'm so sure that everybody knows that a theater is for watching, not for talking, except for those people. <u>I wonder if there are any ways to screen out those people before entering the theater.</u>

영화 상영 중에 주변에 있는 사람들에 의해 집중력이 흐트러질 때가 있어요. 집중력 방해는 영화 관람 경험에 크게 영향을 미칠 수 있죠. 최근에, 영화를 보러 갔을 때, 저는 주변에서 잡담을 하는 사람들 때문에 방해를 받았어요. 그 사람들은 영화를 보는 내내 계속 의견을 말했는데, 정말 짜증났어요. 저는 특히 몇몇 슬픈 장면 중에 그 사람들이 크게 웃어버렸을 때 짜증스러웠다고 생각했어요. 그건 엄청난 방해 요소였어요. 그 장면의 전체적인 분위기를 망쳐버렸거든요. 저는 극장에서 이야기하는 사람들이 정말 이해가 되지 않아요. 저는 정말 극장이 영화 관람을 위한 곳이지, 이야기하기 위한 곳이 아니라는 사실을 모든 사람이 알고 있다고 확신해요, 그 사람들을 제외하면요. 저는 극장에 입장하기 전에 그런 사람들을 가려낼 수 있는 어떤 방법이든 있는지 궁금해요.

핵심표현 AL 표현

어휘 표현 | get distracted 집중력이 흐트러지다, 주의가 산만해지다　distraction 집중력 방해, 주의 산만　greatly 크게, 아주, 대단히　affect ~에 영향을 미치다　recently 최근에　bother ~을 방해하다　chat 잡담하다　make a comment 의견을 말하다　throughout ~ 동안 내내　annoying 짜증나게 하는　ruin ~을 망치다　whole 전체의, 모든　atmosphere 분위기　except for ~을 제외하고　screen out ~을 가려내다, 선별하다

MP3　3_15

| 관람 | 최근 콘서트 관람 |

I would like to know about a concert you have been to recently and which concert was it? Where was it held? Who did you go with? Was there anything particularly memorable about it? Please describe everything in detail.

최근에 갔던 콘서트와 관련해 알고 싶습니다. 어느 콘서트에 갔었나요? 어디에서 개최되었나요? 누구와 함께 갔나요? 그 콘서트와 관련해 특별히 기억에 남는 일이라도 있었나요? 자세히 모두 설명해 주세요.

듣기 키워드

핵심 표현　　　　　　　　　　　　**AL** 표현　　　　　MP3　3_16

❶	마지막으로 콘서트 간 건 두 달 전임	잠실, 서울 재즈 콘서트
❷	여러 재즈 그룹 출연, 각각 30분 동안 공연함	
❸	모두 그 음악에 흠뻑 빠져듦	관객들이 음악에 반응했던 방식이 특별히 기억에 남음
❹	이 정도로 감동적인 경험 해본 적 없음	듣기로는 다음 달에 또 다른 재즈 공연 있을 거임

만능 답변

도입부 ❶ It was two months ago when I went to a concert for the last time. It was the Seoul Jazz Concert in Jamsil. 본론 ❷ Actually, it featured several jazz groups, and each one of them played for about 30 minutes. I went there with two of my best friends. We didn't expect much, but indeed, it turned out to be a great show. ❸ My friends and I were all really immersed in the music. What made it particularly memorable was how the audience reacted to the music. The energy of the people at the concert was unbelievable. No wonder everyone had a fantastic time. My friends and I loved the show. 마무리 ❹ I had never had such a mind blowing experience. From what I hear, there will be another jazz concert next month. So you can bet I'll be there, definitely.

제가 마지막으로 콘서트에 갔던 게 두 달 전이었어요. 잠실에서 열리는 서울 재즈 콘서트였어요. 실제로, 여러 재즈 그룹이 출연했고, 그들 각각 약 30분 동안 공연했어요. 저는 가장 친한 친구 두 명과 함께 그곳에 갔어요. 우리는 크게 기대하진 않았지만, 사실은, 알고 보니 엄청난 공연이었어요. 제 친구들과 저는 모두 그 음악에 흠뻑 빠져있었어요. 특별히 기억에 남게 만들어 주었던 것은 관객들이 음악에 반응했던 방식이었어요. 콘서트에 온 사람들의 에너지가 믿을 수 없을 정도였어요. 당연히 모든 사람이 환상적인 시간을 보냈죠. 제 친구들과 저는 그 공연이 아주 마음에 들었어요. 저는 그 정도로 너무 감동적인 경험은 해 본 적이 없었거든요. 제가 듣기로는, 다음 달에 또 다른 재즈 콘서트가 있다고 해요. 그래서 제가 분명히 그곳에 갈 거라고 생각하셔도 돼요. 확실해요.

핵심표현　AL 표현

어휘　I feature ~을 출연시키다, 포함하다　indeed 사실은, 정말, 참으로　turn out to be A 알고 보니 A이다, A인 것으로
표현　 드러나다　be immersed in ~에 흠뻑 빠져들다, 몰두하다　particularly 특히, 특별히　react to ~에 반응하다
　　　　unbelievable 믿을 수 없는　mind blowing 너무 감동적인, 너무 즐거운

🔊 MP3　3_17

관람	기억에 남는 공연 관람 경험

I'd like to know the most memorable performance you have ever seen. When was it? What kind of performance was it? Why was it so memorable to you? Tell me about it in as much detail as possible.

관람해 본 것 중에서 가장 기억에 남는 공연을 알고 싶습니다. 그때가 언제였나요? 어떤 공연이었나요? 그 공연이 왜 그렇게 기억에 남으셨나요? 가능한 한 자세히 그와 관련해 얘기해 보세요.

듣기 키워드

핵심 표현　　　　　　　　　　　　　　　**AL 표현**　　　🔊 MP3　3_18

❶ 몇 년 전에 한 콘서트 감	자선 콘서트여서 소액의 돈 기부함
❷ 좋은 의도로 자원해서 노래를 부른 많은 유명 가수들	가장 기억에 남는 건 가수들 중 한 명이 무대에서 노래할 수 있는 사람 있는지 물었을 때였음
❸ 한 명이 손들고, 무대에 오르도록 선택됨	뛰어난 유머감각, 노래부르면서 무대 이리저리 뛰어다님
❹ 시간제 음악가로 의심, 무대에서 아주 편안해 보였기 때문임	그것 때문에 더 기억에 남음

만능 답변

(도입부) ❶ This might sound funny. To me, every concert is memorable. A few years ago I attended a concert. It was a charity concert. So I donated a small amount of money there. (본론) ❷ There were many famous singers who volunteered to sing for the show out of their own goodwill. The most memorable time was when one of the singers asked if anyone could sing on stage. ❸ One of the guys raised his hand and he got picked to go on stage. He had a great sense of humor and jumped around while singing and he was amazingly good. (마무리) ❹ I suspect that he was a part-time musician or something because he seemed very comfortable on stage. That's the thing that makes it more memorable.

이게 웃기게 들릴지도 모르겠어요. 저에겐, 모든 콘서트가 기억에 남아요. 몇 년 전에, 저는 한 콘서트에 갔어요. 자선 콘서트였죠. 그래서 저는 그곳에 소액의 돈을 기부했죠. 좋은 의도로 그 공연을 위해 자원해서 노래를 부른 많은 유명 가수들이 있었어요. 가장 기억에 남은 시간은 그 가수들 중 한 명이 누구든 무대에서 노래할 수 있는지 물었을 때였어요. 사람들 중 한 명이 손을 들었고, 무대에 오르도록 선택되었죠. 그분은 뛰어난 유머 감각을 지니고 있었고, 노래를 부르면서 이리저리 뛰어다녔는데, 놀라울 정도로 훌륭했어요. 저는 그분이 시간제로 활동하는 음악가 같은 사람이 아닐까 하는 의심이 드는데, 무대에서 아주 편안해 보였기 때문이에요. 그것 때문에 더 기억에 남아요.

핵심표현　AL 표현

어휘 표현 ┃ charity 자선 (활동)　donate ~을 기부하다　a small amount of 소액의, 소량의　volunteer to do 자원해서 ~하다　out of one's own goodwill 좋은 의도로, 선의에서　ask if ~인지 묻다　raise one's hand 손을 들다　a great sense of humor 뛰어난 유머 감각　amazingly 놀라울 정도로　suspect that ~한 게 아닐까 의심하다　part-time 시간제의　or something (명사 뒤에서) ~ 같은 사람, ~ 같은 것

🔊 MP3 3_19

관람	처음 관람했던 공연

Do you remember the first performance you watched? What was it? When was it? Tell me everything in as much detail as you can.

처음 관람했던 공연이 기억나요? 어떤 공연이었나요? 그때가 언제였나요? 가능한 한 자세히 모두 이야기해 주세요.

듣기 키워드

핵심 표현   AL 표현   🔊 MP3 3_20

	핵심 표현	AL 표현
❶	일을 시작하면서 동료 직원들이 여러 콘서트에 초대함	그게 처음으로 가본 콘서트였음
❷	가장 좋아하는 음악가인 박효신 콘서트였음	20년 전에 데뷔, TV 프로그램 출연 대신 음반 출시와 함께 콘서트에서 노래 하는 것으로 명성 얻음
❸	아주 큰 콘서트 홀, 만명 수용가능한 곳	그의 노래들은 깊은 슬픔이 담긴 감상적인 가사로 잘 알려짐
❹	콘서트 경험이 너무 인상적이고 감동적이어서 콘서트 다니기 시작함	지금까지도 우리는 여전히 함께 갔던 첫 콘서트에 관해 이야기함

만능 답변

(도입부) ❶ Once I started working, my co-workers invited me to concerts. So I went along. (본론) It was the first concert I had ever been to. ❷ It was a concert by my favorite musician, Hyo Shin Park. He made his debut 20 years ago, and he has become a legendary singer in Korea. Unlike many other entertainers, he earned his fame by singing at concerts along with releasing records rather than appearing in TV music shows. So we decided to go to his concert. ❸ The concert hall we attended was so big, accommodating approximately 10,000 people. The surrounding sound system was so great that we were able to listen to his voice and songs very loud and clear. His songs were well known for his sentimental lyrics with deep sorrow. We were singing along with his songs like crazy. (마무리) ❹ The first concert experience was so impressive and touching, so I started to go to concerts then. To this day, we still talk about the first concert we went to.

제가 일을 시작하자마자, 동료 직원들이 저를 여러 콘서트에 초대했어요. 그래서 따라 갔죠. 그게 제가 처음으로 가본 콘서트였어요. 제가 가장 좋아하는 음악가인 박효신의 콘서트였죠. 그는 20년 전에 데뷔했고, 한국에서 전설적인 가수가 되었어요. 다른 많은 연예인들과 달리, 그는 TV 음악 프로그램에 출연하는 대신 음반 출시와 함께 콘서트에서 노래하는 것으로 명성을 얻었어요. 그래서 우리는 그의 콘서트에 가기로 결정했죠. 우리가 갔던 콘서트 홀은 아주 커서, 약 10,000명의 사람을 수용하는 곳이었어요. 입체 음향 시스템이 너무 훌륭해서 우리는 그의 목소리와 노래를 매우 크고 선명하게 들을 수 있었어요. 그의 노래들은 깊은 슬픔이 담긴 감상적인 가사로 잘 알려져 있었어요. 우리는 미친 듯이 그의 노래들을 함께 따라 불렀어요. 첫 콘서트 경험이 너무 인상적이고 감동적이었기 때문에, 저는 그때 콘서트에 다니기 시작했죠. 지금까지도, 우리는 여전히 함께 갔던 첫 콘서트에 관해 이야기해요.

핵심표현   AL 표현

▶ 처음 영화 관람, 취향 변화

How did you first become interested in going to the movies? What made you become interested in watching movies? How has your movie taste changed since then? Please explain everything in as much detail as possible.

어떻게 처음 영화를 관람하는 데 관심을 갖게 되었나요? 무엇 때문에 영화 관람에 관심을 갖게 되었나요? 그 이후로 당신의 영화 취향은 어떻게 변화했나요? 가능한 한 자세히 모두 설명해 주세요.

▶ 과거와 현재의 영화 비교

Could you compare the movies made today to movies you saw while you were growing up? How have movies changed over the years? What are some similarities and differences?

요즘 제작되는 영화와 당신이 자라면서 관람했던 영화를 비교해 주시겠어요? 그 사이에 영화가 어떻게 변화되어 왔나요? 어떤 유사점과 차이점이 있나요?

▶ 내가 좋아하는 배우 관련 이슈

Who is your favorite movie actor or actress? Have you ever heard an interesting story about him or her on the news? Begin the story with some information about the actor or actress and then tell me what happened in detail.

가장 좋아하는 배우는 누구인가요? 뉴스에서 그 배우와 관련해 흥미로운 얘기를 들어 본 적이 있으신가요? 그 배우와 관련된 몇몇 정보로 이야기를 시작한 다음, 어떤 일이 있었는지 자세히 이야기해 주세요.

만능 답변

🔊 MP3 3_21

관람	처음 영화 관람, 취향 변화

How did you first become interested in going to the movies? What made you become interested in watching movies? How has your movie taste changed since then? Please explain everything in as much detail as possible.

어떻게 처음 영화를 관람하는 데 관심을 갖게 되었나요? 무엇 때문에 영화 관람에 관심을 갖게 되었나요? 그 이후로 당신의 영화 취향은 어떻게 변화했나요? 가능한 한 자세히 모두 설명해 주세요.

듣기 키워드

핵심 표현   AL 표현

🔊 MP3 3_22

	핵심 표현	AL 표현
❶	수년 동안 내 취향만 변한게 아니라 유행도 변함	세상에 존재하는 영화의 양은 놀라울 정도임
❷	어릴 땐 디즈니에서 제작한 애니메이션 영화 봄, 나이 들어서는 액션 영화 열혈팬이 됨	빠른 액션의 짜릿함, 긴장감, 숨이 멎을 듯한 스턴트 장면 좋아함
❸	특수 효과 통해 믿을 수 없는 경험 제공함	
❹	코미디 영화는 너무 즐거움, 웃게 만들고 감동도 느낌	기분이 처질 때마다 코미디 영화 봄

만능 답변

(도입부) ❶ It's like, not only does my taste change over the years, but also trends change. <u>And then the amount of movies out there is astonishing.</u> (본론) ❷ When I was little, I used to watch animation movies produced mainly by Disney. As I have grown older, I have become an avid action movie watcher. I like action movies like 'The Bourne Identity' and 'Mission: Impossible' series. They are always exciting. <u>I like fast action thrills, suspense and breathtaking stunt scenes.</u> ❸ The 'Mission: Impossible' series offers an incredible experience through the use of special effects. (마무리) ❹ I also love comedy films like 'My Spy'. Comedy films are very enjoyable, and they make you laugh and sometimes feel touched. I can refresh my mind and body. <u>Whenever I'm down, I catch a comedy movie.</u> I get to feel better after that.

말하자면, 수년 동안에 걸쳐 제 취향만 변하는 게 아니라, 유행도 변해요. 그리고 세상에 존재하는 영화의 양은 정말 놀라울 정도예요. 제가 어렸을 땐, 디즈니에서 주로 제작한 애니메이션 영화를 보곤 했어요. 제가 더 나이가 들었을 땐, 액션 영화의 열렬한 팬이 되었죠. 저는 '본 아이덴티티'와 '미션 임파서블' 시리즈 같은 액션 영화를 좋아해요. 언제나 흥미진진하죠. 저는 빠른 액션의 짜릿함, 긴장감, 그리고 숨이 멎을 듯한 스턴트 장면을 좋아해요. '미션 임파서블' 시리즈는 특수 효과의 활용을 통해 믿을 수 없는 경험을 제공해요. 저는 '마이 스파이' 같은 코미디 영화도 아주 좋아해요. 코미디 영화는 너무 즐거워서, 사람들을 웃게 만들기도 하고, 때때로 감동을 느끼기도 해요. 제 몸과 마음에 새롭게 활력을 줄 수 있어요. 제 기분이 처질 때마다, 코미디 영화를 봐요. 보고 나면 기분이 더 좋아지게 되죠.

핵심표현   <u>AL 표현</u>

어휘 표현 | taste 취향   astonishing 놀라운   avid 열렬한, 열심인   thrill 짜릿함, 스릴   suspense 긴장감   breathtaking 숨이 멎을 듯한   offer ~을 제공하다   incredible 믿을 수 없는   feel touched 감동을 느끼다   refresh ~에 새롭게 활력을 주다

MP3 3_23

| 관람 | 과거와 현재의 영화 비교 |

Could you compare the movies made today to movies you saw while you were growing up? How have movies changed over the years? What are some similarities and differences?

요즘 제작되는 영화와 당신이 자라면서 관람했던 영화를 비교해 주시겠어요? 그 사이에 영화가 어떻게 변화되어 왔나요? 어떤 유사점과 차이점이 있나요?

듣기 키워드

핵심 표현　　　　　　　　　　　　　　　　**AL 표현**　　　MP3 3_24

	핵심 표현	AL 표현
❶	몇 가지 공통점, 차이점 존재	
❷	과거: 비슷한 주제, 줄거리 다룸 요즘: 매력적인 줄거리, 다양한 종류	
❸		과거: 부자연스럽거나 가짜인 것 같아 보임 요즘: 공상 과학 영화, 아주 현실적임
❹	빠른 기술 발전, 영화 산업 발전에 영향 받아옴	10년 후에는 영화가 얼마나 발전해 있을지 상상 안 감

만능 답변

도입부 ❶ There are some similarities and differences between movies in the past and movies today. 본론 ❷ Thinking back, movies in the past dealt with similar subjects or storylines compared to now. Then and now, we could always see countless movies with all different kinds of subjects based on fascinating storylines. ❸ When it comes to computer graphics, <u>back in the old days, movies seemed to be unnatural or fake, but these days when I see Sci-Fi movies, they look so real.</u> Sometimes I feel like I'm actually on Mars or I'm in the middle of a war or something. 마무리 ❹ Technologies have advanced so fast and the film industry has been influenced by these advancements altogether. <u>I can't even imagine how advanced movies will be in 10 years.</u>

과거의 영화와 오늘날의 영화 사이에는 몇 가지 공통점과 차이점이 존재해요. 돌이켜 생각해 보면, 과거의 영화는 지금에 비교해서 비슷한 주제나 줄거리를 다뤘어요. 요즘, 우리는 매력적인 줄거리에 바탕을 둔 온갖 다른 종류의 주제로 된 셀 수 없이 많은 영화를 볼 수 있어요. 컴퓨터 그래픽과 관련해서 말하자면, 예전에는, 영화가 부자연스럽거나 가짜인 것 같아 보였지만, 요즘에는, 공상 과학 영화를 보면, 아주 현실적으로 보여요. 때로는, 제가 실제로 화성에 있거나 전쟁 같은 상황의 한 가운데에 있는 것 같은 느낌이 들어요. 기술이 너무 빠르게 발전해 왔고, 영화 산업은 이러한 발전에 전적으로 영향을 받아 왔죠. 심지어 10년 후에는 영화가 얼마나 발전해 있을지 상상조차 되지 않아요.

핵심표현 AL 표현

어휘 표현 ┃ countless 셀 수 없이 많은　based on ~에 바탕을 둔, ~을 기반으로 하는　fascinating 매력적인　back in the old days 예전에, 과거에　unnatural 부자연스러운　fake 가짜의　Sci-Fi movie 공상 과학 영화　advance 발전하다, 진보하다　industry 산업, 업계　influence ~에 영향을 미치다　advancement 발전, 진보

🔊 MP3 3_25

| 관람 | 내가 좋아하는 배우 관련 이슈 |

Who is your favorite movie actor or actress? Have you ever heard an interesting story about him or her on the news? Begin the story with some information about the actor or actress and then tell me what happened in detail.

가장 좋아하는 배우는 누구인가요? 뉴스에서 그 배우와 관련해 흥미로운 얘기를 들어 본 적이 있으신가요? 그 배우와 관련된 몇몇 정보로 이야기를 시작한 다음, 어떤 일이 있었는지 자세히 이야기해 주세요.

듣기 키워드

핵심 표현　　　　　　　　　　　　　　　AL 표현　　　🔊 MP3 3_26

❶ 뛰어난 연기, 노래 실력으로 정말 빠져들었던 배우겸 가수

❷ 그의 예명은 메가, 음주 운전 하다 잡힘 | 공개된 영상엔 오토바이 운전자 치고 달아나는 모습 보였음, 혈중 알콜 농도 수치가 합법적인 수준 넘었음

❸ 사과문 게시했지만, 논란 지속 | 경찰은 사건을 신속하고 엄격하게 처리하기 위해 수사팀 강화할 것이라고 밝힘

❹ 가장 좋아하는 배우이자 가수 였지만 더 이상 그렇지 않음

만능 답변

(도입부) ❶ There is an actor and singer who is well known for his great acting and singing that I was really into. (본론) ❷ His stage name is Mega. But unfortunately, he got caught drunk driving. The CCTV footage of Mega has been made public. The footage released shows Mega driving his car then hitting a biker and speeding away quickly. The biker got severely injured from the collision. At the time, his blood alcohol level content was more than the legal level, so his license got revoked. He admitted to his drunk driving. ❸ Afterwards, he posted an apology on his Instagram, but the controversy over his drunk driving continues. Police said they will reinforce their investigation team to handle the case quickly and sternly. (마무리) ❹ He was my favorite actor and singer, but no longer.

뛰어난 연기와 노래 실력으로 잘 알려져 있어서 제가 정말 빠져들었던 배우 겸 가수가 있어요. 그의 예명은 메가예요. 하지만 안타깝게도, 음주 운전을 하다가 붙잡혔어요. 메가의 CCTV 영상이 일반에게 공개되었죠. 공개된 영상엔 메가가 자신의 자동차를 운전하다가 오토바이 운전자를 친 다음 빠르게 속도를 높여 달아나는 모습이 보여요. 그 오토바이 운전자는 충돌로 심각하게 부상을 입었죠. 당시에, 그의 혈중 알코올 농도 수치는 합법적인 수준을 넘었기 때문에, 운전 면허가 취소되었어요. 그는 음주 운전한 것을 인정했어요. 그 후에, 자신의 인스타그램에 사과문을 게시했지만, 그의 음주 운전에 대한 논란은 지속되고 있죠. 경찰은 해당 사건을 신속하고 엄격하게 처리하기 위해 수사팀을 강화할 것이라고 밝혔어요. 그는 제가 가장 좋아하는 배우이자 가수였지만, 더 이상 그렇지 않아요.

핵심표현 AL 표현

어휘 표현 | footage 영상, 장면　make public ~을 일반에게 공개하다　collision 충돌　blood alcohol level content 혈중 알코올 농도 수치　revoke ~을 취소하다, 폐지하다　controversy 논란　sternly 엄격하게

2 | 음악

Background Survey 선택 전략

사전 설문조사 5번 항목의 최소 선택 개수는 한 개입니다. 독서나 음악과 관련된 항목으로 선택하면 유리합니다. 독서 관련 활동을 선택한다면 독서, 아이에게 책 읽어 주기, 신문 읽기, 여행 관련 잡지나 블로그 읽기로 묶어 선택하면 됩니다. 음악 관련 활동을 선택한다면 음악 감상하기, 악기 연주하기, 혼자 노래 부르거나 합창하기로 선택하면 됩니다. 이 때, 독서나 음악 중 본인이 가장 자신 있는 한 가지 분야만 선택하여 출제 확률을 높이는 것을 추천합니다.

독서 관련 활동들을 선택할 경우 여행 관련 글을 읽는다고 생각하면 여행 관련 답변에도 활용할 수 있습니다. 아이에 대해 이야기할 내용이 없다면 아이에게 책 읽어 주기 항목은 굳이 선택할 필요가 없습니다. 독서와 관련된 주제를 묶어본 것으로, 최종 선택은 유리한 내용으로 선택하는 것이 답변이 유리합니다.

음악이라는 공통점으로 묶어볼 수 있습니다. 하지만 악기를 연주해 본 경험이 없다면 악기 연주를 배제하고, 단체에 대한 문제가 나올 경우 답변하기 곤란할 것 같다고 예상되면 음악 감상하기만 선택하면 됩니다.

5. 귀하의 취미나 관심사는 무엇입니까? (한 개 이상 선택)

☐ 아이에게 책 읽어주기	☐ **음악 감상하기**	☐ 악기 연주하기
☐ 글쓰기(편지, 단문, 시 등)	☐ 그림 그리기	☐ 요리하기
☐ 독서	☐ 주식 투자하기	☐ 신문 읽기
☐ 사진 촬영하기 애완 동물 기르기	☐ 혼자 노래 부르거나 합창하기	☐ 춤추기
	☐ 여행 관련 잡지나 블로그 읽기	

▉ 독서 ▉ 음악 감상하기

추천 선택 항목: 음악 감상하기

음악 감상하기 주제는 오픽 시험에서 가장 많이 출제된 주제로 사전 설문 5번 문항에서 음악 감상하기 하나만 고르는 것을 추천합니다. 한 가지만 선택하여 내가 고른 선택 항목의 출제 확률을 높이는 전략입니다.

음악 관련 문제는 노래, 가수 뿐만 아니라 기기나 장치, 라이브 음악, 음악 성향 변화까지 매우 다양하게 출제될 수 있습니다. 난이도 5-5이상을 선택한 경우, 고득점을 획득하기 위해서는 비교나 변화, 최근 이슈 관련 문제에 알맞은 답변을 전개할 수 있어야 합니다.

★☆☆	★★☆	★★★
Intermediate Level	Advanced Level	Advanced Level

묘사	과거 경험	비교/변화/이슈
현재 시제를 사용하는 문제로 첫 번째 문제로 출제	과거 시제를 사용하는 문제로 두 번째/세 번째 문제로 출제	비교/변화/이슈를 설명하는 문제로 두 번째/세 번째 문제로 출제

- 좋아하는 음악 장르
- 나에게 특별한 음악
- 좋아하는 가수
- 음악 감상 루틴
- 음악 감상 기기

- 음악 관련 기억에 남는 경험
- 음악에 관심을 갖게 된 계기
- 라이브 음악 감상 경험

- 과거와 현재의 음악 성향 비교
- 두 가지 음악 장르 비교

필수 표현과 문장

어휘/표현 익히기

음악 장르

- ☐ pop songs 팝
- ☐ hip-hop 힙합
- ☐ dance music 댄스 음악
- ☐ classical music 클래식
- ☐ jazz 재즈
- ☐ K-pop 케이팝, 한국 가요
- ☐ R&B 알앤비 (rhythm-and -blues)
- ☐ ballads 발라드

음악 관련 표현

- ☐ taste 취향
- ☐ lyrics 가사
- ☐ top 에서 1위에 오르다
- ☐ make one's debut 데뷔하다
- ☐ spend A -ing ~하는 데 A의 시간을 소비하다
- ☐ classics 명곡, 명작
- ☐ instrument 악기
- ☐ equipment 장비
- ☐ festive 축제의
- ☐ perform 공연하다, 연주하다
- ☐ rewind 되감다
- ☐ backward 거꾸로, 뒤로
- ☐ go out of style 유행에 뒤떨어지다
- ☐ all the rage 대유행인
- ☐ chant 읊조림, 단조로운 말, 구호
- ☐ singer-songwriter 싱어송라이터, 가수 겸 작곡(작사)가

음악 관련 느낌 및 경험

- ☐ warm up 기분을 끌어올리다, 흥을 돋우다
- ☐ booster 촉진시키는 것, 증진시키는 것
- ☐ calm down 진정하다
- ☐ relaxing 마음을 편하게 해주는, 느긋하게 만드는
- ☐ sorrow 슬픔
- ☐ sentimental 감상적인
- ☐ soulful 감정이 풍부한, 혼을 담은
- ☐ be immersed in ~에 푹 빠져 있다
- ☐ relieve stress 스트레스를 풀다
- ☐ fond of ~을 좋아하는
- ☐ brilliantly 훌륭하게, 뛰어나게, 멋지게
- ☐ shout 외치다
- ☐ sing along with ~을 따라 부르다
- ☐ like crazy 미친 듯이
- ☐ passionately 열정적으로

루틴, 시간, 기기 관련 표현

- ☐ on one's way to ~로 가는(오는) 길에, 도중에
- ☐ subscribe to ~에 가입하다, ~을 구독하다
- ☐ stream (영상이나 음악 등) ~을 재생하다
- ☐ automatically 자동으로
- ☐ connected to ~에 연결된
- ☐ easy to do ~하기 쉬운
- ☐ use-friendly 이용자 친화적인
- ☐ turn off ~을 끄다
- ☐ spend A on B (돈, 시간 등) A를 B에 소비하다, 쏟다

문장 만들어보기

❶ 저는 서양의 팝송에서 힙합에 이르기까지 모든 종류의 음악을 좋아해요.

▶ ....

(all kinds of music ranging, western pop songs, hip hop)

❷ 음악을 듣는 것으로 마음을 치유할 수 있어요.

▶ ....

(heal, by listening to music)

❸ 또 인상 깊었던 것은 그의 연주 실력이었어요.

▶ ....

(impressed, performance skill)

❹ 저는 음악을 트는 AI 스피커에 연결된 오디오 시스템을 갖고 있어요.

▶ ....

(connected to, play music on)

❺ 요즘 제 음악 취향은 클래식 음, R&B, 힙합, 케이팝을 포함해, 훨씬 더 폭넓고 더 다양해요.

▶ ....

(tastes, much wider, more divers)

❻ 그는 열정적으로 노래했고, 모든 관객이 그의 음악과 공연에 푹 빠져들었어요.

▶ ....

(passionately, got immersed in, performances)

❼ 제가 특정 노래들을 들을 때마다, 예전의 기억들을 떠올리는 데 도움을 주는데, 그래서 슬퍼지기도 하고 행복해지기도 해요.

▶ ....

(certain songs, recall, make me sad or happy)

모범 답안

❶ I like all kinds of music ranging from western pop songs to hip hop.

❷ You can heal your mind by listening to music.

❸ What also impressed me was his musical performance skill.

❹ At home, I have an audio system connected to an AI speaker that I play music on.

❺ My music tastes these days are much wider and more diverse, including classical music, R&B, hip-hop, and K-pop.

❻ He sang passionately and all the audience got immersed in his music and performances.

❼ Every time I listen to certain songs, they help me recall my old memories, which either make me sad or happy.

▸ 좋아하는 음악 장르

You indicated in the survey that you like to listen to music. Can you tell me what kind of music you like? And also, tell me why you like that type of music.

당신은 설문조사에서 음악 감상을 좋아한다고 했습니다. 어떤 음악을 좋아하는지 이야기해 주시겠어요? 그리고 또한, 왜 그런 유형의 음악이 마음에 드는지도 이야기해 보세요.

▸ 나에게 특별한 음악

You indicated in the survey that you like to listen to music. Tell me about a song that is special to you. Why is it so special?

당신은 설문조사에서 음악을 듣는 것을 좋아한다고 했습니다. 당신에게 특별한 노래에 대해 말해주세요. 왜 그렇게 특별한가요?

▸ 좋아하는 가수

Now, let's talk about one of the singers you like. Describe your favorite singer to me. Also, describe his or her features.

좋아하는 가수들 중의 한 명과 관련해 이야기해 보겠습니다. 가장 좋아하는 가수를 설명해 보세요. 또한, 그 가수의 특징도 설명해 주세요.

▸ 음악 감상 루틴

Where and when do you normally listen to music? How do you usually listen to music? Tell me about a variety of ways that you enjoy music.

평소에 어디에서 그리고 언제 음악을 듣나요? 보통 어떻게 음악을 듣나요? 음악을 즐기는 다양한 방법과 관련해 이야기해 주세요.

▸ 음악 감상 기기

What kind of devices do people like to listen to music on? Can you tell me about the popular ones? Why do people like them? Please explain the devices in as much detail as possible.

사람들이 어떤 종류의 기기로 음악을 듣는 것을 좋아하나요? 인기있는 기기에 대해 말해주시겠어요? 사람들이 왜 그 기기들을 좋아하나요? 가능한 한 자세히 그 기기에 대해 설명해 주세요.

🔊 MP3   3_27

음악 | 좋아하는 음악 장르

You indicated in the survey that you like to listen to music. Can you tell me what kind of music you like? And also, tell me why you like that type of music.

당신은 설문조사에서 음악 감상을 좋아한다고 했습니다. 어떤 음악을 좋아하는지 이야기해 주시겠어요? 그리고 또한, 왜 그런 유형의 음악이 마음에 드는지도 이야기해 주세요.

듣기 키워드

핵심 표현   AL 표현   🔊 MP3   3_28

핵심 표현	AL 표현
❶ 음악을 아주 좋아하는 사람, 팝송부터 힙합까지 모든 음악 좋아함	기본적으로 불만 없이 무엇이든 들을 수 있음
❷ 댄스 음악 가장 좋아함	시험처럼 뭔가 중요한 일 위해 기분 끌어올리는 데 좋음, 아이돌 그룹 노래도 상관없고, 유명했던 가수들 노래도 아주 좋아함
❸ 외면적인 것 뿐만 아니라 내면적으로도 자극 됨	듣고 나면 마음이 편해짐
❹ 에너지 촉진제라고 말할 수 있음	

만능 답변

(도입부) ❶ As for my musical tastes, I'm a great music lover. I like all kinds of music ranging from western pop songs to hip hop. So <u>I can listen to essentially anything without complaining</u>, but I do have my favorite music. (본론) ❷ I like dance music the most. <u>It is good for warming up for something big like a test.</u> I also like jazz. It really helps when I'm looking to relax. <u>I don't mind listening to most of the idol group songs, but I also love songs by once-famous singers.</u> I try to go to K-pop singers' concerts as often as possible. ❸ All in all, music stimulates me internally as well as externally. <u>I get relaxed after hearing it.</u> It refreshes my mind as well. (마무리) ❹ I can say that music is my energy booster.

제 음악 취향에 관해 얘기하자면, 저는 음악을 아주 좋아하는 사람이에요. 저는 서양의 팝송에서 힙합에 이르기까지 모든 종류의 음악을 좋아해요. 그래서 기본적으로 불만 없이 무엇이든 들을 수 있지만, 가장 좋아하는 음악도 분명 있어요. 저는 댄스 음악을 가장 좋아해요. 시험처럼 뭔가 중요한 일을 위해 기분을 끌어올리는 데 좋아요. 저는 재즈도 좋아해요. 휴식을 취하려 할 때 정말 도움이 돼요. 대부분의 아이돌 그룹 노래를 듣는 것도 상관없긴 하지만, 한때 유명했던 가수들의 노래도 아주 좋아해요. 저는 가능한 한 자주 케이팝 가수들의 콘서트에 가려고 해요. 대체적으로, 음악은 외면적인 것뿐만 아니라 내면적으로도 저에게 자극이 돼요. 듣고 나면 마음이 편해지죠. 제 마음에도 새롭게 활력을 줘요. 음악이 제 에너지 촉진제라고 말할 수 있어요.

핵심표현 <u>AL 표현</u>

어휘 표현 | warm up 기분을 끌어올리다, 흥을 돋우다   once-famous 한때 유명했던   stimulate ~을 자극하다   internally 내면적으로, 내부적으로   externally 외면적으로, 외부적으로   booster 촉진시키는 것, 증진시키는 것

🔊 MP3 3_29

음악	나에게 특별한 음악

You indicated in the survey that you like to listen to music. Tell me about a song that is special to you. Why is it so special?

당신은 설문조사에서 음악을 듣는 것을 좋아한다고 했습니다. 당신에게 특별한 노래에 대해 말해주세요. 왜 그렇게 특별한가요?

듣기 키워드

핵심 표현　　　　　　　　　　　　　　**AL 표현**　　　　🔊 MP3 3_30

❶	'레이즈 미 업', 역사상 가장 유명한 곡들 중 하나임	틀림없이 나에게 좀 특별한 곡임
❷	두세 번의 정말 힘들었던 순간들에 이 곡이 마음 편하게 해줌	한번은 중요한 시험 합격 못하고, 다른 한번은 이별했을때임
❸	크게 화 날 때마다 진정시키는 데 도움, 정말로 뛰어난 효과가 있음	
❹	음악은 치료제임	듣는 것으로 마음 치유, 마치 피부에 난 상처에 연고를 바르는 것과 같음, 마음에 상처가 있다면 음악으로 치유할 수 있음

만능 답변

[도입부] ❶ 'Raise Me Up' is among the most famous songs in history. <u>It has to be sort of a special song to me.</u> [본론] ❷ Through the two or three really tough times I've had in my life, the song was very relaxing. <u>Once I failed to pass an important test, and another one was a break up.</u> ❸ Whenever I was really furious, it helped me calm down and really had nice effects. So really it is a special song for me. [마무리] ❹ Music is like a cure. <u>You can heal your mind by listening to music, like applying ointment to a scar on your skin.</u> <u>If you have a scar on your mind, you can heal it with music.</u> There are some things words can't do but music can.

'레이즈 미 업'은 역사상 가장 유명한 곡들 중 하나예요. 틀림없이 저에겐 좀 특별한 곡이에요. 제가 살면서 겪은 두세 번의 정말 힘들었던 순간들을 거치면서, 이 곡이 아주 마음을 편하게 해주었어요. 한번은 중요한 시험에 합격하지 못했고, 다른 한번은 이별이었어요. 제가 정말로 크게 화가 날 때마다, 이 곡이 저를 진정시키는 데 도움이 되었고, 정말로 뛰어난 효과가 있었어요. 그래서 정말로 저에게 특별한 곡이에요. 음악은 치료제 같아요. 음악을 듣는 것으로 마음을 치유할 수 있죠, 마치 피부에 난 상처에 연고를 바르는 것처럼요. 마음에 상처가 있다면, 음악으로 치유할 수 있어요. 사람의 말이 아닌 음악이 해줄 수 있는 것들이 있거든요.

핵심표현 AL 표현

어휘 표현 | It has to be A 틀림없이 A이다, 확실히 A이다　through ~을 거쳐, 통해　tough 힘든, 어려운　fail to do ~하지 못하다, ~하는 데 실패하다　pass ~에 합격하다, ~을 통과하다　break up 이별, 헤어짐　whenever ~할 때마다, ~할 때는 언제든　furious 크게 화가 난　calm down 진정하다　effect 효과　cure 치료제　heal ~을 치유하다　by (방법) ~하는 것으로, ~함으로써　apply ~을 바르다, 적용하다　ointment 연고　scar 상처

🔊 MP3   3_31

음악   좋아하는 가수

Now, let's talk about one of the singers you like. Describe your favorite singer to me. Also, describe his or her features.

좋아하는 가수들 중의 한 명과 관련해 이야기해 보겠습니다. 가장 좋아하는 가수를 설명해 보세요. 또한, 그 가수의 특징도 설명해 주세요.

듣기 키워드

핵심 표현   **AL 표현**   🔊 MP3   3_32

	핵심 표현	AL 표현
❶	가장 좋아하는 가수는 장범준	지적이고 훌륭한 싱어송라이터임
❷	가장 좋아하는 노래가 된 여수 밤바다, 친구 집 TV에서 흘러 나오던 게 기억남	그의 목소리가 얼마나 다른지, 크게 감동 받음
❸	봄을 주제로 한 벚꽃 엔딩 노래 대히트함	매년 엄청난 돈 벌어들이고 있음, 감정이 풍부한 목소리로 기타 연주함
❹	눈부신 미소와 함께 노래함, 가장 마음에 드는 건 노래도 하고 작곡도 할 수 있다는 점	다방면에 걸쳐 다재 다능한 아티스트라고 볼 수 있음

만능 답변

(도입부) ❶ I would have to say that my favorite singer would be Jang Beom-jun. I really enjoy his music and voice. He's very intelligent and he is a great singer-songwriter. (본론) ❷ I remember his song, 'Yeosu Night Sea', which got to be my most favorite song, was playing on TV at my friend's house. We were all very touched at how different his voice was, and how great his lyrics were. ❸ The mega hit spring-themed song 'Cherry Blossom Ending', which was written and composed by Jang Beom-jun. The funny thing is that he earns a great fortune from it every year. What also impressed me was his musical performance skill. He plays the guitar with a very soulful voice. For some unknown reason, it gives me such deep sorrow. (마무리) ❹ He always sings with a dazzling smile. To be honest, his smile is his trademark, actually. What I like most about him is that he is able to sing and compose his music as well. I guess you could say that he is a well-rounded, multi-talented artist.

제가 가장 좋아하는 가수는 장범준이라고 말해야 겠어요. 저는 그의 음악과 목소리가 정말 즐거워요. 그는 아주 지적이고 훌륭한 싱어송라이터예요. 저는 제가 가장 좋아하는 노래가 된 '여수밤바다'가 친구의 집 TV에서 흘러 나오던 게 기억이 나요. 우리는 모두 그의 목소리가 얼마나 다른지, 그리고 가사가 얼마나 뛰어난지 크게 감동 받았어요. 봄을 주제로 해서 대히트를 기록한 곡 '벚꽃 엔딩'은 장범준이 작사 및 작곡했어요. 재미있는 점은, 그가 이 곡으로 매년 엄청난 돈을 벌어들이고 있다는 점이에요. 또 인상 깊었던 것은 그의 연주 실력이었어요. 아주 감정이 풍부한 목소리로 기타를 연주해요. 뭔가 알 수 없는 이유로, 저에게 아주 깊은 슬픔이 전달돼요. 항상 눈부실 정도의 미소와 함께 노래해요. 솔직히, 그의 미소는 그의 트레이드마크예요. 제가 가장 마음에 드는 건 그가 노래도 하고 자신의 음악도 작곡할 수 있다는 점이에요. 그는 다방면에 걸쳐 다재 다능한 아티스트라고 볼 수 있을 것 같아요.

핵심표현   **AL 표현**

| 음악 | 음악 감상 루틴 |

Where and when do you normally listen to music? How do you usually listen to music? Tell me about a variety of ways that you enjoy music.

평소에 어디에서 그리고 언제 음악을 듣나요? 보통 어떻게 음악을 듣나요? 음악을 즐기는 다양한 방법과 관련해 이야기해 주세요.

듣기 키워드

핵심 표현　　　　　　　　　　　　　　　　AL 표현　　　　　　　🔊 MP3　3_34

❶	내 삶에서 하나의 큰 부분	장르와 관련해서는 까다롭지 않음
❷	출근하는길, 통근 시간 중에 들음	기기에 관해서는 온라인 스트리밍 서비스 가입함
❸	스마트폰이 가장 좋아하는 음악기기, AI 스피커 이용, 집에서 이용하기 편리	말하기만 하면 음악 취향에 따라 자동으로 틀기 시작함
❹	음악 들으면 차분하고 마음 편해짐	음악을 듣지 않고는 하루도 보낼 수 없다는 생각

만능 답변

[도입부] ❶ Music has always been a big part of my life. There's no day I don't listen to music. To talk about the genre I listen to, I'm not picky about what I listen to. I listen to any kind of music if it's not too loud or funky. [본론] ❷ Music is my traveling partner. I usually listen to music on my way to work or on my way home, mostly during commuting hours. Other than that, I listen to music at home. Speaking of devices, I subscribe to one online streaming service, ❸ so my smartphone is my favorite music device to use while listening to music. These days, I have another favorite device. I usually use an AI speaker because it is convenient to use at home. All you have to say is "Play some music" and it starts playing automatically based on your music taste. So it's super convenient, right? [마무리] ❹ All in all, listening to music makes me calm and relaxed. I sometimes think I can't go a day without listening to music.

음악은 언제나 제 삶에서 하나의 큰 부분이었어요. 제가 음악을 듣지 않는 날은 없어요. 제가 듣는 장르와 관련해 얘기하자면, 저는 제가 듣는 것에 대해 까다롭지 않아요. 너무 시끄럽거나 펑키하지 않다면 어떤 종류의 음악이든 들어요. 음악은 제 여행 파트너예요. 저는 보통 직장으로 출근하는 길이나 집으로 돌아오는 길에, 대부분 통근 시간 중에 음악을 들어요. 그 외에는 집에서 음악을 들어요. 기기에 관해 얘기하자면, 제가 한 온라인 스트리밍 서비스에 가입되어 있어서, 제 스마트폰이 음악을 듣는 동안 이용하는 가장 좋아하는 음악 기기예요. 요즘엔, 가장 좋아하는 기기가 하나 더 있어요. 제가 보통 AI 스피커를 이용하는데, 집에서 이용하기 편리하기 때문이에요. 이 기기에 관해 얘기하자면, "음악 좀 틀어줘"라고 말하기만 하면, 음악 취향에 따라 자동으로 틀기 시작하죠. 그래서 정말 편리하지 않나요? 대체적으로, 음악을 들으면 차분하고 마음이 편해져요. 저는 때때로 음악을 듣지 않고는 하루도 보낼 수 없다는 생각이 들어요.

핵심표현 AL 표현

어휘 표현 | commuting hours 통근 시간　typical 일반적인, 전형적인　device 기기, 장치　subscribe to ~에 가입하다, ~을 구독하다　streaming 스트리밍(영상이나 음악 등의 재생)　automatically 자동으로　taste 취향

MP3　3_35

음악 ｜ 음악 감상 기기

What kind of devices do people like to listen to music on? Can you tell me about the popular ones? Why do people like them? Please explain the devices in as much detail as possible.

사람들이 어떤 종류의 기기로 음악을 듣는 것을 좋아하나요? 인기있는 기기에 대해 말해주시겠어요? 사람들은 왜 그 기기들을 좋아하나요? 가능한 한 자세히 그 기기에 대해 설명해 주세요.

듣기 키워드

핵심 표현　　　　　　　　　　　　　　AL 표현

MP3　3_36

	핵심 표현	AL 표현
❶	어디에 있는지에 따라 다름	
❷	매일 지하철로 통근, 2시간 소요	스마트폰에 아주 다양한 음악 있음
❸	집에 AI 스피커 연결된 오디오 시스템 갖고 있음, 온라인 스트리밍 서비스 멜론 회원	좋은 점은 온라인, AI 스피커 이용해서 음악 재생할 수 있다는 점
❹	취향에 따라 자동으로 음악 재생해 줘서 걱정할 필요 없음	요즘은 모든 것이 편리성의 문제임

만능 답변

[도입부] ❶ It depends on where I am when I listen to music. [본론] ❷ I spend almost two hours commuting on the subway every day. I have a large selection of music on my smartphone. The new smartphones have so much software and hardware for entertainment. I can download anything immediately. ❸ At home, I have an audio system connected to an AI speaker that I play music on. I also listen to music in the evenings after dinner. I am a member of an online music streaming service called Melon. The good thing is that you can stream music online or by using an AI speaker. [마무리] ❹ Most of all, you don't have to worry because it plays music automatically according to your taste in music. It is very easy to use and user-friendly. Everything is a matter of convenience these days.

제가 음악을 들을 때 어디에 있는지에 따라 달라요. 저는 매일 지하철로 통근하는 데 거의 2시간을 소비해요. 제 스마트폰에는 아주 다양한 음악이 있어요. 새로운 스마트폰엔 즐거움을 위한 소프트웨어와 하드웨어가 아주 많이 있어요. 무엇이든 즉시 다운로드 할 수 있죠. 집에, 저는 음악을 트는 AI 스피커에 연결된 오디오 시스템을 갖고 있어요. 저는 저녁 시간마다 식사 후에도 음악을 들어요. 저는 멜론이라고 부르는 온라인 음악 스트리밍 서비스의 회원이에요. 좋은 점은 온라인이나 AI 스피커를 이용해 음악을 재생할 수 있다는 점이에요. 무엇보다도, 음악 취향에 따라 자동으로 음악을 틀어주기 때문에 걱정할 필요가 없어요. 이용하기 아주 쉽고 이용자 친화적이죠. 요즘은 모든 게 편리성의 문제예요.

핵심표현　AL 표현

어휘 표현 ｜ depend on ~따라 다르다, ~에 달려 있다 　a large selection of 아주 다양한 　immediately 즉시 　connected to ~에 연결된 　streaming 스트리밍(영상이나 음악 등의 재생) 　called A A라고 부르는 　most of all 무엇보다도 　don't have to do ~할 필요가 없다 　automatically 자동으로 　easy to do ~하기 쉬운 　use-friendly 이용자 친화적인 　matter 문제, 일, 사안 　convenience 편리(성)

▶ 음악 관련 기억에 남는 경험

Tell me about the most memorable experience you have had while listening to music. When was it? Where did it happen? What makes the experience so memorable? Please describe it in as much detail as possible.

음악을 들으면서 겪었던 가장 기억에 남는 경험과 관련해 이야기해 주세요. 그때가 언제였나요? 어디에서 그 일이 있었나요? 무엇 때문에 그 경험이 그렇게 기억에 남게 되었나요? 가능한 한 자세히 설명해 주세요.

▶ 음악에 관심을 갖게 된 계기

When did you first become interested in music? What types of music did you initially enjoy? Tell me about your musical interest from childhood until now.

언제 처음 음악에 관심을 갖게 되었나요? 처음에 어떤 음악을 즐겼나요? 어린 시절부터 지금까지의 음악적 관심과 관련해 이야기해 주세요.

▶ 라이브 음악 감상 경험

Tell me about a time when you went to listen to some live music. Perhaps it was at a concert or a live cafe. What was the mood like and how did you like the music you listened to there?

라이브 음악을 들으러 갔던 때와 관련해 이야기해 주세요. 아마, 콘서트장이나 라이브 카페였을 수도 있습니다. 그곳 분위기는 어땠나요, 그리고 그곳에서 들었던 음악은 마음에 들었나요?

만능 답변

🔊 MP3 3_37

음악	음악 관련 기억에 남는 경험

Tell me about the most memorable experience you have had while listening to music. When was it? Where did it happen? What makes the experience so memorable? Please describe it in as much detail as possible.

음악을 들으면서 겪었던 가장 기억에 남는 경험과 관련해 이야기해 주세요. 그때가 언제였나요? 어디에서 그 일이 있었나요? 무엇 때문에 그 경험이 그렇게 기억에 남게 되었나요? 가능한 한 자세히 설명해 주세요.

듣기 키워드

핵심 표현　　　　　　　　　　　　AL 표현　　　🔊 MP3 3_38

❶	음악 듣기 좋아하는 시간 선택해야 한다면, 느긋하게 쉬고 싶을 때임	
❷	학창 시절 좋지 않은 일 생겨서 비틀즈 노래 들어보기로 함	정말 여러 번 도움이 됨
❸	너무 멀리 가서 여러 지하철역 지나침, 음악 듣는 동안 뭔가 중요한 걸 생각해서 그랬음	100% 음악 때문이었다고 말할 순 없지만, 그렇지 않다고 말할 수도 없음
❹	앞서 얘기했던 시간에 도착할 수 없었음	음악에 너무 풀 빠져서 목적 의식을 잃었다고 해야 할까?

만능 답변

(도입부) ❶ If I had to choose my favorite time to listen to music, I think it would be when I want to relax. I turn off everything in the house and listen to old classics with my eyes closed when I'm stressed out. (본론) My favorite is the Beatles. ❷ As I remember, once I had a bad thing that happened in my schooldays, so I chose to listen to their songs. <u>They really helped me many times.</u> Another moment that remains in my memory would be when I was going somewhere and listening to music, and I had to get off at a certain station. But the thing is, ❸ I went too far and passed several subway stations because I was thinking about something important while listening to music. <u>I can't say it was 100% because of music, but I can't say it wasn't.</u> (마무리) ❹ I couldn't arrive at the time my friend and I talked about earlier. <u>Should I say that I lost my sense of purpose because I was so immersed in music?</u> It doesn't always happen, but sometimes it does.

음악을 듣기 가장 좋아하는 시간을 선택해야 한다면, 그건 제가 느긋하게 쉬고 싶을 때일 것 같아요. 저는 스트레스를 받을 때 집안의 모든 것을 끄고 두 눈을 감은 채로 오래된 명곡을 들어요. 제가 가장 좋아하는 건 비틀즈예요. 제 기억으로는, 한번은 학창 시절에 좋지 않은 일이 생겨서, 비틀즈의 노래를 들어보기로 했어요. 정말 저에게 여러 번 도움이 됐어요. 제 기억 속에 남아 있는 또 다른 순간은 제가 어딘가로 가면서 음악을 듣고 있었던 때였을 거 같은데, 제가 특정 역에서 내려려 했어요. 하지만 문제는, 너무 멀리 가버려서 여러 지하철역을 지나쳤는데, 음악을 듣는 동안 뭔가 중요한 걸 생각하고 있었기 때문이었어요. 그게 100퍼센트 음악 때문이었다고 말할 순 없지만, 그렇지 않다고는 말할 수 없을 거예요. 저는 친구와 제가 앞서 얘기했던 시간에 도착할 수 없었어요. 제가 음악에 너무 푹 빠져 있었기 때문에 목적 의식을 잃었다고 해야 할까요? 항상 일어나는 일은 아니지만, 때때로 그래요.

핵심표현　<u>AL 표현</u>

🔊 MP3 3_39

음악	음악에 관심을 갖게 된 계기

When did you first become interested in music? What types of music did you initially enjoy? Tell me about your musical interest from childhood until now.

언제 처음 음악에 관심을 갖게 되었나요? 처음에 어떤 음악을 즐겼나요? 어린 시절부터 지금까지의 음악적 관심과 관련해 이야기해 주세요.

듣기 키워드

핵심 표현　　　　　　　　　　　　　　　**AL 표현**　　🔊 MP3 3_40

	핵심 표현	AL 표현
❶	15살 때 처음 클래식 음악 듣기 시작함, 라흐마니노프 피아노 협주곡 제2번	처음에 왜 사람들이 클래식 음악 듣는지 알지 못했고, 내 수준을 넘어서 있었음
❷	학교 음악 수업 덕분에 점차 클래식 음악과 그 배경을 이해할 수 있었음	클래식에 점점 더 익숙해질 수 있었음
❸	클래식 음악을 더 좋아하게 되면서 다른 취향도 발전시키기 시작함	재즈가 그 중 하나이고 요즘 음악 취향은 훨씬 더 폭넓고 더 다양해짐
❹	재즈를 들으려면 정말 좋은 음향 장비 필요함	최근에 집에 놓을 좋은 스피커와 앰프에 많은 돈을 소비함

만능 답변

[도입부] ❶ I first started listening to classical music when I was 15 years old. Watching TV, there was an advertisement with nice background music. The music was Rachmaninov's 'Piano Concerto No. 2'. That's how my lifelong interest in music began. At first, I had no idea why people listen to classical music, and classical music was completely out of my league. [본론] ❷ Thanks to the music classes at school, I was able to gradually understand classical music and its backgrounds, and I could become more and more familiar with classical music. ❸ As I became fonder of classical music, I started to develop different musical tastes. Jazz is one of them, and I grew to like Benny Goodman's swing. I love listening to jazz live. It's actually a kind of art. My music tastes these days are much wider and more diverse, including classical music, R&B, hip-hop, and K-pop. [마무리] ❹ To listen to jazz, you need really good musical equipment. So I recently spent a lot of money on good speakers and amps at home. I don't regret what I did. I would rather recommend it.

저는 15살이었을 때 처음 클래식 음악을 듣기 시작했어요. TV를 보고 있었는데, 아주 좋은 배경 음악이 나오는 광고가 있었어요. 그 음악은 라흐마니노프의 '피아노 협주곡 제2번'이었어요. 그렇게 음악에 대한 제 일생 동안의 관심이 시작되었어요. 처음에는 저는 왜 사람들이 클래식 음악을 듣는지 알지 못했고, 클래식 음악은 제 수준을 완전히 넘어서 있었죠. 학교 음악 수업 덕분에, 저는 점차 클래식 음악과 그 배경을 이해할 수 있었고, 클래식 음악에 점점 더 익숙해질 수 있었어요. 제가 클래식 음악을 더 좋아하게 되면서, 다른 음악적 취향도 발전시키기 시작했죠. 재즈가 그 중 하나인데, 베니 굿맨의 스윙을 좋아하게 되었죠. 저는 라이브로 재즈를 듣는 걸 아주 좋아해요. 사실 일종의 예술이에요. 요즘 제 음악 취향은 클래식음, R&B, 힙합, 케이팝을 포함해, 훨씬 더 폭넓고 더 다양해요. 재즈를 들으려면, 정말 좋은 음향 장비가 필요해요. 그래서 저는 최근에 집에 놓을 좋은 스피커와 앰프에 많은 돈을 소비했어요. 저는 제가 한 것을 후회하지 않아요. 오히려 추천해 드리고 싶어요.

핵심표현　AL 표현

🔊 MP3 3_41

음악 | 라이브 음악 감상 경험

Tell me about a time when you went to listen to some live music. Perhaps it was at a concert or a live cafe. What was the mood like and how did you like the music you listened to there?

라이브 음악을 들으러 갔던 때와 관련해 이야기해 주세요. 아마, 콘서트장이나 라이브 카페였을 수도 있습니다. 그곳 분위기는 어땠나요, 그리고 그곳에서 들었던 음악은 마음에 들었나요?

듣기 키워드

핵심 표현 / AL 표현
🔊 MP3 3_42

핵심 표현	AL 표현
❶ 1학년 때 처음 가을 축제에 갔던 일 절대 잊지 못함	그 모든 재밌는 활동들이 너무 놀라웠음
❷ 가장 좋았던 건 한국 유명 음악가들이 라이브로 노래하는 것 본 일	가장 좋아하는 가수 윤도현이 훌륭하게 공연하는 것을 보는 게 즐거웠음
❸ 그가 무대에 올랐을 때 모든 사람이 미친듯이 소리침	열정적으로 노래했고, 모든 관객이 그의 음악과 공연에 푹 빠져듦
❹ 가장 좋았던 부분은 앙코르	다시 그때로 돌아갈 수 있다면 좋겠음

만능 답변

[도입부] ❶ I would never forget going to my first Fall Festival in my first year. When I went there for the first time, I was so surprised by all the fun activities. [본론] ❷ One of the best things was seeing famous Korean musicians sing live. I particularly enjoyed watching my favorite singer, Yoon Do Hyun perform brilliantly. ❸ When he got on the stage, everyone screamed like crazy. He sang passionately and all the audience got immersed in his music and performances. Everyone became one in the festive atmosphere and sang along with his song. [마무리] ❹ The best part of it was the encore. Everyone shouted encore, so he came back on stage and sang his biggest hit. We hung out together until late at night. I wish I could return to that moment!

제가 1학년이었을 때 처음 가을 축제에 갔던 일을 절대 잊지 못할 거예요. 제가 처음으로 그곳에 갔을 때, 그 모든 재미있는 활동들에 너무 놀랐어요. 가장 좋았던 것들 중 하나는 한국의 유명 음악가들이 라이브로 노래하는 것을 본 일이었죠. 저는 특히 제가 가장 좋아하는 가수 윤도현이 훌륭하게 공연하는 것을 보는 게 즐거웠어요. 그가 무대에 올랐을 때, 모든 사람이 미친 듯이 소리쳤죠. 그는 열정적으로 노래했고, 모든 관객이 그의 음악과 공연에 푹 빠져들었어요. 모든 사람이 축제 분위기 속에 하나가 되어 그의 노래를 따라 불렀어요. 가장 좋았던 부분은 앙코르였어요. 모든 사람이 앙코르를 외치자, 그가 다시 무대로 돌아와 가장 크게 히트한 곡을 불렀어요. 우리는 밤 늦게까지 함께 어울렸어요. 제가 다시 그때로 돌아갈 수 있다면 좋겠어요!

핵심표현 AL 표현

여휘 표현 | brilliantly 훌륭하게, 뛰어나게, 멋지게 scream 소리치다 like crazy 미친 듯이 passionately 열정적으로 audience 관객, 청중 get immersed in ~에 푹 빠져들다 festive 축제의 sing along with ~을 따라 부르다 spend time -ing ~하면서 시간을 보내다

▶ 과거와 현재의 음악 성향 비교

How did you first get interested in music? What kind of music did you listen to when you were young? How was that music different from the music you listen to today? How has your interest in music changed over the years?

언제 처음 음악에 관심을 갖게 되었나요? 어렸을 때 어떤 음악을 들었나요? 그 음악이 요즘 듣는 음악과 어떻게 다른가요? 그 사이에 음악에 대한 관심이 어떻게 변했나요?

▶ 두 가지 음악 장르 비교

Compare two different composers or types of music. Explain both of them in as much detail as possible. What are their similarities and differences?

두 명의 서로 다른 작곡가 또는 두 가지 서로 다른 음악을 비교해 보세요. 가능한 한 자세히 둘 모두를 설명해 주세요. 어떤 유사점과 차이점이 있나요?

만능 답변

MP3 3_43

음악 | 과거와 현재의 음악 성향 비교

How did you first get interested in music? What kind of music did you listen to when you were young? How was that music different from the music you listen to today? How has your interest in music changed over the years?

언제 처음 음악에 관심을 갖게 되었나요? 어렸을 때 어떤 음악을 들었나요? 그 음악이 요즘 듣는 음악과 어떻게 다른가요? 그 사이에 음악에 대한 관심이 어떻게 변했나요?

듣기 키워드

핵심 표현 / AL 표현

MP3 3_44

	핵심 표현	AL 표현
❶	기분이 가라앉아 있을 때 필요한 치료제, 행복했던 순간들 속의 기쁨임	
❷	엄마 뱃속에 있었을 때 클래식 음악 많이 틀어주심, 어렸을 땐 힙합 음악 좋아함	반복해서 듣고, 되감고, 플레이 버튼을 누르곤 함 힙합 스타일의 옷을 입곤 함, 헐렁한 셔츠, 청바지, 저지, 거꾸로 착용하는 야구 모자 같은 것들
❸	나이가 들면서 가장 좋아하는 음악 장르는 R&B로 바뀜	
❹	특정 노래를 들을 때마다 예전 기억을 떠올리는 데 도움을 줌	그래서 슬퍼지기도 하고 행복해지기도 함

만능 답변

(도입부) ❶ Music is a cure for when I'm down and a joy in my happiest moments. It's part of my life. I have always liked music. (본론) ❷ When I was a baby in my mom's stomach, my mom played a lot of classical music. When I was a kid, I liked loud hip-hop music. I loved the rhythms and I had to memorize the lyrics. I would listen, rewind, and press play over and over. I used to wear hip-hop clothing, like baggy shirts, jeans, jerseys and baseball caps usually worn backward. ❸ But as I got older, my favorite music genre changed to R&B. I love calm, soft and gentle sounds that I can enjoy. (마무리) ❹ Every time I listen to certain songs, they help me recall my old memories, which either make me sad or happy. Music has such power, doesn't it?

음악은 제 기분이 가라앉아 있을 때 필요한 치료제이고, 가장 행복했던 순간들 속의 기쁨이에요. 제 삶의 일부인 거죠. 저는 항상 음악이 좋았어요. 제가 엄마 뱃속에 있던 아기였을 때, 엄마는 클래식 음악을 많이 틀어주었어요. 어린 아이였을 땐, 시끄러운 힙합 음악을 좋아했죠. 그 리듬이 아주 마음에 들었고, 가사를 외워야만 했죠. 저는 반복해서 듣고, 되감고, 플레이 버튼을 누르곤 했어요. 저는 전에 힙합 스타일의 옷을 입었어요, 헐렁한 셔츠와 청바지, 저지, 그리고 보통 거꾸로 착용하는 야구 모자 같은 것을요. 하지만 나이가 더 들면서, 제가 가장 좋아하는 음악 장르는 R&B로 바뀌었어요. 저는 제가 즐길 수 있는 차분하고, 감미로우면서 온화한 소리가 아주 마음에 들어요. 제가 특정 노래들을 들을 때마다, 예전 기억을 떠올리는 데 도움을 주는데, 그래서 슬퍼지기도 하고 행복해지기도 해요. 음악은 그런 힘을 지니고 있어요, 그렇지 않나요?

핵심표현 AL 표현

🔊 MP3   3_45

음악   두 가지 음악 장르 비교

Compare two different composers or types of music. Explain both of them in as much detail as possible. What are their similarities and differences?

두 명의 서로 다른 작곡가 또는 두 가지 서로 다른 음악을 비교해 보세요. 가능한 한 자세히 둘 모두를 설명해 주세요. 어떤 유사점과 차이점이 있나요?

듣기 키워드

핵심 표현   **AL 표현**   🔊 MP3   3_46

	핵심 표현	AL 표현
❶	모든 종류의 음악 좋아함 두 가지 꼽으라면 R&B와 힙합임	두 음악을 비교하자면, 두 종류 사이에 몇몇 공통점과 차이점이 있음
❷	두 음악 모두 사람들을 기분 좋게 만듦	둘 모두 절대로 유행에 뒤떨어지지 않는다고 생각함
❸	R&B는 부드러운 멜로디와 고조되는 보컬이 특징임 힙합은 훨씬 더 많은 힘과 에너지 지니고 있음	대부분의 R&B 가수들은 놀라운 목소리 지니고 있음 힙합은 래퍼들이 자신들의 목소리를 일종의 악기로 이용함
❹	두 종류의 음악 모두 듣는 걸 아주 좋아함	

만능 답변

(도입부) I like all kinds of music. ❶ If I were to pick two of my favorites, I gotta say it's hip-hop and R&B! I really love them both. <u>To compare the two types of music, there are some similarities and differences between the two types.</u> (본론) Let me start off with the similarities first. ❷ As far as I know, both types put people in a good mood. <u>Obviously, I believe that both hip-hop and R&B never go out of style.</u> I wouldn't say one is better than the other. They are just different. ❸ R&B is characterized by mellow melodies and soaring vocals. <u>Most R&B singers have a pretty amazing voice.</u> On the other hand, hip-hop has much more power and energy. There's usually a strong underlying beat. I personally believe hip-hop is preferred. This is mainly because of the way that it is sung. <u>It's awesome because rappers use their voice as a sort of musical instrument.</u> (마무리) ❹ No matter what, I love listening to both types of music!

저는 모든 종류의 음악을 좋아해요. 가장 좋아하는 것 두 가지를 꼽게 된다면, 힙합과 R&B라고 말하고 싶네요! 저는 둘 모두를 정말 아주 좋아해요. 이 두 가지 유형의 음악을 비교하자면, 두 종류 사이에 몇몇 공통점과 차이점이 있어요. 공통점으로 먼저 얘기를 시작해 볼게요. 제가 아는 한, 두 종류 모두 사람들을 기분 좋게 만들어요. 분명, 힙합과 R&B 둘 모두 절대로 유행에 뒤떨어지지 않는다고 생각해요. 저는 어느 한쪽이 다른 쪽보다 더 낫다고 말하고 싶진 않아요. 그저 다른 것일 뿐이죠. R&B는 부드러운 멜로디와 고조되는 보컬로 특징 지어져요. 대부분의 R&B 가수들은 대단히 놀라운 목소리를 지니고 있죠. 반면에, 힙합은 훨씬 더 많은 힘과 에너지를 지니고 있죠. 주로 강한 기본 박자가 있어요. 저는 개인적으로 힙합을 선호한다고 생각해요. 이건 대체적으로 그 노래를 부르는 방식 때문이에요. 래퍼들이 자신들의 목소리를 일종의 악기로 이용하기 때문에 멋져요. 어쨌든, 저는 두 종류의 음악을 모두 듣는 걸 아주 좋아해요!

핵심표현 <u>AL 표현</u>

이미지로 떠올리고 기억하는 빈출 주제별 OPIc 필수 표현

선택 주제와 관련된 이미지와 우리말을 보며 어휘나 표현을 떠올려보고 아래 정답을 확인해보세요.

관람

별 5개 평점

강추! 엄지 척!

적극 추천하다

음악 감상

멜로디, 선율

긍정적인 메시지

표현하다

유산소 운동

준비 운동하다

다치다

휴식하다, 쉬다

여행

빌리다

경치, 풍경

눈을 떼지 못하다

ANSWERS

관람	five star rating, two thumbs up, highly recommend
음악 감상	melody, positive messages, express
유산소 운동	do a warm-up routine, get hurt, take a break
여행	rent, scenery, can't take my eyes off

3 | 운동

Background Survey 선택 전략

사전 설문조사 6번 항목을 살펴보면 크게 구기 종목, 유산소 운동, 헬스로 나눌 수 있습니다. 구기 종목에 해당하는 선택 사항은 농구, 야구, 미식 축구, 테니스, 배드민턴 등 매우 다양한 종목들이 있습니다. 구기 종목을 선택한다면 경기 규칙, 포지션, 기억에 남는 선수나 경험이 출제될 수 있어서 문제 난이도가 높아집니다.

한편, 유산소 운동인 수영, 자전거, 조깅, 걷기, 하이킹/트레킹을 선택하면 구기 종목들과 달리 정해진 규칙이 없기 때문에 상대적으로 답변이 용이합니다.

또한, **운동을 전혀 하지 않음**이라는 항목은 반드시 선택하는 것을 추천합니다. 이 항목에 해당하는 문제는 개발되어 있지 않으므로 최소 선택 항목 12개의 개수는 채우면서 시험 범위를 줄일 수 있는 일석이조의 효과가 있습니다.

6. 귀하는 주로 어떤 운동을 즐기십니까? (한 개 이상 선택)

☐ 농구	☐ 야구/소프트볼	☐ 축구
☐ 미식 축구	☐ 하키	☐ 크리켓
☐ 골프	☐ 배구	☐ 테니스
☐ 배드민턴	☐ 탁구	☐ 수영
☐ 자전거	☐ 스키/스노보드	☐ 아이스 스케이트
☐ 조깅	☐ 걷기	☐ 요가
☐ 하이킹/트레킹	☐ 낚시	☐ 헬스
☐ 태권도	☐ 운동 수업 수강하기	☐ 운동을 전혀 하지 않음

■ 유산소 운동 ■ 운동을 전혀 하지 않음

추천 선택 항목: 자전거, 조깅, 걷기, 수영, 하이킹/트레킹, 운동을 전혀 하지 않음

사전 설문조사에서 자전거, 조깅, 하이킹/트레킹, 걷기, 수영을 선택하는 이유는 유산소 운동과 관련된 문제를 출제하게 하고자 하는 전략입니다. 특별한 규칙이 없고 운동의 목적과 방법이 어느 정도 유사한 항목들을 묶어 선택하면 시험 범위를 줄일 수 있습니다.

많은 수험자들이 헷갈려 하는 **운동을 전혀 하지 않음**이라는 항목은 운동하지 않는 사람을 위해 만든 항목입니다. 하지만 이 항목에 대한 문제는 개발되어 있지 않으므로 한 개의 출제 항목을 시험 범위에서 줄일 수 있는 효과가 있습니다.

★☆☆
Intermediate Level

★★☆
Advanced Level

★★★
Advanced Level

묘사	과거 경험	비교/변화/이슈
현재 시제를 사용하는 문제로 첫 번째 문제로 출제	과거 시제를 사용하는 문제로 두 번째/세 번째 문제로 출제	비교/변화/이슈를 설명하는 문제로 두 번째/세 번째 문제로 출제

- 조깅하는 장소
- 걷기 루틴
- 자전거를 타는 일상
- 자전거 묘사
- 수영 루틴
- 하이킹할 때 입는 옷과 용품

- 처음 자전거 타기를 배운 과정
- 기억에 남는 산책 경험
- 수영을 시작하게 된 계기
- 기억에 남는 수영 경험
- 조깅하다 다친 경험
- 최근 하이킹 경험

- 걷기에 관심을 갖게 된 계기와 변화
- 두 가지 운동 비교
- 하이킹 관련 최근 이슈

어휘/표현 익히기

유산소 운동

- ☐ cardio 유산소 운동
- ☐ cardiovascular 심혈관의
- ☐ workout 운동
- ☐ swimming stroke 영법
- ☐ exercise 운동하다, 운동
- ☐ take a deep breath 깊게 들이마시다
- ☐ on a regular basis 주기적으로
- ☐ enthusiast 마니아, 애호가
- ☐ way to do ~하는 방법
- ☐ how to do ~하는 법
- ☐ fast-paced 빠른 속도의
- ☐ breathe 숨을 쉬다
- ☐ aerobic 공기의
- ☐ body fat 체지방

운동 장비/운동복

- ☐ equipment 장비
- ☐ gear 장비
- ☐ handlebars 손잡이
- ☐ sturdy 견고한, 튼튼한
- ☐ jersey 저지(일종의 운동복)
- ☐ swimsuit 수영복
- ☐ swimming cap 수영모
- ☐ supplies 물품, 용품
- ☐ headgear 모자

운동 장소

- ☐ swimming pool 수영장
- ☐ indoor pool 실내 수영장
- ☐ lap pool 왕복 구간 수영장
- ☐ gym 체육관
- ☐ nearby 근처의
- ☐ within walking distance 걸어서 갈 수 있는 거리에
- ☐ trail 산길, 등산로
- ☐ community activity center 시민 문화 회관
- ☐ located in ~에 위치한

운동 효과

- ☐ relieve stress 스트레스르 해소하다
- ☐ stay fit 몸매를 유지하다
- ☐ keep in shape 건강을 유지하다
- ☐ get refreshed 기분 전환되다
- ☐ healthy weight 적정 체중
- ☐ lose weight 살을 빼다
- ☐ burn extra calories 여분의 칼로리를 소모하다
- ☐ enjoy fresh air 맑은 공기를 즐기다
- ☐ scenery 풍경, 경치
- ☐ landscape 풍경
- ☐ relax 긴장을 풀다
- ☐ pleasant 즐거운, 기쁜
- ☐ improve ~을 향상시키다, 개선하다

문장 만들어보기

❶ 제가 달리기를 좋아하긴 하지만, 바쁜 생활 때문에 하기가 조금 어려워요.

▶ _____

(running, hard, busy life)

❷ 걷기는 몸 전체를 가능한 한 많이 활용하게 해주는 효과적인 운동이에요.

▶ _____

(exercise, allow, use, entire)

❸ 자전거 타기의 가장 좋은 부분은 경치를 즐기면서 신선한 공기를 느낄 수 있다는 점이에요.

▶ _____

(impressed, performance skill)

❹ 추위로부터 우리를 막는 단열 기능을 해야 하고, 통풍이 잘 되면서 빠르게 건조되어야 해요.

▶ _____

(insulate, breathe well, dry)

❺ 운동을 위해 우리 동네에 있는 산길에서 걸었는데, 살을 좀 빼고 싶었기 때문이었죠.

▶ _____

(mountain trail, exercise, lose some weight)

❻ 가장 먼저, 조깅은 인내력과 체력을 높일 수 있는 좋은 방법이에요.

▶ _____

(a good way to, increase, endurance, stamina)

❼ 또한 제 생각엔 소셜 미디어가 하이킹을 하는 사람들의 숫자를 늘리는 데 도움이 된 것 같아요.

▶ _____

(social media, increase, the number of)

모범 답안

❶ I like running, but it's a little hard to do it because of my busy life.

❷ Walking is a great exercise that allows you to use your entire body as much as possible.

❸ The best part of riding a bike is feeling the fresh air while enjoying the scenery.

❹ It has to insulate us from the cold, breathe well, dry quickly.

❺ I walked on a mountain trail in my neighborhood for exercise because I wanted to lose some weight.

❻ First of all, jogging is a good way to increase your endurance and stamina.

❼ I also guess social media has helped increase the number of hikers.

▸ 조깅하는 장소

You indicated in the survey that you like to go jogging. Tell me about the places you like to go jogging at. Why do you enjoy jogging there?

당신은 설문조사에서 조깅하러 가는 것을 좋아하신다고 했습니다. 조깅하러 가시기 좋아하는 곳과 관련해 얘기해 보세요. 왜 그곳에서 조깅을 즐기시나요?

▸ 걷기 루틴

You indicated in the survey that you enjoy walking. How often do you go walking? Where do you go? Who do you usually go with?

당신은 설문조사에서 걷는 것을 즐긴다고 했습니다. 얼마나 자주 걷나요? 어디로 가나요? 주로 누구와 함께 가나요?

▸ 자전거 타는 루틴

You indicated in the survey that you like riding a bicycle. How often do you ride a bicycle? Where do you ride it? Tell me everything in detail.

당신은 설문조사에서 자전거 타기를 좋아한다고 했습니다. 얼마나 자주 자전거를 타나요? 어디에서 타나요? 자세히 모두 이야기해 주세요.

▸ 자전거 묘사

You indicated in the survey that you ride a bicycle. Please describe your bicycle in as much detail as possible.

당신은 설문조사에서 자전거를 탄다고 했습니다. 당신의 자전거를 가능한 한 자세히 묘사해 주세요.

▸ 수영 루틴

You indicated in the survey that you like to swim. Where do you go swimming? Who do you go with? Why do you like it? Tell me everything in detail.

당신은 설문조사에서 수영을 한다고 했습니다. 어디로 수영을 하러 가나요? 누구와 함께 가나요? 왜 수영하는 것을 좋아하나요? 자세히 모두 이야기해 주세요.

▸ 하이킹할 때 입는 옷과 용품

What type of clothing and footwear do you wear for hiking or trekking? Discuss the supplies and foods that you typically take with you. Where do you usually go?

당신은 하이킹 또는 트레킹 하러 갈 때 어떤 옷이나 신발을 착용하나요? 일반적으로 챙겨가는 용품과 음식에 대해 이야기해 주세요. 보통 어디로 가나요?

만능 답변

MP3 3_47

| 운동 | 조깅하는 장소 |

You indicated in the survey that you like to go jogging. Tell me about the places you like to go jogging at. Why do you enjoy jogging there?

당신은 설문조사에서 조깅하러 가는 것을 좋아하신다고 했습니다. 조깅하러 가시기 좋아하는 곳과 관련해 얘기해 보세요. 왜 그곳에서 조깅을 즐기시나요?

듣기 키워드

핵심 표현 / AL 표현

MP3 3_48

	핵심 표현	AL 표현
❶	조깅은 분명 좋은 운동임	몸 전체를 이용할 수 있음
❷	ABC 공원으로 감	조깅이 정말 하고 싶을 때 감
❸	집 근처에 있는 공원에는 훌륭한 조깅 트랙이 있음	그곳에 사람이 많지 않은 아침 일찍 감
❹	아주 즐거움	신선한 공기를 깊게 들이마시고, 나무와 활짝 핀 꽃들을 찾기도 함

만능 답변

(도입부) ❶ Jogging is definitely a good exercise. <u>You can use your whole body.</u> I go jogging at a nearby park on weekends. (본론) ❷ <u>When I have a craving for jogging,</u> I go to a park called ABC Park. I like running, but it's a little hard to do it because of my busy life. I'm busy working every weekend. Running itself may not be very pleasant. But it's a different story when you run in nature. ❸ The park near my house has a nice jogging track. <u>I go there early in the morning when there aren't many people there.</u> ❹ It is very enjoyable. I spend quite a bit of time jogging, seeing and appreciating the flowers and corridors of the trees. <u>I take a deep breath of fresh air and find trees and flowers in full bloom.</u> (마무리) The park is perfect for jogging.

조깅은 분명 좋은 운동이에요. 몸 전체를 이용할 수 있죠. 저는 주말마다 근처에 있는 공원에 조깅하러 가요. 제가 조깅이 정말 하고 싶을 때, ABC 공원이라고 불리는 공원으로 가요. 제가 달리기를 좋아하기 하지만, 바쁜 생활 때문에 하기가 조금 어려워요. 저는 주말마다 일하느라 바빠요. 달리기 자체만으로는 아주 즐겁지 않을 수 있어요. 하지만 자연 속에서 달리는 경우엔 이야기가 달라지죠. 우리 집 근처의 공원에는 훌륭한 조깅 트랙이 있어요. 저는 그곳에 사람이 많지 않은 아침 일찍 그곳에 가요. 아주 즐거워요. 저는 조깅하면서 꽃밭을 비롯해 나무가 늘어선 긴 이동로를 보고 감상하는 데 꽤 많은 시간을 들여요. 신선한 공기를 깊게 들이마시기도 하고, 나무와 활짝 핀 꽃들을 찾기도 하죠. 그 공원은 조깅하기에 완벽한 곳이에요.

핵심표현 AL 표현

어휘 표현 | definitely 분명히, 확실히   exercise 운동   nearby 근처의   have a craving for ~을 간절히 원하다, 갈망하다   called A A라고 부르는   corridor (복도식의) 긴 이동로   take a deep breath 깊게 들이마시다, 심호흡하다   in full bloom 활짝 핀, 만개한

🔊 MP3 3_49

운동 걷기 루틴

You indicated in the survey that you enjoy walking. How often do you go walking? Where do you go? Who do you usually go with?

당신은 설문조사에서 걷는 것을 즐긴다고 했습니다. 얼마나 자주 걷나요? 어디로 가나요? 주로 누구와 함께 가나요?

듣기 키워드

핵심 표현   **AL 표현**   🔊 MP3 3_50

❶	스트레스를 받을 때 보통 걸으면서 떨쳐냄	걷기는 몸 전체를 가능한 한 많이 활용하게 해주는 효과적인 운동임
❷	자주 가는 공원이 있음	집에서 약 10분 정도 걸리는 거리에 있어서 그곳에서 혼자 걷는 걸 좋아함
❸	공원에는 다양한 시설이 있음	자전거 대여소와 식수대가 있음
❹	동네 친구와 함께 걷는 것을 즐기기도 함	우리 둘 모두 잘 걷고 잘 맞는 걷기 친구임

만능 답변

(도입부) I am kind of an avid walker. ❶ When I get stressed out, I usually walk it off. <u>Walking is a great exercise that allows you to use your entire body as much as possible.</u> (본론) ❷ There is a park that I often go to, <u>and I like walking there alone because it is about 10 minutes away from my house.</u> It is surrounded by trees and flowers and is a flat area, so it is a perfect place for walking around. ❸ There are a variety of facilities in the park, <u>such as bicycle rental shops and drinking fountains.</u> It also has public exercise equipment people can make use of installed by the community. When I feel like walking, I go walking there alone on a regular basis. ❹ I sometimes get a hold of my friend in the neighborhood to enjoy walking together. <u>We both are good walkers and good walking buddies.</u> (마무리) You can tell walking is my favorite exercise.

저는 좀 열심히 걷는 사람이에요. 스트레스를 받을 때, 저는 보통 걸으면서 떨쳐내죠. 걷기는 몸 전체를 가능한 한 많이 활용하게 해주는 효과적인 운동이에요. 제가 자주 가는 공원이 하나 있는데, 우리 집에서 약 10분 정도 걸리는 거리에 있기 때문에 그곳에서 혼자 걷는 걸 좋아해요. 나무와 꽃으로 둘러싸여 있고 평지라서, 이리저리 걷기에 완벽한 곳이죠. 그 공원엔 자전거 대여소와 식수대 같은 다양한 시설이 있어요. 지역 사회에서 설치해준 사람들이 이용할 수 있는 공공 운동 기구도 있어요. 걷고 싶은 생각이 들 때, 저는 주기적으로 그곳에 혼자 걸으러 가요. 때로는 동네에 사는 친구에게 함께 걷는 것을 즐기러 가자고 연락해요. 우리 둘은 잘 걷는데다 잘 맞는 걷기 친구예요. 걷기가 제가 가장 좋아하는 운동이라고 보시면 돼요.

핵심표현 <u>AL 표현</u>

어휘 표현 | avid 열심인   get stressed out 스트레스를 받다   walk A off 걸으면서 A를 떨쳐내다   entire 전체의, 모든   be surrounded by ~로 둘러싸여 있다   flat 평평한   a variety of 다양한   facility 시설(물)   rental 대여, 임대   install ~을 설치하다   on a regular basis 주기적으로   get a hold of ~에게 연락하다   buddy 친구

MP3　3_51

운동	자전거 타는 루틴

You indicated in the survey that you like riding a bicycle. How often do you ride a bicycle? Where do you ride it? Tell me everything in detail.

당신은 설문조사에서 자전거 타기를 좋아한다고 했습니다. 얼마나 자주 자전거를 타나요? 어디에서 타나요? 자세히 모두 이야기해 주세요.

듣기 키워드

핵심 표현　　　　　　　　　　　　　　　　AL 표현　　　　MP3　3_52

❶	적어도 일주일에 세 번 자전거를 타려고 노력함	좋은 운동이기 때문에
❷	집 주변에 자전거 도로가 있고 자전거 타기에 아주 좋음	때로는 자전거를 타고 산에 올라감
❸	주로 친구들과 그곳에 자전거를 타러 감	우리는 보통 주말에 감
❹	자전거 타기의 가장 좋은 점은 신선한 공기를 느낄 수 있는 것	경치를 즐기면서

만능 답변

[도입부] You can tell that riding a bike is becoming more and more popular. So, the good thing is that the city council is trying to create more bike tracks to improve air quality and public health. These days you can find tracks for biking almost everywhere. [본론] ❶ I try to ride my bike at least three times a week as it is great exercise. When I bought it, I wanted to use it as much as possible. But I've found out that it is a little harder than what it looks like because of my tight schedule. ❷ There are some bike tracks around my place and they are great for biking. Sometimes I take my bike up to the mountains. ❸ I often go biking there with friends and we usually go on the weekends. ❹ The best part of riding a bike is feeling the fresh air while enjoying the scenery. [마무리] I really love enjoying the outdoors and just being part of nature.

자전거를 타는 게 점점 더 많은 인기를 얻고 있다는 걸 아실 거예요. 그래서, 좋은 점은 시의회에서 공기의 질과 공중 보건을 향상시키기 위해 더 많은 자전거 도로를 만들려 하고 있다는 사실이에요. 요즘엔, 거의 어디에서나 자전거용 도로를 찾을 수 있어요. 저는 적어도 일주일에 세 번은 제 자전거를 타려고 하는데, 아주 좋은 운동이기 때문이에요. 제가 자전거를 구입했을 때, 가능한 한 많이 이용하고 싶었어요. 하지만 빡빡한 제 일정 때문에 보기보다 좀 더 어렵다는 걸 알게 되었어요. 집 주변에 몇몇 자전거 도로가 있는데, 자전거 타기에 아주 좋아요. 때때로, 자전거를 타고 산에 올라가요. 친구들과 함께 그곳에서 자전거를 자주 타는데, 우리는 보통 주말에 가요. 자전거 타기의 가장 좋은 부분은 경치를 즐기면서 신선한 공기를 느낄 수 있다는 점이에요. 저는 야외 공간을 즐기고 그저 자연의 일부가 되는 걸 정말 아주 좋아해요.

핵심표현　AL 표현

어휘 표현 ┃ council 의회　bike tracks 자전거 도로　improve ~을 향상시키다, 개선하다　public health 공중 보건　regularly 주기적으로　at least 적어도, 최소한　find out that ~임을 알게 되다　tight 빡빡한, 빠듯한　trail 산길, 등산로　scenery 경치　outdoors 야외 공간

MP3 3_53

| 운동 | 자전거 묘사 |

You indicated in the survey that you ride a bicycle. Please describe your bicycle in as much detail as possible.

당신은 설문조사에서 자전거를 탄다고 했습니다. 당신의 자전거를 가능한 한 자세히 묘사해 주세요.

듣기 키워드

핵심 표현 / AL 표현

MP3 3_54

핵심 표현	**AL** 표현
❶ 크고 튼튼한 산악 자전거를 가지고 있음	아주 멋지고 너무 마음에 드는 제품임
❷ 전체가 검은색이고 브랜드 이름이 적혀 있음	
❸ 크고 편안한 안장이 있음	손잡이는 넓고 견고함
❹ 바퀴 주변에 작은 흙받이 두개가 있음	타이어는 비교적 큼

만능 답변

(도입부) When I first started riding a bicycle, I had an old bike and rode it for two years. I recently decided to upgrade it to my current bicycle because the old one was worn out quite a lot. I bought it online.
(본론) ❶ Now I have a mountain bike that is large and strong. It is such a beauty. I love it so much. I'm a mountain biking enthusiast. I like to go off road and I need a bike that I can rely on. ❷ It is all black with its brand name on it. ❸ It has a big comfortable seat and the handlebars are wide and sturdy. ❹ There are a couple of small fenders around the wheels, but the tires are relatively large as well. (마무리) When riding a bicycle, I also wear essential bike gear such as a helmet, gloves, pants and a jersey I bought at a local store that had the lowest price.

처음 자전거를 타기 시작했을 때, 오래된 자전거가 한 대 있었고, 2년 동안 탔어요. 최근에 지금 갖고 있는 자전거로 업그레이드하기로 결정했는데, 그 오래된 자전거가 꽤 많이 낡아졌기 때문이었죠. 새 자전거는 온라인으로 구입했어요. 현재 저는 크고 튼튼한 산악 자전거를 갖고 있어요. 아주 멋진 제품이죠. 너무 마음에 들어요. 저는 산악 자전거 타기 마니아예요. 도로를 벗어나는 걸 좋아해서, 신뢰할 수 있는 자전거가 필요해요. 전체가 검은색이고 자전거에 브랜드 이름이 있어요. 크고 편안한 안장이 있고, 손잡이는 넓고 견고해요. 바퀴 주변으로 작은 흙받이가 두 개 있지만, 타이어도 비교적 커요. 자전거를 탈 때, 저는 한 지역 매장에서 가장 저렴한 가격으로 되어 있어서 구입한 헬멧, 장갑, 바지, 그리고 운동용 셔츠 같은 필수 자전거 장비들도 착용해요.

핵심표현 AL 표현

어휘 표현 | recently 최근에   decide to do ~하기로 결정하다   be worn out 낡아지다   quite a lot 꽤 많이   enthusiast 마니아, 애호가   go off road 도로에서 벗어나다, 도로가 아닌 곳으로 다니다   rely on ~에 의존하다   comfortable 편안한   handlebars 손잡이   sturdy 견고한, 튼튼한   fender 흙받이   relatively 비교적, 상대적으로   as well ~도, 또한   essential 필수적인   gear 장비   jersey (운동 경기용) 셔츠   local 지역의, 현지의~

MP3   3_55

운동	수영 루틴

You indicated in the survey that you like to swim. Where do you go swimming? Who do you go with? Why do you like it? Tell me everything in detail.

당신은 설문조사에서 수영을 한다고 했습니다. 어디로 수영을 하러 가나요? 누구와 함께 가나요? 왜 수영하는 것을 좋아하나요? 자세히 모두 이야기해 주세요.

듣기 키워드

핵심 표현   AL 표현

MP3   3_56

	핵심 표현	AL 표현
❶	근처 수영장에 혼자 수영하러 감	
❷	수영이 근육을 만드는 좋은 방법이라는 점에 전적으로 동의함	심폐 능력을 발전시키고 추가로 칼로리를 소모할 수 있음
❸	자유로운 수영을 즐김	항상 수영장을 떠날 때마다 완전히 편한 기분이 든다는 것을 알게 됨
❹	수영이 뛰어난 기분 전환용 휴식을 제공해 줌	뜨거운 여름 날 물속으로 뛰어드는 것보다 좋은 건 없음

만능 답변

[도입부] If you were to ask me what my favorite workout is, my answer would be swimming. [본론] ❶ I just go swimming by myself in nearby swimming pool. There are many reasons why I like swimming. Frankly speaking, I'm not a huge fan of swimming. ❷ But I strongly agree that swimming is a great way to build muscle, <u>develop cardio respiratory fitness, and burn extra calories.</u> Still, endless laps can get boring. ❸ I enjoy free swimming. <u>I always find that whenever I leave the pool, I feel totally relaxed.</u> The pool makes you feel instantly better. ❹ Another good thing about swimming is that in the summer, swimming provides a nice, refreshing break! <u>There's nothing better than jumping into the water on a hot summer's day.</u> [마무리] It is a great sport which can be done all over the world in many beautiful locations.

제가 가장 좋아하는 운동이 무엇인지 물어본다면, 제 대답을 수영일 거예요. 저는 근처 수영장에 혼자 수영하러 가요. 제가 수영을 좋아하는 이유가 많이 있어요. 솔직히 말해서, 제가 수영을 엄청나게 좋아하는 사람은 아니에요. 하지만 수영이 근육을 만들고, 심폐 능력도 발전시키면서, 추가로 칼로리를 소모할 수 있는 아주 좋은 방법이라는 점에 전적으로 동의해요. 그럼에도 불구하고, 끝없는 왕복은 지겨워질 수 있어요. 저는 자유로운 수영을 즐겨요. 저는 항상 수영장을 떠날 때마다 완전히 편한 기분이 든다는 걸 알게 돼요. 수영장이 즉각적으로 더 기분 좋아지게 만들어 주죠. 수영과 관련해 또 다른 좋은 점은, 여름에, 수영이 뛰어난 기분 전환용 휴식을 제공해준다는 사실이에요! 뜨거운 여름 날에 물 속으로 뛰어드는 것보다 더 좋은 건 없어요. 전 세계 곳곳에 있는 많은 아름다운 곳에서 할 수 있는 뛰어난 스포츠예요.

핵심표현   AL 표현

어휘 표현 | frankly speaking 솔직히 말해서   a huge fan of ~을 엄청 좋아하는 사람   develop ~을 발전시키다   cardio respiratory fitness 심폐 능력   burn calories 칼로리를 소모하다   extra 추가의, 별도의   lap (수영 경기장의) 한 왕복   relaxed 마음이 편한, 느긋한   instantly 즉각적으로   fast-paced 빠른 속도의   raise ~을 높이다, 증가시키다

🔊 MP3 3_57

운동	하이킹할 때 입는 옷과 용품

What type of clothing and footwear do you wear for hiking or trekking? Discuss the supplies and foods that you typically take with you. Where do you usually go?

당신은 하이킹 또는 트레킹 하러 갈 때 어떤 옷이나 신발을 착용하나요? 일반적으로 챙겨가는 용품과 음식에 대해 이야기해 주세요. 보통 어디로 가나요?

듣기 키워드

핵심 표현   **AL** 표현   🔊 MP3 3_58

❶	추위를 막는 단열 기능과 통풍이 잘 되고 빠르게 건조되어야 함	비와 눈, 바람, 강렬한 태양으로부터 보호해야 함
❷	변화하는 모든 종류의 조건에 대처할 수 있어야 함	공기 활동으로 변동을 거듭하는 가변적인 기온 범위 내에서
❸	사람들을 보호하고 단열 기능을 하는 적합한 의류 착용이 매우 중요함	오지에서의 안전에 있어서
❹	짐을 너무 많이 챙기지 않으려고 함	복장 방식을 최소한으로 유지함

만능 답변

[도입부] I enjoy the beautiful scenery, breathing deeply in the middle of nature while hiking. [본론] As hikers, we expect a lot from our clothing. ❶ It has to insulate us from the cold, breathe well, dry quickly, and protect us from rain, snow, wind, and intense sun. ❷ We need to be able to deal with all types of changing conditions under variable temperature ranges that fluctuate with aerobic activity. ❸ Having adequate clothing to protect and insulate you is really important for your safety in the backcountry. Hiking in a remote place with too little can get you into a dangerous situation. ❹ I try not to overpack, so I keep my clothing system minimal. I make sure not to make my backpacks unnecessarily heavy and bulky. I just bring the supplies I need such as breathable clothing, a small backpack, headgear, and other clothing that is seasonally appropriate when going hiking. [마무리] That's what I do and how I go hiking.

하이킹을 하는 동안 자연 한 가운데에서 깊게 숨을 들이쉬면서 아름다운 경치를 즐겨요. 등산을 하는 사람으로서, 우리는 복장에 많은 것을 기대해요. 추위로부터 우리를 막는 단열 기능을 해야 하고, 통풍이 잘 되면서 빠르게 건조되어야 하고, 비와 눈, 바람, 그리고 강렬한 태양으로부터 우리를 보호해야 하죠. 우리는 공기의 활동으로 변동을 거듭하는 가변적인 기온 범위 내에서 변화하는 모든 종류의 조건에 대처할 수 있어야 해요. 사람들을 보호해 주고 단열 기능을 하는 적합한 의류를 착용하는 것이 오지에서의 안전에 정말 중요해요. 너무 부족한 채로 외딴 곳에서 등산하면 위험한 상황에 빠질 수 있어요. 저는 짐을 너무 많이 챙기려고 하지 않기 때문에, 제 복장 방식을 최소한으로 유지해요. 반드시 제 배낭을 불필요할 정도로 무겁고 부피가 커지지 않게 하죠. 저는 통풍이 잘되는 옷과 작은 배낭, 모자, 그리고 계절별로 등산 갈 때 적절한 기타 의류 같이 필요한 물품만 가져가요. 여기까지가 제가 등산 갈 때 무엇을 어떻게 하는지에 관한 것들이에요.

핵심표현 <u>AL 표현</u>

어휘 **표현** ǀ insulate ~을 단열하다   variable 가변적인   fluctuate 변동을 거듭하다   aerobic 공기의, 산호의   adequate 적합한   backcountry 오지

▸ **처음 자전거 타기를 배운 과정**

How did you first start riding a bicycle? When was the first time you rode a bike and who taught you how to ride it? Has your interest changed since you started biking? How has it changed?

어떻게 처음 자전거를 타기 시작했나요? 언제 처음 자전거를 타게 되었고, 누가 타는 법을 가르쳐줬나요? 자전거를 타기 시작한 이후로 그에 대한 관심이 변했나요? 어떻게 변했나요?

▸ **기억에 남는 산책 경험**

You indicated that you enjoy walking. Has anything memorable or special ever happened while you were walking? When was it and what happened? Where were you when this happened? Who were you with? Provide as many details as possible.

산책하는 동안 한 번이라도 기억에 남거나 특별했던 일이 있었나요? 그때가 언제였으며, 무슨 일이 있었나요? 그 일이 있었을 때 어디에 있었나요? 누구와 함께 있었나요? 가능한 한 많은 세부 정보를 제공해 주세요.

▸ **수영을 시작하게 된 계기**

How did you first learn how to swim? How old were you at that time and who taught you? How have you developed your swimming skills since then?

수영하는 방법을 어떻게 처음 배우게 되었나요? 그 당시 몇 살이었고 누가 가르쳐줬나요? 그 때 이후로 어떻게 수영 실력을 발전시켰나요?

▸ **기억에 남는 수영 경험**

Tell me about your memorable swimming experience. Maybe it was a swimming lesson or a day at a beautiful beach. When was it and where did it take place? Why was it so memorable to you? Tell me everything about the experience.

기억에 남는 수영 경험에 대해 말해주세요. 수영 수업이었을 수도 있고 멋진 해변에서의 하루였을 수도 있겠네요. 언제 그리고 어디에서 일어난 일인가요? 왜 당신에게 기억에 남는 경험인가요? 그 경험에 대해 모두 말해주세요.

▸ **조깅하다 다친 경험**

People occasionally get hurt when exercising. For example, they might twist their ankle or sprain their knee. Have you ever injured yourself while you were jogging? What kind of injury did you get? Do you do anything special to avoid injuries? What do you do?

사람들은 간혹 운동할 때 다치기도 합니다. 예를 들어, 발목이 비틀리거나 무릎을 접지를 수도 있습니다. 조깅하다가 다친 적이 있나요? 어떤 부상을 입었나요? 부상을 피하기 위해 하는 특별한 것이 있나요? 무엇을 하나요?

▸ **최근 하이킹 경험**

What was the most recent hiking or trekking trip you went on? Explain where and when you went hiking or tracking and discuss this trip from start to end.

가장 최근에 떠났던 하이킹 또는 트레킹 여행은 어떤 것이었나요? 어디로 그리고 언제 하이킹 또는 트레킹을 하러 갔는지 설명하면서 처음부터 끝까지 그 여행에 대해 이야기해 주세요.

만능 답변

운동	처음 자전거 타기를 배운 과정

How did you first start riding a bicycle? When was the first time you rode a bike and who taught you how to ride it? Has your interest changed since you started biking? How has it changed?

어떻게 처음 자전거를 타기 시작했나요? 언제 처음 자전거를 타게 되었고, 누가 타는 법을 가르쳐줬나요? 자전거를 타기 시작한 이후로 그에 대한 관심이 변했나요? 어떻게 변했나요?

듣기 키워드

핵심 표현　　　　　　　　　　　　　AL 표현　　　　　　MP3　3_60

	핵심 표현	AL 표현
❶	처음 자전거를 탄 건 약 20년 전	정확히 언제인지 기억나지 않음
❷	아빠가 근처 공원에 데리고 가서 타는 방법을 가르쳐 줬다고 말해줌	
❸	처음엔 모든 것이 새로웠음	제대로 균형을 잡는 법을 배우는 데 어려움이 많았음
❹	결국 제대로 탈 수 있게 됨	그때가 자전거 타는 것을 아주 좋아하게 된 때임

만능 답변

(도입부) I can't really remember all that clearly. (본론) ❶ My first biking experience would have been about 20 years ago. I can't remember exactly when it was, ❷ but my dad told me he took me to a nearby public park and taught me how to ride a bicycle. As a kid, my family and I spent a lot of time there. ❸ At first, everything was so new to me. I never really learned how to ride a bike as a kid. I had a difficult time learning how to balance myself on a bike right. I kept on practicing and practicing. There were many times I fell off and wanted to quit. ❹ Eventually I got it right. That was when I fell in love with riding a bicycle. (마무리) These days, I don't go biking that often. When I go biking, I always try to stretch before and after biking so that I don't get hurt.

그 모든 게 정말 분명하게 기억이 나진 않아요. 제가 처음 자전거를 탄 경험은 약 20년 전의 일이었을 거예요. 정확히 언제였는지 기억이 나진 않지만, 아빠가 저를 근처의 공원으로 데리고 가서 자전거 타는 방법을 가르쳐 줬다고 이야기 해주셨어요. 어린 아이였을 때, 제 가족과 저는 그곳에서 많은 시간을 보냈어요. 처음엔, 모든 것이 저에게 너무 새로웠죠. 어렸을 때 자전거 타는 법을 한번도 제대로 배우진 않았어요. 저는 자전거에 타서 제대로 균형을 잡는 법을 배우는 데 어려움이 많았어요. 저는 계속 연습하고 또 연습했어요. 넘어지면서 그만두고 싶었던 때가 많았죠. 결국, 제대로 하게 됐죠. 그때가 자전거를 타는 게 아주 좋아졌던 때였어요. 요즘엔, 그렇게 자주 자전거를 타러 가진 않아요. 제가 자전거를 타러 갈 때, 다치지 않도록 하기 위해 자전거를 타기 전과 후에 항상 스트레칭을 하려고 해요.

핵심표현　AL 표현

어휘 표현 | clearly 분명하게, 명확하게　exactly 정확히　balance ~의 균형을 잡다　fall off 넘어지다, 떨어지다　quit 그만두다　eventually 결국, 마침내　get it right 제대로 하다　fall in love with ~을 좋아하게 되다

MP3 3_61

| 운동 | 기억에 남는 산책 경험 |

You indicated that you enjoy walking. Has anything memorable or special ever happened while you were walking? When was it and what happened? Where were you when this happened? Who were you with? Provide as many details as possible.

산책하는 동안 한 번이라도 기억에 남거나 특별했던 일이 있었나요? 그때가 언제였으며, 무슨 일이 있었나요? 그 일이 있었을 때 어디에 있었나요? 누구와 함께 있었나요? 가능한 한 많은 세부 정보를 제공해 주세요.

듣기 키워드

핵심 표현   AL 표현   MP3 3_62

❶	지난 주 토요일에 여유 시간이 좀 있었음	
❷	가장 친한 친구와 근처 공원에 걸으러 가기로 결정 했음	이전에 내린 비로 산책로 곳곳이 진흙투성이였음
❸	갑자기 친구가 소리지르는 게 들렸음	친구는 진흙투성이가 된 얼굴과 손을 들어올리면서 밝게 웃었음
❹	친구는 나를 쳐다봤고, 우리 둘은 동시에 웃기 시작함	사진 찍어 인스타그램에 올림

만능 답변

[도입부] ❶ It was last Saturday that I had some free time. The weather was supposed to be nice last weekend according to the weather forecast. [본론] ❷ My best friend and I decided to go walking in the nearby park. Everything seemed so perfect until we arrived at the walking trail at the park. The problem was that the trails were a little muddy here and there because it had rained earlier. We were walking down the hill together. ❸ All of a sudden, I heard my friend yell. I turned around and saw him on the ground. He raised his muddy face and hands up, smiling brightly. At first, I was a little bit worried about him. And I ran over to him asking, "Are you okay?" ❹ He looked at me, and we both started laughing simultaneously. I ended up taking a picture of us and posting it on my Instagram. [마무리] That was funny. Still, we often talk about it when we get together.

제가 지난 주 토요일에 여유 시간이 좀 있었어요. 일기 예보에 따르면 날씨가 지난 주말에 아주 좋을 예정이었어요. 가장 친한 친구와 저는 근처의 공원에 걸으러 가기로 결정했죠. 우리가 그 공원의 산책로에 도착하기 전까진 모든 게 아주 완벽한 것 같았어요. 문제는, 이전에 비가 내렸기 때문에 그 산책로 곳곳이 좀 진흙투성이가 되었다는 점이었어요. 우리는 함께 언덕을 따라 걷고 있었어요. 갑자기, 친구가 소리지르는 게 들렸어요. 저는 돌아서서 땅바닥에 있던 친구를 봤죠. 친구는 진흙투성이가 된 얼굴과 손을 들어올리면서, 밝게 웃었어요. 처음엔, 조금 걱정이 되었어요. 그리고 달려가서는 "괜찮아?"하고 물어봤죠. 친구가 저를 쳐다봤고, 우리 둘은 동시에 웃기 시작했어요. 결국 우리 둘을 사진으로 찍어서 제 인스타그램에 올리게 되었죠. 웃긴 일이었어요. 여전히, 우리는 만나면 그 이야기를 자주 해요.

핵심표현 AL 표현

어휘 표현 ǀ decide to do ~하기로 결정하다   walking trail 산책로   muddy 진흙투성이인   all of a sudden 갑자기   yell 소리지르다, 고함치다   turn around 돌아서다   simultaneously 동시에   end up -ing 결국 ~하게 되다   post ~을 게시하다

🔊 MP3　3_63

운동	수영을 시작하게 된 계기

How did you first learn how to swim? How old were you at that time and who taught you? How have you developed your swimming skills since then?

수영하는 방법을 어떻게 처음 배우게 되었나요? 그 당시 몇 살이었고 누가 가르쳐줬나요? 그 때 이후로 어떻게 수영 실력을 발전시켰나요?

듣기 키워드

핵심 표현　　　　　　　　　　　　　　AL 표현　　　　　🔊 MP3　3_64

❶	10살 때 수영하는 법을 배우기 시작했음	그 이후로 계속 수영을 해오고 있음
❷	우리 가족과 나는 지역 수영장 회원권이 있었음	어렸을 때 작은 어린이용 수영장에서 많은 시간을 보냄
❸	곧 수영하는 법을 배우기 위해 수영 수업을 들었음	여러 명의 숙련된 코치들 중 김 코치님을 가장 좋아했음
❹	자유형을 향상시켜 주기 위해 몇 가지 추가 팁을 알려줌	그때 이후로 계속 수영을 해오고 있음

만능 답변

(도입부) ❶ I started learning how to swim when I was 10 years old and I have been swimming ever since. I remember loving it because it was extremely relaxing. I loved the feeling of floating on the water and feeling almost weightless. I found that whenever I left the pool I felt totally relaxed. (본론) ❷ My family and I had a membership to the local pool in the community activity center. As kids, we spent a lot of time in the small youth pool. My parents swam in the lap pool while I played with the others. ❸ I was soon attending swimming lessons to learn how to swim. There were several well trained coaches there, and my favorite was Mr. Kim. ❹ He gave me a few extra tips to improve my freestyle. By the time I was 14, I was able to get down all the strokes. (마무리) I have been swimming since then.

저는 10살이었을 때 수영하는 법을 배우기 시작해서, 그 이후로 계속 수영을 해 오고 있어요. 저는 수영을 아주 좋아했던 게 기억이 나는데, 매우 편안한 기분이 들었기 때문이에요. 저는 물 위에 떠있으면서 거의 무게감이 느껴지지 않는 기분이 너무 좋았어요. 저는 수영장에서 나갈 때마다, 완전히 기분이 편안해진 느낌이 든다는 걸 알게 되었어요. 우리 가족과 저는 시민 문화 회관에 있는 지역 수영장 회원권이 있었어요. 어렸을 때, 우리는 작은 어린이용 수영장에서 많은 시간을 보냈어요. 부모님께서는 제가 다른 아이들과 노는 동안 왕복 구간 수영장에서 수영하셨어요. 저는 곧 수영하는 법을 배우기 위해 수영 수업을 듣게 되었죠. 그곳엔 여러 명의 숙련된 코치들이 있었는데, 제가 가장 좋아했던 분은 김 코치님이었어요. 그분은 제 자유형을 향상시켜 주기 위해 몇 가지 추가 팁도 알려 주셨어요. 제가 14살이 되었을 무렵엔, 모든 영법을 잘 할 수 있게 됐죠. 저는 그때 이후로 계속 수영을 해 오고 있어요.

핵심표현　AL 표현

어휘 표현 | float (물 등에) 뜨다　weightless 무게가 없는　find that ~임을 알게 되다　relaxed 편안해진, 느긋해진　local 지역의, 현지의　community activity center 시민 문화 회관　lap pool 왕복 구간 수영장　attend ~에 다니다, 참석하다　well trained 숙련된, 잘 훈련된　extra 추가의, 별도의　improve 향상시키다, 개선하다　get down (정보 등) ~에 훤하다, 정통하다　stroke (수영의) 영법

MP3 3_65

운동 기억에 남는 수영 경험

Tell me about your memorable swimming experience. Maybe it was a swimming lesson or a day at a beautiful beach. When was it and where did it take place? Why was it so memorable to you? Tell me everything about the experience.

기억에 남는 수영 경험에 대해 말해주세요. 수영 수업이었을 수도 있고 멋진 해변에서의 하루였을 수도 있겠네요. 언제 그리고 어디에서 일어난 일인가요? 왜 당신에게 기억에 남는 경험인가요? 그 경험에 대해 모두 말해주세요.

듣기 키워드

핵심 표현 | **AL 표현** MP3 3_65

❶ 대학생 때, 수영 대회가 있었음	우리 학과 대표 다섯 명의 참가자들 중 한 명으로 선발됨
❷ 전년도 1위를 차지한 참가자 중 한사람이 코치로서 실력 향상을 돕겠다고 함	근육 발달 뿐만 아니라 영법 기술에 대해서도 연습함
❸ 우리 모두 수영에 최선의 노력을 쏟음	대회 우승이나 순위 안에 들지 못함
❹ 이 경험을 통해 많이 배웠다고 생각함	전문적인 수영 기술은 언급할 필요도 없이

만능 답변

(도입부) ❶ When I was in college, there was a swimming competition. There were not many students who could swim. So I was selected as one of the five participants to represent our department. (본론) I actually didn't know how to swim very well, but ❷ one of the previous participants who won first place the previous year said he could volunteer to help me improve as a coach. He took it upon himself to train me and the other participants how to swim. We drew up a strategy and training schedule. We worked on stroke techniques as well as muscle development. I was fairly good at freestyle and breaststroke. The competition finally came and it was so steep. ❸ We all dedicated our best efforts to swimming. Of course, I wasn't even close to winning or even placing in the competition. But I was by no means last. ❹ I think I learned a lot through the experience, not to mention the professional swimming skills. (마무리) It was quite an experience.

제가 대학생이었을 때, 한번은 수영 대회가 있었어요. 수영할 수 있는 학생들이 많진 않았어요. 그래서 제가 우리 학과를 대표하기 위해 다섯 명의 참가자들 중 한 명으로 선발되었죠. 저는 사실 수영하는 법을 그렇게 잘 알지는 못했지만, 전년도에 1위를 차지한 이전의 참가자들 중 한 사람이 자진해서 코치로서 제 실력이 향상되도록 도와주겠다고 말했어요. 그는 스스로 책임감을 가지고 저와 나머지 참가자들에게 수영하는 법을 훈련시켜 주었어요. 우리는 전략과 훈련 일정을 짰어요. 근육 발달뿐만 아니라 영법 기술에 대해서도 노력했죠. 저는 자유형과 평영을 꽤 잘했어요. 대회가 마침내 다가왔고, 너무 힘들었어요. 우리 모두 수영에 최선의 노력을 쏟아 부었죠. 당연히, 저는 대회에서 우승을 한다거나 심지어 순위에 드는 것에는 근처에도 가지 못했죠. 하지만 결코 꼴찌는 아니었어요. 저는 이 경험을 통해 많은 것을 배웠다는 생각이 들었어요, 전문적인 수영 기술은 언급할 필요도 없고요. 상당히 좋은 경험이었어요.

핵심표현 AL 표현

MP3   3_67

| 운동 | 조깅하다 다친 경험 |

People occasionally get hurt when exercising. For example, they might twist their ankle or sprain their knee. Have you ever injured yourself while you were jogging? What kind of injury did you get? Do you do anything special to avoid injuries? What do you do?

사람들은 간혹 운동할 때 다치기도 합니다. 예를 들어, 발목이 비틀리거나 무릎을 접지를 수도 있습니다. 조깅하다가 다친 적이 있나요? 어떤 부상을 입었나요? 부상을 피하기 위해 하는 특별한 것이 있나요? 무엇을 하나요?

듣기 키워드

핵심 표현   AL 표현   MP3   3_68

	핵심 표현	AL 표현
❶	다행히 걷거나 조깅할 때 다친 적은 없었음	완전히 녹초가 되었거나 근육통을 느낀 적은 많이 있었음
❷	운동을 위해 동네 산길을 걸었음	살을 좀 빼고 싶었기 때문
❸	매일 걸으러 갔음	보통 주말마다 약 2시간 동안 걸었음
❹	결과적으로 12킬로그램을 뺐음	예상했던 것보다 더 많았음

만능 답변

(도입부) ❶ Fortunately, I haven't hurt myself when walking or jogging. (본론) But I would say there have been many times I got totally exhausted or I've felt a few muscle aches rather than injuries. I push myself kind of hard. The most memorable walk I've ever taken was last spring. ❷ I walked on a mountain trail in my neighborhood for exercise because I wanted to lose some weight. I decided to walk with the purpose of losing some weight, like 10kg within a month. ❸ So I went walking every day and I usually walked for about two hours on weekends. I tried to walk in both the morning and at night. I always walked bathed in sweat. After 10 days of walking, I weighed myself on the scale and I had lost 5kg. I was pretty satisfied with the results. It was amazing that I had walked on the beautiful mountain trail daily for a month. (마무리) ❹ As a result, I lost 12kg, which was more than I had expected.

다행히, 저는 걷거나 조깅할 때 다친 적이 없었어요. 하지만 부상 대신 완전히 녹초가 되었거나 몇몇 근육통을 느낀 적은 많이 있었다고 얘기할 수 있어요. 저는 스스로를 좀 심하게 밀어붙여요. 제가 그 동안 해 본 가장 기억에 남는 걷기는 지난 봄이었어요. 운동을 위해 우리 동네에 있는 산길에서 걸었는데, 살을 좀 빼고 싶었기 때문이었죠. 저는 몸무게를 줄이겠다는 목적을 가지고 걷기로 결정했어요, 한달 안에 10킬로그램만큼요. 그래서 매일 걸으러 갔고, 보통 주말마다 약 2시간 동안 걸었어요. 아침과 밤에 두 번 모두 걸으려 했어요. 저는 항상 땀으로 목욕하면서 걸었어요. 걷기 시작하고 10일 후에, 저울로 몸무게를 쟀는데, 5킬로그램이 빠졌어요. 그 결과에 대해 상당히 만족했죠. 제가 한달 동안 매일 아름다운 산길에서 걸었다는 사실이 놀라웠어요. 결과적으로, 12킬로그램을 뺐는데, 제가 예상했던 것보다 더 많았어요.

핵심표현   AL 표현

어휘 표현   **get exhausted** 녹초가 되다   **muscle ache** 근육통   **injury** 부상   **trail** 산길, 오솔길   **purpose** 목적   **scale** 저울

MP3　3_69

운동	최근 하이킹 경험

What was the most recent hiking or trekking trip you went on? Explain where and when you went hiking or trekking and discuss this trip from start to end.

가장 최근에 떠났던 하이킹 또는 트레킹 여행은 어떤 것이었나요? 어디로 그리고 언제 하이킹 또는 트레킹을 하러 갔는지 설명하면서 처음부터 끝까지 그 여행에 대해 이야기해 주세요.

듣기 키워드

핵심 표현 　　　　　　　　　　　　　　　 AL 표현

MP3　3_70

#	핵심 표현	AL 표현
❶	몇 달 전에 하이킹을 감	
❷	공원에서부터 가장 가까운 산으로 이어지는 길이 있음	그래서 기분 좋게 그곳에 걸어 가기로 결정함
❸	맞게 기억하고 있다면, 총 세시간이 걸렸음	산 정상에서 바라보는 전망은 숨이 멎을 만큼 멋있었음
❹	정말 힘든 하이킹이었지만, 기분이 상쾌해졌음	

만능 답변

〔도입부〕❶ It was a few months ago when I went hiking. I always like to get myself into shape so I decided to go hiking in the national park near my house. 〔본론〕❷ There is a path from the park to the nearest mountain. <u>So I pleasantly decided to walk there.</u> I'm not sure if that was the longest walk I've ever taken but ❸ if I remember correctly, the entire hike took about three hours. From about the 30 minute mark, I started to sweat all over my body. However, <u>the view from the top of the mountain was breathtaking</u> and I could look down over the entire city. After three hours of hiking, I was in a bath of sweat. When I came back home, I took a shower right away. ❹ It was a really hard hike but I felt refreshed from it. 〔마무리〕 It was a mind blowing experience.

제가 하이킹을 갔던 게 몇 달 전이었어요. 저는 항상 건강을 유지하는 걸 좋아해서 우리 집 근처에 있는 국립 공원에 하이킹하러 가기로 결정했죠. 그 공원에서부터 가장 가까운 산으로 이어지는 길이 하나 있어요. 그래서 저는 기분 좋게 그곳에 걸어 가기로 결정했죠. 저는 그게 제가 지금까지 해 본 가장 긴 걷기였는지 확실하진 않지만, 제가 맞게 기억하고 있다면, 전체 하이킹이 약 3시간이 걸렸어요. 약 30분쯤 되었던 지점부터, 저는 온 몸에 걸쳐 땀이 나기 시작했어요. 하지만, 산 정상에서 바라보는 전망은 숨이 멎을 만큼 멋있었고, 도시 전체를 내려다 볼 수 있었어요. 3시간에 걸친 하이킹 끝에, 저는 땀으로 흠뻑 젖어 있었어요. 집으로 돌아 왔을 때, 곧바로 샤워를 했죠. 정말 힘든 하이킹이었지만, 하고 나니까 기분이 상쾌해졌어요. 너무 즐거운 경험이었어요.

핵심표현　<u>AL 표현</u>

어휘 표현 ❘ get oneself into shape 건강을 유지하다, 몸매를 가꾸다　correctly 정확히　entire 전체의, 모든　mark 지점, 표시, 정도, 수준　sweat 땀이 나다　all over ~ 전체에 걸쳐　view 전망, 경관　breathtaking 숨이 멎을 듯한　look down 내려다 보다　in a bath of sweat 땀으로 흠뻑 젖은　right away 곧바로, 당장　feel refreshed 기분이 상쾌해지다　mind blowing 너무 즐거운, 너무 감동적인

▶ 걷기에 관심을 갖게 된 계기와 변화

When did you first become interested in walking? Why did you start walking? Has your physical strength changed since you started walking? How has it changed?

언제 처음 걷기에 관심을 갖게 되었나요? 왜 걷기를 시작했나요? 걷기를 시작한 이후로 체력이 변화되었나요? 어떻게 변화되었나요?

▶ 두 가지 운동 비교

Please choose one exercise such as swimming or cycling and compare it with jogging. Are there any similarities between the two? What are the differences between them? Please talk about the activities in detail.

수영이나 자전거 타기 중 하나를 골라 조깅과 비교해주세요. 두 가지 운동에 유사점이 있나요? 차이점은 무엇인가요? 활동에 대해 자세히 이야기해 주세요.

▶ 하이킹 관련 최근 이슈

These days many people enjoy hiking. What made it popular? Have there been any noticeable changes in regard to hiking and tracking in the past few years? Tell me everything in detail.

요즘 많은 사람들이 하이킹을 즐깁니다. 어떤 이유로 인기를 얻게 되었나요? 하이킹과 트레킹 관련해서 몇 년 전에 비해 눈에 띄는 변화가 있나요? 자세히 모두 말해 주세요.

▶ 조깅 관련 부상과 조치

Is jogging dangerous to joggers in any way? Explain some of the injuries that joggers can sustain. What are some of the steps that can be taken to avoid such injuries?

조깅하는 사람들에게 조깅이 어떤 식으로든 위험한가요? 조깅하는 사람들이 겪을 수 있는 몇 가지 부상들에 대해 설명해주세요. 이러한 부상을 피하기 위해 취할 수 있는 단계들은 어떤 것들인가요?

만능 답변

🔊 MP3 3_72

운동	걷기에 관심을 갖게 된 계기와 변화

When did you first become interested in walking? Why did you start walking? Has your physical strength changed since you started walking? How has it changed?

언제 처음 걷기에 관심을 갖게 되었나요? 왜 걷기를 시작했나요? 걷기를 시작한 이후로 체력이 변화되었나요? 어떻게 변화되었나요?

듣기 키워드

핵심 표현 / AL 표현

🔊 MP3 3_72

	핵심 표현	AL 표현
❶	주기적으로 운동하겠다는 새해 다짐을 했음	건강을 진지하게 여겨야 겠다는 생각이 들어서
❷	적어도 이틀에 한 번씩 조깅하는 것 시작했음	한 번에 1시간 넘게
❸	거의 10킬로그램의 몸무게와 꽤 많은 체지방을 줄여왔음	지난 1월부터
❹	신체적, 정신적으로도 훨씬 더 건강한 느낌임	

만능 답변

[도입부] A couple of years ago, I gained some weight and often felt tired. [본문] ❶ It got me thinking that I needed to take my health seriously to get healthier, so I made a New Year's resolution to work out regularly. That is how I began jogging. In the beginning. I had lots of fat, especially around my belly. It looked like a beer belly. ❷ So I decided to start to jog at least every other day for more than an hour at a time. It was hard for me at first; however, it got easier every day. While running, I was able to forget all about work and only concentrate on what I should do. ❸ Since last January, I've lost nearly 10kg and quite a lot of body fat. Although I spend a lot of energy on jogging, I feel more active and more motivated during the day than I used to feel before. ❹ I feel much healthier not only physically but also mentally. [마무리] Now I feel like a new person.

2년 전에, 저는 몸무게가 늘면서 피곤한 느낌을 자주 받았어요. 그래서 저는 더 건강해지기 위해 제 건강을 진지하게 여겨야 겠다는 생각이 들어서, 주기적으로 운동을 해야겠다는 새해 다짐을 하게 되었죠. 그렇게 조깅을 시작했어요. 지방이 많았는데, 특히 복부 주변에 그랬어요. 마치 술 배인 것처럼 보였죠. 그래서 저는 적어도 이틀에 한 번씩 한 번에 1시간 넘게 조깅하는 걸 시작하기로 결정했어요. 처음엔 어려웠지만, 매일 더 쉬워졌어요. 달리는 동안, 저는 일과 관련된 모든 걸 잊고 오직 제가 해야 하는 것에만 집중할 수 있었어요. 지난 1월 이후로, 거의 10킬로그램의 몸무게와 꽤 많은 체지방을 줄여 왔죠. 비록 조깅에 많은 에너지를 소비하기는 하지만, 전에 한때 느꼈던 것보다 하루 중에 더 적극적이고 더 의욕적인 느낌이 들어요. 신체적인 것뿐만 아니라 정신적으로도 훨씬 더 건강한 느낌이에요. 지금, 저는 새로운 사람이 된 기분이에요.

핵심표현 AL 표현

어휘 표현 │ gain weight 살이 찌다, 몸무게가 늘다 take A seriously A를 진지하게 여기다, 심각하게 생각하다 make a New Year's resolution 새해 다짐을 하다 regularly 주기적으로 overweight 과체중인 ideal 이상적인 belly 복부, 배 beer belly 술 배 concentrate on ~에 집중하다 body fat 체지방 motivated 의욕적인, 동기가 부여된 physically 신체적으로, 육체적으로 mentally 정신적으로

MP3 3_73

운동	두 가지 운동 비교

Please choose one exercise such as swimming or cycling and compare it with jogging. Are there any similarities between the two? What are the differences between them? Please talk about the activities in detail.

수영이나 자전거 타기 중 하나를 골라 조깅과 비교해주세요. 두 가지 운동에 유사점이 있나요? 차이점은 무엇인가요? 활동에 대해 자세히 이야기해 주세요.

듣기 키워드

핵심 표현   **AL 표현**   MP3 3_74

❶	비교하고자 하는 운동은 수영과 조깅임	
❷	심혈관 운동이라는 점이 비슷함	하지만 둘 사이에는 공통점보다 차이점이 훨씬 더 많음
❸	조깅은 인내력과 체력을 높일 수 있는 좋은 방법임	근육 상태를 조절하고 체중과 체지방을 줄이는 데 도움이 됨
❹	수영하러 갈 수 있는 수영장이 필요함	아마 그 비용을 지불해야 한다는 말이 될 수도 있음

만능 답변

[도입부] ❶ The exercises I would like to compare are swimming and jogging. [본론] Let me tell you the similarities first. ❷ They are both similar in that they are cardiovascular exercises. However, the differences between the two outweigh those similarities. ❸ First of all, jogging is a good way to increase your endurance and stamina. It also helps control muscle tone and lose weight and body fat. Besides, it doesn't cost much. You can go jogging wherever you want. Also, you don't have to prepare much for jogging. All you really need is a good pair of running shoes. Like jogging, swimming is an effective way to keep in shape and stay healthy. ❹ However, you need a swimming pool to go swimming, which means you probably need to pay for that. It costs at least a certain amount of money. On the other hand, swimming is much easier on the joints than jogging, so it's a great exercise for people with joint pains or disc diseases. [마무리] These are how similar and different they are. I like both jogging and swimming!

제가 비교하고자 하는 운동은 수영과 조깅이에요. 공통점을 먼저 얘기할게요. 둘 모두 심혈관 운동이라는 점에서 유사해요. 하지만, 둘 사이에 존재하는 차이점이 그러한 공통점보다 더 많아요. 가장 먼저, 조깅은 인내력(지구력)과 체력을 높일 수 있는 좋은 방법이에요. 근육 상태를 조절하고 체중 및 체지방을 줄이는 데에도 도움이 되죠. 게다가, 비용이 많이 들지도 않아요. 어디든 원하는 곳으로 조깅하러 갈 수 있죠. 또한, 조깅을 위해 많은 것을 준비할 필요도 없어요. 정말 필요한 거라곤 좋은 러닝화 한 켤레뿐이죠. 조깅과 마찬가지로, 수영도 몸매를 유지하고 건강한 상태를 유지할 수 있는 효과적인 방법이에요. 하지만, 수영하러 갈 수 있는 수영장이 필요한데, 이건 아마 그 비용을 지불해야 한다는 말이 될 수도 있어요. 적어도 일정 액수의 돈이 들어가죠. 반면, 수영은 조깅보다 관절에 훨씬 덜 무리가 가기 때문에, 관절통이나 디스크 질환이 있는 사람에게 아주 좋은 운동이에요. 여기까지가 두 운동이 어떻게 유사하고 다른지에 관한 얘기입니다. 저는 조깅과 수영 둘 모두를 좋아해요!

핵심표현 AL 표현

🔊 MP3 3_75

운동 | 하이킹 관련 최근 이슈

These days many people enjoy hiking. What made it popular? Have there been any noticeable changes in regard to hiking and tracking in the past few years? Tell me everything in detail.

요즘 많은 사람들이 하이킹을 즐깁니다. 어떤 이유로 인기를 얻게 되었나요? 하이킹과 트레킹 관련해서 몇 년 전에 비해 눈에 띄는 변화가 있나요? 자세히 모두 말해 주세요.

듣기 키워드

핵심 표현 | AL 표현 🔊 MP3 3_76

	핵심 표현	AL 표현
❶	MZ세대는 경험을 훨씬 더 소중하게 여김	금전 가치가 있는 물품이나 직업 경력 개선보다 소셜 미디어가 하이커의 숫자를 늘리는데 도움됨
❷	일부 산길이 피크 타임에 아주 붐비는 경향이 있음	지면을 엉망으로 만들고 쉼터 같은 산길 자원의 부족 문제를 초래할 수 있음
❸	먹고 마시는 일이 하이킹 코스에서 쓰레기가 생기는 원인임	
❹	가장 중요한 건 기본적인 규칙을 준수의 중요성을 기억해야 함	환경을 보전하기 위해

만능 답변

[도입부] Hiking has become one of the most popular outdoor activities in Korea, along with running, fishing, and biking. [본론] ❶ I think millennials, and even Generation Z, value experiences <u>much more than monetary items or career improvements</u>. <u>I also guess social media has helped increase the number of hikers</u> because it is used to show beauty and diversity such as different hiking courses and scenic views of nature. Is it too good? Hiking has exploded in popularity in the country, but it has caused some growing pains. ❷ Some trails tend to be extremely crowded during the peak times, <u>which can ruin the ground and cause a shortage of trail resources such as shelters.</u> ❸ Also, eating and hydrating are the biggest causes of waste on hiking trails. When cans, plastic bottles, and food packaging are discarded in nature, all this rubbish pollutes the soil and water and is dangerous for people and animals. [마무리] ❹ But most importantly, all hikers must remember the importance of sticking to basic rules <u>to preserve the environment.</u>

하이킹은 한국에서 달리기, 낚시, 그리고 자전거 타기와 함께 가장 인기 있는 야외 활동들 중의 하나가 되었어요. 저는 밀레니얼 세대와 심지어 Z세대도 금전 가치가 있는 물품이나 직업 경력 개선보다 경험을 훨씬 더 소중하게 여기고 있다고 생각해요. 또한 제 생각엔 소셜 미디어가 하이커의 하는 사람들의 숫자를 늘리는 데 도움이 된 것 같은데, 서로 다른 하이킹 코스와 자연의 멋진 전망 같은 아름다움과 다양성을 보여주는 데 이용되기 있기 때문이죠. 너무 좋은 얘기만 하는 건가요? 하이킹의 인기가 국내에서 폭발하기는 했지만, 몇몇 골칫거리의 증가를 초래하기도 했어요. 일부 산길이 피크 타임에 아주 붐비는 경향이 있는데, 지면을 엉망으로 만들고 쉼터 같은 산길 자원의 부족 문제를 초래할 수 있어요. 또한 먹고 마시는 일이 하이킹 코스에서 쓰레기가 생기는 가장 큰 원인이에요. 캔, 플라스틱 병, 음식 포장지가 자연 속에 버려지면, 이 모든 쓰레기가 토양과 물을 오염시켜서 사람과 동물들에게 위험해요. 하지만 가장 중요한 건, 하이킹을 하는 모든 사람이 환경을 보전하기 위해 기본적인 규칙을 준수하는 일의 중요성을 반드시 기억해야 한다는 점이에요.

핵심표현 <u>AL 표현</u>

MP3 3_77

| 운동 | 조깅 관련 부상과 조치 |

Is jogging dangerous to joggers in any way? Explain some of the injuries that joggers can sustain. What are some of the steps that can be taken to avoid such injuries?

조깅하는 사람들에게 조깅이 어떤 식으로든 위험한가요? 조깅하는 사람들이 겪을 수 있는 몇 가지 부상들에 대해 설명해주세요. 이러한 부상을 피하기 위해 취할 수 있는 단계들은 어떤 것들인가요?

듣기 키워드

핵심 표현   **AL** 표현   MP3 3_78

❶	조깅이 위험하다고 생각하지 않음	하지만, 사람들이 부상을 입을 때가 있음
❷	부상을 피하기 위해서는 준비 운동과 마무리 운동이 필요함	가장 좋은 것은 조깅 전후로 적절한 스트레칭을 하는 것임
❸	또한 적합한 장비를 갖추어야 함	알맞은 종류와 크기의 러닝화를 착용해야 함
❹	무엇보다도, 바른 자세를 연습해야 함	마지막으로 어떤 증상이나 통증이 있다면, 가장 먼저 의사에게 이야기해야 함

만능 답변

도입부 ❶ I don't think that jogging is dangerous. 본론 However, there are times when people get injured. ❷ To avoid injury, you need to do warmup exercises and cool down exercises. <u>The best thing is proper stretching before and after jogging.</u> ❸ You also need to get the right gear. <u>You should get the right type and fit in a running shoe.</u> ❹ Most of all, you have to practice good posture. Running with your head down or your shoulders slumped puts extra stress on your body. <u>The last thing is that if you have any symptoms or pains, talk to your doctor first.</u> 마무리 Please make sure that jogging is for your body. Your health must come first.

저는 조깅이 위험하다고 생각하지 않아요. 하지만, 사람들이 부상을 입을 때가 있어요. 부상을 피하기 위해서는 준비 운동과 마무리 운동이 필요해요. 조깅 전후로 적절한 스트레칭을 하는 것이 가장 좋아요. 또한 적합한 장비를 갖추는 것도 필요해요. 알맞은 종류와 크기의 러닝화를 착용해야 해요. 무엇보다도, 바른 자세를 연습해야 해요. 고개를 숙이거나 어깨가 구부러진 채로 달리면 몸에 추가적인 부담을 줍니다. 마지막으로 어떤 증상이나 통증이 있다면, 가장 먼저 의사에게 이야기해야 해요. 조깅이 당신의 몸을 위한 것임을 명심하세요. 당신의 건강이 최우선이어야 해요.

핵심표현 <u>AL 표현</u>

어휘 표현 ┃ get injured 부상을 당하다   warmup exercises 준비 운동   cool down exercises 마무리 운동   proper 적절한, 제대로 된   gear 장비   posture 자세   slumped 꼬꾸라져 있는, 쓰러져 있는   symptoms 증상   pain 통증, 고통

4 | 여행

Background Survey 선택 전략

사전 설문조사 7번 항목은 크게 출장, 휴가, 여행으로 구분할 수 있습니다. 하지만 출장 시에도 여행을 즐길 수 있으므로, 여행의 준비에 대한 문제는 7번에 있는 모든 항목들을 포괄한다고 볼 수 있습니다. 또한 국내 여행과 해외 여행은 근본적인 차이가 있는 것이 아니라 장소에 차이가 있다는 점을 명심해야 합니다.

유사한 특징을 가진 국내와 해외 여행지 두 개를 준비해서 출제되는 문제에 따라 장소명만 바꾸어 설명하면 일석이조의 효과가 있습니다.

7. 당신은 어떤 휴가나 출장을 다녀온 경험이 있습니까? (한 개 이상 선택)

☐ 국내 출장   ☐ 해외 출장   ☐ 집에서 보내는 휴가
☐ 국내 여행   ☐ 해외 여행

■ 국내 여행   ■ 해외 여행

추천 선택 항목: 국내 여행, 해외 여행

위에 추천된 항목들을 선택하면 여행이라는 주제가 출제될 확률이 높아집니다. 국내 여행과 해외 여행은 여행이라는 공통점으로 인해 한 개의 답변만 준비하면 효율적으로 문제를 풀어갈 수 있습니다. 고득점 획득을 위해서는 두 가지 여행지 비교 그리고 여행에 대한 관심사, 과거와 현재의 여행 비교 등 서로 다른 두 가지를 비교하거나 변화를 묘사하는 문제에 논리적으로 일관되게 답변할 수 있어야 합니다.

★☆☆	★★☆	★★★
Intermediate Level	Advanced Level	Advanced Level

묘사	과거 경험	비교/변화/이슈
현재 시제를 사용하는 문제로 첫 번째 문제로 출제	과거 시제를 사용하는 문제로 두 번째/세 번째 문제로 출제	비교/변화/이슈를 설명하는 문제로 두 번째/세 번째 문제로 출제

- 좋아하는 여행지
- 여행 전 준비하는 활동
- 여행에서 하는 활동

- 최근 여행 경험
- 기억에 남는 여행 경험

- 두가지 여행지 비교
- 여행 관련 이슈

필수 표현과 문장

어휘/표현 익히기

좋아하는 여행지
- [ ] located in ~에 위치한
- [ ] crowded 붐비는
- [ ] attractive to ~에게 매력적인
- [ ] scenery 경치
- [ ] gorgeous 아주 아름다운, 아주 멋진
- [ ] tourist attraction 관광 명소
- [ ] go down to ~로 내려가다
- [ ] reconnect with ~와 다시 연결되다
- [ ] be fascinate by ~에 매료되다, 매혹되다
- [ ] filled with ~로 가득한
- [ ] look back 돌이켜 보다
- [ ] distinctive 특색 있는, 독특한

여행 전 준비 활동
- [ ] essentials 필수품
- [ ] luggage 짐, 수하물
- [ ] carefully 신중히, 조심스럽게
- [ ] personal belongings 개인 물품, 소지품
- [ ] reservation 예약
- [ ] take care of ~을 신경 쓰다, 돌보다, 처리하다
- [ ] reserve ~을 예약하다
- [ ] collect information 정보를 모으다
- [ ] compare 비교하다
- [ ] review 후기

여행 관련 활동/경험
- [ ] passionate 열정적인
- [ ] crisp (공기가) 상쾌한
- [ ] stream 개울, 시내
- [ ] stay overnight 하룻밤 머물다
- [ ] numerous 수많은
- [ ] traditional 전통적인
- [ ] tasting 음식 맛보기
- [ ] fly to 비행기를 타고 ~로 가다
- [ ] book ~을 예약하다
- [ ] by rail 기차로
- [ ] excitement 설렘, 흥분
- [ ] rent ~을 대여하다, 빌리다
- [ ] vivid 생생한
- [ ] cast a glow 빛을 발하다
- [ ] memorable 기억에 남는
- [ ] unforgettable 잊을 수 없는
- [ ] local 지역의

문장 만들어보기

❶ 한국에서 여행할 곳을 한 군데 선택해야 한다면, 저는 제주도를 꼽고 싶어요.

▶ _____

(had to choose, pick)

❷ 대체적으로, 제주도는 해변과 산 둘 모두를 즐기기에 완벽한 곳이라고 생각해요.

▶ _____

(perfect place, for enjoying)

❸ 저는 여행할 때 짐이 너무 무거워지는 걸 좋아하지 않기 때문에, 필수적인 것만 챙겨요.

▶ _____

(luggage, heavy, essentials)

❹ 낮 시간 중에는, 산에 하이킹하러 올라 가거나 그냥 굽이치는 개울을 따라 걸을 수도 있어요.

▶ _____

(hike up, follow curving streams)

❺ 돌이켜 보면, 제 삶에서 가장 기억에 남는 여행 경험들 중 하나예요.

▶ _____

(looking back, the most memorable travel experience)

❻ 제주도가 멀리 떨어진 섬이기 때문에, 사람들이 비행기를 타고 그곳에 가요.

▶ _____

(remote, by plane)

❼ 대부분의 사람들은 그 자연의 아름다움과 이국적인 경치 때문에 제주도를 방문해요.

▶ _____

(natural beauty, exotic scenery)

모범 답안

❶ If I had to choose one place to travel in Korea, I would pick Jeju Island.
❷ All in all, I think Jejudo is a perfect place for enjoying both beaches and mountains.
❸ I don't like my luggage being too heavy when I travel, so I take the essentials.
❹ During the day, you can hike up into the mountains or just follow curving streams.
❺ Looking back, it is one of the most memorable travel experiences of my life.
❻ Jeju is a remote island, people go there by plane.
❼ Most people visit Jeju for its natural beauty and exotic scenery.

기출 문제 예시

묘사

▸ 좋아하는 여행지

You indicated in your survey that you like traveling in your country. I would like you to talk about a few of the places you enjoy traveling to and the reasons why you like going there.

당신은 설문조사에서 국내 여행을 좋아한다고 했습니다. 즐겨 여행하는 몇몇 장소들 및 그곳으로 가는 게 좋은 이유들과 관련해 이야기 해 주세요.

▸ 여행 전 준비하는 활동

What things do you prepare for a trip? Describe all the things you do right before going on a trip.

여행을 위해 어떤 것들을 준비하나요? 여행을 떠나기 직전에 하는 모든 일을 설명해 주세요.

▸ 여행에서 하는 활동

When you go traveling, who do you usually go with? And when and where do you go traveling? Can you describe for me some of the things that you enjoy doing while traveling around?

여행을 떠날 때, 보통 누구와 함께 가나요? 그리고 언제, 어디로 여행을 떠나나요? 여행을 다니는 동안 즐겨 하는 일을 설명해 주시겠어요?

만능 답변

🔊 MP3   3_79

여행	좋아하는 여행지

You indicated in your survey that you like traveling in your country. I would like you to talk about a few of the places you enjoy traveling to and the reasons why you like going there.

당신은 설문조사에서 국내 여행을 좋아한다고 했습니다. 즐겨 여행하는 몇몇 장소들 및 그곳으로 가는 게 좋은 이유들과 관련해 이야기해 주세요.

듣기 키워드

핵심 표현   AL 표현   🔊 MP3   3_80

	핵심 표현	AL 표현
❶	한 군데를 선택해야 한다면 제주도를 꼽고 싶음	산과 해변, 식사 즐길 수 있는 멋진 곳들 같이 모든 게 있음
❷	자연 속에서 스쿠버 다이빙과 제트 스키 활동 즐김	자연 풍경을 즐기는 사람이면 올레길 따라 걸을 수 있음
❸	한라산은 관광객들에게 제주도를 더 매력적이게 만듦	하이킹 잘하는 사람은 아니지만 산에 올라가는 것 아주 좋아함
❹	제주도는 해변과 산 모두 즐기기에 완벽한 곳임	

만능 답변

(도입부) ❶ If I had to choose one place to travel in Korea, I would pick Jeju Island. I really enjoy traveling there because it has everything such as mountains, beaches, and great places to enjoy dining. (본론) ❷ When I travel, I like to travel with my family. We all enjoy being in nature and doing activities like scuba diving and jet skiing. If you enjoy the beautiful landscapes of nature, you can go for a walk along the Olle trails or hike around Hallasan, Jeju Island's volcanic mountain in the center of the island. ❸ To me, it's Hallasan that makes it much more attractive to tourists. Even though I'm not much of a hiking person, I love being on mountains. Also, the scenery changes depending on the season. No matter what season it is, it is always gorgeous. (마무리) ❹ All in all, I think Jejudo is a perfect place for enjoying both beaches and mountains.

한국에서 여행할 곳을 한 군데를 선택해야 한다면, 저는 제주도를 꼽고 싶어요. 산과 해변, 식사를 즐길 수 있는 아주 멋진 곳들 같이 모든 게 있기 때문에 저는 그곳으로 여행하는 게 정말 즐거워요. 여행할 때, 저는 가족과 함께 여행하는 걸 좋아해요. 우리 가족 모두 자연 속에 있으면서 스쿠버 다이빙과 제트 스키 같은 활동을 하는 걸 즐기죠. 자연의 아름다운 풍경을 즐기는 사람이라면, 올레길을 따라 걸으러 가거나 제주도 가운데에 위치한 화산인 한라산 주변에서 하이킹할 수 있어요. 제가 보기엔, 한라산은 관광객들에게 제주도를 훨씬 더 매력적이게 만들어요. 제가 하이킹을 그렇게 잘하는 사람은 아니지만, 산에 올라가는 것을 아주 좋아해요. 그리고, 계절에 따라 경치도 달라져요. 어느 계절이든 상관없이, 항상 아주 아름다워요. 대체적으로, 제주도는 해변과 산 둘 모두를 즐기기에 완벽한 곳이라고 생각해요.

핵심표현   AL 표현

강쌤의 5초 꿀팁 ⏱

위 답변은 국내 여행 뿐만 아니라 해외 여행 관련 답변에도 아래와 같이 장소 관련 어휘들만 바꿔주면 활용 가능합니다. 이와 같이 비슷한 특징을 가진 장소 두 곳을 준비하면 국내외 상관 없이 답변할 수 있어 활용도가 아주 높습니다.
- Jeju Island - Hawaii   • in Korea - in the world

MP3 3_81

여행	여행 전 준비하는 활동

What things do you prepare for a trip? Describe all the things you do right before going on a trip.

여행을 위해 어떤 것들을 준비하나요? 여행을 떠나기 직전에 하는 모든 일을 설명해 주세요.

듣기 키워드

핵심 표현 / AL 표현

MP3 3_82

	핵심 표현	AL 표현
❶	짐이 너무 무거워지는 걸 좋아하지 않아서 필수적인 것만 챙김	
❷	목적지 관련 이용 가능한 정보 수집해서 신중하게 읽음	방문하고 싶은 관광 명소 선택함
❸	버스, 기차표, 호텔 객실 예약 다시 한번 확인함	반려동물들이 돌봐지도록하고, 다른 모든 일이 처리되도록 함
❹	짐꾸리기 전에 목적지 날씨 확인함	그곳이 겨울이라면 당연히 별도의 옷 챙김

만능 답변

(도입부) There are a few things people need to take care of before traveling. I think I'm no exception. ❶ I don't like my luggage being too heavy when I travel, so I take the essentials. (본론) ❷ First, what I do is collect the information available on my travel destination and read it carefully. And I choose the tourist attractions that I want to visit. ❸ After that, I double-check my reservations such as bus, train tickets and hotel rooms. I have to make sure my pets are taken care of and that all other business is already handled. I make sure to stock up on snack food and extra water. (마무리) ❹ I need to check the weather of the destination before I pack. If it's winter there, I need to bring extra winter clothes of course. I also make sure that my personal belongings are packed such as my toothbrush, toothpaste, clothes, money, etc. These items are not so difficult to pack. That's pretty much it.

사람들이 여행을 떠나기 전에 신경 써야 하는 것들이 몇 가지 있어요. 저는 예외는 아닌 것 같아요. 저는 여행할 때 짐이 너무 무거워지는 걸 좋아하지 않기 때문에, 필수적인 것만 챙겨요. 우선, 제가 하는 일은 제 여행 목적지에 관해 이용 가능한 정보를 수집해서 신중하게 읽어요. 그리고 제가 방문하고 싶은 관광 명소들을 선택해요. 그 다음엔, 버스나 기차표, 그리고 호텔 객실 예약을 다시 한번 확인해요. 저는 반드시 제 반려동물들이 돌봐지도록 하고 다른 모든 일이 이미 처리되도록 해야 해요. 간식용 음식과 별도의 물이 반드시 비축되도록 하죠. 저는 짐을 꾸리기 전에 목적지의 날씨를 확인해야 해요. 그곳이 겨울이라면, 당연히 별도의 겨울 옷을 가져가야 하죠. 그리고 칫솔, 치약, 옷, 돈 등과 같은 제 개인 물품도 반드시 챙겨 놓아요. 이 물품들은 챙기기 그렇게 어렵지 않아요. 거의 이 정도입니다.

핵심표현 AL 표현

어휘 표현 | take care of ~을 신경 쓰다, 돌보다, 처리하다   exception 예외   luggage 짐, 수하물   essentials 필수품   collect ~을 수집하다, 모으다   destination 목적지, 도착지   carefully 신중히, 조심스럽게   tourist attraction 관광 명소   make sure (that절 또는 to do와 함께) 반드시 ~하도록 하다, ~하는 것을 확실히 하다   handle ~을 처리하다, 다루다   stock up on ~을 비축해 놓다   pack (짐 등) 꾸리다, 챙기다   personal belongings 개인 물품, 소지품

MP3 3_83

여행	여행에서 하는 활동

When you go traveling , who do you usually go with? And when and where do you go traveling ?
Can you describe for me some of the things that you enjoy doing while traveling around?

여행을 떠날 때, 보통 누구와 함께 가나요? 그리고 언제, 어디로 여행을 떠나나요? 여행을 다니는 동안 즐겨 하는 일을 설명해 주시겠어요?

듣기 키워드

핵심 표현   AL 표현   MP3 3_84

	핵심 표현	AL 표현
❶	한국 남부 지방 가는 걸 아주 좋아함	특히 친구들과 가을에 함께 감
❷	경주는 미식가들에게 최고의 장소임	전통적인 음식과 열정적인 요리사들로 인해 맛집 투어 하기에 완벽한 곳임
❸	산 밑자락에 가면 많은 전통 마을 찾을 수 있음	밤에 밖에 나가 걸으면 수천 개의 별을 볼 수 있어서 마치 내가 지구상에서 유일한 사람인 듯한 기분 듦
❹	낮에는 산에 하이킹하러 가거나 굽이치는 개울 따라 걸을 수 있음	그곳에 가는 걸 아주 좋아하는데, 한국 문화와 다시 연결되는 것 같은 느낌이 들기 때문임

만능 답변

[도입부] I'm a foodie. So food tours and tastings are one of my favorite things to do when I travel. ❶ I love going down to the southern part of Korea, especially with my friends in the fall. [본론] ❷ Gyeongju is the best place for foodies. With its traditional foods and passionate chefs, it's the perfect city for a food tour. ❸ If you're at the foot of the mountain, you can find lots of traditional villages. I like staying overnight in one of those hanok villages. The neighborhood is special due to the numerous traditional Korean homes, or hanoks, that are located there. At night when you walk outside, you can see thousands of stars and you feel like you are the only person on the planet. [마무리] ❹ During the day, you can hike up into the mountains or just follow curving streams. You feel like you can breathe better in the sweet, crisp, clean air of the mountain village. I love going there because I feel like I can reconnect with nature and Korean culture.

저는 미식가예요. 그래서 맛집 투어를 하면서 음식을 맛보는 게 여행할 때 하는 가장 좋아하는 일들 중의 하나예요. 저는 한국의 남부 지방에 내려가 보는 걸 아주 좋아해요, 특히 가을에 친구들과 함께요. 경주는 미식가들에게 최고의 장소죠. 그곳의 전통적인 음식과 열정적인 요리사들로 인해, 맛집 투어를 하기에 완벽한 곳이에요. 산 밑자락에 가보면, 많은 전통 마을을 찾을 수 있어요. 그 한옥 마을들 중 한 곳에서 하룻밤 머무는 걸 좋아하죠. 그 지역은 그곳에 위치해 있는 수많은 전통적인 한국식 주택, 즉 한옥으로 인해 특별해요. 밤에 밖에 나가 걸으면, 수천 개의 별을 볼 수 있어서, 마치 제가 지구상에서 유일한 사람인 듯한 기분이 들어요. 낮 시간 중에는, 산에 하이킹하러 올라 가거나 그냥 굽이치는 개울을 따라 걸을 수도 있어요. 산골 마을의 맑고 상쾌하면서 깨끗한 공기 속에서 숨을 더 잘 쉴 수 있을 것 같은 느낌이 들어요. 저는 그곳에 가는 걸 아주 좋아하는데, 자연과 한국의 문화와 다시 연결되는 것 같은 느낌이 들기 때문이죠.

핵심표현   AL 표현

▶ 최근 여행 경험

You have indicated in the survey that you go on trips internationally. I would like you to describe one of the countries or cities you have visited recently. What was it like over there and What kind of impression did you get from the locals?

당신은 설문조사에서 해외 여행을 간다고 했습니다. 방문해 본 나라나 도시들 중의 한 곳을 설명해 주세요. 그곳은 어땠나요, 그리고 그 지역 사람들에게서 어떤 인상을 받았나요?

▶ 기억에 남는 여행 경험

Could you describe your most memorable trip? Maybe something funny, unexpected or challenging happened. Start by telling me when and where you were traveling and who you were with. Tell me everything in detail.

가장 기억에 남는 여행을 설명해 주시겠어요? 아마 재미 있거나, 예기치 못한 일, 또는 힘들었던 일이 있었을 거예요. 언제, 어디에서 여행을 했는지 그리고 누구와 함께 있었는지 이야기하는 것으로 시작해 보세요. 자세히 모두 이야기해 주세요.

만능 답변

여행 | 최근 여행 경험 (국내/해외 공통)

You have indicated in the survey that you go on trips internationally. I would like you to describe one of the countries or cities you have visited recently. What was it like over there and What kind of impression did you get from the locals?

당신은 설문조사에서 해외 여행을 간다고 했습니다. 방문해 본 나라나 도시들 중의 한 곳을 설명해 주세요. 그곳은 어땠나요, 그리고 그 지역 사람들에게서 어떤 인상을 받았나요?

듣기 키워드

핵심 표현 / AL 표현

🔊 MP3 3_86

	핵심 표현	AL 표현
❶	최근에 독일 감, 그곳에 친한 친구 있기 때문	비행기를 타고 뮌헨으로 간 다음 예약한 호텔에서 며칠 머무름
❷	가장 좋았던 건 많은 역사와 문화를 경험했고, 매료됨	
❸	마지막날 호텔 스카이 라운지 바에 갈 수 있는 기회가 있었음	탁 트인 경치를 감상하면서 바에서 즐겁게 맥주를 마셨던 게 잊지 못할 경험이었음
❹	그곳에서 열린 축제를 본 것도 운이 좋았음	아주 멋진 활동들로 가득했던 주말이었음

만능 답변

(도입부) ❶ I recently went to Germany since I have a close friend there. <u>I flew to Munich and stayed in a hotel I booked for several nights.</u> Then I traveled to Berlin by rail. (본론) ❷ The best thing about the trip was that there was quite a large amount of history and culture that I experienced and was fascinated by. ❸ Besides, I had a chance to go to the hotel sky lounge bar on the very last day of my trip. A wide selection of beer made it quite an enjoyable time. <u>It was an unforgettable experience to enjoy drinking beer at the bar while appreciating the open scenery.</u> (마무리) ❹ I was lucky to watch a festival held there. There were lots of interesting events going on and <u>it was a weekend filled with great activities.</u> It was the best trip ever.

저는 최근에 독일에 갔는데, 그곳에 친한 친구가 한 명 있기 때문이에요. 저는 비행기를 타고 뮌헨으로 간 다음, 제가 예약한 호텔에서 며칠 머물렀어요. 그런 다음, 기차로 베를린까지 이동했죠. 그 여행과 관련해서 가장 좋았던 건 많은 역사와 문화를 경험했고, 매료된 점이었어요. 게다가, 저는 여행 가장 마지막 날에 호텔 스카이 라운지 바에 갈 수 있는 기회도 있었어요. 아주 다양한 맥주가 있어서 상당히 즐거운 시간이 되었죠. 탁 트인 경치를 감상하면서 그 바에서 즐겁게 맥주를 마셨던 게 잊지 못할 경험이었어요. 그곳에서 열린 축제를 본 것도 운이 좋았어요. 많은 흥미로운 행사들이 진행되고 있었고, 아주 멋진 활동들로 가득했던 주말이었어요. 지금까지 가본 여행중 최고였어요.

핵심표현 AL 표현

어휘 표현 | fly to 비행기를 타고 ~로 가다 book ~을 예약하다 by rail 기차로 quite a large amount of 상당히 많은, 꽤 많은 be fascinate by ~에 매료되다, 매혹되다 have a chance to do ~할 기회가 있다 a wide selection of 아주 다양한 appreciate ~을 감상하다 scenery 경치 There is A going on A가 진행되다 filled with ~로 가득한 ever (최상급 뒤에서) 지금까지 중에서

MP3   3_87

여행 | 기억에 남는 여행 경험

Could you describe your most memorable trip? Maybe something funny, unexpected or challenging happened. Start by telling me when and where you were traveling and who you were with. Tell me everything in detail.

가장 기억에 남는 여행을 설명해 주시겠어요? 아마 재미 있거나, 예기치 못한 일, 또는 힘들었던 일이 있었을 거예요. 언제, 어디에서 여행을 했는지 그리고 누구와 함께 있었는지 이야기하는 것으로 시작해 보세요. 자세히 모두 이야기해 주세요.

듣기 키워드

핵심 표현   **AL 표현**   MP3   3_88

	핵심 표현	AL 표현
❶	어렸을 때 속초에 갔던 설렘이 기억남	
❷	개발되지 않아서 깨끗한 자연 환경이 있는 것으로 유명함	우리 가족은 항상 해변을 따라 두어 시간 걸으면서 시간을 보내곤 했음
❸	때때로 자전거를 대여해 애주 멋진 경치를 즐기면서 타곤 함	아빠와 나는 산 위로 쭉 올라가면서 하이킹하면서 개울도 찾음
❹	여전히 마음속에 생생한 모습이 남아 있음	돌이켜보면 내 삶에서 가장 기억에 남는 여행 경험들 중 하나임

만능 답변

(도입부) ❶ To talk about a memorable trip, I remember the excitement of going to Sokcho when I was a child. One of my relatives lived just outside the city. Sokcho is very beautiful. (본론) ❷ It is famous for being undeveloped and having a clean, natural environment. It is also renowned for raw fish, hot springs and fresh water. My family would always spend a couple of hours walking along the beach. ❸ Sometimes, we would rent bikes and ride them along the paths enjoying the great scenery. I couldn't take my eyes off the amazing views. My favorite time to go to Sokcho was during winter. My dad and I would go hiking all the way up the mountain, find a stream there, and make holes in the ice to catch fish together. We caught many fish and brought them home for dinner. (마무리) ❹ I still have a vivid picture of it in my mind. Looking back, it is one of the most memorable travel experiences of my life.

기억에 남는 여행에 관해 얘기하려니까, 어렸을 때 속초에 갔던 설렘이 기억 나요. 친척들 중 한 분이 그 도시 바로 외곽에 사셨어요. 속초는 아주 아름다워요. 개발되어 있지 않아서 깨끗한 자연 환경이 있는 것으로 유명하죠. 생선회와 온천, 그리고 깨끗한 물로도 유명해요. 우리 가족은 항상 해변을 따라 두어 시간 걸으면서 시간을 보내곤 했어요. 때때로, 자전거를 대여해 아주 멋진 경치를 즐기면서 길을 따라 타고 다니곤 했죠. 저는 놀라운 경관에서 눈을 뗄 수 없었어요. 제가 속초에 가기 가장 좋아하는 때는 겨울 동안이에요. 아빠와 저는 산 위로 쭉 올라가면서 하이킹하면서, 그 곳에서 개울도 찾고, 얼음에 구멍을 만들어 함께 물고기도 잡곤 했죠. 우리는 물고기를 많이 잡아서 저녁 식사를 위해 집에 가져왔어요. 저는 여전히 마음 속에 그 생생한 모습이 남아 있어요. 돌이켜 보면, 제 삶에서 가장 기억에 남는 여행 경험들 중 하나예요.

핵심표현   AL 표현

강쌤의 5초 꿀팁 ⏱

기억에 남는 여행 경험 답변은 지형/지리 관련 마지막 문제로 출제되는 기억에 남는 장소 경험에도 사용할 수 있는 활용도 높은 답변입니다.

▸두 가지 여행지 비교

Tell me about two trips that you have had and compare them. Describe three or four similarities or differences.

전에 떠났던 두 가지 여행과 관련해 이야기하면서 그 여행들을 비교해 보세요. 서너 가지 유사점 또는 차이점을 설명해 주세요.

▸최근 여행 관련 걱정과 우려

When people talk about travel, what are the main issues they are concerned about? What are these concerns? How are they being addressed for the future?

사람들이 여행과 관련해 얘기할 때, 우려하는 주된 문제들은 무엇인가요? 그 우려 사항들은 무엇인가요? 그 우려 사항들이 나중을 위해 어떻게 처리되고 있나요?

▸5년 간의 여행 변화

Many people think that travel has changed over the past 5 years. Please tell me about the changes you have noticed while traveling. How are travelers and the travel experience in general affected by these changes you have noticed while traveling?

많은 사람들이 지난 5년 간 여행이 변화했다고 생각합니다. 당신이 여행하면서 알게 된 변화에 대해 말해주세요. 이러한 변화에 의해 여행객과 일반적인 여행 경험이 어떻게 달라졌다고 알게 되었나요?

만능 답변

🔊 MP3 3_89

여행	두가지 여행지 비교 (국내/해외 공통)

Tell me about two trips that you have had and compare them. Describe three or four similarities or differences.

전에 떠났던 두 가지 여행과 관련해 이야기하면서 그 여행들을 비교해 보세요. 서너 가지 유사점 또는 차이점을 설명해 주세요.

듣기 키워드

핵심 표현 　　　　　　　　　　　　　　　　AL 표현

🔊 MP3 3_90

❶	전에 방문했던 두 곳의 특색 있는 여행 목적지 관련 얘기	
❷	제주도는 한국에서 가장 남쪽 지역에 위치한 섬, 해변이 많이 있음	대부분의 사람들은 자연의 아름다움과 이국적인 경치 때문에 방문함
❸	부산은 해운대, 광안리 같은 아름다운 해변 있지만 도시 생활 즐길 수도 있음	밤에는 해운대 해변의 여러 고층 건물에서 보이는 조명이 절묘한 빛을 발함
❹	두 곳에서 모두 지역 음식과 해산물 요리를 즐길 수 있음	제주도는 좀 더 휴식을 위한 곳이고, 부산은 좀 더 놀기 좋은 곳이라고 말해야 할 것 같음

만능 답변

[도입부] ❶ I'm going to talk about two distinctive travel destinations that I have visited before. [본론] ❷ First, let's start with Jeju. Jeju is an island located in the most southern part of Korea. Because Jeju is a remote island, people go there by plane. And there are many beaches along the coast of the island. In the center of the island is Hallasan, an inactive volcano. <u>Most people visit Jeju for its natural beauty and exotic scenery.</u> ❸ On the other hand, Busan is completely different. Busan is located on the south side of the Korean Peninsula, so there are many ways to get there. You can take a plane, train, or drive on your own. And Busan is the second largest city in Korea. There are beautiful beaches such as Haeundae and Gwangalli, but you can also enjoy urban life there. <u>At night, the lighting from the skyscrapers of Haeundae Beach casts a heavenly glow.</u> [마무리] ❹ All in all, both are my favorites. Of course, you can enjoy local foods and seafood dishes in both places. <u>I would have to say Jeju is more for relaxation, and Busan is more for entertainment.</u>

제가 전에 방문했던 두 곳의 특색 있는 여행 목적지와 관련해 얘기할게요. 우선, 제주도로 시작할게요. 제주도는 한국에서 가장 남쪽 지역에 위치한 섬이에요. 제주도가 멀리 떨어진 섬이기 때문에, 사람들이 비행기를 타고 그곳에 가요. 그리고 그 섬의 해안을 따라 해변이 많이 있어요. 섬 가운데에는 휴화산인 한라산이 있어요. 대부분의 사람들은 그 자연의 아름다움과 이국적인 경치 때문에 제주도를 방문해요. 반면에, 부산은 완전히 달라요. 부산은 한반도의 남부 지방에 위치해 있기 때문에, 그곳에 갈 수 있는 방법이 많아요. 비행기나 기차를 탈 수도 있고, 직접 운전해서 갈 수도 있죠. 그리고 부산은 한국에서 두 번째로 큰 도시예요. 해운대와 광안리 같은 아름다운 해변이 있지만, 그곳에서 도시 생활을 즐길 수도 있어요. 밤에는, 해운대 해변의 여러 고층 건물에서 보이는 조명이 절묘한 빛을 발해요. 대체적으로, 둘 모두 제가 가장 좋아하는 곳이에요. 당연히, 두 곳에서 모두 지역 음식과 해산물 요리를 즐길 수 있어요. 제주도는 좀 더 휴식을 위한 곳이고, 부산은 좀 더 놀기 좋은 곳이라고 말해야 할 것 같아요.

핵심표현 <u>AL 표현</u>

MP3 3_91

| 여행 | 최근 여행 관련 걱정과 우려 |

When people talk about travel, what are the main issues they are concerned about? What are these concerns? How are they being addressed for the future?

사람들이 여행과 관련해 얘기할 때, 우려하는 주된 문제들은 무엇인가요? 그 우려 사항들은 무엇인가요? 그 우려 사항들이 나중을 위해 어떻게 해결되고 있나요?

듣기 키워드

핵심 표현 / AL 표현

MP3 3_92

	핵심 표현	AL 표현
❶	여행 업계와 연관된 사안에 관해 코로나 19 빼놓을 수 없음	코로나 상황이 이렇게 오래 지속될 거라고 예상하지 않음
❷	세계 경기 침체로 가정마다 경제적인 피해 입음	많은 회사들이 직원들에게 무급 휴가, 급여 삭감의 조치를 취하도록 촉구함
❸	관광 업계는 여행 규제 완화로 점차적으로 회복될 것으로 예상됨	코로나 19로 직접적인 타격을 입은 관광 업계
❹	업계에서는 어려움을 겪고 있음	붕괴되고 나면 짧은 기간 내에 회복하는 데에

만능 답변

도입부 ❶ When talking about issues related to the travel industry, COVID-19 cannot be left out. We didn't expect that this COVID-19 situation would last this long. 본문 ❷ Due to the global economic downturn, households have suffered economic damage, as many companies urge employees to take unpaid leave, cut wages, etc. Accordingly, more and more people are looking for local services to enjoy some leisure life, which are more economical. ❸ The tourism industry, which was directly hit by the COVID-19 crisis, is expected to gradually recover due to the deregulation of travel, but it is still struggling to attract local and foreign tourists. It is expected to take some time to recover to the pre-COVID-19 in the industry. 마무리 ❹ The tourism sector has great difficulty recovering in a short period of time after it collapses. I think most people will travel if the vaccine works well and you no longer have to worry about the infection.

여행 업계와 연관된 사안에 관해 이야기할 때, 코로나 19를 빼놓을 수 없어요. 우리는 이 코로나 19 상황이 이렇게 오래 지속될 거라고 예상하지 않았죠. 세계 경제 침체로 인해, 가정마다 경제적인 피해를 겪었는데, 많은 회사들이 직원들에게 무급 휴가를 갖거나 급여를 삭감하는 등의 조치를 취하도록 촉구하기 때문이죠. 따라서, 점점 더 많은 사람들이 더 경제적인 몇몇 여가 생활을 즐기기 위해 국내의 서비스들을 찾고 있어요. 코로나 19 사태로 인해 직접적으로 타격을 입은 관광 업계는 여행 규제 완화로 인해 점차적으로 회복될 것으로 예상되지만, 여전히 국내 및 해외 관광객들을 끌어 들이는 것을 힘겨워하고 있어요. 업계에서는 코로나 19 이전의 상태로 회복되는 데 시간이 좀 걸릴 것으로 예상돼요. 관광 산업 부문은 붕괴되고 나면 짧은 기간 내에 회복하는 데 아주 큰 어려움을 겪어요. 저는 백신이 잘 운영되어서 더 이상 감염 걱정을 하지 않아도 되면 대부분의 사람들이 여행하게 될 거라고 생각해요.

핵심표현 AL 표현

🔊 MP3 3_93

| 여행 | 5년 간 여행의 변화 |

Many people think that travel has changed over the past 5 years. Please tell me about the changes you have noticed while traveling. How are travelers and the travel experience in general affected by these changes you have noticed while traveling?

많은 사람들이 지난 5년 간 여행이 변화했다고 생각합니다. 당신이 여행하면서 알게 된 변화에 대해 말해주세요. 이러한 변화에 의해 여행객과 일반적인 여행 경험이 어떻게 달라졌다고 알게 됐나요?

듣기 키워드

핵심 표현 **AL 표현** 🔊 MP3 3_94

❶	많은 사람들이 여행에 많은 변화가 있었다고 생각할거라 믿음	
❷	(과거에는) 여행 서류를 준비하는 데 많은 시간을 보내야 하는 경우가 자주 있었음	하지만 요즘은 모든 것이 디지털화 됨
❸	스마트폰을 보여주기만 하면 됨	클릭 몇 번으로 본인을 확인하고, 전자 탑승권을 보여줄 수도 있음
❹	모든 것들이 더욱 쉽고 편리해짐	기술의 발달로 인해

만능 답변

(도입부) ❶ I believe many people think that there have been a lot of changes in traveling. I think so too. (본론) In the past what we had to do was to buy tickets on site or have them printed. ❷ It was often seen that you had to spend a lot of time preparing for your traveling documents, but these days everything is digitalized. So, you don't have to have hard copies of traveling documents. ❸ All you have to do is show your smartphone, and that's it. With a few clicks, you can show who you are, and you can show e-tickets to get on trains or airplanes. Also, when reserving hotel rooms, you can do it on your smartphone as well. ❹ So, everything has been getting easier and more convenient due to technological developments. (마무리) These are the changes distinctive from the past and up to now.

많은 사람들이 여행에 많은 변화가 있었다고 생각할 거라 믿어요. 저도 그렇게 생각해요. 과거에는 현장에서 티켓을 사거나 출력을 해야 했어요. 여행 서류를 준비하는 데에 많은 시간을 보내야 하는 경우가 자주 있었죠. 하지만 요즘에는 모든 것이 디지털화되어 있어요. 그래서 여행 서류의 실물이 필요하지 않아요. 스마트폰만 보여주기만 하면 돼요. 그게 다예요. 클릭 몇 번으로 본인을 확인할 수 있고, 기차나 비행기를 타기 위한 전자 탑승권도 보여줄 수 있어요. 또한, 호텔 방을 예약할 때에도, 스마트폰으로 할 수 있어요. 그래서 기술의 발달로 인해 모든 것들이 더욱 쉽고 편리해졌어요. 이러한 것들이 과거와 현재의 눈에 띄는 변화예요.

핵심표현 AL 표현

어휘 표현 ┃ on site 현장에서 documents 서류 digitalized 디지털화 된 hard copies 하드 카피, 실물 with a few clicks 클릭 몇 번으로 convenient 편리한 due to ~때문에, ~로 인해 technological developments 기술의 발달 distinctive 눈에 띄는

시원스쿨 **LAB**

OPIc
학습지

실전 전략편

4

돌발 주제
만능 답변

**시원스쿨
OPIc 학습지
실전 전략편**

초판 1쇄 발행 2022년 9월 23일

지은이 강지완 · 시원스쿨어학연구소
펴낸곳 (주)에스제이더블유인터내셔널
펴낸이 양홍걸 이시원

홈페이지 www.siwonschool.com
주소 서울시 영등포구 국회대로74길 12 남중빌딩 시원스쿨
교재 구입 문의 02)2014-8151
고객센터 02)6409-0878

ISBN 979-11-6150-629-6 13740
Number 1-110606-18180400-06

돌발 주제
만능 답변

학습 목표

⊘ 돌발 주제의 출제 목적을 이해할 수 있다.

⊘ 간단하고 복잡한 다양한 의문문을 사용해 질문을 할 수 있다.

⊘ 주어진 상황에 적합한 해결책을 제시할 수 있다.

목차

1 | 선택과 집중 전략!

사전 설문에서 수험자가 선택하지 않았으나 출제되는 문제를 돌발 주제라고 합니다. 어떤 문제가 나올지 모르기 때문에 출제범위가 광범위하고 대비하기 어렵지만 시험에 자주 등장하는 빈출 주제들을 바탕으로 집중적으로 학습한다면 시험장에서 당황하지 않고 답변할 수 있습니다.

고득점을 획득하기 위해서는 돌발 주제에 대한 준비가 반드시 필요합니다. 선택 주제 문제에 막힘없이 잘 답변을 했다고 가정하면 최고 점수는 IM3가 됩니다. IH, AL을 목표로 한다면 돌발 주제와 롤플레이에서 문제 해결하기 유형을 집중적으로 준비하는 것을 추천합니다.

돌발 주제 구분

돌발 주제는 크게 개인 주제와 사회 주제로 나뉩니다. 개인 돌발 문제는 누구나 좋아하는 활동 관련 문제이며 사회 돌발 문제는 특정 사회나 소속되어 있는 기관, 사용되는 시스템에 대해 출제되는 문제입니다.

개인 돌발 문제	개인 시간 - 휴일, 명절, 자유시간, 친구 등 개인 활동 - 약속, 쇼핑, 인터넷 등
사회 돌발 문제	사회 공공 시설 - 호텔, 어학원, 은행, 음식점, 교통수단 등 사회 이슈 - 재활용, 지형/지리, 지구 온난화, 날씨, 기술/산업, 건강 등

돌발 주제 출제 경향

돌발 주제도 다른 문제들과 동일하게 3콤보로 출제되는 경향이 있습니다. 첫 번째 문제에서 세번째 문제로 갈수록 질문의 구체성이 높아집니다. 예를 들어, 음식점 관련 문제라면 우리나라의 음식점 – 음식점에 가면 하는 일(루틴) – 어렸을 적 갔던 음식점 경험 순으로 출제됩니다. 그렇기 때문에 첫번째 문제에서 음식점 관련 아이디어를 모두 다 써버리면 이어지는 문제에서 말할거리가 줄어들기 때문에 유의하여 답변하는 것을 추천합니다.

Q1	Q2	Q3
우리나라의 음식점	음식점에 가면 하는 일	어렸을 적 갔던 음식점 경험

빈출 주제로 완벽 대비!

아래와 같이 지금까지 출제된 돌발 주제 중 자주 출제되는 주제들을 선별하였습니다. 해당 주제들을 집중적으로 학습하고 여러 가지 질문에 활용한다면 돌발 주제에 대한 대비가 가능합니다. 또한 다양한 실전 모의고사를 풀어보면서 실전 감각을 익히고 답변 응용력을 향상시키는 것도 돌발 주제에 대비하는 효과적인 방법입니다.

돌발 빈출 주제		
재활용	지형/야외활동	친구
호텔	기술/산업	건강
날씨	지구 온난화	교통수단
인터넷	은행	휴일/명절

재활용

▶ 우리나라의 재활용

I would like to know about the recycling system in your country. How is recycling practiced in your country? What do people do for recycling? What is special about recycling? Give me all the details.

당신 나라의 재활용 시스템과 관련해 알고 싶습니다. 당신 나라에서는 재활용이 어떻게 실천되고 있나요? 사람들이 재활용을 위해 무엇을 하나요? 재활용과 관련해 무엇이 특별한가요? 자세하게 모두 이야기해 주세요.

▶ 내가 하는 재활용

Tell me about how you personally do your recycling. How do you recycle? Do you do your recycling every day? Where do you do your recycling? Tell me the steps you do in as much detail as possible.

개인적으로 어떻게 재활용을 하고 있는지 이야기해 주세요. 어떻게 재활용하고 있나요? 매일 재활용을 하나요? 어떤 방법을 쓰고 있는지 가능한 한 자세히 이야기해 주세요.

▶ 재활용 관련 기억에 남는 경험

Do you have any unforgettable experience about recycling? For example, you did something wrong or it was not collected properly. Tell me about it in as much detail as possible.

재활용과 관련된 잊지 못할 경험이 한 가지라도 있나요? 예를 들어, 뭔가 잘못 처리했거나 제대로 수거되지 못한 경우가 생기기도 합니다. 그 일과 관련해 가능한 한 자세히 이야기해 주세요.

강쌤의 5초 꿀팁

1
2
3

하나의 주제에 세 문제가 주어지는 것이 오픽 시험의 특징입니다. 이때, 첫번째 문제는 가장 포괄적이거나 일반적인 것을 주로 묻고 이후 문제부터는 개인적인 활동이나 경험을 묻습니다. 그렇기 때문에 첫 문제에서 개인적인 이야기를 답변으로 사용한다면 다음 문제들에서 활용 가능한 답변 아이디어가 부족해지므로 첫번째 문제에서는 우리나라 혹은 사람들의 일반적인 특징에 대해 답변하는 것을 추천합니다.

필수 표현과 문장

어휘/표현 익히기

우리나라의 재활용

□ **recyclable** 재활용 가능한

□ **environmentally friendly** 환경 친화적인

□ **collect** ~을 수거하다, 모으다

□ **at a set time** 지정된 시간에

□ **cost-effective** 비용 효율적인

□ **dispose of** ~을 처리하다

□ **landfill** (쓰레기) 매립지

□ **pickup truck** 수거 트럭

□ **separately** 분리해서, 따로

□ **contaminate** ~을 오염시키다

□ **make a difference** 차이를 만들다

□ **the effective collection of garbage**
효율적인 쓰레기 수거

재활용 관련 경험

□ **take A seriously** A를 심각하게 여기다

□ **feel like -ing** ~하고 싶은 기분이다

□ **feel guilty about** ~에 대해 죄책감을 느끼다

□ **be supposed to do** ~해야 하다, ~하기로 되어 있다

□ **sort out** ~을 분류하다

□ **try (not) to do** ~하려(하지 않으려) 하다

□ **how to do** ~하는 법

□ **throw out food waste separately**
음식물 쓰레기를 분리하여 버리다

□ **reduce disposable products** 일회용품을 줄이다

문장 만들어보기

❶ 재활용은 우리가 매우 심각하게 여기는 것이에요.

  ▶

  ⋯⋯⋯⋯⋯⋯⋯⋯⋯⋯⋯⋯⋯⋯⋯⋯⋯⋯⋯⋯⋯⋯⋯⋯⋯⋯⋯⋯⋯⋯⋯⋯⋯⋯⋯⋯⋯⋯

  (recycling, seriously)

❷ 많은 쓰레기가 재활용되거나 완전히 새로운 제품으로 탈바꿈될 수 있죠.

  ▶

  ⋯⋯⋯⋯⋯⋯⋯⋯⋯⋯⋯⋯⋯⋯⋯⋯⋯⋯⋯⋯⋯⋯⋯⋯⋯⋯⋯⋯⋯⋯⋯⋯⋯⋯⋯⋯⋯⋯

  (be recycled, transformed into)

❸ 별 생각 없이, 음식 쓰레기 봉지와 재활용품을 같은 쓰레기통에 함께 버렸죠.

  ▶

  ⋯⋯⋯⋯⋯⋯⋯⋯⋯⋯⋯⋯⋯⋯⋯⋯⋯⋯⋯⋯⋯⋯⋯⋯⋯⋯⋯⋯⋯⋯⋯⋯⋯⋯⋯⋯⋯⋯

  (without much thought, threw away together)

❹ 그때 이후로, 저는 절대로 다시 그런 실수를 하지 않았어요.

  ▶

  ⋯⋯⋯⋯⋯⋯⋯⋯⋯⋯⋯⋯⋯⋯⋯⋯⋯⋯⋯⋯⋯⋯⋯⋯⋯⋯⋯⋯⋯⋯⋯⋯⋯⋯⋯⋯⋯⋯

  (since, such a mistake)

모범 답안

❶ Recycling is something we take very seriously.

❷ A lot of garbage can be recycled or transformed into a brand new product.

❸ Without much thought, I threw the food waste bags and recyclables away together in the same trash can.

❹ Since then, I have never made such a mistake again.

🔊 MP3 4_1

우리나라의 재활용

I would like to know about the recycling system in your country. How is recycling practiced in your country? What do people do for recycling? What is special about recycling? Give me all the details.

당신 나라의 재활용 시스템과 관련해 알고 싶습니다. 당신 나라에서는 재활용이 어떻게 실천되고 있나요? 사람들이 재활용을 위해 무엇을 하나요? 재활용과 관련해 무엇이 특별한가요? 자세하게 모두 이야기해 주세요.

듣기 키워드

핵심 표현 / AL 표현

🔊 MP3 4_2

	핵심 표현	AL 표현
❶	모든 쓰레기는 반드시 제대로 처리 되어야 함	재활용은 우리가 매우 심각하게 여김
❷	한국은 실로 매우 빠르게 부유해 짐	그래서 더 많은 물건에 새로운 소득을 소비하면서 더 많은 쓰레기 버리는 경향 있음
❸	재활용되는 쓰레기는 무료로 수거됨	매립지 쓰레기용은 규격 쓰레기 봉투 구입해야 함
❹	지역 주민들이 매주 지정된 시간에 모여 서로 분류하는 것 돕고 쓰레기 재활용 함	핵심은 재활용이 비용 효율적이면서 친환경적이기도 하다는 것

만능 답변

(도입부) ❶ All garbage you produce must be disposed of properly. <u>Recycling is something we take very seriously.</u> (본론) ❷ Korea got rich very fast indeed. So, <u>we tend to spend our new income on more stuff and throw more garbage away.</u> Most of it has been dumped in landfills. ❸ Recycled garbage is now collected for free, <u>but families have to buy special plastic bags for their landfill waste.</u> (마무리) ❹ And those living in each community get together at a set time weekly to help each other sort out and recycle their garbage. <u>The bottom line is that it is cost-effective and environmentally friendly as well.</u>

사람들이 만들어내는 모든 쓰레기는 반드시 제대로 처리되어야 해요. 재활용은 우리가 매우 심각하게 여기는 것이죠. 한국은 실로 매우 빠르게 부유해졌어요. 그래서, 우리는 더 많은 물건에 새로운 소득을 소비하면서 더 많은 쓰레기를 버리는 경향이 있어요. 그 대부분은 매립지에 버려져 왔죠. 재활용되는 쓰레기는 지금 무료로 수거되고 있지만, 가정마다 매립지 쓰레기용으로 규격 쓰레기 봉투를 구입해야 해요. 그리고 지역주민들이 매주 지정된 시간에 모여 서로 분류하는 것을 돕고 쓰레기를 재활용해요. 핵심은 이것이 비용 효율적이면서 환경 친화적이기도 하다는 점이에요.

핵심표현 AL 표현

어휘 표현 | produce ~을 만들어내다 dispose of ~을 처리하다 properly 제대로, 적절히 take A seriously A를 심각하게 여기다, 진지하게 생각하다 indeed 실로, 정말, 사실 tend to do ~하는 경향이 있다 income 소득, 수입 throw A away A를 버리다 dump ~을 버리다 landfill (쓰레기) 매립지 collect ~을 수거하다, 모으다 for free 무료로 get together 모이다, 만나다 at a set time 지정된 시간에 sort out 분류하다 bottom line 핵심, 요점 cost-effective 비용 효율적인 environmentally friendly 환경 친화적인

🔊 MP3 4_3

| 재활용 | 내가 하는 재활용 |

Tell me about how you personally do your recycling. How do you recycle? Do you do your recycling every day? Where do you do your recycling? Tell me the steps you do in as much detail as possible.

개인적으로 어떻게 재활용을 하고 있는지 이야기해 주세요. 어떻게 재활용하고 있나요? 매일 재활용을 하나요? 어떤 방법을 쓰고 있는지 가능한 한 자세히 이야기해 주세요.

듣기 키워드

핵심 표현 / AL 표현

🔊 MP3 4_4

	핵심 표현	AL 표현
❶	유감스럽게도 재활용하는 데 그렇게 의욕적이지 않음	그래도, 재활용의 이점을 이해하게 되면서 어떻게 재활용 하는 지 알아서 그리 어렵진 않음
❷	시간이 흐르면서 더 많은 물품들이 재활용 목록에 추가됨	많은 쓰레기가 재활용 되거나 완전히 새로운 제품으로 탈바꿈될 수 있음
❸	물품을 분류해 재활용 쓰레기통에 담음, 전구와 배터리 같은 것들은 재활용 쓰레기통에 넣으려 하지 않음	문제가 생겨서 어쩌면 다른 재활용품을 오염시킬 수도 있기 때문
❹	약간의 노력으로 미래에 엄청난 차이를 만들 수 있다고 생각	

만능 답변

[도입부] ❶ Unfortunately, I don't feel very motivated to recycle, and indeed, it sometimes seems complex to me. Yet, by understanding the advantages of recycling, I do know how to recycle, and it's not that hard. [본론] ❷ It has become part of my life. Many items are recyclable, and over time, more items are added to the list of recycling. A lot of garbage can be recycled or transformed into a brand new product. ❸ What I do is just sort out the materials like glass, plastic and paper into the recycling bins. I also try not to put things like light bulbs and batteries into the recycling bins because they create problems and can potentially contaminate other recyclables too. [마무리] ❹ I believe that, with a little bit of effort, I can make a huge difference in the future.

유감스럽게도, 저는 재활용하는 데 그렇게 의욕적인 느낌은 들지 않는데다, 확실히, 때로는 저에겐 복잡한 일 같아요. 그렇지만, 재활용의 이점을 이해하게 되면서, 어떻게 재활용 하는 지 알아서, 그렇게 어렵진 않아요. 제 삶의 일부분이 되었죠. 많은 물품이 재활용 가능하고, 시간이 흐르면서, 더 많은 물품이 재활용 목록에 추가되고 있어요. 많은 쓰레기가 재활용되거나 완전히 새로운 제품으로 탈바꿈될 수 있죠. 제가 하는 건 그저 유리와 플라스틱, 그리고 종이 같은 물품을 분류해 재활용 쓰레기통에 담는 거예요. 전구와 배터리 같은 것들은 재활용 쓰레기통에 넣으려 하지 않기도 하는데, 문제가 생겨서 어쩌면 다른 재활용품을 오염시킬 수도 있기 때문이에요. 저는 약간의 노력으로, 미래에 엄청난 차이를 만들어낼 수 있다고 생각해요.

핵심표현 AL 표현

어휘 표현 ┃ motivated 의욕적인 indeed 정말, 실로 complex 복잡한 transform A into B A를 B로 탈바꿈시키다, 변모시키다 brand new 완전히 새로운 material 물품, 물체 bin 쓰레기통 light bulb 전구 contaminate ~을 오염시키다

🔊 MP3 4_5

재활용 | 재활용 관련 기억에 남는 경험

Do you have any unforgettable experience about recycling? For example, you did something wrong or it was not collected properly. Tell me about it in as much detail as possible.

재활용과 관련된 잊지 못할 경험이 한 가지라도 있나요? 예를 들어, 뭔가 잘못 처리했거나 제대로 수거되지 못한 경우가 생기기도 합니다. 그 일과 관련해 가능한 한 자세히 이야기해 주세요.

듣기 키워드

핵심 표현   **AL 표현**   🔊 MP3 4_6

	핵심 표현	AL 표현
❶	우리 가족이 새 아파트로 막 이사한 4년 전	새로 지은 아파트로 입주하게 되어 아주 들떠 있었음
❷	금요일에 재활용 쓰레기 버려야 한다고 통지 받음	한국에서 재활용 쓰레기는 특정한 날에 버려져야 함
❸	쓰레기가 많지 않아서 금요일에 혼자 갖고 나감, 음식물 쓰레기 봉지와 재활용품을 같은 쓰레기통에 버림	음식 쓰레기와 재활용품을 분리해서 버렸어야 했는데, 그런 줄 몰랐음
❹	내 실수로 인해 주민들이 어쩔 수 없이 일주일 동안 재활용 쓰레기 통에서 나는 냄새를 견뎌야 했음	그때 이후로 절대로 다시 그런 실수 하지 않음

만능 답변

(도입부) ❶ If I'm right, it was about four years ago when my family just moved into a new apartment. <u>We were all very excited about moving into a newly built apartment.</u> (본론) ❷ We were notified to throw away recyclable garbage on Friday. <u>In Korea, recyclable waste is supposed to be thrown away on a given day.</u> Friday was the set date for my new apartment. ❸ There wasn't much trash, so I took it out by myself on Friday. <u>Without much thought, I threw the food waste bags and recyclables away together in the same trash can.</u> The very next day, I saw a notice on the elevator bulletin board. Photos in the elevator showed that the pickup truck did not collect food waste because the wrong garbage was in the can. Oh, no! <u>I should have thrown out the food waste and the recyclables separately, but I didn't know that.</u> (마무리) ❹ My mistake forced residents to endure the smell of food waste from the recycling garbage cans for a week. I really felt like hiding somewhere because I felt guilty about it. <u>Since then, I have never made such a mistake again.</u>

제 기억이 맞다면, 우리 가족이 새 아파트로 막 이사한 약 4년 전의 일이었어요. 우리는 모두 새로 지은 아파트로 입주하게 되어 아주 들떠 있었죠. 금요일에 재활용 쓰레기를 버려야 한다고 통지를 받았어요. 한국에서, 재활용 쓰레기는 특정한 날에 버려져야 해요. 새 아파트에선 금요일이 지정된 요일이었죠. 쓰레기가 많진 않았기 때문에, 제가 금요일에 혼자 갖고 나갔어요. 별 생각 없이, 음식 쓰레기 봉지와 재활용품을 같은 쓰레기통에 함께 버렸죠. 바로 다음 날, 저는 엘리베이터 게시판에 부착된 공지를 봤어요. 엘리베이터에 붙어 있던 사진에 수거 트럭이 음식물 쓰레기를 수거하지 않은 모습이 보였는데, 엉뚱한 쓰레기가 통에 들어 있었기 때문이었죠. 아, 이런! 제가 음식 쓰레기와 재활용품을 분리해서 버렸어야 했는데, 그런 줄 몰랐어요. 제 실수로 인해 주민들이 어쩔 수 없이 일주일 동안 재활용 쓰레기통에서 올라오는 음식 쓰레기 냄새를 견뎌야 했죠. 저는 그에 대해 죄책감이 느껴졌기 때문에 정말 어딘가에 숨고 싶은 기분이었어요. 그때 이후로, 저는 절대로 다시 그런 실수를 하지 않았어요.

핵심표현 AL 표현

지형/지리

▸ 우리나라의 지형

Tell me about the geography of your country. Are there a lot of lakes, rivers, beaches or mountains? Please describe it in as much detail as possible.

당신 나라의 지리와 관련해 이야기해 주세요. 호수나 강, 해변, 또는 산이 많이 있나요? 가능한 한 자세히 설명해 주세요.

▸ 우리나라 사람들의 야외 활동

What kinds of activities do people in your country usually do for entertainment? Please give me a detailed description of the things that people like to do in your country.

당신 나라의 사람들은 보통 여흥을 위해 어떤 활동을 하나요? 당신 나라의 사람들이 좋아하는 일들을 자세히 설명해 주세요.

▸ 어렸을 때 기억에 남는 경험

I'd like to know about a memorable thing that you experienced during your childhood. For example, it could have been a special event or an experience you had with your friends or family members. Tell me about the event and everything that happened.

어린 시절에 경험했던 기억에 남는 일과 관련해 알고 싶습니다. 예를 들어, 친구나 가족과 함께 했던 특별한 일이나 경험이 있었을 수도 있습니다. 그 일과 있었던 일 전부와 관련해 이야기해 주세요.

강쌤의 5초 꿀팁 ⏱️

지형 관련 세번째 문제는 기억에 남는 경험에 대한 문제가 출제됩니다. 이때, 기억에 남는 여행 경험을 활용하면 여행과 지형 두 주제에 모두 사용 가능한 답변을 준비할 수 있습니다.

어휘/표현 익히기

지형 묘사

□ geography 지리(학)

□ be located in ~에 위치해 있다

□ Korean Peninsula 한반도

□ Demilitarized Zone 비무장 지대

□ geologically 지질학적으로

□ be surrounded by ~로 둘러싸여 있다

□ neighboring countries 이웃 나라

□ typhoon 태풍

□ flood 홍수

□ notable islands 주목할 만한 섬

지형 관련 경험

□ spectacular 장관을 이루는

□ outdoor activities 야외 활동

□ beat the heat 더위를 이기다

□ crowded 사람들로 붐비는

□ crowd 인파, 사람들, 군중

□ be famous for ~로 유명하다

□ spend A -ing ~하면서 A만큼의 시간을 보내다

□ vivid 생생한

□ scenery 경치

문장 만들어보기

❶ 한국의 지리와 관련해서 얘기하자면, 한국은 동아시아에 위치해 있어요.

▶

(the geography of Korea, is located in)

❷ 우리나라에선, 사람들이 하는 것이 계절에 따라 달라요.

▶

(differ, depending on)

❸ 전국 각지에 장관을 이루는 산과 아주 멋진 해변이 있어요.

▶

(spectacular, all over the country)

❹ 저는 우리가 여름과 겨울 중에 모두 그렇게 다양한 활동을 즐길 수 있어서 행운이라고 생각해요.

▶

(enjoy, such a variety of activities, during)

모범 답안

❶ When it comes to the geography of Korea, Korea is located in East Asia.

❷ In my country, what people do differs depending on the season.

❸ We have spectacular mountains and great beaches all over the country.

❹ I think we're lucky to be able to enjoy such a variety of activities during both summer and winter.

만능 답변

🔊 MP3 4_7

지형/지리 우리나라의 지형

Tell me about the geography of your country. Are there a lot of lakes, rivers, beaches or mountains? Please describe it in as much detail as possible.

당신 나라의 지리와 관련해 이야기해 주세요. 호수나 강, 해변, 또는 산이 많이 있나요? 가능한 한 자세히 설명해 주세요.

듣기 키워드

핵심 표현 / AL 표현

🔊 MP3 4_8

	핵심 표현	AL 표현
❶	한국은 동아시아에 위치해 있음	수세기 동안 중국, 일본, 러시아라는 세 강대국을 이웃으로 두고 있음
❷	한반도에 위치해 있고, 삼면이 바다임	비무장지대가 남한과 북한을 갈라놓고 있음
❸	주목할 만한 섬에는 제주도, 울릉도, 독도가 포함됨	제주도는 전국에서 가장 따뜻하고 가장 남쪽에 위치한 섬임
❹	서울과 부산 같은 대부분의 대도시들은 산으로 둘러 쌓여 있고 강이 관통해 흐르고 있음	

만능 답변

(도입부) ❶ When it comes to the geography of Korea, Korea is located in East Asia. <u>For centuries, Korea has had three powerful neighbors: China, Japan, and Russia.</u> (본론) ❷ It is located on the Korean Peninsula, facing the ocean on 3 sides. <u>The Demilitarized Zone(DMZ) separates South Korea from North Korea.</u> The Korean Peninsula is geologically more stable than either China or Japan, which both have a history of serious earthquakes. Occasionally, typhoons bring strong winds and floods in summer. ❸ Notable islands include Jejudo, Ulleungdo and Dokdo. <u>Jejudo is the warmest and the most southern island in the country.</u> (마무리) ❹ Most of the big cities like Seoul and Busan are surrounded by mountains, and rivers flow through them. That's all I can say now. That should be it.

한국의 지리와 관련해서 얘기하자면, 한국은 동아시아에 위치해 있어요. 수세기 동안, 한국은 중국, 일본 그리고 러시아라는 세 강대국을 이웃으로 두고 있죠. 한반도에 위치해 있고, 삼면이 바다예요. 비무장 지대(DMZ)가 남한과 북한을 갈라놓고 있어요. 한반도는 지질학적으로 중국이나 일본보다 더 안정적인데, 두 곳 모두 심각한 지진이 발생한 역사가 있어요. 때때로, 여름에 강력한 태풍이 바람과 홍수를 불러일으켜요. 주목할 만한 섬에는 제주도와 울릉도, 그리고 독도가 포함돼요. 제주도는 전국에서 가장 따뜻하고 가장 남쪽에 위치한 섬이에요. 서울과 부산 같은 대부분의 대도시들은 산으로 둘러싸여 있고, 강이 그 도시들을 관통해 흐르고 있죠. 여기까지가 지금 말씀 드릴 수 있는 전부예요. 이게 다예요.

핵심표현 <u>AL 표현</u>

어휘 표현 | when it comes to ~와 관련해서 (말하자면)   geography 지리(학)   be located in ~에 위치해 있다   Korean Peninsula 한반도   Demilitarized Zone 비무장 지대   separate ~을 분리시키다   geologically 지질학적으로   stable 안정적인   occasionally 때때로, 이따금씩   typhoon 태풍   flood 홍수   notable 주목할 만한   include ~을 포함하다   be surrounded by ~로 둘러싸여 있다   flow 흐르다   through ~을 관통해, 통과해

🔊 MP3　4_9

지형/지리　우리나라 사람들의 야외 활동

What kinds of activities do people in your country usually do for entertainment? Please give me a detailed description of the things that people like to do in your country.

당신 나라의 사람들은 보통 기분 전환을 위해 어떤 활동을 하나요? 당신 나라의 사람들이 좋아하는 일들을 자세히 설명해 주세요.

듣기 키워드

핵심 표현	**AL 표현**　🔊 MP3　4_10
❶ 우리나라에선 사람들이 하는 것이 계절에 따라 다름	전국 각지에 장관을 이루는 산과 아주 멋진 해변이 있음
❷ 여름과 겨울에 하는 활동이 아주 다름, 여름엔 사람들이 더위를 이기기 위해 햇살이 내리 쬐는 해변과 수영장에 감	가장 인기 있는 해변들 근처엔 사람들로 정말 붐비는 상태가 됨
❸ 반면에, 겨울은 스키와 스노우보드로 인기 있음	여름과 겨울 모두 다양한 활동을 즐길 수 있어서 행운이라고 생각함
❹ 이게 기본적으로 사람들이 하는 것임	

만능 답변

(도입부) ❶ In my country, what people do differs depending on the season. <u>We have spectacular mountains and great beaches all over the country.</u> (본론) ❷ The activities people do in summer and winter are very different. In summer, people go to sunny beaches and swimming pools to beat the heat. <u>At that time of year, it gets really crowded near the most popular beaches</u>, so there is a lot of traffic on the highways. ❸ On the other hand, winters are popular for skiing and snowboarding. Most people go skiing at ski resorts nearby. Most of them offer night skiing, which is good for those who want to avoid big crowds. <u>I think we're lucky to be able to enjoy such a variety of activities during both summer and winter.</u> (마무리) ❹ That's basically what people do.

우리나라에선, 계절에 따라 사람들이 하는 것이 달라요. 전국 각지에 장관을 이루는 산과 아주 멋진 해변이 있어요. 사람들이 여름과 겨울에 하는 활동이 아주 달라요. 여름엔, 사람들이 더위를 이기기 위해 햇살이 내리쬐는 해변과 수영장에 가요. 일년 중 그 시기에, 가장 인기 있는 해변들 근처엔 사람들로 정말 붐비는 상태가 되기 때문에, 고속도로에 차량들이 많아요. 반면에, 겨울은 스키와 스노우보드로 인기 있죠. 대부분의 사람들이 가까운 스키 리조트로 스키를 타러 가요. 그 중 대부분이 야간 스키 서비스를 제공하는데, 엄청난 인파를 피하고 싶어하는 사람들에게 좋아요. 저는 우리가 여름과 겨울 중에 모두 그렇게 다양한 활동을 즐길 수 있어서 행운이라고 생각해요. 이게 기본적으로 사람들이 하는 거예요.

핵심표현　AL 표현

어휘 표현 | differ 다르다, 차이가 나다　depending on ~에 따라, ~에 달려 있는　spectacular 장관을 이루는　crowded 사람들로 붐비는　near ~ 근처에　traffic 차량들, 교통　on the other hand 반면에, 한편　nearby 근처에　those who ~하는 사람들　avoid ~을 피하다　crowd 인파, 사람들, 군중　be able to do ~할 수 있다　a variety of 다양한　both A and B A와 B 둘 모두　basically 기본적으로

🔊 MP3　4_11

지형/지리	어렸을 때 기억에 남는 경험

I'd like to know about a memorable thing that you experienced during your childhood. For example, it could have been a special event or an experience you had with your friends or family members. Tell me about the event and everything that happened.

어린 시절에 경험했던 기억에 남는 일과 관련해 알고 싶습니다. 예를 들어, 친구나 가족과 함께 했던 특별한 일이나 경험이 있었을 수도 있습니다. 그 일과 있었던 일 전부와 관련해 이야기해 주세요.

듣기 키워드

핵심 표현　　　　　　　　　　　　　　**AL** 표현　　　　🔊 MP3　4_12

	핵심 표현	AL 표현
❶	어렸을 때 속초에 갔던 설렘이 기억남	
❷	개발되지 않아서 깨끗한 자연 환경이 있는 것으로 유명함	우리 가족은 항상 해변을 따라 두어 시간 걸으면서 시간을 보내곤 했음
❸	때때로 자전거를 대여해 애주 멋진 경치를 즐기면서 타곤 함	놀라운 경관에 눈을 뗄 수 없었음, 아빠와 나는 산 위로 쭉 올라가면서 하이킹하면서 개울도 찾음
❹	여전히 마음속에 생생한 모습이 남아 있음	돌이켜보면 내 삶에서 가장 기억에 남는 여행 경험들 중 하나임

만능 답변

(도입부) ❶ To talk about a memorable trip, I remember the excitement of going to Sokcho when I was a child. (본론) ❷ It is famous for being undeveloped and having a clean, natural environment. It is also renowned for raw fish, hot springs and fresh water. <u>My family would always spend a couple of hours walking along the beach.</u> ❸ Sometimes, we would rent bikes and ride them along the paths enjoying the great scenery. <u>I couldn't take my eyes off the amazing views.</u> My favorite time to go to Sokcho was during winter. <u>My dad and I would go hiking all the way up the mountain, find a stream there,</u> and make holes in the ice to catch fish together. (마무리) ❹ I still have a vivid picture of it in my mind. <u>Looking back, it is one of the most memorable travel experiences of my life.</u>

기억에 남는 여행에 관해 얘기하려니까, 어렸을 때 속초에 갔던 설렘이 기억 나요. 개발되어 있지 않아서 깨끗한 자연 환경이 있는 것으로 유명하죠. 생선회와 온천, 그리고 깨끗한 물로도 유명해요. 우리 가족은 항상 해변을 따라 두어 시간 걸으면서 시간을 보내곤 했어요. 때때로, 자전거를 대여해 아주 멋진 경치를 즐기면서 길을 따라 타고 다니곤 했죠. 저는 놀라운 경관에서 눈을 뗄 수 없었어요. 제가 속초에 가기 가장 좋아하는 때는 겨울 동안이에요. 아빠와 저는 산 위로 쭉 올라가면서 하이킹하면서, 그곳에서 개울도 찾고, 얼음에 구멍을 만들어 함께 물고기도 잡곤 했죠. 저는 여전히 마음 속에 그 생생한 모습이 남아 있어요. 돌이켜 보면, 제 삶에서 가장 기억에 남는 여행 경험들 중 하나예요.

핵심표현 <u>AL 표현</u>

어휘 표현 | memorable 기억에 남을 만한　excitement 설렘, 흥분　be famous for ~로 유명하다　undeveloped 개발되지 않은　hot spring 온천　along (길 등) ~을 따라　rent ~을 대여하다, 빌리다　scenery 경치　can't take one's eye off ~에서 눈을 뗄 수 없다　all the way 쭉, 내내　stream 개울, 시내　vivid 생생한　look back 돌이켜 보다

친구

▸내 친구

Tell me about one of your friends. Describe his or her personality and appearance in as much detail as possible.

친구들 중 한 명과 관련해 이야기해 주세요. 그 친구의 성격과 외모를 가능한 한 자세히 설명해 주세요.

▸친구와 주로 하는 일들

What are the activities you usually do with your friends on the weekends? Tell me everything in detail.

보통 주말에 친구들과 어떤 활동을 하나요? 모두 자세히 이야기해 주세요.

▸친구와 알게 된 계기

How did you meet the friend you have just mentioned earlier? How did you get to know each other, and what kind of effort did you make to be close?

방금 전에 언급했던 친구와 어떻게 만났나요? 서로 어떻게 알게 되었나요, 그리고 가까워지기 위해 어떤 노력을 기울였나요?

강쌤의 5초 꿀팁 ⏱

친구 묘사와 같이 사람을 묘사하는 답변은 가족, 가수, 배우 등등 거주 및 관심사 주제에서도 활용 가능합니다. 또한 성격이나 외형 묘사 관련 어휘나 표현을 미리 준비해 놓은 것을 추천합니다. 특히 supportive (힘이 되어주고), accepting (잘 받아주고), a great sense of humor (뛰어난 유머 감각) 등의 표현을 추천합니다.

필수 표현과 문장

어휘/표현 익히기

친구 묘사

- [ ] **close to** ~와 가까운
- [ ] **quite a(an)** 명사 상당히 ~하는 사람, 꽤 ~하는 사람
- [ ] **supportive** 힘이 되어주는, 지지하는
- [ ] **accepting** 잘 받아주는
- [ ] **judgmental** 비판하는
- [ ] **tolerance** 참을성, 아량, 관용
- [ ] **behavior** 행동, 행실
- [ ] **a great sense of humor** 뛰어난 유머 감각
- [ ] **have a lot in common** 공통점이 많다

친구와 함께했던 활동 및 경험

- [ ] **hang out with** ~와 함께 어울리다
- [ ] **nothing special** 특별한 게 없는, 별 거 없는
- [ ] **catch up with** (근황 등에 대해) ~와 못다한 얘기를 하다, 그 동안의 얘기를 하다
- [ ] **meet up with** ~와 약속하고 만나다
- [ ] **slow day** 여유로운 하루
- [ ] **opposite to** ~와 반대인
- [ ] **in every way** 모든 면에서
- [ ] **eating something nice** 맛있는 것을 먹음
- [ ] **shopping at late night** 밤늦게 쇼핑함
- [ ] **watch a movie** 영화를 보다

문장 만들어보기

❶ 저랑 가까이 지내면서 함께 어울리는 좋은 친구들이 많이 있어요.

▸ ....

(have around, hang out with)

❷ 그녀는 운동을 상당히 잘해서, 스포츠를 하고 보는 걸 좋아해요.

▸ ....

(quite an athlete, playing sports)

❸ 언제나 곁에 두기에 좋은 사람이죠.

▸ ....

(always, to be around)

❹ 토요일은 맛있는 것도 먹고, 밤늦게 쇼핑도 하고, 가장 친한 친구와 못다한 얘기도 하는 걸 의미하기도 해요.

▸ ....

(eating, shopping, catching up)

모범 답안

❶ I have many good friends to have around and hang out with.
❷ She is quite an athlete, so she likes playing and watching sports.
❸ She is always a good person to be around.
❹ Saturday also means eating something nice, shopping at late night , catching up with my best friend.

만능 답변

🔊 MP3 4_13

| 친구 | 내 친구 |

Tell me about one of your friends. Describe his or her personality and appearance in as much detail as possible.

친구들 중 한 명과 관련해 이야기해 주세요. 그 친구의 성격과 외모를 가능한 한 자세히 설명해 주세요.

듣기 키워드

핵심 표현   **AL** 표현   🔊 MP3 4_14

❶	함께 어울리는 좋은 친구들이 많이 있음, 그 친구들 중에서 수진이가 나랑 가장 가까움	나랑 가장 오래 알고 지냄
❷	수진이는 키가 평균이고 말랐음	믿을 수 없을 정도로 힘이 되어주고 잘 받아 줌, 조금도 비판적이지 않음
❸	얘기를 아주 잘 들어주고 도움이 필요한 친구를 기꺼이 도와줌	스스로 또는 다른 사람들의 좋지 못한 행동에 대해 관용이 없어서 그런 사람들은 외면하곤 함
❹	언제나 곁에 두기에 좋은 사람	

만능 답변

(도입부) ❶ I have many good friends to have around and hang out with. Among them, Sujin is who I'm closest to. <u>This friend of mine has known me the longest.</u> In fact, she's my best friend. (본론) ❷ She is average height and thin. She has short black hair and such big eyes. She is quite an athlete, so she likes playing and watching sports. <u>She's incredibly supportive and accepting.</u> <u>She is not judgmental in the slightest.</u> She enjoys playing games and is a huge coffee lover. ❸ She's a great listener and is willing to help out a friend in need. <u>She has no tolerance for bad behavior in herself or others and will merely walk away from such people.</u> She's likewise a loyal friend with a great sense of humor. (마무리) ❹ She is always a good person to be around. We are more than friends. We are like a family. We have been best friends for like 10 years.

저랑 가까이 지내면서 함께 어울리는 좋은 친구들이 많이 있어요. 그 친구들 중에서, 수진이가 저와 가장 가까워요. 이 친구가 저와 가장 오래 알고 지냈어요. 실제로, 제 가장 친한 친구예요. 수진이는 키가 평균이고 말랐어요. 짧은 검은 머리를 하고 있고, 눈은 아주 커요. 운동을 상당히 잘해서, 스포츠를 하고 시청하는 걸 좋아해요. 믿을 수 없을 정도로 힘이 되어주고 잘 받아줘요. 그녀는 조금도 비판적이지 않아요. 게임을 하는 걸 즐기고, 엄청나게 커피를 좋아해요. 얘기를 아주 잘 들어주고 도움이 필요한 친구를 기꺼이 도와줘요. 스스로 또는 다른 사람들의 좋지 못한 행동에 대해 참지 않고 그런 사람들을 가까이 하지 않아요. 수진이는 또한 뛰어난 유머 감각을 지니고 있는 진실한 친구예요. 언제나 곁에 두기에 좋은 사람이죠. 우리는 친구 사이 이상이에요. 마치 가족 같죠. 10년 정도 가장 친한 친구로 지내왔거든요.

핵심표현 AL 표현

어휘
표현 ｜ hang out with ~와 함께 어울리다   accepting 잘 받아주는   judgmental 비판하는   tolerance 참을성, 아량, 관용
a great sense of humor 뛰어난 유머 감각

🔊 MP3   4_15

친구	친구와 주로 하는 일들

What are the activities you usually do with your friends on the weekends? Tell me everything in detail.

보통 주말에 친구들과 어떤 활동을 하나요? 모두 자세히 이야기해 주세요.

듣기 키워드

핵심 표현   AL 표현   🔊 MP3   4_16

	핵심 표현	AL 표현
❶	주말 시간 자유롭게 유지하려고 해서 어떤 식으로든 원하는 대로 보냄	토요일은 맛있는 것도 먹고, 밤늦게 쇼핑도 하고, 가장 친한 친구와 못다한 얘기도 하고, 때로는 가장 가까운 공원에서 보내는 시간도 좀 즐김
❷	산책하고 친구들과 어울리는 걸 아주 좋아해서 날씨가 좋으면 그렇게 함	
❸	친구들과 종종 토요일에 함께 뭔가 하려고 함	영화를 보러 가든, 어딘가로 산책을 하러 가든, 아니면 어딘가 멋진 곳에 가서 점심 식사를 하든 상관없음
❹	할 예정인 일이 있지 않으면 일요일은 보통 꽤 여유로운 하루	

만능 답변

(도입부) ❶ What I do is nothing special. I usually do what I do. I keep my weekends free, so I can spend them however I want. On weekends, I like to wake up really late, especially on Sundays. Saturday also means eating something nice, shopping at late night, catching up with my best friend and sometimes enjoying some time at the nearest park. (본론) ❷ I love going for walks and hanging out with friends, so I'll do that if the weather is nice. I go on a picnic with my friends and explore. My friends and I often try to do something together on Saturdays, whether it's going to watch a movie, going for a walk somewhere, or perhaps just going somewhere nice for lunch. Sometimes, I meet up with a friend and we'll have a good old catch-up. (마무리) ❹ Sunday is usually a pretty slow day, unless there's some event we're going to do. This is what I do on the weekends.

제가 하는 건 특별한 게 없어요. 보통 하던 대로 하죠. 저는 주말 시간을 자유롭게 유지하려고 해서 어떤 식으로든 제가 원하는 대로 보내죠. 주말마다, 저는 아주 늦게 일어나는 게 좋아요, 특히 일요일마다요. 토요일은 맛있는 것도 먹고, 밤늦게 쇼핑도 하고, 가장 친한 친구와 못다한 얘기도 하고, 때로는 가장 가까운 공원에서 보내는 시간도 좀 즐기는 걸 의미하기도 해요. 저는 산책을 하러 가고 친구들과 함께 어울리는 걸 아주 좋아하기 때문에, 날씨가 좋으면 그렇게 해요. 친구들과 나들이하러 가서 둘러보러 다니죠. 제 친구들과 저는 종종 토요일에 함께 뭔가 하려 해요, 영화를 보러 가든, 어딘가로 산책하러 가든, 아니면 아마 그냥 어딘가 멋진 곳에 가서 점심 식사를 하든 상관없어요. 때로는, 친구와 약속하고 만나서 못했던 옛날 얘기를 즐겁게 해요. 일요일은 보통 꽤 여유로운 하루예요, 할 예정인 어떤 일이 있지 않으면요. 이게 제가 주말마다 하는 일이에요.

핵심표현 AL 표현

어휘 표현 ┃ nothing special 특별한 게 없는, 별 거 없는   catch up with (근황 등에 대해) ~와 못다한 얘기를 하다, 그 동안의 얘기를 하다   hang out with ~와 함께 어울리다

MP3 4_17

| 친구 | 친구와 알게 된 계기 |

How did you meet the friend you have just mentioned earlier? How did you get to know each other, and what kind of effort did you make to be close?

방금 전에 언급했던 친구와 어떻게 만났나요? 서로 어떻게 알게 되었나요, 그리고 가까워지기 위해 어떤 노력을 기울였나요?

듣기 키워드

핵심 표현　　　　　　　　　**AL 표현**　　　　　MP3 4_18

❶	수진이는 나와 가장 친한 친구들 중 한 명, 여전히 친함	
❷	같은 학교에 다녔음	지금처럼 좋은 친구 사이가 될 거라고 생각하지도 못했음
❸	함께 많은 시간을 보냈음	그때 이후로 어떤 어려움이나 힘든 시기에 직면할 때마다 서로에게 의지했고, 여전히 그럼
❹	결국, 사람은 함께 시간을 보내면서 알게 됨	서로 다른 상황에서 어떻게 행동하는지 보고, 함께 많이 얘기 하면서

만능 답변

(도입부) ❶ Sujin has been one of my best friends and still is. (본론) ❷ We met in college. We went to the same school. I didn't think we'd be good friends like we are now, knowing that we are completely opposite to each other in almost every way and do not have a lot in common, but it's ironic because we are now. ❸ We spent a lot of time together. I'd walk her home from the library if she was there after dark; she'd drive me home if it was raining. We talked a lot about just everything. From then on, whenever we had some difficulties or hard times facing us, we relied on each other, and still do. (마무리) ❹ Ultimately, you get to know someone by spending time with them, watching how they behave in different situations, and talking to them a lot.

수진이는 저와 가장 친한 친구들 중 한 명이었고, 여전히 그래요. 우리는 대학에서 만났어요. 같은 학교에 다녔죠. 우리는 거의 모든 면에서 서로 완전히 반대이고 공통점이 많지 않다는 걸 알아서, 지금처럼 좋은 친구 사이가 될 거라곤 생각하지도 못했는데, 지금 그렇게 되어 버렸으니 아이러니해요. 우리는 함께 많은 시간을 보냈어요. 수진이가 날이 어두워진 후에도 도서관에 있으면 제가 거기서 집까지 데려다 주기도 했고, 비가 내리면 수진이가 저를 차에 태워 집에 데려다 주기도 했어요. 우리는 그냥 모든 것에 관해 많이 얘기했어요. 그때 이후로, 우리는 어떤 어려움이나 힘든 시기에 직면할 때마다, 서로에게 의지했고, 여전해 그래요. 결국, 사람은 함께 시간을 보내면서, 서로 다른 상황에서 어떻게 행동하는지 보고, 함께 많이 얘기하면서 누군가를 알게 되죠.

핵심표현 AL 표현

어휘 표현 ┃ completely 완전히, 전적으로　opposite to ~와 반대인　in every way 모든 면에서　have a lot in common 공통점이 많다　ironic 아이러니한, 역설적인　walk A home 걸어서 A를 집에 데려다 주다　after dark 어두워진 후에　drive A home 차에 태워 A를 데려다 주다　from then on 그때 이후로　rely on ~에 의지하다, ~을 믿다　ultimately 결국, 궁극적으로　get to do ~하게 되다　by (방법) ~함으로써, ~해서　behave 행동하다　situation 상황

호텔

▶우리나라의 호텔

I would like to know about the hotels in your country. What are they like? Where are they located? Are they different from the hotels in other countries? Tell me about the hotels in your country.

당신 나라의 호텔들과 관련해 알고 싶습니다. 그 호텔들은 어떤가요? 어디에 위치해 있나요? 다른 나라의 호텔들과 다른가요? 당신 나라의 호텔들과 관련해 이야기해 주세요.

▶최근 호텔 경험

When was the last time you went to a hotel? Describe your last hotel experience in as much detail as possible.

언제 마지막으로 호텔에 갔었나요? 마지막 호텔 경험을 가능한 한 자세히 설명해 주세요 .

▶기억에 남는 호텔 경험

Tell me about a memorable hotel you stayed at. Why was that hotel special? How did you pick that hotel in the first place? What do you remember most about your stay at that hotel?

머물렀던 호텔 중에 기억에 남았던 곳에 관해 이야기해 주세요. 그 호텔은 왜 특별했나요? 맨 처음 어떻게 그 호텔을 선택하게 되었나요? 숙박과 관련해 그 호텔에서 가장 많이 기억나는 것은 무엇인가요?

필수 표현과 문장

어휘/표현 익히기

호텔 묘사

☐ **be located in** ~에 위치해 있다

☐ **tourist destinations** 관광지

☐ **premium** 최고의

☐ **finest** 최상의

☐ **luxurious** 고급스러운

☐ **atmosphere** 분위기

☐ **amenities** 편의시설

☐ **patio** 테라스

☐ **grounds** 구내 (장소)

☐ **feature** ~을 특징으로 하다

☐ **attract** ~을 끌어들이다

호텔 관련 경험

☐ **may want to do** ~하면 좋을 것이다

☐ **drawback** 단점

☐ **get anywhere** 어디든 가다

☐ **local** 현지의, 지역의

☐ **unforgettable** 잊지 못할

☐ **decide to do** ~하기로 결정하다

☐ **arrive at** ~에 도착하다

☐ **exotic** 이국적인

☐ **It is a shame that** ~해서 아쉽다

☐ **highly recommend** ~을 적극 추천하다

문장 만들어보기

❶ 대부분의 한국 호텔은 보통 관광지 근처에 위치해 있어요.

　▸

　(are located, destinations)

❷ 대부분의 호텔엔 수영장과 피트니스 센터, 그리고 사우나뿐만 아니라 가족들을 끌어들이기 위한 기타 시설도 있어요.

　▸

　(swimming pools, other facilities to attract families)

❸ 직원들은 아주 말을 붙이기 쉽고 많은 도움이 되었어요.

　▸

　(approachable, helpful)

❹ 꼭 다시 그곳에 머물 거예요.

　▸

　(definitely, stay)

모범답안

❶ Most Korean hotels are usually located near tourist destinations.

❷ Most hotels have swimming pools, fitness centers and saunas as well as other facilities to attract families.

❸ The staff were very approachable and helpful.

❹ I would definitely stay there again.

🔊 MP3 4_19

호텔 | 우리나라의 호텔

I would like to know about the hotels in your country. What are they like? Where are they located? Are they different from the hotels in other countries? Tell me about the hotels in your country.

당신 나라의 호텔들과 관련해 알고 싶습니다. 그 호텔들은 어떤가요? 어디에 위치해 있나요? 다른 나라의 호텔들과 다른가요? 당신 나라의 호텔들과 관련해 이야기해 주세요.

듣기 키워드

핵심 표현 / AL 표현

🔊 MP3 4_20

핵심 표현	AL 표현
❶ 대부분의 한국 호텔은 보통 관광지 근처에 위치해 있음	고급스러운 분위기, 이용할 수 있는 다양한 편의시설이 있음, 심지어 건물의 옥외 테라스를 비롯한 기타 다른 장소도 있음
❷ 전통적인 한국 스타일의 주제를 특징으로 하는 호텔도 있음	
❸ 도심 지역이나 공항 옆에 편리하게 위치해 있음	호텔에 들어서면 체크인과 체크아웃을 할 수 있는 안내 데스크가 있음
❹ 수영장과 피트니스 센터, 사우나뿐만 아니라 가족들을 끌어모으기 위한 다른 시설도 있음	여행 계획을 세우는 동안 이런 시설들을 신중히 확인해 보시면 좋을 것 같음

만능 답변

[도입부] ❶ Most Korean hotels are usually located near tourist destinations. Good hotels are located in premium locations, giving you access to the finest cultural things a city has to offer. They create a luxurious atmosphere and have various amenities to use. There are luxurious spaces beyond just your hotel room – in the lobby, the restaurant and bar area, the common spaces, and even the property's outdoor patios and other grounds. **[본론]** ❷ Here in Korea, we also have hotels that feature the motif of traditional Korean styles to reflect our culture and traditions. ❸ Hotels are conveniently located in the city center or by the airport. When you enter a hotel, there is an information desk where you can check in and out. Staff are very kind and helpful. **[마무리]** ❹ Most hotels have swimming pools, fitness centers and saunas as well as other facilities to attract families. While making travel plans, you may want to check on these facilities carefully.

대부분의 한국 호텔은 보통 관광지 근처에 위치해 있어요. 좋은 호텔은 최고의 장소에 위치해 있어서, 도시가 제공하는 최상의 문화적인 요소에 대해 접근할 수 있게 해주죠. 고급스러운 분위기를 만들어내고, 이용할 수 있는 다양한 편의시설이 있어요. 단순히 호텔 객실을 넘어서 고급스러운 공간들이 있는데, 로비와 레스토랑, 바 구역, 공용 공간, 그리고 심지어 건물의 옥외 테라스를 비롯한 기타 다른 장소도 있죠. 이곳 한국에선, 우리나라의 문화와 전통을 반영하는 전통적인 한국 스타일의 주제를 특징으로 하는 호텔도 있어요. 호텔들은 도심 지역이나 공항 옆에 편리하게 위치해 있어요. 호텔에 들어서면, 체크인과 체크아웃을 할 수 있는 안내 데스크가 있죠. 직원들은 아주 친절하고 도움이 돼요. 대부분의 호텔엔 수영장과 피트니스 센터, 그리고 사우나뿐만 아니라 가족들을 끌어모으기 위한 다른 시설도 있어요. 여행 계획을 세우는 동안, 이런 시설들을 신중히 확인해 보는게 좋을 거예요.

핵심표현 AL 표현

MP3 4_21

| 호텔 | 최근 호텔 경험 |

When was the last time you went to a hotel? Describe your last hotel experience in as much detail as possible.

언제 마지막으로 호텔에 갔었나요? 마지막 호텔 경험을 가능한 한 자세히 설명해 주세요.

듣기 키워드

핵심 표현　　　　　　　　　　　　　**AL 표현**　　MP3 4_22

❶ 최근에 가족 여행을 위해 제주도로 여행을 떠났음	지불한 것만큼의 훌륭한 가치가 있었다고 생각함
❷ 심지어 날씨가 좋지 않았음에도 정말 좋았음	제주도의 자연은 너무 아름다워서 시간이 날 때마다 이곳에서 가족 여행을 즐기고 싶음
❸ 제주도 가면 보통 신라호텔에 머무름	분명 한국에서 가장 명성 높은 호텔들 중 하나임
❹ 호텔 내부와 외부에서 할 수 있는 것도 많고 볼 수 있는 것도 많음	현지 음식 먹어보는 것도 놓치지 말아야 함

만능 답변

[도입부] ❶ I recently traveled to Jeju Island for a family trip, and I thought it was an excellent value for what we paid. [본론] ❷ This trip was really good even with the poor weather, so if it had been nice and sunny, it would have been amazing. The nature of Jeju is so beautiful that I want to enjoy family trips there whenever I have time. ❸ When I go to Jeju, I usually stay at the Shilla Hotel, which is the best place to enjoy Jeju. The only drawback is that it is quite expensive. But I believe it's worth it. It is definitely one of the most prestigious hotels in Korea. The entire hotel has fantastic facilities to use, and millions of tourists visit there every year. [마무리] ❹ There are many things to do and many things to see in the hotel and outside of the hotel. It takes about 10 to 30 minutes to get anywhere from the hotel. Trying Jeju's local food is also what you shouldn't miss. It was an unforgettable trip in my life.

저는 최근에 가족 여행을 위해 제주도로 여행을 떠났는데, 우리가 지불한 것만큼의 훌륭한 가치가 있었다고 생각했어요. 심지어 날씨가 좋지 않았음에도 이 여행이 정말 좋았기 때문에, 날씨가 좋고 화창했다면, 굉장했을 거예요. 제주도의 자연은 너무 아름다워서 시간이 날 때마다 이곳에서 가족 여행을 즐기고 싶어요. 제가 제주도에 갈 때, 보통 신라 호텔에서 머무르는데, 제주도를 즐기기에 가장 좋은 곳이기 때문이죠. 유일한 단점은 꽤 비싸다는 점이에요. 하지만 그만한 가치가 있다고 생각해요. 분명 한국에서 가장 명성 높은 호텔들 중 하나예요. 호텔 전체에 이용하기 환상적인 시설들이 있어서, 해마다 수백 만 명의 관광객들이 그곳을 방문해요. 호텔 내부와 외부에서 할 수 있는 것도 많고 볼 수 있는 것도 많아요. 제주의 현지 음식을 한번 먹어보는 것도 놓치지 말아야 하는 일이에요. 제 삶에서 잊지 못할 여행이었어요.

핵심표현 AL 표현

어휘 표현 | recently 최근에　value 가치, 값어치　would have p.p. ~했을 것이다　drawback 단점　worth 명사 ~만한 가치가 있는　definitely 분명히, 확실히　prestigious 명성 높은, 고급의　entire 전체의　facility 시설(물)　millions of 수백만의　get anywhere 어디든 가다　local 현지의, 지역의　miss ~을 놓치다, 빠뜨리다

MP3 4_23

호텔 | 기억에 남는 호텔 경험

Tell me about a memorable hotel you stayed at. Why was that hotel special? How did you pick that hotel in the first place? What do you remember most about your stay at that hotel?

머물렀던 호텔 중에 기억에 남았던 곳에 관해 이야기해 주세요. 그 호텔은 왜 특별했나요? 맨 처음 어떻게 그 호텔을 선택하게 되었나요? 숙박과 관련해 그 호텔에서 가장 많이 기억나는 것은 무엇인가요?

듣기 키워드

핵심 표현 | **AL 표현** | MP3 4_24

	핵심 표현	AL 표현
❶	인천에 있는 센트럴 호텔에 갔던 게 작년 여름이었음	가장 친한 친구가 객실 원가에서 50% 할인 받을 수 있는 쿠폰 줌
❷	도착해서 모든 게 너무 환상적이고 고급스러워서 깜짝 놀람	믿을 수 없을 정도로 낮은 가격에 가족과 함께 최고의 시설을 이용할 수 있다는 게 놀라웠음
❸	실내는 매우 이국적이었고, 진열된 예술 작품은 해외 전시회에 있는 듯한 느낌을 들게 해 줌	호텔에서 근처의 관광지로 갈 때, 숙박이 끝났을 때 택시 마련해 줌
❹	너무 짧은 시간동안 호텔에 머물러서 너무 아쉬웠음	이 호텔을 적극 추천하고 싶음

만능 답변

[도입부] ❶ To talk about the most memorable hotel, it was last summer when I went to the Central Hotel in Incheon. <u>One of my best friends got me a voucher, 50% off the original price for guest rooms.</u> [본론] ❷ When we arrived at the hotel, we were so surprised that it was all so fantastic and luxurious. <u>It was amazing that I could use the best facilities with my family for an unbelievably low price.</u> ❸ The interior was very exotic, and the artworks on display here and there made me feel as if I were attending an overseas exhibition. The staff were very approachable and helpful. The breakfast was great. <u>They arranged for a taxi to go to a nearby tour stop and then back again at the end of our stay.</u> [마무리] ❹ It was such a shame that I only got to stay at the hotel for such a short amount of time. It was a short but memorable trip. <u>I would highly recommend this hotel.</u> I would definitely stay there again.

가장 기억에 남는 호텔에 관해 얘기하자면, 인천에 있는 센트럴 호텔에 갔던 작년 여름이었어요. 가장 친한 친구들 중의 한 명이 객실 원가에서 50퍼센트 할인을 받을 수 있는 쿠폰을 저에게 주었어요. 우리가 그 호텔에 도착했을 때, 모든 게 너무 환상적이고 고급스러워서 깜짝 놀랐어요. 믿을 수 없을 정도로 낮은 가격에 가족과 함께 최고의 시설을 이용할 수 있다는 게 놀라웠어요. 실내는 매우 이국적이었고, 여기저기 진열된 예술 작품은 마치 제가 해외 전시회에 있는 듯한 느낌이 들게 해주었죠. 직원들은 말을 붙이기 아주 쉽고 많은 도움이 되었어요. 아침 식사도 훌륭했어요. 그 호텔 측에서 우리가 근처의 관광지로 가거나, 숙박이 끝날 때 다시 택시를 마련해 줬어요. 너무 짧은 시간 동안만 그 호텔에 머물러서 너무 아쉬웠죠. 짧긴 했지만 기억에 남는 여행이었어요. 저는 이 호텔을 적극 추천하고 싶어요. 꼭 다시 그곳에 머물 거예요.

핵심표현 <u>AL 표현</u>

어휘 표현 | voucher 쿠폰, 상품권   original price 원가   exotic 이국적인   It is a shame that ~해서 아쉽다   a short amount of time 짧은 시간

기술/산업

▶ 사람들이 사용하는 기술

What kind of technology do people use these days? What is it? What is it used for? Please tell me about it in as much detail as you can.

사람들이 요즘 어떤 기술을 이용하고 있나요? 그것은 무엇인가요? 무엇에 쓰이고 있나요? 가능한 한 자세히 그것과 관련해 이야기해 주세요.

▶ 내가 자주 사용하는 기술

What kinds of technology do you think are used in daily life? What technology do you enjoy most frequently? Why do you think you use that technology?

일상 생활에서 어떤 기술이 이용되고 있다고 생각하나요? 어떤 기술을 가장 자주 즐기나요? 왜 그 기술을 이용한다고 생각하나요?

▶ 과거와 현재의 기술 비교

Could you describe how technology has changed from the past to the present? Do you think it has been developed in a better way? Tell me about changes in technologies you use.

과거부터 현재까지 기술이 어떻게 변화되어 왔는지 설명해 주시겠어요? 더 나은 방향으로 발전되어 왔다고 생각하나요? 이용하고 있는 기술의 변화와 관련해 이야기해 주세요.

필수 표현과 문장

어휘/표현 익히기

기술 묘사

- ☐ beyond belief 믿을 수 없을 정도로
- ☐ take over ~에서 중요한 역할을 차지하다, ~을 장악하다
- ☐ evolve ~을 발전시키다, 진화시키다
- ☐ industry 업계, 산업
- ☐ productivity 생산성
- ☐ artificial intelligence 인공 지능
- ☐ automation 자동화
- ☐ crucial 대단히 중요한
- ☐ device 기기, 장치
- ☐ struggle with ~에 허덕이다, ~을 힘겨워하다
- ☐ hassle 번거로움
- ☐ fiber-optic 광섬유의
- ☐ cutting-edge 첨단의

기술 관련 경험

- ☐ in many ways 많은 면에서
- ☐ carry ~을 갖고 다니다, 휴대하다
- ☐ all the time 항상
- ☐ keep in contact with ~와 연락하다
- ☐ pros and cons 장단점
- ☐ be addicted to ~에 중독되어 있다
- ☐ waste A on B (시간, 돈 등) A를 B에 소비하다, 허비하다
- ☐ negatively 부정적으로
- ☐ affect ~에 영향을 미치다
- ☐ try to do ~하려 하다
- ☐ cut back on ~을 줄이다
- ☐ in one's point of view ~의 관점에서 (볼 때)
- ☐ opportunity to do ~할 수 있는 기회

문장 만들어보기

❶ 기술은 지난 10년 동안 믿을 수 없을 정도로 갑자기 호황을 누렸어요.

▶

(has boomed, beyond belief)

❷ 기술은 우리의 직장 생활에서 대단히 중요하며, 비즈니스 및 공공 장소의 모든 측면에 영향을 미치고 있어요.

▶

(crucial, work-lives, affect, every aspect)

❸ 스마트폰에 좀 중독되어 있어서 아주 많은 에너지와 시간을 소비해요.

▶

(be addicted to, waste)

❹ 많은 사람들에게 있어, 인터넷이 없는 삶은 상상하기 어려워요.

▶

(difficult to imagine)

모범답안

❶ Technology has boomed beyond belief within the past 10 years.
❷ Technology is crucial in our work-lives, and it affects every aspect of businesses and the public space.
❸ I'm kind of addicted to it and waste so much energy and time on it.
❹ For many of us, it's difficult to imagine life without the internet.

🔊 MP3 4_25

| 기술 | 사람들이 사용하는 기술 |

What kind of technology do people use these days? What is it? What is it used for? Please tell me about it in as much detail as you can.

사람들이 요즘 어떤 기술을 이용하고 있나요? 그것은 무엇인가요? 무엇에 쓰이고 있나요? 가능한 한 자세히 그것과 관련해 이야기해 주세요.

듣기 키워드

핵심 표현   AL 표현   🔊 MP3 4_26

	핵심 표현	AL 표현
❶	지난 10년동안 믿을 수 없을 정도로 호황을 누림	다양한 업계와 직장에서 중요한 역할을 차지해 옴
❷	많은 면에서 업무 현장을 발전시키고 형성해 옴	기록 보관을 위한 전자 데이터베이스, 자동화를 위한 로봇과 인공 지능 같은 도구들의 채택을 통해
❸	직장 생활에서 대단히 중요하며, 비즈니스 및 공공 장소의 모든 측면에 영향을 미침	거의 모든 사람이 컴퓨터 주로 이용
❹	글을 쓰고 문서 만드는 일을 훨씬 더 쉽게 만들어 줌	집이나 학교, 직장에서 다른 기술이 필요하지 않음

만능 답변

[도입부] ❶ Technology has boomed beyond belief within the past 10 years <u>and has taken over various industries and workplaces.</u> [본론] ❷ Technology has evolved and shaped our workplaces in many ways, <u>through the adoption of tools like</u> the Internet and email for communications, word processing, spreadsheets and presentations for office productivity, <u>electronic databases for record keeping, and robots and artificial intelligence for automation.</u> ❸ Technology is crucial in our work-lives, and it affects every aspect of businesses and the public space. <u>Almost everyone mainly uses computers as technology.</u> There really aren't any other resources required since the computer is quite useful with its many programs and its access to the Internet. [마무리] ❹ It makes writing and making documents so much easier than ever before <u>so there is no need for other pieces of technology at home, school or work.</u> People enjoy free wireless Internet service on Wi-Fi almost everywhere in Korea. They have Internet access wherever they are. How amazing this is!

기술은 지난 10년 동안 믿을 수 없을 정도로 갑자기 호황을 누리면서, 다양한 업계와 직장에서 중요한 역할을 차지해 왔어요. 기술은 의사 소통을 위한 인터넷과 이메일, 사무실의 생산성을 위한 워드 프로세싱과 스프레드시트 및 발표, 기록 보관을 위한 전자 데이터베이스, 그리고 자동화를 위한 로봇과 인공 지능 같은 도구들의 채택을 통해 많은 면에서 우리의 업무 현장을 발전시키고 형성해 왔죠. 기술은 우리의 직장 생활에서 대단히 중요하며, 비즈니스 및 공공 장소의 모든 측면에 영향을 미치고 있어요. 거의 모든 사람이 기술로서 컴퓨터를 주로 이용해요. 다른 어떤 자원도 정말 필요치 않은데, 컴퓨터에 프로그램이 많고 인터넷에 접속할 수 있어서 상당히 유용하기 때문이에요. 글을 쓰고 문서를 만드는 일을 그 어느 때보다 훨씬 더 쉽게 만들어주기 때문에, 집이나 학교, 또는 직장에서 다른 기술들이 필요하지 않아요. 사람들은 한국의 거의 모든 곳에서 와이파이를 이용해 무료 무선 인터넷 서비스를 즐겨요. 어디에 있든 인터넷에 접속할 수 있죠. 놀랍지 않은가요!

핵심표현 <u>AL 표현</u>

🔊 MP3 4_27

| 기술 | 내가 자주 사용하는 기술 |

What kinds of technology do you think are used in daily life? What technology do you enjoy most frequently? Why do you think you use that technology?

일상 생활에서 어떤 기술이 이용되고 있다고 생각하나요? 어떤 기술을 가장 자주 즐기나요? 왜 그 기술을 이용한다고 생각하나요?

듣기 키워드

핵심 표현　　　　　　　　　　　　　AL 표현　　　　　🔊 MP3 4_28

❶	기술은 빠르게 발전하고 있음	지난 몇 년 동안 우리 삶을 진정으로 변화시킨 한 가지 기기는 스마트폰임
❷	내가 요즘 가장 자주 이용하는 기술은 스마트폰	어디에 가든 항상 들고 다님
❸	스마트폰을 이용해서 사랑하는 사람들과 연락하고 지낼 수 있음	내 삶에서 중요한 순간들을 기록할 수도 있음
❹	스마트폰에 좀 중독되어 있어서 아주 많은 에너지와 시간 소비함	요즘엔 이용량을 줄이려고 함

만능 답변

[도입부] ❶ Technology is advancing rapidly. New technology is everywhere: smartphones, tablets and so on. But if there's one device that has truly changed our lives in the last few years, it's the smartphone. [본론] ❷ The technology I use most often these days would be my smartphone. I carry my smartphone all the time, wherever I go. It is handy and has a huge memory. There are pros and cons. And there are more pros than cons. It is very useful. ❸ Using my smartphone, I can keep in contact with loved ones. I can record important moments in my life. It entertains me when I'm bored or when I'm lonely. I can find my way when I am lost. I can't imagine going a single day without it. [마무리] ❹ I'm kind of addicted to it and waste so much energy and time on it. When I forget it, I feel like my left arm's missing. It also affects my mind negatively. So these days, I try to cut back on my smartphone use.

기술은 빠르게 발전하고 있어요. 스마트폰과 태블릿 등등의 신기술이 어디에나 있죠. 하지만 지난 몇 년 동안 우리의 삶을 진정으로 변화시킨 한 가지 기기가 있다면, 그건 스마트폰이에요. 제가 요즘 가장 자주 이용하는 기술이 제 스마트폰일 거예요. 저는 제 스마트폰을 항상 갖고 다녀요, 어딜 가든 말이죠. 편리하고 메모리 용량도 엄청나요. 장단점은 있어요. 그리고 단점보다 장점이 더 많죠. 아주 유용하거든요. 제 스마트폰을 이용해서, 사랑하는 사람들과 연락하고 지낼 수 있어요. 제 삶에서 중요한 순간들을 기록할 수도 있어요. 제가 지루하거나 외로울 때 저를 즐겁게 해줘요. 길을 잃으면 찾을 수도 있죠. 단 하루도 스마트폰 없이 보낸다는 건 상상조차 할 수 없어요. 스마트폰에 좀 중독되어 있어서 아주 많은 에너지와 시간을 소비해요. 제가 스마트폰을 잊는 경우엔, 마치 제 왼팔이 없어진 것 같은 느낌이 들어요. 제 정신 상태에 부정적으로 영향을 미치기도 해요. 그래서 요즘엔, 스마트폰 이용량을 줄이려 해요.

핵심표현　AL 표현

어휘 표현 ┃ handy 편리한, 유용한　pros and cons 장단점　be addicted to ~에 중독되어 있다　kind of 좀, 약간, 어느 정도　waste A on B (시간, 돈 등) A를 B에 소비하다, 허비하다　negatively 부정적으로　cut back on ~을 줄이다

MP3 4_29

| 기술 | 과거와 현재의 기술 비교 |

Could you describe how technology has changed from the past to the present? Do you think it has been developed in a better way? Tell me about changes in technologies you use.

과거부터 현재까지 기술이 어떻게 변화되어 왔는지 설명해 주시겠어요? 더 나은 방향으로 발전되어 왔다고 생각하나요? 이용하고 있는 기술의 변화와 관련해 이야기해 주세요.

듣기 키워드

핵심 표현 / AL 표현

MP3 4_30

	핵심 표현	AL 표현
❶	많은 사람들에게 인터넷이 없는 삶은 상상하기 어려움	인터넷이 우리 시대의 가장 중요한 기술력 발전일 것임
❷	과거에는 느린 인터넷에 허덕여야 했음	파일 하나 다운로드하는 것만 해도 아주 번거로운 일이었음, 느렸을 뿐만 아니라 불편하기도 했음
❸	현재는 5G과 광섬유 브로드밴드, 그 외 다른 발전이 우리 일상생활의 효율성과 용이성 및 편리성 향상시킴	느린 접속 속도에 대한 스트레스 없이 일이나 공부, 단지 오락을 위한 인터넷 이용할 수 있음
❹	세상과 관련해 알고 싶어하는 것 발견할 수 있는 많은 새로운 기회 제공해 주고 있음	결론적으로 컴퓨터 시대에 살고 있고, 첨단 기술을 모른 체 하는 건 불가능함

만능 답변

(도입부) ❶ For many of us, it's difficult to imagine life without the internet. In my point of view, the Internet would be the most important technological advance of our time. (본론) ❷ In the past, we had to struggle with slow Internet. Downloading a file was such a hassle. Not only was this Internet slow, but it was also inconvenient. Today, advancements including 5G, fiber-optic broadband, and others have improved the efficiency of our daily lives and the ease and convenience with which we can use the Internet for work, studies, or just entertainment, without the stress of a slow connection. (마무리) ❹ It gives us so many new opportunities to discover things we want to know about our world! You just need to turn on your computer and go online. That's it. And with wireless networks at home and public Wi-Fi hotspots, we can do it easily and almost everywhere. All in all, we're living in the computer age and it's impossible to ignore cutting-edge technology.

많은 사람들에게 있어, 인터넷이 없는 삶은 상상하기 어려워요. 제 관점에서 볼 때, 인터넷이 우리 시대의 가장 중요한 기술적 발전일 거예요. 과거에 우리는 느린 인터넷에 허덕여야 했어요. 파일 하나를 다운로드하는 것만 해도 아주 번거로운 일이었죠. 이 인터넷은 느렸을 뿐만 아니라, 불편하기도 했어요. 현재, 5G와 광섬유 브로드밴드, 그리고 그 외의 다른 것들을 포함한 발전이 우리 일상 생활의 효율성과 용이성 및 편리성을 향상시켜 왔고, 이를 통해 우리가 느린 접속 속도에 대한 스트레스 없이 일이나 공부, 또는 단지 오락을 위해 인터넷을 이용할 수 있어요. 우리가 세상과 관련해 알고 싶어하는 것을 발견할 수 있는 많은 새로운 기회를 제공해 주고 있죠! 그저 컴퓨터를 킨 다음, 온라인으로 접속하기만 하면 되거든요. 그게 전부예요. 그리고 가정용 무선 네트워크와 공용 와이파이 핫스팟이 있어서, 쉽게 그리고 거의 모든 곳에서 그렇게 알 수 있죠. 결론적으로, 우리는 컴퓨터 시대에 살고 있고, 첨단 기술을 무시하는 건 불가능해요.

핵심표현 AL 표현

기출 문제 예시

건강

▶ 건강한 사람

I would like to ask you to describe a healthy person. What makes a person healthy? Why do you think that way? Tell me everything about the things you think make someone healthier.

건강한 사람을 설명해 보는 질문을 하고자 합니다. 무엇이 사람을 건강하게 만드나요? 왜 그렇다고 생각하나요? 무엇 때문에 사람이 더 건강해진다고 생각하는지 모두 이야기해 주세요.

▶ 과거와 현재의 운동 변화

Could you describe how exercises people do have changed from the past to the present? Tell me about exercises in the past and present.

사람들이 하는 운동이 과거에서 현재까지 어떻게 변화되어 왔는지 설명해 주시겠어요? 과거와 현재의 운동과 관련해 이야기해 주세요.

▶ 생활 방식의 변화

Have you ever changed a habit or a particular lifestyle for your health? Maybe you started to work out or started to eat healthy. Tell me about the change you made.

건강을 위해 습관이나 특정 생활 방식을 바꾼 적이 있나요? 운동을 시작했거나 건강한 식단을 하기 시작했을 수도 있겠네요. 당신이 만든 변화에 대해 이야기해 주세요.

▶ 건강 유지 방법

There are many different ways to stay healthy. People should eat good food and get enough exercise if they want to stay healthy. What kind of foods do you think people eat these days to stay healthy? Provide me with as many details as possible.

건강을 유지하는 여러 가지 다른 방법이 있습니다. 사람들이 건강을 유지하기를 원한다면 좋은 음식을 먹고 운동을 충분히 해야 하죠. 요즘 사람들이 건강을 유지하기 위해 어떤 음식을 먹는다고 생각하나요? 가능한 한 많은 세부 정보를 제공해 주세요.

▶ 건강에 좋은 음식

What kind of foods help you stay healthy? Why are those kinds of food healthy for you? How often do you eat those foods?

어떤 음식이 건강을 유지하는 데 도움이 되나요? 왜 그런 음식이 건강에 좋은가요? 얼마나 자주 그런 음식을 먹나요?

▶ 최근 건강식 먹은 경험

Tell me about a healthy food you had recently. What happened? Who were you with? Why did you eat healthy food? Please tell me everything from start to end.

최근에 먹은 건강에 좋은 음식과 관련해 이야기해 주세요. 어떤 일이 있었나요? 누구와 함께 있었나요? 왜 건강에 좋은 음식을 먹었나요? 처음부터 끝까지 모두 이야기해 주세요.

필수 표현과 문장

어휘/표현 익히기

건강 묘사

- ☐ exercise 운동
- ☐ mentally 정신적으로
- ☐ socially 사회적으로
- ☐ physically 신체적으로
- ☐ necessary 필요한, 필수의
- ☐ balanced 균형 잡힌
- ☐ protein 단백질
- ☐ mineral 무기질
- ☐ heart rate 심장 박동수
- ☐ pulse 맥박
- ☐ organic 유기농의
- ☐ low-fat 저지방의
- ☐ metabolism 신진대사

건강 관련 경험

- ☐ reduce ~을 줄이다, 감소시키다
- ☐ avoid -ing ~하는 것을 피하다
- ☐ socialize with ~와 어울리다, 교류하다
- ☐ learn to do ~하는 법을 배우다
- ☐ in different ways 여러 다른 방식으로
- ☐ burn calories 칼로리를 소모하다
- ☐ keep A 형용사 A를 ~한 상태로 유지하다
- ☐ make every effort to do 모든 노력을 기울여 ~하다
- ☐ tend to do ~하는 경향이 있다
- ☐ take A seriously ~을 진지하게 여기다
- ☐ properly 적절히, 제대로
- ☐ lead to ~로 이어지다
- ☐ strongly believe that ~라고 굳게 믿다

문장 만들어보기

❶ 건강을 유지하는 일과 관련해 얘기하자면, 떠오르는 것이 많이 있어요.

▶

(being healthy, come to mind)

❷ 단백질과 무기질, 그리고 비타민이 들어 있어서 건강에 좋고 균형 잡힌 식사를 해야 하죠.

▶

(a healthy balanced diet of)

❸ 이는 고지방 식품이 콜레스테롤을 증가시키고 신진대사를 억제하는 것으로 여겨지고 있기 때문이에요.

▶

(this is because, high-fat, inhibit metabolism)

❹ 가볍게 먹고 적절히 운동한다면 건강에 가장 좋을 거라고 생각해요.

▶

(suppose that, light, properly)

모범 답안

❶ To talk about being healthy, there are many things that come to mind.
❷ You should eat a healthy balanced diet of protein, minerals and vitamins.
❸ This is because high-fat foods are considered to increase cholesterol and inhibit metabolism.
❹ I suppose that it is best for your health if you eat light and exercise properly.

만능 답변

MP3 4_31

건강	건강한 사람

I would like to ask you to describe a healthy person. What makes a person healthy? Why do you think that way? Tell me everything about the things you think make someone healthier.

건강한 사람을 설명해 보는 질문을 하고자 합니다. 무엇이 사람을 건강하게 만드나요? 왜 그렇다고 생각하나요? 무엇 때문에 사람이 더 건강해진다고 생각하는지 모두 이야기해 주세요.

듣기 키워드

핵심 표현 　　　　　　　　　　　　　　　　　AL 표현 　　　MP3 4_32

	핵심 표현	AL 표현
❶	건강 유지하는 일과 관련해 이야기하자면 떠오르는 것이 많이 있음	단지 운동과 다이어트 측면에서만 바라봐지지 않음
❷	완전히 건강한 사람이란 정신적, 사회적, 신체적으로 건강해야 함	
❸	정신적: 야외로 나가 자연 속에서 시간을 보내거나, 가장 좋아하는 듣거나해서 스트레스 수준을 줄여야 함 사회적: 친척 및 친구들과 어울리는 것이 삶에서 필수적인 일부분	과도한 업무를 피하고 휴가를 떠남으로써 스트레스 수준을 낮출 수 있음
❹	신체적: 건강에 좋은 식사하는 것도 매우 중요함	단백질과 무기질, 비타민이 들어 있어서 건강에 좋고 균형 잡힌 식사를 해야 함

만능 답변

[도입부] ❶ To talk about being healthy, there are many things that come to mind. I don't just look at it in terms of exercise and diet. [본론] ❷ A completely healthy person to me would have to be healthy mentally, socially and physically. ❸ Mentally, you should reduce your stress levels by getting outdoors and spending time in nature, listening to your favorite music or reading a book you enjoy. You can also lower your stress levels by avoiding overworking and taking vacations. Socially, socializing with relatives and friends is a necessary part of your life. [마무리] ❹ Physically, eating a healthy diet is very important, too. You should eat a healthy balanced diet of protein, minerals and vitamins. That's how I look at it.

건강을 유지하는 일과 관련해 얘기하자면, 떠오르는 것이 많이 있어요. 저는 단지 운동과 다이어트라는 측면에서만 바라보지 않아요. 제 생각에 완전히 건강한 사람이란 정신적으로, 사회적으로, 그리고 신체적으로 건강해야 할 거예요. 정신적으로는, 야외로 나가 자연 속에서 시간을 보내거나, 가장 좋아하는 음악을 듣거나, 즐겨읽는 책을 읽는 것으로 스트레스 수준을 줄여야 해요. 과도한 업무를 피하고 휴가를 떠남으로써 스트레스 수준을 낮출 수도 있죠. 사회적으로는, 친척 및 친구들과 어울리는 것이 삶에서 필수적인 일부분이에요. 신체적으로는, 건강에 좋은 식사를 하는 것도 매우 중요해요. 단백질과 무기질, 그리고 비타민이 들어 있어서 건강에 좋고 균형 잡힌 식사를 해야 하죠. 이게 제가 바라보는 관점이에요.

핵심표현 AL 표현

어휘 표현 ᴵ come to mind (생각이) 떠오르다　in terms of ~라는 측면에서, ~와 관련해서　socialize with ~와 어울리다, 교류하다

MP3 4_33

| 건강 | 과거와 현재의 운동 변화 |

Could you describe how exercises people do have changed from the past to the present? Tell me about exercises in the past and present.

사람들이 하는 운동이 과거에서 현재까지 어떻게 변화되어 왔는지 설명해 주시겠어요? 과거와 현재의 운동과 관련해 이야기해 주세요.

듣기 키워드

핵심 표현   **AL 표현**   MP3 4_34

❶	가장 큰 변화는 운동하는 법을 배우는 방식	
❷	예전: 책을 통해서, 체육관의 개인 트레이너 통해 운동 배움	기본적으로 운동 자체는 많이 변하지 않았지만, 여러 다른 방식으로 운동하는 법을 배우고 있음
❸	다른 측면: 운동할 때 스마트 워치 같은 첨단 기기 활용함	과거에는 기기 없이 운동했지만, 지금은 기기를 이용해 심장 박동수와 맥박 확인할 수 있음
❹	기술이 발전함에 따라 더욱 효율적이고 효과적으로 운동할 수 있음	이게 주목할 만한 가장 큰 차이임

만능 답변

(도입부) ❶ When it comes to exercises, exercises people do haven't changed much, but the biggest change would be the way they learn to exercise. (본론) ❷ In the old days, people learned exercises from books or from personal trainers in the gym. <u>Basically, the exercises themselves haven't changed much, but people learn to exercise in different ways.</u> ❸ Another aspect is that when you exercise, you can use a high-tech device such as a smart watch to do the exercise. <u>In the past, you exercised without a device, but now, you can use a device to see your heart rate and pulse.</u> For example, runners ran and didn't know how far they were running, but GPS these days lets them know exactly how far they've run and how many calories they have burnt. (마무리) ❹ As technology develops, you can exercise more efficiently and effectively. <u>That's the biggest difference that is noticeable.</u>

운동과 관련해서, 사람들이 하는 운동이 크게 변하지는 않지만, 가장 큰 변화는 운동하는 법을 배우는 방식일 거예요. 예전에는, 사람들이 책을 통해서, 또는 체육관의 개인 트레이너를 통해서 운동을 배웠어요. 기본적으로, 운동 자체는 많이 변하지 않았지만, 사람들이 여러 다른 방식으로 운동하는 법을 배우고 있죠. 또 다른 측면은 사람들이 운동할 때, 운동용 스마트 워치 같은 첨단 기기를 활용할 수 있다는 점이에요. 과거에는, 사람들이 기기 없이 운동했지만, 지금은, 기기를 이용해 심장 박동수와 맥박을 확인할 수 있죠. 예를 들어, 달리기하는 사람이 달린 다음에 얼마나 멀리 달렸는지 알지 못했지만, 요즘 나오는 GPS는 얼마나 멀리 달렸는지, 그리고 얼마나 많은 칼로리를 소모했는지 정확히 알려주죠. 기술이 발전함에 따라, 더욱 효율적이고 효과적으로 운동할 수 있어요. 이게 주목할 만한 가장 큰 차이예요.

핵심표현 <u>AL 표현</u>

어휘 표현 | learn to do ~하는 법을 배우다   in different ways 여러 다른 방식으로   high-tech 첨단의   pulse 맥박   burn calories 칼로리를 소모하다   noticeable 주목할 만한

🔊 MP3 4_35

건강	생활 방식의 변화

Have you ever changed a habit or a particular lifestyle for your health? Maybe you started to work out or started to eat healthy. Tell me about the change you made.

건강을 위해 습관이나 특정 생활 방식을 바꾼 적이 있나요? 운동을 시작했거나 건강한 식단을 하기 시작했을 수도 있겠네요. 당신이 만든 변화에 대해 이야기해 주세요.

듣기 키워드

핵심 표현 / AL 표현

🔊 MP3 4_36

	핵심 표현	AL 표현
❶	어릴 때부터 단 것을 많이 먹었음	어른이 되어 운동을 적게 하자 갑자기 살이 찜
❷	식습관을 바꾸기로 함	늘어난 운동량이 큰 도움이 되지 않았기 때문에
❸	작은 것을 고칠 생각으로, 설탕이 들어간 커피를 먹는 것을 바꾸려고 함	예전에는 설탕이 들어간 커피 마시는 것을 좋아했음
❹	살이 조금씩 빠지기 시작했고, 지금은 잘 관리하고 있음	설탕을 줄이면서

만능 답변

(도입부) Good habits or bad habits are hard to change. The problem is that we get so comfortable in our ways that it's hard to give up those old habits. (본론) ❶ I used to eat sweets a lot since I was young, but when I became an adult and exercised less, I suddenly began to gain weight. ❷ I have decided to change my eating habits because the increased amount of exercise did not help much. I didn't know sugar was addictive. My hands trembled if I didn't eat sweets, and before I went to bed, I could not sleep because a dessert cake popped into my head. ❸ Thinking of fixing small things, I liked to drink coffee with some sugar in the past, but I tried to change it first. Back then, I hated plain coffee, but as time went by, I began to like it, too. ❹ As I had less sugar, I started to lose a little bit of weight, and now I'm well maintained. Of course, there are times when I feel like eating sweets, and I try not to, as much as I can. (마무리) Once you break a routine, it's hard to get back on track.

좋은 습관이나 나쁜 습관은 바꾸기 어려워요. 문제는 우리가 우리의 방식대로 너무 편안해져서 그런 낡은 습관을 버리기가 힘들다는 거죠. 저는 어릴 때부터 단 것을 많이 먹었는데 어른이 되어 운동을 적게 하니까 갑자기 살이 찌기 시작했어요. 늘어난 운동량이 큰 도움이 되지 않아 식습관을 바꾸기로 했어요. 설탕이 중독성이 있는 줄 몰랐죠. 단 것을 먹지 않으면 손이 떨리고, 잠자리에 들기 전에 디저트 케이크가 머리에 문득 떠올라 잠을 잘 수가 없었어요. 작은것 부터 고칠 생각으로 예전에는 설탕을 넣은 커피를 마시는 것을 좋아했지만, 가장 먼저 그것부터 바꾸려고 했어요. 그 당시만 해도, 저는 아무것도 넣지 않은 커피를 싫어했지만, 시간이 흐를수록 그 커피도 좋아지기 시작했죠. 설탕을 줄이면서 살도 조금씩 빠지기 시작했고, 지금은 잘 관리하고 있어요. 물론 단 것을 먹고 싶은 마음도 있을 때가 있고, 할 수 있는 한 그렇게 하지 않으려고 애쓰는 경우도 있죠. 한번 루틴이 깨지면 다시 돌아오기 힘들어요.

핵심표현 AL 표현

어휘 표현 | gain weight 살이 찌다   addictive 중독적인   tremble 떨리다   plain 아무 것도 첨가하지 않은   well-maintained 잘 관리된

🔊 MP3　4_37

건강	건강 유지 방법

There are many different ways to stay healthy. People should eat good food and get enough exercise if they want to stay healthy. What kind of foods do you think people eat these days to stay healthy? Provide me with as many details as possible.

건강을 유지하는 여러 가지 다른 방법이 있습니다. 사람들이 건강을 유지하기를 원한다면 좋은 음식을 먹고 운동을 충분히 해야 하죠. 요즘 사람들이 건강을 유지하기 위해 어떤 음식을 먹는다고 생각하나요? 가능한 한 많은 세부 정보를 제공해 주세요.

듣기 키워드

핵심 표현　　　　　　　　　　　　　　　AL 표현　　🔊 MP3　4_38

❶	요즘엔 사람들이 건강에 좋은 음식 먹으려 함	운동하면서 스스로 건강을 유지하려 함
❷	건강에 좋은 음식 생각할 때, 대부분은 유기농 식품 떠올릴 것임	유기농 식품은 화학 비료나 호르몬을 사용하지 않고 재배해 수확한 농산품임
❸	유기농 농작물은 일반 농산품보다 적어도 3~5배 비쌈	사람들은 가격과 상관없이 유기농 농작물을 구입해 소비하는 걸 선호함
❹	유기농 식품을 먹기 위한 노력과 더불어, 저지방 식품에도 많은 관심을 나타냄	고지방 식품이 콜레스테롤을 증가 시키고 신진 대사를 억제하는 것으로 여겨지고 있기 때문임

만능 답변

(도입부) ❶ These days, people try to eat healthy food. Of course, they try to keep themselves healthy while exercising. (본론) ❷ When we think of healthy food, most of us will think of organic food. Organic food is agricultural products grown and harvested without the use of chemical fertilizers or hormones. Apart from the fact that organic food has direct benefits to our health, we make every effort to eat healthy foods to stay healthy. ❸ Organic produce is at least three to five times more expensive than regular agricultural products. However, people prefer to buy and consume organic produce regardless of prices. (마무리) ❹ Along with the efforts of people to eat organic food, they also show a lot of interest in low-fat foods. This is because high-fat foods are considered to increase cholesterol and inhibit metabolism. That's the way I look at it.

요즘엔, 사람들이 건강에 좋은 음식을 먹으려 해요. 물론, 운동하면서 스스로 건강을 유지하려 하죠. 우리가 건강에 좋은 음식을 생각할 때, 우리 대부분은 유기농 식품을 떠올릴 거예요. 유기농 식품은 화학 비료나 호르몬을 사용하지 않고 재배해 수확한 농산품이에요. 유기농 식품이 우리 건강에 직접적인 이점이 있다는 사실 외에도, 우리는 건강을 유지하기 위해 모든 노력을 기울여 건강에 좋은 음식을 먹어요. 유기농 농작물은 일반 농산품보다 적어도 3~5배 더 비싸요. 하지만, 사람들은 가격과 상관없이 유기농 농작물을 구입해 소비하는 걸 선호하죠. 유기농 식품을 먹기 위한 노력과 더불어, 사람들은 저지방 식품에도 많은 관심을 나타내요. 이는 고지방 식품이 콜레스테롤을 증가시키고 신진대사를 억제하는 것으로 여겨지고 있기 때문이에요. 이것이 제가 바라보는 방식이에요.

핵심표현　AL 표현

MP3 4_39

| 건강 | 건강에 좋은 음식 |

What kind of foods help you stay healthy? Why are those kinds of food healthy for you? How often do you eat those foods?

어떤 음식이 건강을 유지하는 데 도움이 되나요? 왜 그런 음식이 건강에 좋은가요? 얼마나 자주 그런 음식을 먹나요?

듣기 키워드

핵심 표현　　　　　　　　　　　　　　　　　　AL 표현　　　　　　　MP3 4_40

	핵심 표현	AL 표현
❶	개인적으로 건강을 유지하기 위해 신선한 채소와 과일을 소비하는 경향이 있음	신선한 채소와 과일은 영양적으로 도움을 줌, 소화에 도움이 되고 신선한 음식을 먹으면 튼튼하게 만들어 줌
❷	어렸을 땐 채소나 과일을 그닥 좋아하지 않음, 나이가 들면서 점점 더 많이 더 먹고 진지하게 여기게 됨	
❸	고지방 음식보다 저지방 음식을 선호함	삼겹살 먹을 때 지방 부분은 피하고 채소와 함께 먹으려 함
❹	건강에 좋은 식습관이 건강한 상태로 이어진다고 생각함	가볍게 먹고 적절히 운동한다면 건강에 가장 좋을 거라고 생각함

만능 답변

도입부 ❶ Personally, I tend to consume fresh vegetables and fruits to maintain my health. Fresh vegetables and fruits help you nutritionally. Not to mention, it helps digestion, and eating fresh food gives you strength. 본론 ❷ When I was younger, I didn't really like vegetables or fruits, but as I get older, I eat more and more, and I get to take it more seriously. ❸ I prefer low-fat foods to high-fat ones. For example, when I eat pork belly, I try to avoid the fat part and eat it with vegetables. 마무리 When it comes to healthy food, people might think of special foods, but ❹ I think healthy eating habits lead to being healthy. I suppose that it is best for your health if you eat light and exercise properly.

개인적으로, 저는 건강을 유지하기 위해 신선한 채소와 과일을 소비하는 경향이 있어요. 신선한 채소와 과일은 영양적으로 도움을 줘요. 언급할 필요 없이, 소화에 도움이 되고, 신선한 음식을 먹으면 튼튼하게 만들어주죠. 제가 어렸을 때, 채소나 과일을 그렇게 좋아하지 않았는데, 나이가 들면서, 점점 더 많이 먹고 있고, 더 진지하게 여기게 돼요. 저는 고지방 음식보다 저지방 음식을 선호해요. 예를 들어, 삼겹살을 먹을 때, 지방 부분은 피하고 채소와 함께 먹으려 하죠. 건강에 좋은 음식과 관련해서, 사람들은 특별한 음식을 생각할지도 모르지만, 저는 건강에 좋은 습관이 건강한 상태로 이어진다고 생각해요. 가볍게 먹고 적절히 운동한다면 건강에 가장 좋을 거라고 생각해요.

핵심표현　AL 표현

어휘 표현 | consume ~을 소비하다, 먹다　maintain ~을 유지하다　not only A, but also B A뿐만 아니라 B도　nutritionally 영양적으로　psychologically 심리적으로　not to mention 언급할 필요로 없이　digestion 소화　get to do ~하게 되다　take A seriously ~을 진지하게 여기다　prefer A to B B보다 A를 선호하다　low-fat 저지방의　pork belly 삼겹살　avoid ~을 피하다　when it comes to ~와 관련해서　lead to ~로 이어지다　suppose that ~라고 생각하다

🔊 MP3 4_41

건강 | 최근 건강식 먹은 경험

Tell me about a healthy food you had recently. What happened? Who were you with? Why did you eat healthy food? Please tell me everything from start to end.

최근에 먹은 건강에 좋은 음식과 관련해 이야기해 주세요. 어떤 일이 있었나요? 누구와 함께 있었나요? 왜 건강에 좋은 음식을 먹었나요? 처음부터 끝까지 모두 이야기해 주세요.

듣기 키워드

핵심 표현 　　　　　　　　　　　　　　　 AL 표현 　　　🔊 MP3 4_42

	핵심 표현	AL 표현
❶	특별히 건강에 좋은 음식을 먹은 기억이 나진 않음	모든 식사를 건강에 신경 쓰면서 함
❷	가장 최근에 한 건강에 좋은 식사는 오늘 아침에 먹은 것임	한식은 건강에 좋은 것으로 전 세계 곳곳에 알려져 있음
❸	오늘 아침에 밥 한 공기와 내가 가장 좋아하는 된장찌개와 몇 가지 데친 채소 반찬을 먹음	건강을 유지하는 데 도움이 된다면, 그게 건강에 좋은 식사 아닐까 싶음
❹	평소와 마찬가지로 가족과 함께 식사함, 일상 생활에 관해 얘기했고 함께 정말 좋은 시간 보냄	즐거운 식사가 정말로 건강에 좋은 식사의 일부라고 굳게 믿고 있음

만능 답변

(도입부) ❶ I don't remember eating particularly healthy food. The fact is that I eat healthy with every meal. (본론) ❷ If so, I have to say the most recent healthy meal I ate should be the one I had this morning. Korean food is well known all over the world for being healthy. ❸ This morning, I ate my favorite soy bean stew and side dishes of some boiled vegetables with a bowl of rice. Some people might laugh at me saying that. What do you think is a healthy diet? If it helps you stay healthy, isn't it a healthy diet? So that is why I said the meal I ate this morning was the most recent healthy meal I had. (마무리) ❹ I had a meal with my family as usual. We talked about our everyday lives and had a really great time with them. I strongly believe that an enjoyable meal is part of a truly healthy diet.

특별히 건강에 좋은 음식을 먹은 기억이 나진 않아요. 사실 저는 모든 식사를 건강에 신경 쓰면서 하거든요. 그렇다면, 제가 가장 최근에 한 건강에 좋은 식사는 오늘 아침에 먹은 거라고 얘기 해야겠네요. 한식은 건강에 좋은 것으로 전 세계 곳곳에 알려져 있어요. 오늘 아침에, 저는 밥 한 공기와 함께 제가 가장 좋아하는 된장찌개와 몇 가지 데친 채소를 반찬으로 먹었어요. 어떤 사람들은 제가 이렇게 말한 게 웃길지도 모르겠어요. 건강에 좋은 식사가 뭐라고 생각하세요? 건강을 유지하는 데 도움이 된다면, 그게 건강에 좋은 식사 아닐까요? 그래서 제가 오늘 아침에 한 식사가 제가 가장 최근에 한 건강에 좋은 식사였다고 말 한 거예요. 저는 평소와 마찬가지로 가족과 함께 식사했어요. 우리는 우리의 일상 생활에 관해 얘기했고, 함께 정말 좋은 시간을 보냈어요. 저는 즐거운 식사가 정말로 건강에 좋은 식사의 일부라고 굳게 믿고 있어요.

핵심표현 AL 표현

어휘 표현 | remember -ing ~한 것이 기억나다　particularly 특히, 특별히　The fact is that 사실은 ~이다　soy bean stew 된장찌개　side dish 반찬　boiled 데친, 삶은　help A do ~하는 데 A에게 도움을 주다　as usual 평소와 마찬가지로, 늘 그렇듯이　strongly believe that ~라고 굳게 믿다

음식점

▶ 좋아하는 음식점

Can you describe one of your favorite restaurants? What does it look like? What kind of dishes does it serve? Tell me in as much detail as possible.

가장 좋아하시는 식당들 중 한 곳을 설명해 주시겠어요? 그곳은 어떻게 생겼나요? 그곳은 어떤 음식을 제공하나요? 가능한 한 자세히 이야기해 주세요.

▶ 최근 음식점 방문 경험

Think of a memorable meal that you have had recently. Who were you with? What did you eat? Provide me a detailed description of a recent meal you have had. What makes it so memorable?

최근 기억에 남았던 식사 자리를 떠 올려 보세요. 누구와 함께 있었나요? 무엇을 먹었나요? 최근에 있었던 식사 자리에 대해 자세히 설명해 주세요. 무엇 때문에 그렇게 기억에 남게 되었나요?

▶ 과거와 현재의 음식점 변화

Tell me about a restaurant you used to go to when you were a child. What do you remember of that place? How are the restaurants you went to when you were young different from the ones you go to today? How have they changed?

예전에 어렸을 때 잘 갔었던 레스토랑에 관해 이야기해 주세요. 그곳의 어떤 것이 기억나나요? 어렸을 때 갔었던 레스토랑과 요즘 가는 곳이 어떻게 다른가요? 그곳들이 어떻게 바뀌었나요?

어휘/표현 익히기

음식/음식점 묘사

- ☐ go-to 믿고 찾아가는
- ☐ flavorful 풍미 있는
- ☐ casual 무난한, 평범한
- ☐ broth 육수
- ☐ savory 풍미 있는
- ☐ rich 풍부한
- ☐ light 담백한
- ☐ element 요소
- ☐ entrée 주 요리
- ☐ serve (음식 등) ~을 내오다, 제공하다
- ☐ cuisine 요리
- ☐ exceptional 뛰어난, 이례적인

음식/음식점 관련 경험

- ☐ sensational 환상적인
- ☐ come together 한데 어우러지다
- ☐ would rather do ~하고 싶다
- ☐ used to do (예전에, 한때) ~하곤 했다
- ☐ way (강조) 훨씬
- ☐ extremely 대단히, 매우
- ☐ taste 취향
- ☐ particularly 특히
- ☐ It seems that ~한 것 같다
- ☐ outstanding 뛰어난, 우수한
- ☐ real deal 진짜배기

문장 만들어보기

❶ 이곳이 진짜배기라고 솔직히 얘기할 수 있어요.

▶ _____

(honestly, real deal)

❷ 모든 요소가 이곳에 한데 어우러져 있어서 딱 제대로 된 경험을 만들어 줘요.

▶ _____

(the elements, come together, experience)

❸ 저는 여전히 서양 스타일의 음식보다 한국 음식을 먹는 게 좋아요.

▶ _____

(I'd still, rather than)

❹ 저는 메뉴에서 가장 비싼 주 요리를 주문했는데, 제가 지금까지 먹어본 최고의 식사였어요.

▶ _____

(most expensive, entrée, ever eaten)

모범 답안

❶ I can honestly say that this place is the real deal.
❷ All the elements come together here to create an experience that's just right.
❸ I'd still rather eat Korean food than Western-style food.
❹ I ordered their most expensive entrée on the menu and it was the best meal I have ever eaten.

만능 답변

MP3   4_43

음식점   좋아하는 음식점

Can you describe one of your favorite restaurants? What does it look like? What kind of dishes does it serve? Tell me in as much detail as possible.

가장 좋아하시는 식당들 중 한 곳을 설명해 주시겠어요? 그곳은 어떻게 생겼나요? 그곳은 어떤 음식을 제공하나요? 가능한 한 자세히 이야기해 주세요.

듣기 키워드

핵심 표현   AL 표현   MP3   4_44

	핵심 표현	AL 표현
❶	몇 달 전 삼성동에 문 연곳으로 믿고 가는 레스토랑이 있음, 도쿄 스시는 완전히 보석 같은 곳임	
❷	일식을 엄청 좋아해서, 몇 년 전에 도쿄 전역을 여행하면서 그곳의 뛰어난 음식 먹음	이곳이 진짜배기라고 솔직히 말 할 수 있음
❸	실내 장식은 무난하고, 공간이 작아서 다소 비좁지만 이정도로 엄청난 음식은 독보적임	육수 국물이 굉장히 환상적, 더 원할 정도로 충분히 깊고, 풍미 있고, 풍부하면서도 담백함
❹	모든 요소가 한데 어우러져 있어서 제대로 된 경험을 만들어 줌	내가 가장 좋아하는 유형의 레스토랑 식사임

만능 답변

도입부 ❶ There is my go-to restaurant that opened a few months ago in Samsung Dong, and Tokyo Sushi is an absolute gem. **본론** ❷ I'm a big fan of Japanese food and few years ago, I traveled throughout Tokyo to eat the exceptional food there and I can honestly say that this place is the real deal. The soup in Tokyo Sushi is exceptionally flavorful and wonderfully complex. ❸ The decor is casual and the space is small and somewhat cramped, but food this terrific can stand alone. I had a Sukiyaki when I visited that absolutely beat any other restaurants around it. The broth of the soup was absolutely sensational: deep, savory, and rich, yet light enough to keep me wanting more. **마무리** ❹ All the elements come together here to create an experience that's just right, and it's just the kind of restaurant dining I like the most.

몇 달 전에 삼성동에 문을 연 곳으로 제가 믿고 찾아가는 레스토랑이 있는데, 도쿄 스시는 완전히 보석 같은 곳이에요. 제가 일식을 엄청 좋아해서, 몇 년 전에, 도쿄 전역을 여행하면서 그곳에서 뛰어난 음식을 먹었는데, 이곳이 진짜배기라고 솔직히 얘기할 수 있어요. 도쿄 스시의 국물은 뛰어나게 풍미가 있으면서 놀라울 정도로 복합적인 맛이 나요. 실내 장식은 무난하고, 공간이 작아서 다소 비좁기는 하지만, 이 정도로 엄청난 음식은 독보적이라고 할 수 있어요. 제가 방문했을 땐 인근의 다른 어떤 레스토랑을 능가하는 스키야키를 먹었어요. 육수 국물이 굉장히 환상적인데, 제가 계속 더 원할 정도로 충분히 깊고, 풍미 있고, 풍부하면서도 담백해요. 모든 요소가 이곳에 한데 어우러져 있어서 딱 제대로 된 경험을 만들어주기 때문에, 바로 제가 가장 좋아하는 유형의 레스토랑 식사예요.

핵심표현   AL 표현

🔊 MP3　4_45

음식점　최근 음식점 방문 경험

Think of a memorable meal that you have had recently. Who were you with? What did you eat? Provide me a detailed description of a recent meal you have had. What makes it so memorable?

최근 기억에 남았던 식사 자리를 떠 올려 보세요. 누구와 함께 있었나요? 무엇을 먹었나요? 최근에 있었던 식사 자리에 대해 자세히 설명해 주세요. 무엇 때문에 그렇게 기억에 남게 되었나요?

듣기 키워드

핵심 표현	AL 표현　🔊 MP3　4_46
❶ 먹어본 최고의 음식은 제주도에서 먹었던 물회	휴가로 여행하면서 먹음, 금요일 늦은 시간이었고, 친구들과 정말 즐거운 시간 보내고 있었음
❷ 메뉴에서 가장 비싼 주 요리 주문함, 지금까지 먹어본 최고의 식사	한 해안 마을에 머무르고 있었고, 해산물 식당이 많이 있었음
❸ 채소가 소스와 함께 나옴	모든게 완벽했음
❹ 물회가 너무 기억에 남았는데 그게 그날 밤을 훨씬 더 좋은 시간으로 만들어 주었기 때문임	여행 중에 맛보는 음식이 그 여행을 더 기억에 남게 만들어 주는 것 같음

만능 답변

(도입부) ❶ The best meal I've ever eaten was mul-hwe, or cold raw fish soup, on Jeju Island. I had it while traveling on vacation. It was a late Friday and my friends and I were having a really good time. (본론) ❷ I ordered their most expensive entrée on the menu and it was the best meal I have ever eaten. I was staying in a coastal town, and there were many seafood places. It was beautifully presented. They know how to cook. ❸ The vegetables were served with sauces. Everything was perfect. (마무리) ❹ The night was already fun but that soup was so memorable because it made that night so much better. It seems that the food you taste on a trip often makes the trip more memorable.

제가 지금까지 먹어본 최고의 음식은 제주도에서 먹었던 물회, 즉 활어회에 양념이 된 물을 부어 먹는 음식이에요. 휴가로 여행하면서 먹었죠. 금요일 늦은 시간이었고, 친구들과 저는 정말 즐거운 시간을 보내고 있었어요. 저는 메뉴에서 가장 비싼 주 요리를 주문했는데, 제가 지금까지 먹어본 최고의 식사였어요. 저는 한 해안 마을에 머무르고 있었고, 해산물 식당이 많이 있었어요. 음식이 아름답게 보여졌어요. 요리하는 법을 아시는 거죠. 채소가 소스와 함께 나왔어요. 모든 게 완벽했죠. 그날 밤은 정말 재미 있었지만, 물회가 너무 기억에 남았는데, 그게 그날 밤을 훨씬 더 좋은 시간으로 만들어 주었기 때문이었어요. 여행 중에 맛보는 음식이 그 여행을 더 기억에 남게 만들어 주는 것 같아요.

핵심표현　AL 표현

어휘 표현 | while -ing ~하면서, ~하는 동안　on vacation 휴가로, 휴가 중인　order ~을 주문하다　entrée 주 요리　coastal 해안의, 연안의　present ~을 제공하다, 제시하다　how to do ~하는 법　serve (음식 등) ~을 내오다, 제공하다　It seems that ~한 것 같다　make A 형용사 A를 ~하게 만들다

MP3 4_47

음식점 | 과거와 현재의 음식점 변화

Tell me about a restaurant you used to go to when you were a child. How are the restaurants you went to when you were young different from the ones you go to today? How have they changed?

예전에 어렸을 때 잘 갔던 레스토랑에 관해 이야기해 주세요. 어렸을 때 갔던 레스토랑과 요즘 가는 곳이 어떻게 다른가요? 그곳들이 어떻게 바뀌었나요?

듣기 키워드

핵심 표현   **AL 표현**   MP3 4_48

	핵심 표현	AL 표현
❶	한상이라는 이름의 작고 멋진 식당에 관해 이야기하고 싶음, 어렸을 때부터 자주 감	
❷	내가 즐겨 먹는 한식 요리에 속한 다양한 음식 제공	특히 비빔밥 아주 좋아함, 비빔밥은 아주 다용도이고, 여러 방식으로 만들 수 있음
❸	내 음식 취향은 어렸을 때부터 변하지 않음	여전히 서양 음식보다 한국 음식을 먹는 게 좋고, 잘 구운 통닭이 세상에서 가장 맛있는 음식이라고 생각함
❹	어렸을 땐 전통 한식이 더 좋았지만, 아시아 모든 요리가 얼마 전부터 더 좋아지고 이용하기 쉬워짐	팟타이와 어떤 베트남 음식이든 아주 좋아 했을 거임

만능 답변

[도입부] ❶ I would like to talk about a nice little restaurant called 'Han Sang'. I have gone there often since I was a child. [본론] ❷ This restaurant serves various dishes from Korean cuisine that I enjoy. For example, they serve extremely delicious pork, fried rice and soy bean soup. <u>I particularly love their Bibimbap. It is a very versatile food and can be made in many ways.</u> ❸ My food tastes haven't changed much since I was a kid. <u>I'd still rather eat Korean food than Western-style food and I believe a well-roasted whole chicken is the best food on earth.</u> [마무리] ❹ For me, traditional Korean food was better when I was a kid, but all Asian cuisines have gotten better and more available since some time ago. <u>I would have loved pad thai and anything Vietnamese back then.</u> I think access to different kinds of food is what changed for me.

저는 '한상'이라는 이름의 작고 멋진 식당에 관해 이야기하고 싶어요. 저는 이곳에 어렸을 때부터 자주 갔어요. 이 식당은 제가 즐겨 먹는 한식 요리에 속한 다양한 음식을 제공해요. 예를 들어, 완전히 맛있는 돼지고기와 볶음밥, 그리고 된장찌개를 제공해요. 저는 특히 그곳의 비빔밥을 아주 좋아해요. 비빔밥은 아주 다용도이고, 여러 방식으로 만들 수 있어요. 제가 음식 취향은 어렸을 때부터 변하지 않았어요. 저는 여전히 서양 스타일의 음식보다 한국 음식을 먹는 게 좋고, 잘 구운 통닭이 세상에서 가장 맛있는 음식이라고 생각해요. 제 경우에, 어렸을 땐 전통 한식이 더 좋았지만, 아시아 모든 요리가 얼마 전부터 더 좋아지고 더 이용하기 쉬워졌어요. 그때 당시에 팟 타이와 어떤 베트남 음식이든 아주 좋아했을 거예요. 제 생각에 여러 다른 종류의 음식에 대한 접근이 저를 바꿔 놓은 것 같아요.

핵심표현 AL 표현

날씨

▶ 우리나라의 날씨

What is the weather like in your country? Are there distinct changes in the seasons? Describe what the weather is like in the summer. What is the weather like in the winter?

당신 나라의 날씨는 어떤가요? 계절에 뚜렷한 변화가 존재하나요? 여름 날씨가 어떤지 설명해 주세요. 겨울 날씨는 어떤가요?

▶ 좋아하는 날씨와 활동

Can you tell me about your favorite season? Describe some of the activities that you do during this time of year.

가장 좋아하는 날씨와 관련해 이야기해 주시겠어요? 연중 이맘때 하는 활동 몇 가지를 설명해 주세요.

▶ 날씨 관련 기억에 남는 경험

Discuss a memorable event in your life that you either heard about or experienced firsthand that was associated with weather in some way. For instance, it may have been a drought that affected the people in your town or a flood that you read about that caused many to lose their homes. Describe the event, when it occurred, and all of the details that you remember about it.

살면서 어떤 식으로든 날씨와 관련해 들어 본 적이 있거나 직접 경험해 본 기억에 남는 일을 이야기해 주세요. 예를 들어, 살고 있는 곳의 사람들에게 영향을 미친 가뭄이나 많은 사람들이 집을 잃게 된 원인으로 홍수가 있다는 기사를 읽었을 수도 있습니다. 그 일이 언제 일어났는지, 그리고 그와 관련해 기억하시는 모든 세부 정보를 설명해 주세요.

어휘/표현 익히기

날씨 묘사

- ☐ **distinct** 뚜렷한, 뚜렷이 구별되는
- ☐ **monsoon season** 장마철
- ☐ **mild** 온화한
- ☐ **yellow dust** 황사
- ☐ **cause** ~을 초래하다, 야기하다
- ☐ **cherry blossoms** 벚꽃
- ☐ **in bloom** 만개한
- ☐ **humid** 습한
- ☐ **freezing** 몹시 추운
- ☐ **climate** 기후
- ☐ **muggy** 후덥지근한
- ☐ **flood** 홍수

- ☐ **fine dust** 미세 먼지
- ☐ **unpleasant** 불쾌한
- ☐ **have a plan to do** ~할 계획이다
- ☐ **check the weather forecast** 일기 예보를 확인하다
- ☐ **affect** 영향을 미치다
- ☐ **outdoor activities** 야외 활동
- ☐ **from time to time** 때때로, 이따금씩
- ☐ **refrain from -ing** ~하는 것을 자제하다, 삼가다
- ☐ **be forced to do** 어쩔 수 없이 ~하다
- ☐ **environment** 환경
- ☐ **temperature** 온도
- ☐ **chilly** 쌀쌀한
- ☐ **depending on the season** 계절에 따라

문장 만들어보기

❶ 우리나라에는 봄, 여름, 가을, 그리고 겨울까지 뚜렷한 사계절이 있어요.

▶

....

(four distinct seasons)

❷ 제 생각엔 아마 가을이 일년 중에서 가장 좋은 때인 것 같은데, 기온이 야외 활동하기에 완벽하기 때문이에요.

▶

....

(the nicest time of year, temperature, outdoor activities)

❸ 4월에 발생하는 미세 먼지는 중국의 평원 지대에서 날아와요.

▶

....

(find dust, is blown off, plains)

❶ We have four distinct seasons: spring, summer, fall, and winter.
❷ I think that fall is probably the nicest time of year as the temperature is perfect for outdoor activities.
❸ The fine dust that occurs in April is blown off the plains in China.

🔊 MP3 4_49

| 날씨 | 우리나라의 날씨 |

What is the weather like in your country? Are there distinct changes in the seasons? Describe what the weather is like in the summer. What is the weather like in the winter?

당신 나라의 날씨는 어떤가요? 계절에 뚜렷한 변화가 존재하나요? 여름 날씨가 어떤지 설명해 주세요. 겨울 날씨는 어떤가요?

듣기 키워드

핵심 표현 · AL 표현

🔊 MP3 4_50

핵심 표현	AL 표현
❶ 우리나라는 봄, 여름, 가을, 겨울까지 뚜렷한 사계절이 있음	일년 중 중반에는 장마철, 11월~3월까지는 추운 기간에 해당
❷ 봄은 날씨가 아주 좋고 온화함	이맘때 대기 오염 초래하는 황사라 불리는 특수한 바람이 자주 붐
❸ 여름은 아주 덥고, 습하고, 비가 꽤 많이 내림	야외 활동하기에 완벽한 기온이기 때문에 가을이 일년 중에 가장 좋은 때인 것 같음
❹ 겨울은 몹시 춥고 불쾌함	겨울은 춥고 건조하지만 겨울 스포츠에 관심이 있다면 스키 리조트가 많아서 방문하기 좋은 시기임

만능 답변

(도입부) ❶ We have four distinct seasons: spring, summer, fall, and winter, with a monsoon season in the middle of the year and cold period from November to March. (본론) ❷ In spring, the weather is nice and mild. However, at this time of year, we often get a special wind called the yellow dust which causes air pollution. Spring is beautiful with all the cherry blossoms in bloom. ❸ In summer, it is very hot and humid, and it rains quite a lot. I think that fall is probably the nicest time of year as the temperature is perfect for outdoor activities. And the skies are really clear and blue. (마무리) ❹ On the other hand, in winter, it is freezing and unpleasant. We have a lot of snow. Winters are cold and dry and are a good time to visit if you are interested in winter sports as there are numerous ski resorts.

우리나라에는 봄, 여름, 가을, 그리고 겨울까지 뚜렷한 사계절이 있고, 연중 중간 시기에는 장마철이고, 11월부터 3월까지는 추운 기간에 해당돼요. 봄에는, 날씨가 아주 좋고 온화해요. 하지만, 연중 이맘때엔, 황사라고 부르는 대기 오염을 초래하는 특수한 바람이 자주 불어요. 봄엔 모든 벚꽃이 만개하기 때문에 아름다워요. 여름엔, 아주 덥고 습하고, 비가 꽤 많이 내려요. 제 생각엔 아마 가을이 일년 중에서 가장 좋은 때인 것 같은데, 기온이 야외 활동하기에 완벽하기 때문이에요. 그리고 하늘도 정말 맑고 푸르고요. 반면에, 겨울엔, 몹시 춥고 불쾌해요. 눈도 많이 내려요. 겨울은 춥고 건조하지만, 겨울 스포츠에 관심이 있다면 스키 리조트가 많기 때문에 방문하기 좋은 시기예요.

핵심표현 AL 표현

어휘 표현 | distinct 뚜렷한, 뚜렷이 구별되는 monsoon season 장마철 mild 온화한 yellow dust 황사 pollution 오염 cherry blossoms 벚꽃 in bloom 만개한 book 예약하다 humid 습한 temperature 기온 on the other hand 반면에, 한편 freezing 몹시 추운 unpleasant 불쾌한 numerous 많은, 다수의

🔊 MP3 4_51

| 날씨 | 좋아하는 날씨와 활동 |

Can you tell me about your favorite season? Describe some of the activities that you do during this time of year.

가장 좋아하는 날씨와 관련해 이야기해 주시겠어요? 연중 이맘때 하는 활동 몇 가지를 설명해 주세요.

듣기 키워드

핵심 표현   AL 표현

🔊 MP3 4_52

	핵심 표현	AL 표현
❶	가장 좋아하는 계절을 선택하는 게 아주 어려운데 전부 특별하기 때문	각 계절이 제공하는 무엇인가가 있는데 그것들은 특별함
❷	가장 좋아하는 계절은 여름인데, 따뜻한 날씨, 휴가, 끝없는 즐거움 때문	다른 계절도 좋지만 여름이 최고임
❸	솔직히 추운 건 좋아하지 않음	여름이 삶에서 정말로 개인적인 자유가 있는 시기
❹	나와 내 일정에 알맞은 휴가도 떠날 수 있음	원하는 곳 어디든, 언제든 원할 때 갈 수 있음

만능 답변

(도입부) ❶ Choosing a favorite season would be very difficult because they are all special to me. Each one of them has something to offer and is unique. (본론) ❷ My favorite season would have to be summer because of the warm weather, the vacation, and the endless fun. I like the other seasons as well, but summer is the best for me. ❸ To be honest, I don't like being cold. I really enjoy the warm weather. Summer is the time when I truly have personal freedom in my life. The sun sets late. I can sit on my balcony and drink a beer and have a barbecue. ❹ I can have a vacation that suits me and my schedule. I can go wherever I want to go, and whenever I want to go. (마무리) That is why I like summer the most.

가장 좋아하는 계절을 선택하는 건 아주 어려울 텐데, 전부 저에겐 특별하기 때문이에요. 각각의 계절이 제공해 주는 무엇인가가 있는데 특별하죠. 제가 가장 좋아하는 계절은 아무래도 따뜻한 날씨와 휴가, 그리고 끝없는 즐거움 때문에 여름일 거예요. 제가 다른 계절도 좋아하긴 하지만, 여름이 저에겐 최고예요. 솔직히, 추운 건 좋아하지 않거든요. 저는 따뜻한 날씨를 정말 즐겨요. 여름은 제 삶에서 정말로 개인적인 자유가 있는 시기예요. 해가 늦게 저물어요. 저는 발코니에 앉아 맥주를 마시면서 바비큐를 먹을 수 있어요. 저와 제 일정에 알맞은 휴가도 떠날 수 있어요. 제가 원하는 곳 어디든, 그리고 언제든 원할 때 갈 수 있죠. 그래서 제가 여름을 가장 좋아해요.

핵심표현 AL 표현

어휘 표현 | choose ~을 선택하다   offer ~을 제공하다   unique (아주) 특별한, 독특한   as well ~도, 또한   to be honest 솔직히 (말해서)   suit ~에게 알맞다, 적합하다   wherever ~하는 곳은 어디든   whenever 언제든 ~할 때, ~할 때마다

MP3 4_53

날씨 날씨 관련 기억에 남는 경험

Discuss a memorable event in your life that you either heard about or experienced firsthand that was associated with weather in some way. For instance, it may have been a drought that affected the people in your town or a flood that you read about that caused many to lose their homes. Describe the event, when it occurred, and all of the details that you remember about it.

살면서 어떤 식으로든 날씨와 관련해 들어 본 적이 있거나 직접 경험해 본 기억에 남는 일을 이야기해 주세요. 예를 들어, 살고 있는 곳의 사람들에게 영향을 미친 가뭄이나 많은 사람들이 집을 잃게 된 원인으로 홍수가 있다는 기사를 읽었을 수도 있습니다. 그 일이 언제 일어났는지, 그리고 그와 관련해 기억하시는 모든 세부 정보를 설명해 주세요.

듣기 키워드

핵심 표현 / AL 표현

MP3 4_54

핵심 표현	AL 표현
❶ 어떤 이유에서인지 봄과 가을이 더 짧아짐	여름과 겨울은 더 길어짐
❷ 봄에 종종 미세 먼지가 한국을 뒤덮음	예전에도 미세 먼지가 있긴 했지만 요즘은 미세 먼지 때문에 밖에 나가기 쉽지 않음
❸ 더 최근엔 중국에 있는 공장들로 인한 대기 오염도 문제가 됨	그것 때문에 때때로 밖에 나가는 걸 자제하거나, 밖에서 하는 걸 어쩔 수 없이 중단함
❹ 봄과 가을은 더 짧아진 반면 여름과 겨울은 더 길어짐	사람들이 자연에, 그것이 우리 생활 환경을 변화 시키면서 결국 여러 면에서 영향을 미치는 것 같음

만능 답변

(도입부) ❶ For some reason, spring and fall have become shorter. And summer and winter have become longer. (본론) ❷ In spring, fine dust often covers Korea. There used to be fine dust from time to time, but nowadays, it's not easy to go out because of it. The fine dust that occurs in April is blown off the plains in China. ❸ More recently, air pollution from factories in China has also been a problem. There really is no season as good as spring for outdoor activities, but for about a month at the beginning of the year, I cannot go out due to the yellow dust. Because of that, I sometimes refrain from going outside or I'm forced to stop what I do outdoors. (마무리) ❹ To wrap it up, spring and fall have become shorter, while summer and winter have become longer. Also, fine dust often occurs due to air pollution. It seems that people affect nature, which changes our living environment, affecting us in turn in many ways.

어떤 이유에서인지, 봄과 가을이 더 짧아졌어요. 그리고 여름과 겨울은 더 길어졌죠. 봄에는 종종 미세 먼지가 한국을 뒤덮어요. 예전에도 때때로 미세 먼지가 있긴 했지만, 요즘은, 그것 때문에 밖에 나가기가 쉽지 않아요. 4월에 발생하는 미세 먼지는 중국의 평원 지대에서 날아와요. 더 최근엔, 중국에 있는 공장들로 인한 대기 오염도 문제가 되어 왔어요. 야외 활동을 하는 데 봄만큼 좋은 계절도 정말 없는데, 일년 중 초반의 약 한 달 동안, 황사 때문에 밖에 나갈 수 없어요. 그것 때문에, 저는 때때로 밖에 나가는 걸 자제하거나, 밖에서 하는 걸 어쩔 수 없이 중단하죠. 이야기를 마무리하자면, 봄과 가을은 더 짧아진 반면, 여름과 겨울은 더 길어졌어요. 그리고, 미세 먼지가 대기 오염으로 인해 자주 나타나요. 사람들이 자연에 영향을 미치고, 그게 우리의 생활 환경을 변화시키면서, 결국 여러 면에서 우리에게 영향을 미치는 것 같아요.

핵심표현 AL 표현

기출 문제 예시

식료품 쇼핑

▶ 우리나라의 식료품 쇼핑

What is grocery shopping like in your country? What do people regularly purchase at the grocery store? How often do people go grocery shopping? Tell me about grocery shopping in your country. How does grocery shopping today differ from in the past?

당신 나라의 식료품 쇼핑은 어떤가요? 사람들이 식료품 매장에서 주로 무엇을 구입하나요? 사람들이 얼마나 자주 식료품 쇼핑을 하러 가나요? 당신 나라의 식료품 쇼핑과 관련해 이야기해 주세요. 오늘날의 식료품 쇼핑은 과거와 어떻게 다른가요?

▶ 건강 및 식료품 쇼핑 관련 이슈

Let's talk about some of the events or issues that people are talking about these days related to health and food consumption. Select one of these events or issues and give me a detailed description of it. Why is it of concern or interest to society?

건강 및 식품 소비와 관련해서 사람들이 요즘 이야기하는 몇몇 사건이나 문제와 관련해 이야기해봅시다. 그 사건 또는 문제들 중 하나를 선택해 자세히 설명해 주세요. 그것이 왜 사회의 우려 또는 관심 대상인가요?

어휘/표현 익히기

식료품 쇼핑 묘사
- □ **grocery shopping** 식료품 쇼핑
- □ **wellness** 건강
- □ **ingredient** 식재료
- □ **prepared** 조리된
- □ **nutrition** 영양
- □ **sodium** 나트륨
- □ **prepackaged** 미리 포장된
- □ **artificial flavor** 인공 조미료
- □ **trans fat** 트랜스 지방
- □ **metabolism** 신진대사

식료품 쇼핑 관련 경험
- □ **be willing to do** 기꺼이 ~하다
- □ **interested in** ~에 관심이 있는
- □ **health-conscious** 건강을 의식하는
- □ **consider A to be B** A를 B하다고 여기다
- □ **health-related** 건강과 관련된
- □ **desire to do** ~하려는 욕구, 욕망
- □ **seek out** ~을 찾다, 구하다
- □ **immunity** 면역력
- □ **have a significant impact on** ~에 상당한 영향을 미치다
- □ **way to do** ~할 수 있는 방법

문장 만들어보기

❶ 저는 식료품 쇼핑이 수십 년 전과 같지 않다고 생각해요.

▶ ....

(not the same as, decades ago)

❷ 사람들이 온라인으로 물건을 구입하면서 영양도 더 많고 요리하기도 더 쉬운 제품을 구입한다는 점이에요.

▶ ....

(easier to cook, with more nutrition)

❸ 건강을 의식하는 소비자들은 건강을 증진할 수 있는 방법을 점점 더 많이 찾고 있고, 당연하게도, 건강에 좋은 음식을 먹는 게 사람들이 가장 중요하게 여기는 것이에요.

▶ ....

(health-conscious consumers, seeking ways to, promote wellness)

모범 답안

❶ I think grocery shopping is not the same as it was decades ago.
❷ People buy things online and buy products that are easier to cook with more nutrition.
❸ Health-conscious consumers are increasingly seeking ways to promote wellness, and unsurprisingly, eating a healthy diet is something that people consider to be most important.

만능 답변

🔊 MP3　4_55

식료품 쇼핑　우리나라의 식료품 쇼핑

What is grocery shopping like in your country? What do people regularly purchase at the grocery store? How often do people go grocery shopping? Tell me about grocery shopping in your country. How does grocery shopping today differ from in the past?

당신 나라의 식료품 쇼핑은 어떤가요? 사람들이 식료품 매장에서 주로 무엇을 구입하나요? 사람들이 얼마나 자주 식료품 쇼핑을 하러 가나요? 당신 나라의 식료품 쇼핑과 관련해 이야기해 주세요. 오늘날의 식료품 쇼핑은 과거와 어떻게 다른가요?

듣기 키워드

핵심 표현　　　　　　　　　　　　　　　　**AL 표현**　　　　🔊 MP3　4_56

	핵심 표현	AL 표현
❶	수십 년 전과 같지 않다고 생각함	
❷	과거: 대량으로 식재료 구입함 요즘: 요리할 시간, 에너지, 욕구가 없다고 느낌, 조리된 식사 선호함, 온라인 구매함	대부분의 사람들은 미리 포장된 다양한 식사를 찾고 있음
❸	요즘 소비자들은 건강을 더 의식함	건강에 좋은 식품에 기꺼이 더 많은 돈 지불함
❹	온라인으로 물건을 구입하면서 영양도 더 많고, 요리하기도 더 쉬운 제품 구입함	

만능 답변

[도입부] ❶ I think grocery shopping is not the same as it was decades ago. [본론] ❷ In the past, most people purchased ingredients in bulk. They had to go to the store to buy things. These days, consumers often feel that they don't have the time, energy, or desire to cook their own food. Instead, they prefer prepared meals, and they buy things online. Although some shoppers still want to enjoy decent "family dinners," most of them are seeking out various prepackaged meals, like fried chicken, grilled salmon, stir-fried rice, and even sushi. ❸ However, today's consumers are also more health-conscious when it comes to nutrition. Many shoppers are willing to pay more for healthy foods. Food suppliers and manufacturers are also more likely to add health-related claims to their packages these days to be more appealing. Like "20% Less Sodium!", "No Artificial Flavors!" or "0 Grams Trans Fat!" [마무리] ❹ The bottom line is that people buy things online and buy products that are easier to cook with more nutrition.

저는 식료품 쇼핑이 수십 년 전과 같지 않다고 생각해요. 과거에는, 대부분의 사람들이 대량으로 식재료를 구입했어요. 물건을 사려면 매장으로 가야 했고요. 요즘은, 소비자들이 흔히 직접 요리할 시간이나 에너지, 또는 욕구가 없다고 느껴요. 대신, 조리된 식사를 선호하고, 온라인으로 물건을 구매하죠. 일부 쇼핑객들이 여전히 준수한 "가족 저녁 식사"를 즐기고 싶어하기는 하지만, 대부분의 사람들은 프라이드 치킨과 구운 연어, 볶음밥, 그리고 심지어 초밥 같은 것까지 미리 포장된 다양한 식사를 찾고 있어요. 하지만, 요즘 소비자들은 영양과 관련해서라면 건강을 더 의식하기도 해요. 많은 쇼핑객들이 건강에 좋은 식품에 기꺼이 더 많은 돈을 지불해요. 식품 공급업체들과 제조사들은 더 매력적으로 보이기 위해 요즘 포장재에 건강과 관련된 주장을 추가할 가능성도 더 크죠. "나트륨 20% 감소"나 "인공 조미료 무첨가", 또는 "트랜스 지방 0그램!" 같은 것처럼요. 핵심은 사람들이 온라인으로 물건을 구입하면서 영양도 더 많고 요리하기도 더 쉬운 제품을 구입한다는 점이에요.

핵심표현　**AL 표현**

MP3 4_57

식료품 쇼핑 건강 및 식료품 쇼핑 관련 이슈

Let's talk about some of the events or issues that people are talking about these days related to health and food consumption. Select one of these events or issues and give me a detailed description of it. Why is it of concern or interest to society?

건강 및 식품 소비와 관련해서 사람들이 요즘 이야기하는 몇몇 사건이나 문제와 관련해 이야기해봅시다. 그 사건 또는 문제들 중 하나를 선택해 자세히 설명해 주세요. 그것이 왜 사회의 우려 또는 관심 대상인가요?

듣기 키워드

핵심 표현   **AL** 표현   MP3 4_58

	핵심 표현	AL 표현
❶	세계적인 유행병 한 가운데 있고, 이런 상황에서는 먹는 게 정말 중요함	유행병이 많은 소비자에게 건강 문제 일깨워 줌
❷	코로나 19로 건강에 유익한 음식에 관심 갖게 됨	면역력, 신진대사, 정신 상태를 고려함
❸	건강 증진할 수 있는 방법 점점 더 많이 찾고 있음	더 나은 삶을 위해 건강해 지려는 것이 사람들의 천성 혹은 본능일지도 모름
❹	코로나 19가 사람들의 생각을 바꿔놓은 전환점	음식이 삶과 건강에 상당한 영향을 미칠 수 있다는 사고 방식 지니고 있음

만능 답변

(도입부) ❶ We are in the middle of the pandemic where what we eat is really important. The pandemic brought health to many consumers' minds. (본론) ❷ It is more likely that Covid-19 has made more people interested in foods that benefit their health considering their immunity, metabolism and mental state. ❸ Health-conscious consumers are increasingly seeking ways to promote wellness, and unsurprisingly, eating a healthy diet is something that people consider to be most important. Health is an important purchase factor when they're deciding what to buy at a grocery store or what to order at a restaurant. It might be people's nature or instinct to be healthy to enjoy a better life. (마무리) ❹ I believe Covid-19 is a game changer that has changed people's minds. So people have the mindset that the food they eat may have a significant impact on their lives and health.

우리가 세계적인 유행병의 한 가운데에 있고, 이런 상황에서는 우리가 먹는 게 정말 중요해요. 이 유행병이 많은 소비자들의 마음 속에서 건강 문제를 일깨워 주었어요. 코로나 19로 인해 더 많은 사람들이 각자의 면역력과 신진대사, 그리고 정신 상태를 고려해 건강에 유익한 음식에 관심을 갖게 되었을 가능성이 더 커요. 건강을 의식하는 소비자들은 건강을 증진할 수 있는 방법을 점점 더 많이 찾고 있고, 당연하게도, 건강에 좋은 음식을 먹는 게 사람들이 가장 중요하게 여기는 것이에요. 건강은 사람들이 식료품점에서 무엇을 구입할지, 또는 식당에서 무엇을 주문할지 결정할 때 중요한 구매 요인이에요. 더 나은 삶을 누리기 위해 건강해 지려는 것이 사람들의 천성 또는 본능일지도 몰라요. 저는 코로나 19가 사람들의 생각을 바꿔놓은 전환점이라고 생각해요. 그래서 사람들은 각자 먹는 음식이 삶과 건강에 상당한 영향을 미칠 수 있다는 사고 방식을 지니고 있어요.

핵심표현 AL 표현

지구 온난화

▸ 우리나라의 지구 온난화

These days we have many environmental issues like global warming and climate change. Please tell me about global warming in your country.

요즘 우리는 지구 온난화와 기후 변화 같은 많은 환경 문제를 겪고 있습니다. 당신 나라의 지구 온난화와 관련해 얘기해 보세요.

▸ 지구 온난화의 원인과 해결책

What are the causes of global warming and what measures can governments and individuals take to solve the issue? How has global warming affected your life?

지구 온난화의 원인은 무엇이며, 이 문제를 해결하기 위해 각국 정부와 사람들이 어떤 조치를 취할 수 있나요? 지구 온난화가 당신의 삶에 어떤 영향을 미쳐 왔나요?

▸ 기상 이변 관련 기억에 남는 경험

Tell me about a memorable experience you had related to severe weather conditions. Perhaps a city was flooded, or maybe businesses or schools closed due to heavy snow. What was the problem? Where and when did this happen? Provide a detailed summary of this experience from start to end. What made this experience unique and memorable for you?

극심한 기상 조건과 관련해 겪으셨던 기억에 남는 경험과 관련해 얘기해 보세요. 아마 한 도시에 홍수가 발생되었거나, 여러 회사 또는 학교 폭설로 인해 폐쇄된 경우가 있을 수 있습니다. 무슨 문제가 있었나요? 어디에서 그리고 언제 그런 일이 발생되었나요? 처음부터 끝까지 그 경험을 자세히 요약 설명해 보세요. 무엇 때문에 그 경험이 당신에게 특별하고 기억에 남게 되었나요?

어휘/표현 익히기

- ☐ environmental 환경의
- ☐ issue 문제, 사안
- ☐ global warming 지구 온난화
- ☐ climate change 기후 변화
- ☐ dramatic 급격한
- ☐ unpredictable 예측 불가능한
- ☐ affect ~에 영향을 미치다
- ☐ access to ~에 대한 접근, 이용
- ☐ rise 상승하다, 오르다
- ☐ carbon tax 탄소세
- ☐ overflow ~에서 넘쳐 흐르다

- ☐ greenhouse gas emissions 온실 가스 배출
- ☐ flood 홍수
- ☐ drought 가뭄
- ☐ ocean levels 해수면
- ☐ critical 대단히 중요한
- ☐ industry 업계, 산업
- ☐ release ~을 방출하다, 내보내다
- ☐ fossil fuel 화석 연료
- ☐ individual 개인
- ☐ intense 극심한

문장 만들어보기

❶ 지구 온난화는 전 세계 각지와 마찬가지로 한국에서도 가장 중요한 문제들 중의 하나예요.

▶

(one of the biggest, around the world)

❷ 지구 온난화를 멈추기 위해, 우리는 온실 가스 배출을 막아야 해요.

▶

(global warming, need to, greenhouse gas emissions)

❸ 삼림은 죽어가고 있고, 해수면은 상승하고 있는데, 우리의 행동이 지구 온난화를 초래했기 때문에 우리의 잘못이에요.

▶

(dying, rising, fault, actions, cause)

❹ 갑작스런 폭우가 발생했는데, 완전히 예기치 못한 일이었어요.

▶

(sudden, downpour, appear, extremely)

❶ Global warming is one of the biggest problems in Korea as well as around the world.
❷ To stop global warming, we need to stop greenhouse gas emissions.
❸ Forests are dying and sea levels are rising, and it's our fault because our actions have caused global warming.
❹ A sudden downpour appeared, which was extremely unprecedented.

만능 답변

지구 온난화 | 우리나라의 지구 온난화

These days we have many environmental issues like global warming and climate change. Please tell me about global warming in your country.

요즘 우리는 지구 온난화와 기후 변화 같은 많은 환경 문제를 겪고 있습니다. 당신 나라의 지구 온난화와 관련해 얘기해 보세요.

듣기 키워드

핵심 표현　　　　　　　　　　　　　　　**AL 표현**　　　　　 MP3 4_60

❶	지구 온난화는 한국에서도 가장 중요한 문제들 중 하나임	전 세계 각지와 마찬가지로
❷	지구 온난화는 기상 이변을 초래하고 있음	홍수와 가뭄과 같은
❸	해수면은 높아지고 있음	날씨 패턴도 변하고 있음
❹	온실 가스 배출을 막아야 함	급격한 변화를 만들어 내기는 어렵겠지만 가치 있는 일임

만능 답변

(도입부) There are so many environmental issues these days such as global warming and climate change. Weather has become unpredictable and many extreme weather events have happened. ❶ Global warming is one of the biggest problems in Korea as well as around the world. The Earth is getting warmer and warmer. (본론) ❷ Global warming is causing extreme weather events such as floods and droughts. ❸ The ocean levels are rising. The weather patterns are changing. We all know that global temperatures are rising and we know why. ❹ To stop global warming, we need to stop greenhouse gas emissions. We have learned a lot about global warming nowadays and we know how to fix it by switching to cleaner sources of energy and reducing carbon emissions. It's hard to make drastic changes all at once, but I think it's worth it. (마무리) I don't think the Earth we live on is ours. It belongs to our children's children. So we have to pass it on to our children the way it is now.

요즘 지구 온난화와 기후 변화 같은 환경 문제들이 아주 많아요. 날씨는 예측이 불가능하게 되었고, 많은 기상 이변 사건이 발생했어요. 지구 온난화는 전 세계 각지와 마찬가지로 한국에서도 가장 중요한 문제들 중의 하나예요. 지구가 점점 더 뜨거워지고 있어요. 지구 온난화는 홍수와 가뭄 같은 기상 이변 사건을 초래하고 있죠. 해수면은 높아지고 있고요. 날씨 패턴도 변하고 있어요. 우리는 모두 전 세계의 기온이 상승하고 있다는 사실을 알고 있고, 그 이유도 알죠. 지구 온난화를 멈추기 위해, 우리는 온실 가스 배출을 막아야 해요. 우리는 요즘 지구 온난화와 관련해 많은 것을 배워왔고, 더 깨끗한 에너지원으로의 전환 및 탄소 배출 감소를 통해 바로잡는 방법을 알고 있어요. 모두 한꺼번에 급격한 변화를 만들어내는 게 어렵기는 하지만, 저는 그만한 가치가 있다고 생각해요. 저는 우리가 살고 있는 지구가 우리의 것이라고 생각하지 않아요. 우리 아이들에게 대대로 속해 있는 것이죠. 그래서 지금 있는 그대로 지구를 우리 아이들에게 물려줘야 해요.

핵심표현 AL 표현

어휘 표현 | unpredictable 예측 불가능한　extreme weather 기상 이변　ocean levels 해수면　greenhouse gas emissions 온실 가스 배출물　source of energy 에너지원　carbon emissions 탄소 배출물

🔊 MP3   4_61

지구 온난화	지구 온난화의 원인과 해결책

What are the causes of global warming and what measures can governments and individuals take to solve the issue? How has global warming affected your life?

지구 온난화의 원인은 무엇이며, 이 문제를 해결하기 위해 각국 정부와 사람들이 어떤 조치를 취할 수 있나요? 지구 온난화가 당신의 삶에 어떤 영향을 미쳐 왔나요?

듣기 키워드

핵심 표현   **AL 표현**   🔊 MP3   4_62

❶	삼림은 죽어가고 있고 해수면은 상승하고 있음	우리의 행동이 지구 온난화를 초래한 우리의 잘못임
❷	더 많은 이산화탄소와 오존, 메탄을 대기 중으로 방출해 옴	석탄과 석유, 천연 가스 같은 화석 연료를 태우면서
❸	각국 정부가 탄소세를 도입함	가장 많은 온실 가스를 만들어내는 업계를 처벌하기 위해
❹	개인들도 더 깨끗한 에너지를 이용하고 전기 자동차를 운전하기 시작함	

만능 답변

[도입부] Global warming is a critical issue that is causing many problems around the world. ❶ Forests are dying and sea levels are rising, and it's our fault because our actions have caused global warming. [본론] ❷ By burning fossil fuels like coal, oil, and natural gas, we have released more carbon dioxide, ozone, and methane into the atmosphere. These are known as greenhouse gases. They trap heat around the Earth and cause it to warm. Now, the problem is getting worse, and it is clear that the Earth is warming at a quicker and quicker pace. ❸ To fight global warming, governments have introduced carbon taxes to punish industries that produce the most greenhouse gases. [마무리] ❹ Individuals have also begun using cleaner energy and driving electric vehicles. However, I don't know if it will be enough. Weather is already becoming more extreme, and it makes me worry about my future and what the planet will be like for our descendants.

지구 온난화는 전 세계 각지에서 많은 문제를 초래하고 있는 대단히 중요한 문제예요. 삼림은 죽어가고 있고, 해수면은 상승하고 있는데, 우리의 행동이 지구 온난화를 초래했기 때문에 우리의 잘못이에요. 석탄과 석유, 천연 가스 같은 화석 연료를 태움으로써, 우리는 더 많은 이산화탄소와 오존, 그리고 메탄을 대기 중으로 방출해 왔죠. 이것들은 온실 가스로 알려져 있어요. 지구 전역에서 열기를 붙잡아놓기 때문에 온난화를 초래하죠. 현재, 이 문제가 악화되고 있어서, 지구가 점점 더 빠른 속도로 온난화되고 있는 게 분명해요. 지구 온난화에 맞서 싸우기 위해, 각국 정부가 가장 많은 온실 가스를 만들어내는 업계를 처벌하기 위해 탄소세를 도입했어요. 개인들도 더 깨끗한 에너지를 이용하고 전기 자동차를 운전하기 시작했죠. 하지만, 저는 그게 충분할지 모르겠어요. 날씨는 점점 더 극단적으로 변하고 있는, 제 미래뿐만 아니라 지구가 우리 후손들에게 어떤 모습일지에 대해 걱정하게 만들어요 .

핵심표현   **AL 표현**

🔊 MP3 4_63

지구 온난화 | 기상 이변 관련 기억에 남는 경험

Tell me about a memorable experience you had related to severe weather conditions. Perhaps a city was flooded, or maybe businesses or schools closed due to heavy snow. What was the problem? Where and when did this happen? Provide a detailed summary of this experience from start to end. What made this experience unique and memorable for you?

극심한 기상 조건과 관련해 겪으셨던 기억에 남는 경험과 관련해 얘기해 보세요. 아마 한 도시에 홍수가 발생되었거나, 여러 회사 또는 학교 폭설로 인해 폐쇄된 경우가 있을 수 있습니다. 무슨 문제가 있었나요? 어디에서 그리고 언제 그런 일이 발생되었나요? 처음부터 끝까지 그 경험을 자세히 요약 설명해 보세요. 무엇 때문에 그 경험이 당신에게 특별하고 기억에 남게 되었나요?

듣기 키워드

핵심 표현   **AL 표현**   🔊 MP3 4_64

❶	지난 여름, 한강 시민 공원에서 강을 따라 자전거를 탔음	경치와 신선한 공기를 즐기면서
❷	갑작스러운 폭우가 발생함	완전히 예기치 못한 일이었음
❸	경찰관이 실제로 멈춰 서서 괜찮은지 물어봤음	나를 위해 누구를 불러줘야 하는지 물어봄
❹	괜찮다는 말과 함께 폭우가 멈출 때까지 기다리겠다고 함	폭우 때문에, 강물이 둑에서 넘쳐 흐르기 시작함

만능 답변

[도입부] There has always been a rainy season in Korea, but lately, it has been more intense. Maybe it's because of global warming. I recently had an experience with this. I had a bike that I rode every day. ❶ Last summer, I was at Han-Riverside Park biking along the river <u>while enjoying the scenery and the fresh air</u>. All of a sudden, it became cloudy and got darker and darker. [본론] ❷ A sudden downpour appeared, <u>which was extremely unprecedented.</u> The only place I could find shelter was under a freeway overpass. ❸ A police officer actually stopped and asked if I was okay <u>and if he could call anyone for me.</u> [마무리] ❹ I told him no thanks and that I was going to wait it out. <u>Due to the heavy rainfall, the river started overflowing its banks.</u> There was muddy water everywhere. It was a truly terrifying experience which made me learn that sudden downpours should be avoided.

한국에는 언제나 장마철이 존재해 왔지만, 최근에는, 더욱 극심해졌어요. 아마 지구 온난화 때문일 거예요. 저는 최근에 이와 관련된 경험을 했어요. 저는 매일 타고 다니던 자전거가 한대 있었어요. 작년 여름에, 제가 한강 시민 공원에서 강을 따라 자전거를 타면서 경치와 신선한 공기를 즐기고 있었어요. 갑자기, 날씨가 흐려지더니 점점 더 어두워졌죠. 갑작스런 폭우가 발생했는데, 완전히 예기치 못한 일이었어요. 제가 대피할 곳을 찾을 수 있었던 유일한 곳이 고가 도로 밑이었어요. 한 경찰관이 실제로 멈춰 서서 저에게 괜찮은지, 그리고 저를 위해 누구를 불러줘야 하는지 물어봤어요. 저는 괜찮다는 말과 함께 폭우가 멈출 때까지 기다리겠다고 말했죠. 그 폭우 때문에, 강물이 둑에서 넘쳐 흐르기 시작했어요. 사방에 흙탕물이 있었죠. 정말 끔찍한 경험이었고, 그 일로 인해 갑작스런 폭우는 피해야 한다는 걸 배우게 됐죠.

핵심표현 <u>AL 표현</u>

교통수단

▶ 우리나라의 교통수단

I would like to know about the transportation in your country. What do people in your country usually use when they move around?

당신 나라의 교통편과 관련해 알고 싶습니다. 당신 나라의 사람들은 이동할 때 보통 무엇을 이용하나요?

▶ 내가 자주 이용하는 교통수단

What do you usually use when you're on the move? Why do you use it often? How often do you use it? Please explain it in as much detail as possible.

당신은 이동할 때 보통 무엇을 이용하나요? 왜 그것을 자주 이용하나요? 그것을 얼마나 자주 이용하나요? 가능한 한 자세히 설명해 주세요.

▶ 주중 주말에 이용하는 교통수단

I would like to know more about the transportation people in your country use. What do people take on weekdays? How about on the weekends? And what do people use when they go to the countryside?

당신 나라의 사람들이 이용하는 교통편과 관련해 더 많이 알고 싶습니다. 사람들이 주중에 무엇을 타고 다니나요? 주말엔 어떤가요? 그리고 사람들이 시골 지역으로 갈 때 무엇을 이용하나요?

필수 표현과 문장

어휘/표현 익히기

- ☐ public transportation 대중 교통
- ☐ well-developed 잘 발달된
- ☐ inexpensive 비싸지 않은
- ☐ convenient 편리한
- ☐ avoid ~을 피하다
- ☐ equivalent to ~에 상당하는
- ☐ rush hour 혼잡 시간대
- ☐ sightseeing 관광
- ☐ comfortable 편한
- ☐ pleasant 즐거운, 기분 좋은
- ☐ reliable 믿을 수 있는

- ☐ destination 목적지, 도착지
- ☐ traffic jam 교통 체증
- ☐ transfer to ~로 환승하다
- ☐ frequent 잦은, 빈번한
- ☐ downside 단점
- ☐ get off 내리다
- ☐ fare (교통) 요금
- ☐ frequent 잦은, 빈번한
- ☐ countryside 시골
- ☐ efficient 효율적인

문장 만들어보기

❶ 한국의 대중 교통은 정말 잘 발달되어 있어요.

▶ ....

(public transportation, well-developed)

❷ 믿을 수 없을 정도로 저렴해요.

▶ ....

(inexpensive)

❸ 저는 개인적으로 버스보다 지하철을 선호하는데, 더 빠르고, 더 믿을 수 있고, 더 편리하기 때문이에요.

▶ ....

(personally, prefer, reliable, convenient)

❹ 여러 면에서 빠르고 효율적이죠.

▶ ....

(quick, efficient)

모범 답안

❶ Public transportation in Korea is really well-developed.

❷ It's incredibly inexpensive.

❸ I personally prefer the subway to the bus because it is faster, more reliable, and more convenient.

❹ It is quick and efficient in many ways.

🔊 MP3 4_65

교통수단 | 우리나라의 교통수단

I would like to know about the transportation in your country. What do people in your country usually use when they move around?

당신 나라의 교통편과 관련해 알고 싶습니다. 당신 나라의 사람들은 이동할 때 보통 무엇을 이용하나요?

듣기 키워드

핵심 표현 | **AL 표현** 🔊 MP3 4_66

❶	한국의 대중교통은 정말 잘 발달되어 있음	
❷	믿을 수 없을 정도로 저렴함	보통 약 1달러의 돈으로 거의 모든 곳에 갈 수 있음
❸	특히, 지하철은 정말 깨끗하고 잘 관리되어 있고, 시간도 잘 지킴	교통량을 피함으로써 많은 시간을 절약하게 됨
❹	다른 편리한 방법은 고속 버스, 고속 철도, 국내 항공편임	한국에서 도시들 사이를 이동할 수 있는 교통수단들임

만능 답변

도입부 ❶ Public transportation in Korea is really well-developed. 본론 Especially in big cities such as Seoul, Daejeon, and Busan, you can go anywhere by bus and subway. ❷ And it's incredibly inexpensive. <u>You can normally go to almost every place for about one dollar</u>, equivalent to 1,250 won in Korean currency, and even if it is like a two-hour distance, it would take about only two or three dollars. ❸ Especially, the subway is really clean, well-maintained, and punctual. Commuting during rush hour would be a bit uncomfortable because there are so many people using it. But if you take the subway, <u>it saves a lot of time by avoiding traffic</u> and gets you to wherever you want to go in a set time much faster than anything else. 마무리 ❹ Other convenient ways <u>to travel between cities in Korea</u> would be express buses, express trains, and local flights. If you ever come to Korea for sightseeing, why don't you use public transportation? It's really comfortable to use, and it's pleasant.

한국의 대중 교통은 정말 잘 발달되어 있어요. 특히 서울과 대전, 그리고 부산 같은 대도시에서는, 버스와 지하철로 어디든 갈 수 있죠. 그리고 믿을 수 없을 정도로 저렴해요. 보통 한국 돈으로 1,250원에 상당하는 약 1달러의 돈으로 거의 모든 곳에 갈 수 있고, 2시간 정도 걸리는 거리라고 하더라도, 겨우 약 2~3달러 밖에 하지 않을 거예요. 특히, 지하철은 정말 깨끗하고, 잘 관리되어 있으며, 시간도 잘 지키죠. 혼잡 시간대의 통근은 약간 불편할 수도 있는데, 이용하는 사람들이 아주 많기 때문이에요. 하지만 지하철을 타면, 교통량을 피함으로써 많은 시간을 절약하게 되고, 다른 어떤 것보다 훨씬 더 빨리 정해진 시간에 원하는 곳으로 어디든 데려다 줘요. 한국에서 도시들 사이를 이동하는 다른 편리한 방법은 고속 버스와 고속 철도, 그리고 국내 항공편일 거예요. 당신이 관광을 위해 언젠가 한국에 온다면, 대중 교통을 이용해 보면 어떨까요? 이용하기 정말 편하고, 즐거워요.

핵심표현 <u>AL 표현</u>

어휘 표현 | public transportation 대중 교통 well-developed 잘 발달된, 잘 발전된 inexpensive 비싸지 않은 equivalent to ~에 상당하는, ~와 동등한 currency 화폐 well-maintained 잘 관리된 punctual 시간을 잘 지키는, 엄수하는 commute 통근하다 rush hour 혼잡 시간대 uncomfortable 불편한 traffic 교통(량), 차량들 in a set time 정해진 시간에 way to do ~하는 방법 local 국내의, 현지의 flight 항공편 ever 언젠가, 앞으로 sightseeing 관광

🔊 MP3 4_67

| 교통수단 | 내가 자주 이용하는 교통수단 |

What do you usually use when you're on the move? Why do you use it often? How often do you use it? Please explain it in as much detail as possible.

당신은 이동할 때 보통 무엇을 이용하나요? 왜 그것을 자주 이용하나요? 그것을 얼마나 자주 이용하나요? 가능한 한 자세히 설명해 주세요.

듣기 키워드

핵심 표현   AL 표현   🔊 MP3 4_68

	핵심 표현	AL 표현
❶	개인적으로 버스보다 지하철을 선호함	더 빠르고, 더 믿을 수 있고, 더 편리하기 때문에
❷	교통 체증 없이 목적지에 도착할 수 있음	
❸	버스나 지하철로 갈 수 없는 경우에는 택시를 이용함	직장에 갈 때는 주로 지하철을 이용함
❹	유일한 단점은 혼잡 시간대에 이용하면 사람이 너무 많다는 것임	

만능 답변

(도입부) ❶ I personally prefer the subway to the bus because it is faster, more reliable, and more convenient. (본론) ❷ If you take the subway, you can arrive at your destination without any traffic jams. When I go to a place where I can't go by subway, I transfer to a bus. ❸ I just use a taxi if I can't go by bus or subway. When I go to work, I mainly take the subway. Seoul has nine major lines, and they are frequent enough to use. The fare is relatively cheap. (마무리) ❹ The only downside is that there are too many people using it during rush hour. I have even had an experience where I wasn't able to get off. In conclusion, if you are not supposed to be late, you should use the subway. Getting a taxi is much better though if you have to transfer so many times. This is how it goes.

저는 개인적으로 버스보다 지하철을 선호하는데, 더 빠르고, 더 믿을 수 있고, 더 편리하기 때문이에요. 지하철을 타면, 어떤 교통 체증도 없이 목적지에 도착할 수 있어요. 제가 지하철로 갈 수 없는 곳에 갈 때는, 버스로 환승해요. 버스나 지하철로 갈 수 없는 경우에는 그냥 택시를 이용하죠. 제가 직장에 갈 때, 주로 지하철을 이용해요. 서울엔 아홉 개의 주요 노선이 있는데, 충분히 이용할 정도로 자주 다녀요. 요금은 비교적 저렴해요. 유일한 단점은 혼잡 시간대에 이용하는 사람이 너무 많다는 점이에요. 저는 심지어 내리지 못할 뻔한 경험을 한 적도 있어요. 결론은, 늦지 말아야 한다면, 지하철을 이용해야 해요. 하지만 너무 많이 환승해야 하는 경우엔 택시를 잡는 게 훨씬 더 나아요. 이런 방식이에요.

핵심표현 AL 표현

어휘 표현 | prefer A to B B보다 A를 선호하다   reliable 믿을 수 있는   convenient 편리한   take (교통편) ~을 타다, 이용하다   arrive at ~에 도착하다   destination 목적지, 도착지   traffic jam 교통 체증   transfer to ~로 환승하다, 갈아타다   frequent 잦은, 빈번한   enough to do ~하기에 충분히   fare (교통) 요금   relatively 비교적, 상대적으로   downside 단점   rush hour 혼잡 시간대   be able to do ~할 수 있다   get off 내리다   in conclusion 결론으로서, 마지막으로   be supposed to do ~해야 하다, ~하기로 되어 있다   though (문장 중간이나 끝에서) 하지만

🔊MP3　4_69

교통수단	주중 주말에 이용하는 교통수단

I would like to know more about the transportation people in your country use. What do people take on weekdays? How about on the weekends? And what do people use when they go to the countryside?

당신 나라의 사람들이 이용하는 교통편과 관련해 더 많이 알고 싶습니다. 사람들이 주중에 무엇을 타고 다니나요? 주말엔 어떤가요? 그리고 사람들이 시골 지역으로 갈 때 무엇을 이용하나요?

핵심 표현　　　　　　　　　　　　　**AL** 표현　　　　　🔊MP3　4_70

❶	주중에는 대부분 대중교통을 이용함	교통량 및 비용 때문에
❷	주차 문제를 걱정할 필요가 없음	빠르고 효율적임
❸	물론 지하철도 많이 이용함	약 1달러로, 정해진 시간에 서울 어디든 갈 수 있음
❹	주말에는 각자의 자동차를 이용하기도 함	버스나 기차가 덜 자주 운행되기 때문에

만능 답변

[본론] ❶ On weekdays, most people I know take public transportation because of the traffic and costs. Basically, everyone takes the bus or the subway. [본론] ❷ One reason is you don't need to worry about parking. A good thing about taking buses is that Seoul has center lanes only for buses. It is quick and efficient in many ways. ❸ On the other hand, a lot of people take the subway, too. For about one dollar, you can go anywhere in Seoul in a set time. [마무리] ❹ On the weekends, some people take their car since the buses and trains are less frequent. Also, when going to the countryside, people just take their own car since there are fewer trains or buses in the countryside.

주중에는, 제가 아는 대부분의 사람들이 교통량 및 비용 때문에 대중 교통을 이용해요. 기본적으로, 모든 사람이 버스나 지하철을 타고 다니죠. 한 가지 이유는 주차 문제를 걱정할 필요가 없다는 점이에요. 버스를 타는 좋은 점은 서울에 버스 전용 중앙 차선이 있다는 점이에요. 여러 면에서 빠르고 효율적이죠. 한편으로는, 많은 사람들이 지하철도 이용해요. 약 1달러의 돈으로, 정해진 시간에 서울 어디든 갈 수 있어요. 주말에는, 어떤 사람들은 각자의 자동차를 이용하기도 하는데, 버스와 기차가 덜 자주 있기 때문이에요 . 또한 시골 지역에 갈 땐, 사람들이 그냥 각자의 자동차를 타고 가는데, 시골 지역에 기차나 버스가 더 적게 있기 때문이에요.

핵심표현 <u>AL 표현</u>

어휘 표현 | take (교통편) ~을 타다, 이용하다　public transportation 대중 교통　traffic 교통(량), 차량들　basically 기본적으로　worry about ~을 걱정하다　parking 주차　efficient 효율적인　in many ways 여러 면에서　on the other hand 한편, 반면에　about 약, 대략　in a set time 정해진 시간에　frequent 잦은, 빈번한　much (비교급 강조) 훨씬　countryside 시골 지역　one's own 자기 자신의, 자신만의

인터넷

▸ 인터넷 사용 목적

Now, let's talk about the Internet. The Internet can be used for various purposes. Tell me what the main purpose of surfing the Internet is.

자, 이제 인터넷에 대해 이야기해보죠. 인터넷은 여러 목적으로 사용이 가능합니다. 인터넷 검색의 주요 목적이 무엇인지 이야기해 주세요.

▸ 내가 자주 방문하는 웹사이트

What websites do you frequently visit? What activities do you do on the websites? Also, tell me about the reason you are interested in the websites.

어떤 웹사이트를 자주 방문하나요? 웹사이트에서 어떤 활동을 하나요? 또한, 그 사이트에 관심 있는 이유를 말해주세요.

▸ 처음 인터넷을 사용했던 경험

Think back to the day when you first used the Internet. What was your first impression while surfing the internet to search for some data?

처음으로 인터넷을 사용했던 날을 떠올려 보세요. 정보 검색을 위해 인터넷 서핑을 하면서 받은 첫인상은 어땠나요?

강쌤의 5초 꿀팁 ⏱

인터넷 서핑은 다른 돌발 주제에서도 큰 힘을 발휘할 수 있어요. 특히 시간과 관련된 모든 문제에는 인터넷 서핑 자체를 답변으로 쓸 수 있습니다. 주말, 평일, 명절, 주말, 자유 시간과 관련된 돌발 주제 모두 인터넷 서핑을 한다 라고 답변할 수 있어요. 돌발 주제 전체를 공부할 시간이 없다 해도 인터넷 서핑은 반드시 연습하고 가야하는 주제입니다. 강추!

필수 표현과 문장

어휘/표현 익히기

- [ ] **be based on** ~을 바탕으로 하다
- [ ] **a form of** ~의 한 형태
- [ ] **promote** 홍보하다
- [ ] **inbox** 받은 편지함
- [ ] **political** 정치의
- [ ] **economic** 경제의
- [ ] **the latest trend** 최근의 경향
- [ ] **in general** 보통
- [ ] **read up on** ~에 대해 많은 것을
- [ ] **up-to-date** 최신의
- [ ] **post** 게시하다
- [ ] **illusion** 착각
- [ ] **blur** 흐릿하게 만들다
- [ ] **source** 자료의 정보원, 출처

- [ ] **user-friendly** 사용자 편의적인
- [ ] **put in your search term** 검색어를 입력하다
- [ ] **run the search** 검색하다
- [ ] **a large selection of** 다양한
- [ ] **super entertaining** 정말 재미있는
- [ ] **convenient** 편리한
- [ ] **interactive** 상호적인, 상호작용의
- [ ] **unlimited access** 무제한 접근
- [ ] **old-fashioned** 구식의
- [ ] **dial-up** 다이얼 접속
- [ ] **clunky** 투박한
- [ ] **sort** 분류하다
- [ ] **load** (데이터나 프로그램을) 로딩하다
- [ ] **unstable** 불안정한

문장 만들어보기

❶ 인터넷에 대해서 말하자면, 인터넷을 이용하는 것은 사람에 따라 달라요.

▶ _____

(when it comes to, use, be based on)

❷ 인스타그램이나 그 비슷한 것에 사진이나 영상 같은 것들을 게시해요.

▶ _____

(post, something like that)

❸ 오늘날에는, 모든 것이 점점 더 빨라지고 작아지고 있어요.

▶ _____

(as for today, get faster, smaller)

모범 답안

❶ When it comes to the internet, the use of the internet is based on the person.

❷ I post things like photos or videos on Instagram or something like that.

❸ As for today, everything is getting faster and faster and smaller and smaller.

만능 답변

🔊 MP3 4_71

인터넷	인터넷 사용 목적

Now, let's talk about the Internet. The Internet can be used for various purposes. Tell me what the main purpose of surfing the Internet is.

자, 이제 인터넷에 대해 이야기해보죠. 인터넷은 여러 목적으로 사용이 가능합니다. 인터넷 검색의 주요 목적이 무엇인지 이야기해 주세요.

듣기 키워드

핵심 표현 **AL 표현** 🔊 MP3 4_72

❶	사람에 따라 각기 다른 인터넷 사용 목적을 가지고 있음	
❷	나는 오락과 검색의 목적으로 인터넷을 사용함	다른 사람들은 사업을 홍보하거나 특정 요리법을 찾기 위해 사용함
❸	거의 매일 대부분 스마트폰을 이용해 인터넷 검색을 함	온라인에서 훨씬 쉽게 이용할 수 있게 해 줌
❹	받은 편지함을 가장 먼저 확인하고 원하지 않는 스팸 메일을 삭제함	최신 경향을 알기 위해 정치, 경제, 사회 이슈들을 포함한 여러 가지 뉴스 기사들을 읽음

만능 답변

(도입부) When it comes to the internet, ❶ the use of the internet is based on the person. (본론) ❷ I use the internet as a form of entertainment and a tool for research. Others may use it to promote their business or find certain cooking recipes as the main purpose because it is based on what they want from the internet, not what the internet has to offer. ❸ I surf the internet almost every day mostly using my smartphone, which makes it a lot easier to go online. I begin my day by checking emails, social media and other online things. (마무리) ❹ I first check my inbox and delete unwanted spam emails. And then, I read various news articles about political, economic and social issues to check what's happening in the world. That's about all that I do on the internet.

인터넷에 대해서 말하자면, 인터넷을 이용하는 것은 사람에 따라 달라요. 저는 오락과 검색의 한 형태로 인터넷을 사용하죠. 다른 사람들은 사업을 홍보하거나 특정 요리법을 찾기 위해 사용해요. 왜냐하면 인터넷 이용 목적은 인터넷이 무엇을 제공하는지가 아니라 인터넷으로부터 무엇을 원하는지에 달려 있기 때문이죠. 저는 거의 매일 대부분 스마트폰을 이용하여 인터넷 검색을 하는데요, 스마트폰은 온라인을 훨씬 쉽게 이용할 수 있게 해줘요. 저는 이메일, 소셜 미디어를 비롯한 온라인상의 다른 것들을 확인하면서 하루를 시작해요. 받은 편지함을 가장 먼저 확인하고 원하지 않는 스팸 메일들을 삭제하죠. 그러고 나서, 최신 경향을 알기 위해서 정치, 경제, 사회 이슈들을 포함한 여러 가지 뉴스 기사들을 읽어요. 이것이 제가 인터넷에서 하는 모든 것이에요.

핵심표현 AL 표현

어휘 표현 ᐟ when it comes to ~에 관한 한 be based on ~을 바탕으로 하다 a form of ~의 한 형태 promote 홍보하다 inbox 받은 편지함 political 정치의 economic 경제의

🔊 MP3　4_73

인터넷　내가 자주 방문하는 웹사이트

What websites do you frequently visit? What activities do you do on the websites? Also, tell me about the reason you are interested in the websites.

어떤 웹사이트를 자주 방문하나요? 웹사이트에서 어떤 활동을 하나요? 또한, 그 사이트에 관심 있는 이유를 말해주세요.

듣기 키워드

핵심 표현　　　　　　　　　　　　　　　**AL** 표현　　🔊 MP3　4_74

	핵심 표현	AL 표현
❶	대부분 뉴스 사이트를 방문함	
❷	늘 세상에 무슨 일이 일어나는지 궁금함	최신 정보를 알려고 하는 습관이 있음
❸	또한 재미로 소셜 미디어를 이용함	인스타그램이나 그 비슷한 것에 사진이나 영상 같은 것을 게시함
❹	소셜 미디어는 마약과 같음	보여지는 사진처럼 나를 제외한 모든 사람들이 완벽한 삶을 살고 있다고 믿게 만듦

만능 답변

(도입부) ❶ I mostly visit news sites in general, although I have my favorites. (본론) I just check the latest news and read up on any articles that interest me. I am interested in this type of site because ❷ I always want to know what is going on in the world and I have a habit of trying to always have up-to-date information. ❸ I also use social media for fun. I post things like photos or videos on Instagram or something like that. (마무리) ❹ Social media is something like a drug! As depicted in the picture, it makes you believe that everyone except you has a perfect life, which is an illusion. It blurs the difference between ideal and real.

제가 좋아하는 사이트가 있지만, 대부분은 뉴스 사이트를 방문해요. 최신 뉴스를 확인하고 제 관심을 끄는 기사들을 읽죠. 저는 세상에 무슨 일이 일어나는지 늘 궁금해하고 최신 정보를 알려고 하는 습관이 있기 때문에 이런 종류의 사이트에 관심이 있어요. 또한 재미로 소셜 미디어를 이용해요. 인스타그램이나 그 비슷한 것에 사진이나 영상 같은 것들을 게시해요. 소셜 미디어는 마약과 같아요! 보여지는 사진처럼, 당신은 당신을 제외한 모든 사람들이 완벽한 삶을 살고 있다고 믿게 만들어요. 착각인데 말이죠. 이상과 현실의 차이를 모호하게 만들어요.

핵심표현　AL 표현

어휘 표현 | in general 보통　read up on ~에 대해 많은 것을 읽다　a habit of -ing ~하는 버릇　up-to-date 최신의　post 게시하다　social media 소셜 미디어　depicted 묘사된　except ~을 제외하고　illusion 착각　blur 흐릿하게 만들다, 모호하게 만들다

🔊 MP3 4_75

인터넷　처음 인터넷을 사용했던 경험

Think back to the day when you first used the Internet. What was your first impression while surfing the internet to search for some data?

처음으로 인터넷을 사용했던 날을 떠올려 보세요. 정보 검색을 위해 인터넷 서핑을 하면서 받은 첫인상은 어땠나요?

듣기 키워드

핵심 표현　　　　　　　　　　　　　　**AL** 표현　　　　　　🔊 MP3 4_76

❶	구식 전화 모뎀을 이용하곤 했음	다이얼 접속 방식의 인터넷은 최초의 온라인 접속 방식이었음
❷	시간이 너무 오래 걸려서 투박하고 느리다고 생각함	연결은 불안정했지만, 도서관에서 정보를 찾는 것보다는 시간이 절약되고 효과적이었음
❸	오늘날에는, 모든 것이 점점 더 빨라지고 작아지고 있음	
❹	이것이 과거와 현재의 가장 큰 변화라고 생각함	

만능 답변

(도입부) I do remember what internet access was like back in the 1990s. ❶ I used to have an old-fashioned dial-up modem. <u>Dial-up internet was the first online access</u> as far as I remember. (본론) ❷ I thought it was clunky and slow because it took me forever to do very simple tasks. Besides, the internet, at the time, had no way to sort information and the processing speed made it take minutes to load something. <u>The connection was unstable, but it was still faster and more efficient than looking for information in a library.</u> ❸ As for today, everything is getting faster and faster and smaller and smaller. Internet connection is available anywhere and anytime. (마무리) ❹ I think it is the biggest difference between the past and the present.

저는 1990년대에 인터넷 접속이 어떠했는지 확실히 기억해요. 저는 구식 전화 모뎀을 이용하곤 했어요. 제가 기억하는한 다이얼 접속 방식의 인터넷은 최초의 온라인 접속 방식이었죠. 아주 단순한 작업을 하는 데도 시간이 너무 오래 걸렸기 때문에 저는 인터넷이 투박하고 느리다고 생각했어요. 게다가 그때 당시의 인터넷은 정보를 분류할 수 없었고, 처리 속도는 무언가가 로딩되는 데 몇 분의 시간이 소요되었죠. 연결은 불안정했지만, 도서관에서 정보를 찾는 것보다는 시간이 절약되고 효과적이었어요. 오늘날에는, 모든 것이 점점 더 빨라지고 작아지고 있어요. 언제 어디서든 인터넷 연결이 가능하죠. 저는 이것이 과거와 현재의 가장 큰 변화라고 생각해요.

핵심표현 <u>AL 표현</u>

어휘 표현ㅣold-fashioned 구식의　dial-up 다이얼 접속　clunky 투박한　sort 분류하다　load (데이터나 프로그램을) 로딩하다 unstable 불안정한　as for ~에 관해 말하면

은행

▸ 내가 자주 가는 은행

I would like to know about the bank you often visit. Where is it located? Please give me a detailed description of the bank

당신이 자주 방문하는 은행에 대해 알고 싶습니다. 어디에 위치해 있나요? 그 은행을 자세히 묘사해주세요.

▸ 우리나라의 은행원

Let's talk about bankers in your country. Please tell me about their qualifications and main duties.

당신의 나라에 있는 은행원에 대해 이야기해 주세요. 그들의 자격 요건과 주요 업무에 대해 이야기해 주세요.

▸ 기억에 남는 은행 관련 경험

You may have some memorable experience in a bank. When was it? What exactly happened? Please tell me about your experience in detail.

은행에서 있었던 기억에 남는 경험이 있을 텐데요. 언제였나요? 정확히 어떤 일이 있었나요? 당신의 경험에 대해 자세히 말해주세요.

필수 표현과 문장

어휘/표현 익히기

- ☐ interest rate 이자율
- ☐ throughout the city 도시 전체에
- ☐ bank teller 은행원
- ☐ security guard 보안 요원
- ☐ in a row 줄지어서
- ☐ general banking services 일반 금융 업무
- ☐ loan related services 대출 관련 업무
- ☐ qualifications 자격요건
- ☐ consist of ~으로 이루어지다
- ☐ process 처리하다
- ☐ transaction 거래
- ☐ qualify 자격을 심사하다
- ☐ loan 대출

- ☐ savings account 저축 예금계좌, 적금
- ☐ open an account 통장을 개설하다
- ☐ deposit 입금하다
- ☐ withdraw 인출하다
- ☐ financial consultation 금융 상담
- ☐ financial service 금융 서비스
- ☐ insurance 보험
- ☐ fund 펀드
- ☐ pension 연금
- ☐ official business hours 영업시간
- ☐ upcoming 곧 있을, 다가오는
- ☐ arrange 마련하다, 준비하다

문장 만들어보기

❶ 제가 자주 가는 은행은 동네에 있는데, ABC 은행입니다.

▶ _____

(often, be located in, neighborhood, called)

❷ 그 중 몇 명은 일반적인 은행 업무를 처리하고, 다른 은행원들은 대출 관련 업무를 처리해요.

▶ _____

(handle, general banking services, deal with, loan related)

❸ 그들은 정말 친절하고 고객 친화적이에요.

▶ _____

(kind, customer-friendly)

❹ 은행 카드가 없으면 돈을 전혀 인출할 수 없어요.

▶ _____

(without, withdraw, at all)

모범답안

❶ The bank I often go to is located in my neighborhood, and it is called "ABC Bank".
❷ Some of them handle general banking services, while the others deal with loan related services.
❸ They are very kind and customer-friendly.
❹ Without my bank card, I could not withdraw my money at all.

MP3 4_77

| 은행 | 내가 자주 가는 은행 |

I would like to know about the bank you often visit. Where is it located? Please give me a detailed description of the bank

당신이 자주 방문하는 은행에 대해 알고 싶습니다. 어디에 위치해 있나요? 그 은행을 자세히 묘사해주세요.

듣기 키워드

핵심 표현 / AL 표현

MP3 4_78

핵심 표현	**AL 표현**
❶ 자주 가는 은행은 동네에 위치해 있음	ABC 은행이라고 불림
❷ 그 은행은 이율이 좋음	도시 전역에 현금 인출기를 가지고 있음
❸ 은행은 꽤 큼	고객을 맞을 준비가 된 은행원들과 함께
❹ 입구에 들어서자마자 현금 인출기들이 보임	몇 명은 일반적인 은행 업무를 처리하고, 다른 은행원들은 대출 관련 업무를 처리함

만능 답변

(도입부) ❶ The bank I often go to is located in my neighborhood, and it is called "ABC Bank". (본론) ❷ The bank has a nice interest rate, and it has ATMs located throughout the city. ❸ The bank itself is quite large, with many bank tellers available for customers. A security guard stands at the entrance. (마무리) ❹ You can see ATMs upon passing through the entrance. Next to the ATM section, almost five bankers are seated in a row, and they offer different banking services to customers. Some of them handle general banking services, while the others deal with loan related services. There is a waiting area where you can enjoy coffee or tea. That's all I can think of now.

제가 자주 가는 은행은 동네에 있는데, ABC 은행이에요. 그 은행은 이율이 좋고 도시 전역에 현금인출기가 있어요. 은행 자체가 매우 큰데요, 고객을 맞을 준비가 되어 있는 은행 직원들이 많이 있어요. 보안요원 한 명이 입구에 서있습니다. 입구에 들어서자마자 현금인출기들이 보여요. 현금인출기 구역 옆에는 거의 5명의 은행 직원들이 나란히 앉아 있고, 고객들에게 각각 다른 금융 서비스를 제공해요. 그 중 몇 명은 일반적인 은행 업무를 처리하고, 다른 은행원들은 대출 관련 업무를 처리해요. 커피나 차를 즐길 수 있는 대기구역이 있어요. 지금 생각나는 것은 이 정도예요.

핵심표현 AL 표현

어휘 표현 | interest rate 이자율   throughout the city 도시 전체에   bank teller 은행원   security guard 보안 요원   in a row 줄지어서   general banking services 일반 금융 업무   loan related services 대출 관련 업무

🔊 MP3 4_79

은행	우리나라의 은행원

Let's talk about bankers in your country. Please tell me about their qualifications and main duties.

당신의 나라에 있는 은행원에 대해 이야기해주세요. 그들의 자격 요건과 주요 업무에 대해 이야기해주세요.

듣기 키워드

핵심 표현   AL 표현   🔊 MP3 4_80

	핵심 표현	AL 표현
❶	일반적으로 대부분의 은행원들은 학사 학위가 요구됨	몇몇은 훨씬 더 높은 학력까지 요구됨
❷	정말 친절하고 고객 친화적임	
❸	고객들이 계좌를 개설하거나 입금 혹은 출금하는 것을 도와줌	
❹	또한 금융 서비스에 대한 재무 상담을 제공함	보험, 펀드, 연금과 같은

만능 답변

(도입부) ❶ Most bankers in general require a bachelor's degree, and some need even higher forms of education. Most of them are college graduates. (본론) ❷ They are very kind and customer-friendly. Their main duties consist of processing all the transactions for customers, qualifying people for loans, advising customers about savings accounts, and answering any complaints involving financial matters. ❸ They help customers open an account and deposit or withdraw their money. (마무리) ❹ They also give financial consultations about financial services such as insurance, funds or pensions. The official business hours are nine to four, but they usually work late at night to finish their jobs. That's basically what they do.

일반적으로 대부분의 은행원들에게는 학사 학위부터 훨씬 더 높은 학력까지 요구돼요. 대부분은 대학 졸업자들이죠. 그들은 정말 친절하고 고객 친화적이에요. 그들의 주요 업무는 고객들을 위한 모든 거래를 처리하고, 대출 자격 심사, 예금 상담, 그리고 재정적인 문제 관련 불만 사항을 응대하는 것이죠. 고객들이 계좌를 개설하거나 돈을 입금 혹은 출금하는 것을 도와줘요. 또한 보험, 펀드, 연금 같은 금융 서비스에 대해 재무 상담을 해요. 영업시간은 9시부터 4시이지만, 보통 밤 늦게까지 일하며 업무를 마무리하죠. 이것이 기본적으로 그들이 하는 일이에요.

핵심표현 AL 표현

어휘 표현 | qualifications 자격요건 consist of ~으로 이루어지다 process 처리하다 transaction 거래 qualify 자격을 심사하다 loan 대출 savings account 저축 예금계좌, 적금 open an account 통장을 개설하다 deposit 입금하다 withdraw 인출하다 financial consultation 금융 상담 financial service 금융 서비스 insurance 보험 fund 펀드 pension 연금 official business hours 영업시간

🔊 MP3　4_81

은행	기억에 남는 은행 관련 경험

You may have some memorable experience in a bank. When was it? What exactly happened?
Please tell me about your experience in detail.

은행에서 있었던 기억에 남는 경험이 있을 텐데요. 언제였나요? 정확히 어떤 일이 있었나요? 당신의 경험에 대해 자세히 말해주세요.

듣기 키워드

핵심 표현 　　　　　　　　　　　　　　　　**AL 표현**　　🔊 MP3　4_82

❶ 일주일 전에, 돈을 인출하러 감	준비하고 있던 곧 있을 파티를 위해
❷ 하지만, 문제는 어쩌다 지갑을 잃어버렸다는 것임	그곳에 가는 길에
❸ 정말 당황했음	'
❹ 그 지점의 은행원 한 명에게 이야기하고 도움을 청함	그녀는 친절하게 은행 카드를 재발급하기 위한 절차들을 밟아주었음

만능 답변

(도입부) ❶ About a week ago, I was going to withdraw some money for an upcoming party I was arranging. (본론) I was going to buy some party supplies. ❷ But the problem was that I lost my wallet somehow on the way there. ❸ I was very embarrassed. Without my bank card, I could not withdraw my money at all. (마무리) ❹ So I talked to one of the bank tellers at the branch and asked for some help. She kindly went through the procedures to get my bank card reissued. She also set me at ease, saying that it happened all the time, and it was not a big deal. Thanks to her, I was able to use my card again. What a relief.

대략 한 주 전에, 제가 준비하고 있던 곧 있을 파티를 위해 돈을 좀 인출하려고 했어요. 파티 용품을 좀 사려고 했지요. 그러나 문제는 그곳에 가는 길에 제가 지갑을 잃어버렸다는 것이었어요. 저는 정말 당황했어요. 은행 카드가 없으면 돈을 전혀 인출할 수 없으니까요. 그래서 저는 그 지점의 은행 직원들 중 한 명에게 이야기하고 도움을 청했어요. 그녀는 친절하게 제 은행 카드를 재발급하기 위한 절차들을 밟아주었어요. 또한 늘 일어나는 일이니 큰 문제가 아니라고 말하면서 저를 안심시켜 주었어요. 그녀 덕분에, 저는 제 카드를 다시 사용할 수 있었어요. 정말 다행이었어요.

핵심표현　AL 표현

어휘 표현 | upcoming 곧 있을, 다가오는　arrange 마련하다, 준비하다　party supplies 파티 용품　embarrassed 당황한　branch 지점　go through the procedures 절차를 밟다　get ~ reissued ~를 재발급 받다　set ~ at ease ~를 안심시키다

휴일/명절

▶ 우리나라의 휴일

What kind of holidays do you have in your country? What do people usually do and what kinds of food do they eat for each holiday?

당신 나라에는 어떤 종류의 휴일이 있나요? 사람들은 보통 무엇을 하고 각각의 휴일마다 어떤 음식을 먹나요?

▶ 휴일에 하는 활동

Choose one of the holidays and discuss what people do to celebrate. Are there particular foods or meals prepared for this holiday? Are there specific events or traditions for this special holiday celebration?

휴일 중 하나를 골라 사람들이 그날을 기념하기 위해 하는 것들에 대해 말해주세요. 그 휴일을 위해 준비되는 특정한 음식이나 식사가 있나요? 그 특별한 휴일을 기념하기 위한 구체적인 이벤트나 전통이 있나요?

▶ 기억에 남는 어린 시절 휴일 관련 경험

Talk about special childhood memories related to the holidays. Which holiday was most memorable for you? Was there a special event that was especially memorable? Please provide what happened in as much detail as possible.

휴일과 관련된 특별한 어린 시절 추억에 대해 말해주세요. 당신에게 가장 기억에 남는 휴일은 언제였나요? 특히 기억에 남는 특별한 일이 있었나요? 어떤 일이 일어났는지 자세히 이야기해 주세요.

필수 표현과 문장

어휘/표현 익히기

- ☐ **last** 계속되다, 지속하다
- ☐ **relative** 친척
- ☐ **ancestral ritual** 조상에 대한 의식
- ☐ **good harvest** 풍작
- ☐ **celebrate** 기념하다
- ☐ **back and forth** 앞뒤로, 오락가락하며
- ☐ **get together** 모이다
- ☐ **catch up with** ~와 근황을 나누다
- ☐ **tradition** 전통
- ☐ **family time** 가족 시간
- ☐ **live apart** 떨어져 살다, 떨어져 지내다

- ☐ **exchange** 교환하다
- ☐ **abroad** 해외로
- ☐ **get some rest** 약간의 휴식을 취하다
- ☐ **go on a family trip to** ~로 가족여행을 가다
- ☐ **in advance** 미리
- ☐ **book** 예약하다
- ☐ **fly to** ~로 비행 편으로 가다
- ☐ **sunbathing** 일광욕
- ☐ **a picture book setting** 그림책 같은 설정
- ☐ **breeze** 바람
- ☐ **have a lasting memory** 기억에 남다

문장 만들어보기

❶ 한국의 새해 첫날에 대해서 말하자면, 3일 정도 계속되고 사람들은 고향으로 돌아가요.

▶

(to talk about, last, return to)

❷ 대부분의 사람들이 조상에 대한 의식인 차례를 지내는 곳으로 친척들을 만나러 가죠.

▶

(relatives, ancestral ritual)

❸ 그날을 위한 특별한 식사도 준비하고 그것을 함께 먹어요.

▶

(prepare, special meals)

❹ 수영과 일광욕을 하고, 술을 마시고, 심지어 바비큐 파티도 하고 해변에서 시간을 보내기도 했어요

▶

(spend time, swimming, sunbathing, have a party)

모범 답안

❶ To talk about the Korean New Year's Day, it lasts about three days, and everyone returns to their hometown.
❷ Most people visit relatives, where Charye, an ancestral ritual, is done.
❸ They also prepare special meals for the day and have them together.
❹ We spent time on the beach, swimming, sunbathing, drinking and even having a barbecue party.

만능 답변

🔊 MP3　4_83

휴일/명절	우리나라의 휴일

What kind of holidays do you have in your country? What do people usually do and what kinds of food do they eat for each holiday?

당신 나라에는 어떤 종류의 휴일이 있나요? 사람들은 보통 무엇을 하고 각각의 휴일마다 어떤 음식을 먹나요?

듣기 키워드

핵심 표현　　　　　　　　　　　　　　　　AL 표현　　🔊 MP3　4_84

	핵심 표현	AL 표현
❶	한국의 새해 첫날에 대해 이야기하자면, 약 3일 정도 계속됨	모든 사람들이 고향으로 돌아감
❷	대부분의 사람들이 조상에 대한 의식인 차례를 지내는 곳으로 친척들을 만나러 감	
❸	추석에 대해 말하자면, 역시 3일 정도 계속되고 한 해의 풍작을 기념함	한국의 추수감사절
❹	송편 같은 한국 전통음식을 먹음	쌀로 만든 막걸리 같은 술을 마시면서

만능 답변

(도입부) ❶ To talk about the Korean New Year's Day, it lasts about three days, <u>and everyone returns to their hometown.</u> (본론) ❷ Most people visit relatives, where Charye, an ancestral ritual, is done. ❸ As for Chuseok, <u>which is the Korean Thanksgiving Day,</u> it also lasts about three days and celebrates a year of good harvest. People prepare special meals for the day and have them together. For someone with a large family, it is a lot of work. ❹ Traditional foods of Korea such as songpyeon are eaten <u>while rice wines such as makgeolli are served.</u> (마무리) A bad thing about such holidays is that because of traffic, people spend most of the time on the road, traveling back and forth. It is very tiring and not something you will enjoy at all.

한국의 새해 첫날에 대해서 말하자면, 3일 정도 계속되고 사람들은 고향으로 돌아가요. 대부분의 사람들이 조상에 대한 의식인 차례를 지내는 곳으로 친척들을 만나러 가죠. 한국의 추수감사절인 추석에 대해서 말하자면, 역시 3일 정도 이어지며 한 해의 풍작을 기념하는 의미를 가지고 있어요. 사람들은 이날을 위해 특별한 음식을 준비하고 다 같이 먹어요. 대가족인 사람들의 경우에는 할 일이 정말 많아요. 송편 같은 한국 전통 음식을 먹으면서 쌀로 만든 막걸리 같은 술을 마시죠. 이런 연휴기간의 안 좋은 점이 하나 있다면 사람들이 고향에 왔다 갈 때 교통체증 때문에 많은 시간을 도로에서 보내야 하는 것이에요. 정말 피곤하고 전혀 즐거운 일이 아니에요.

핵심표현 <u>AL 표현</u>

어휘 표현 ❘ **last** 지속되다, 이어지다　**relative** 친척　**ancestral ritual** 조상에 대한 의식　**good harvest** 풍작　**celebrate** 기념하다　**back and forth** 앞뒤로, 오락가락하며

🔊 MP3 4_85

휴일/명절 · 휴일에 하는 활동

Choose one of the holidays and discuss what people do to celebrate. Are there particular foods or meals prepared for this holiday? Are there specific events or traditions for this special holiday celebration?

휴일 중 하나를 골라 사람들이 그날을 기념하기 위해 하는 것들에 대해 말해주세요. 그 휴일을 위해 준비되는 특정한 음식이나 식사가 있나요? 그 특별한 휴일을 기념하기 위한 구체적인 이벤트나 전통이 있나요?

듣기 키워드

핵심 표현   AL 표현   🔊 MP3 4_86

핵심 표현	AL 표현
❶ 한국의 설날은 한국에서 가장 큰 휴일 중 하나임	
❷ 사람들은 함께 모여 밀린 이야기를 함	그날을 위한 특별한 식사도 준비하고 그것을 함께 먹음
❸ 또한, 떡국이 포함된 성대한 가족 식사를 함	새해를 반긴다는 의미임
❹ 어떤 사람들은 해외 여행을 즐기거나 혼자서 푹 쉬기도 함	시간이 지나면서 휴일에 대한 전통도 바뀌고 있는 것 같음

만능 답변

(도입부) ❶ As I mentioned, Korean New Year's day is one of the biggest holidays in Korea. (본론) ❷ People get together and catch up with each other. <u>They also prepare special meals for the day and have them together.</u> It's a tradition to spend time with parents and other relatives. To talk about my experience, New Year's day is a great time to see each other and enjoy our family time since our family members live far apart. We also exchange some gifts with each other. ❸ Also, we have a huge family feast including rice cake soup. <u>It's a celebration to welcome in the new year.</u> ❹ On the other hand, some people enjoy traveling abroad or just get some rest by themselves. (마무리) <u>I think traditions for holidays have been changing over time.</u>

앞서 말했듯이, 한국의 설날은 한국에서 가장 큰 휴일 중 하나예요. 사람들이 함께 모여 밀린 이야기들을 해요. 그날을 위한 특별한 식사도 준비하고 그것을 함께 먹어요. 부모님과 친척들과 함께 시간을 보내는 것이 전통이에요. 제 경험을 이야기하자면, 우리 가족은 멀리 떨어져 살고 있기 때문에, 설날은 서로를 만나고 가족 시간을 보낼 수 있는 좋은 시간이에요. 우리는 서로 선물을 주고 받기도 해요. 또한, 떡국이 포함된 성대한 가족 식사를 하죠. 이것은 새해를 반긴다는 의미예요. 반면에, 어떤 사람들은 해외 여행을 즐기거나 혼자서 푹 쉬기도 해요. 제 생각에 시간이 지나면서 휴일에 대한 전통도 바뀌고 있는 것 같아요.

핵심표현   AL 표현

어휘 표현 ┃ **get together** 모이다   **catch up with** 따라가다, 따라잡다   **tradition** 전통   **relatives** 친척   **family time** 가족 시간   **live apart** 떨어져 살다, 떨어져 지내다   **exchange** 교환하다   **abroad** 해외로   **get some rest** 약간의 휴식을 취하다

MP3　4_87

휴일/명절 | 기억에 남는 어린 시절 휴일 관련 경험

Talk about special childhood memories related to the holidays. Which holiday was most memorable for you? Was there a special event that was especially memorable? Please provide what happened in as much detail as possible.

휴일과 관련된 특별한 어린 시절 추억에 대해 말해주세요. 당신에게 가장 기억에 남는 휴일은 언제였나요? 특히 기억에 남는 특별한 일이 있었나요? 어떤 일이 일어났는지 자세히 이야기해 주세요.

듣기 키워드

핵심 표현 　　　　　　　　　　AL 표현

MP3　4_88

	핵심 표현	AL 표현
❶	가족들과 함께 발리로 여행을 갔음	
❷	아빠가 미리 여행 일정을 짜고 예약을 해두었음	
❸	해변에서 시간을 보냄	수영과 일광욕을 하고, 술도 마시고 심지어 바비큐 파티도 함
❹	우리 가족 모두는 완벽하게 휴식을 취함	정말 다시 한 번 가고 싶음

만능 답변

(도입부) The most memorable experience I've ever had on a holiday was when ❶ I went on a trip to Bali with my family. (본론) One year, ❷ my dad scheduled in advance and booked the trip. ❸ We flew to Bali. We spent time on the beach, <u>swimming, sunbathing, drinking and even having a barbecue party.</u> There was basically a picture book setting. It was a nice sunset with a cool breeze. Everything was perfect. The time on the beautiful beach was amazing. I totally forgot about all my work. (마무리) ❹ Everyone in my family was completely relaxed. <u>I can't wait to head back there.</u> I still have a lasting memory of the best holiday I ever had.

휴일에 있었던 가장 기억에 남는 경험은 가족들과 함께 발리로 여행을 갔을 때예요. 어느 해에 아빠가 미리 여행 일정을 짜고 예약을 해두셨죠. 우리는 비행기를 타고 발리로 갔어요. 수영과 일광욕을 하고, 술을 마시고, 심지어 바비큐 파티도 하고 해변에서 시간을 보내기도 했어요. 정말 그림책에 나올 법한 장면이었죠. 시원한 바람이 있는 석양도 멋있었어요. 모든 것이 완벽했어요. 아름다운 해변에서 보낸 시간은 굉장했죠. 일에 대해서는 완전히 잊어버렸어요. 우리 가족 모두 완벽하게 휴식을 취했어요. 정말 다시 한 번 가고 싶을 정도예요. 아직까지도 여전히 기억에 남는 최고의 휴일이었죠.

핵심표현　AL 표현

어휘
표현 | go on a family trip to ~로 가족여행을 가다　in advance 미리　book 예약하다　fly to ~로 비행 편으로 가다
sunbathing 일광욕　a picture book setting 그림책 같은 설정　breeze 바람　have a lasting memory 기억에 남다

MEMO

MEMO

시원스쿨 **LAB**

OPIc
학습지

실전 전략편

5

롤플레이
만능 답변

시원스쿨
OPIc 학습지
실전 전략편

초판 1쇄 발행 2022년 9월 23일

지은이 강지완 · 시원스쿨어학연구소
펴낸곳 (주)에스제이더블유인터내셔널
펴낸이 양홍걸 이시원

홈페이지 www.siwonschool.com
주소 서울시 영등포구 국회대로74길 12 남중빌딩 시원스쿨
교재 구입 문의 02)2014-8151
고객센터 02)6409-0878

ISBN 979-11-6150-629-6 13740
Number 1-110606-18180400-06

롤플레이
만능 답변

학습 목표

⊘ Q11, 12, 13으로 출제되는 롤플레이 유형을 익힐 수 있다.

⊘ 간단하고 복잡한 다양한 의문문을 사용해 질문을 할 수 있다.

⊘ 주어진 상황에 적합한 해결책을 제시할 수 있다.

목차

Q11 | 질문하기

질문하기는 롤플레이 문제의 첫 번째 문제로 11번 문제로 등장합니다. 질문하기 유형에서 가장 중요한 고득점 포인트는 질문의 복잡성입니다. 유연하고 매끄럽게 질문했을 경우 낮은 등급으로부터 벗어날 수 있습니다. 전화로 물어보거나 직접 물어보는 두 가지 상황이 제시되는데 각 상황에 맞게 연기력을 더해 답변한다면 고득점을 획득할 수 있습니다.

만능 템플릿

도입부 **인사말 + 목적**	Hello. 여보세요./안녕./안녕하세요. 전화로 물어보기 I'm calling to get some information on/about 명사/동사ing. ~에 대한 정보를 얻고자 전화했어요. 직접 물어보기 I would like to get some information on/about 명사/동사ing. ~에 대한 정보를 얻고 싶어요.
본론 **질문 1, 2, 3, 4**	The first question that I have is [질문 1]. 첫 번째 질문은 [질문 1]. Secondly, [질문 2]? 두 번째로, [질문 2]? Next, [질문 3]? 다음으로, [질문 3]? Lastly, [질문 4]? 마지막으로, [질문 4]?
마무리 **감사 인사**	Thank you. I appreciate it. I really do. 고마워요. 정말 감사해요. 정말이에요.

문제 해결하기는 롤플레이의 두 번째 문제로 출제됩니다. 문제 해결하기는 임기응변 능력을 측정하며, 논리적으로 답변을 잘 제시할 경우 IH, AL등급으로 갈 수 있는 길이 열립니다. 고득점을 받기 위해서는 롤플레이 유형 중 특히 문제 해결하기 문항을 논리적으로 답변할 수 있어야합니다.

만능 템플릿

도입부 인사말 + 목적	Hello. 여보세요./안녕./안녕하세요. 전화로 이야기하기 I'm calling to report a problem 동사ing/with 명사. ~에 문제가 있어서 전화했어요. I'm calling to let you know ~. ~를 알려주려고 전화했어요. 직접 이야기하기 I have a problem 동사ing/with 명사. ~에 문제가 있어요.
본론 문제 상황 + 해결책 1, 2, 3	The main problem is 명사/that 문장. 문제는 명사/문장이라는 거예요. What am I supposed to do? 어떻게 해야 하나요? I don't know what to do. 무엇을 해야 할 지 모르겠어요. I was wondering if [해결책 1]? [해결책 1]할 수 있는지 알고 싶은데요. Can I [해결책 2]? 제가 [해결책 2]할 수 있나요? I would like [해결책 3]. 제가 [해결책 3]하고 싶어요. I want you to handle this right now. 지금 당장 해결해주면 좋겠어요. What do you think? 어떻게 생각하세요?
마무리 감사 인사	Thank you. I appreciate it. I really do. 고마워요. 정말 감사해요. 정말이에요.

롤플레이의 마지막 유형인 관련 경험 말하기는 시제 활용을 측정하기 위함입니다. 롤플레이의 첫 문제인 질문하기 유형은 Novice와 Intermediate 등급을 나누고 두번째 문제인 문제 해결하기는 Intermediate와 IH, AL등급을 나눕니다. 경험을 이야기할 때는 답변의 구체성이 매우 중요합니다. 어떤 일이 언제 어떻게 일어났고 누구와 함께 있었는지 등 상황과 본인의 감정을 구체적으로 묘사해야 합니다.

만능 템플릿

도입부 **유사한 경험**	The last time I [과거 동사], the same thing happened to me. 지난번 제가 [과거 동사]했을 때, 같은 일이 벌어졌어요. 예문 The last time I went to the movie theater, the same thing happened to me. 지난번 제가 극장에 갔을 때, 같은 일이 벌어졌어요.
본론 **전개**	During the [행사/시간], I [과거 동사] resulting in 명사/ 동사ing. [행사/시간]에 [과거 동사]해서 결국 ~하게 되었어요. 예문 During the first year in college, I overslept, resulting in my being late for a class. 대학교 1학년 때 늦잠 자서 결국 수업에 늦게 되었어요. During the movie, I forgot to set my smartphone to vibration, resulting in the phone ringing loudly. 영화 상영 중에 스마트폰을 진동으로 바꿔 놓는 것을 깜박해서 (결국) 전화가 요란하게 울렸어요.
마무리 **경험 강조**	It was one of the greatest/most awesome/most terrible experiences that I've had in my entire life. 그것은 제 인생을 통틀어 가장 대단한/멋진/끔찍한 경험이었어요. 예문 The trip to Spain was one of the greatest experiences that I've had in my entire life. 스페인 여행은 제 인생을 통틀어 가장 대단한 경험이었어요.

쇼핑 (약속)

▶ 쇼핑 관련 질문

I'd like to give you a situation to act out. Suppose that you want to go shopping with your friend. Call your friend and ask three or four questions about shopping together.

당신이 역할극을 해야 하는 상황이 있습니다. 당신이 친구와 함께 쇼핑하러 가고 싶다고 가정해 보세요. 친구에게 전화를 걸어 함께 쇼핑하는 일과 관련해 서너 가지 질문을 해 보세요.

▶ 쇼핑 관련 문제 해결

I'm sorry, but there is a problem I need you to resolve. You and your friend were supposed to go shopping together, but you can't make it. Call your friend and explain the situation. And offer two or three alternatives.

유감스럽게도, 당신이 해결해야 할 문제가 있습니다. 당신이 친구와 함께 쇼핑하기로 되어 있었지만, 당신은 갈 수 없습니다. 친구에게 전화를 걸어 상황을 설명해 보세요. 그리고 두세 가지 대안을 제시해 주세요.

▶ 기억에 남는 쇼핑 경험

That's the end of the situation. Have you ever had any special experience while shopping - maybe a time when something unexpected happened, or simply a very enjoyable or recent experience? First tell me some background about when and where this occurred, and then tell me what happened to make the experience so memorable for you.

상황극이 종료되었습니다. 쇼핑하는 동안 뭔가 예상 밖의 일이 발생된 순간이 있었다거나, 아니면 단순히 아주 즐거웠거나 최근에 있었던 경험 같은 특별한 경험을 한 번이라도 해 본 적이 있나요? 언제 그리고 어디에서 그 일이 발생됐는지 약간의 배경을 얘기한 다음, 어떤 일이 발생되면서 그렇게 기억에 남게 되었는지 이야기해 주세요.

필수 표현과 문장

어휘/표현 익히기

- ☐ go shopping 쇼핑 가다
- ☐ available 시간이 나는
- ☐ be supposed to ~하기로 되어 있다
- ☐ make it (모임, 약속 등에) 가다, 참석하다
- ☐ urgent 급한
- ☐ come up 생기다, 발생하다
- ☐ at the last minute 마지막 순간에
- ☐ get a quick call 급한 전화를 받다
- ☐ take care of ~을 처리하다
- ☐ get together 만나다, 모이다

- ☐ similar 비슷한
- ☐ experience 경험
- ☐ make plans 약속을 잡다, 계획을 세우다
- ☐ deal with ~을 처리하다, 다루다
- ☐ insurance 보험
- ☐ repair 수리하다
- ☐ push back 미루다
- ☐ be worried about ~을 걱정하다
- ☐ come by (잠깐) 들르다
- ☐ by the way (화제 전환 시) 어쨌든, 그건 그렇고

문장 만들어보기

❶ 내일 나랑 쇼핑하러 가고 싶은지 궁금했어.

▶ _____

(wonder if, go shopping)

❷ 몇 시에 시간 돼?

▶ _____

(what time, available)

❸ 생각하고 있는 거라도 있어?

▶ _____

(anything, have in mind)

❹ 내가 갈 수 없을 거라는 사실을 알려 주려고 전화했어.

▶ _____

(call, let, be able to, make it)

❺ 전에 아주 비슷한 경험을 한 적이 있어요.

▶ _____

(similar, experience)

모범 답안

❶ I was wondering if you wanted to go shopping with me tomorrow.
❷ What time are you available?
❸ Is there anything that you have in mind?
❹ I'm calling to let you know that I won't be able to make it.
❺ I've had a very similar experience before.

만능 답변

🔊 MP3   5_1

쇼핑 (약속) | 쇼핑 관련 질문

I'd like to give you a situation to act out. Suppose that you want to go shopping with your friend. Call your friend and ask three or four questions about shopping together.

당신이 역할극을 해야 하는 상황이 있습니다. 당신이 친구와 함께 쇼핑하러 가고 싶다고 가정해 보세요. 친구에게 전화를 걸어 함께 쇼핑하는 일과 관련해 서너 가지 질문을 해 보세요.

듣기 키워드

핵심 표현   AL 표현   🔊 MP3 5_2

❶ 내일 나와 함께 쇼핑하러 가고 싶은지 궁금함	
❷ 몇 시에 시간이 되는지	오전 10시는 괜찮은지
❸ 어디서 만날지	공원 정문에서 만날지
❹ 쇼핑 후 계획이 있는지	늦은 점심을 먹는 건 어떤지

만능 답변

(도입부) Hi, Peter. It's me, Sunny. How is it going? Well, (본론) ❶ I was wondering if you wanted to go shopping with me tomorrow. ❷ So, what time are you available? Is 10 a.m. Okay with you? Perfect. And, ❸ where should we meet? At the main gate of the park? Okay. No problem. ❹ Do you have any plans after shopping? Is there anything that you have in mind? Why don't we go out for a late lunch? How about the restaurant with good basic Italian food across from the park? I heard that the food there is incredible. That sounds great. (마무리) Okay, see you tomorrow then. Bye.

안녕, 피터, 나야, 써니. 잘 지내? 음, 내일 나랑 쇼핑하러 가고 싶은지 궁금했어. 그래서, 몇 시에 시간 돼? 오전 10시 괜찮아? 아주 좋아. 그리고, 어디서 만날까? 공원 정문에서? 그래. 괜찮아. 쇼핑 끝나고 계획 있어? 생각하고 있는 거라도 있어? 늦은 점심이라도 먹으러 가는 건 어때? 공원 맞은편에 있는 좋은 기본적인 이탈리안 음식을 파는 레스토랑은 어때? 그곳 음식이 엄청나다는 얘기를 들었거든. 그거 아주 좋은 것 같아. 그래, 그럼 내일 보자. 안녕.

핵심표현 AL 표현

어휘 표현 | wonder if ~인지 궁금하다   available 시간이 나는   have A in mind A를 생각해두다, 염두에 두다   incredible 믿어지지 않는, 엄청난

MP3   5_3

쇼핑 (약속) | 쇼핑 관련 문제 해결

I'm sorry, but there is a problem I need you to resolve. You and your friend were supposed to go shopping together, but you can't make it. Call your friend and explain the situation. And offer two or three alternatives.

유감스럽게도, 당신이 해결해야 할 문제가 있습니다. 당신이 친구와 함께 쇼핑하기로 되어 있었지만, 당신은 갈 수 없습니다. 친구에게 전화를 걸어 상황을 설명해 보세요. 그리고 두세 가지 대안을 제시해 주세요.

듣기 키워드

핵심 표현   AL 표현   MP3   5_4

	핵심 표현	AL 표현
❶	약속에 갈 수 없을 것 같아서 전화함	오늘 아침에 쇼핑 가기로 했었음
❷	엄마한테서 급한 전화가 왔음	내가 당장 뭔가를 해야 한다고 했음
❸	일이 좀 정리되고 나서 만나는 건 어떤지	16일에 만날 수 있을지
❹	대신 조만간 아주 맛있는 저녁 대접하려고 함	

만능 답변

(도입부) Hi, Peter. It's me, Sunny. (본론) ❶ I'm calling to let you know that I won't be able to make it. <u>I know we were supposed to go shopping this morning.</u> Sorry, something really urgent came up at the last minute. So, I think I can't make it today. ❷ I just got a quick call from my mom and <u>she said she needs me to do something right away.</u> So, I think I should take care of it first. Oh, don't worry. It's not that serious. ❸ Why don't we get together after things clear up? <u>Can we meet on the 16th?</u> I'd much prefer Friday, if that's alright with you. ❹ Instead, I'll treat you to a nice dinner very soon. (마무리) Sorry once again. I'll talk to you soon. Take care. Bye.

안녕, 피터, 나야, 써니. 내가 약속에 갈 수 없을 것 같아서 알려 주려고 전화했어. 우리가 오늘 아침에 쇼핑하러 가기로 한 거 알아. 미안하지만, 정말 급한 일이 마지막 순간에 생겼어. 그래서 오늘 갈 수 없을 것 같아. 방금 엄마한테서 급한 전화가 왔는데, 내가 당장 뭔가를 해야 한다고 하셨거든. 그래서, 그걸 먼저 처리해야 할 것 같아. 아, 걱정하지마. 그렇게 심각한 건 아냐. 일 좀 정리되고 나서 만나는 건 어때? 16일에 만날 수 있어? 너만 괜찮다면, 난 금요일이 훨씬 더 좋아. 대신, 내가 조만간 아주 맛있는 저녁 살게. 다시 한번 미안해. 곧 또 얘기하자. 잘 있어. 안녕.

핵심표현   AL 표현

어휘 표현 | let A know that A에게 ~라고 알리다   be able to do ~할 수 있다   make it (모임, 약속 등에) 가다, 참석하다   be supposed to do ~하기로 되어 있다, ~할 예정이다   urgent 급한   come up 생기다, 발생하다   at the last minute 마지막 순간에   get a quick call 급한 전화를 받다   need A to do A가 ~할 필요가 있다   take care of ~을 처리하다   Why don't we ~? ~하는 게 어때?   get together 만나다, 모이다   clear up 정리되다   prefer ~을 더 좋아하다, 선호하다   instead 대신   treat A to B A에게 B를 대접하다

🔊 MP3 5_5

쇼핑 (약속) | 기억에 남는 쇼핑 경험

That's the end of the situation. Have you ever had any special experience while shopping - maybe a time when something unexpected happened, or simply a very enjoyable or recent experience? First tell me some background about when and where this occurred, and then tell me what happened to make the experience so memorable for you.

상황극이 종료되었습니다. 쇼핑하는 동안 뭔가 예상 밖의 일이 발생된 순간이 있었다거나, 아니면 단순히 아주 즐거웠거나 최근에 있었던 경험 같은 특별한 경험을 한 번이라도 해 본 적이 있나요? 언제 그리고 어디에서 그 일이 발생됐는지 약간의 배경을 얘기한 다음, 어떤 일이 발생되면서 그렇게 기억에 남게 되었는지 이야기해 주세요.

듣기 키워드

핵심 표현 **AL 표현** 🔊 MP3 5_6

	핵심 표현	AL 표현
❶	친구와 나는 쇼핑 계획을 세움	
❷	그곳에 가는 길에 차 사고가 남	다행히 아무도 다치진 않았음
❸	하지만 보험 회사와 일 처리를 하고 정비소를 찾아야 했음	
❹	친구에게 쇼핑 약속을 나중으로 미뤄도 될지 전화해 물어봄	친구는 너무 걱정되어 대신 나를 보기 위해 들러 줌

만능 답변

[도입부] Yeah. I've had a very similar experience before. To make it short, something unexpected happened all of a sudden. [본론] ❶ Once my friend and I made plans to go shopping. However, on the day I was supposed to go there, ❷ I got into a car accident on the way there. Fortunately, no one got hurt. It was not that serious. ❸ But I had to deal with the insurance companies and find a repair shop. ❹ So I had to call my friend to ask if it was okay to push back our shopping until sometime later. He was so worried about me that he came by to see me instead. It was a memorable experience for both of us and we often talk about that day. [마무리] By the way, on the following day, I just drove to his place to surprise him.

네. 전에 아주 비슷한 경험을 한 적이 있어요. 간단히 말하자면, 예기치 못한 일이 갑자기 일어났죠. 한번은 제 친구와 제가 쇼핑하러 갈 계획을 세웠어요. 하지만, 제가 그곳에 가기로 한 날에, 그곳으로 가는 길에 차 사고가 났어요. 다행히, 아무도 다치지 않았어요. 그렇게 심각하진 않았죠. 하지만 보험 회사와 일 처리를 하고 정비소를 찾아야 했어요. 그래서 친구에게 전화해서 좀 더 나중으로 쇼핑을 미뤄도 괜찮은지 물어봐야 했죠. 그 친구는 저를 너무 걱정한 나머지, 대신 저를 보기 위해 들렀어요. 우리 둘 모두에게 기억에 남는 경험이었기 때문에 우리는 종종 그날 얘기를 해요. 어쨌든, 그 다음날, 놀라게 해주려고 그냥 차를 운전해서 그 친구 집에 갔어요.

핵심표현 AL 표현

어휘 표현 | similar 비슷한, 유사한 to make it short 간단히 말해서 get into a car accident 자동차 사고를 당하다 deal with ~을 처리하다, 다루다 insurance 보험 repair 수리

공연 보기 (구매)

▶ 공연 티켓 구매 전화 문의

I would like to give you a situation and ask you to act it out. You want to watch a performance with your friends. Call the ticket office and ask three or four questions in order to buy tickets.

당신이 역할극을 해야 하는 상황이 있습니다. 당신은 친구들과 함께 공연을 관람하기를 원합니다. 매표소에 전화를 걸어 입장권을 구입할 수 있도록 서너 가지 질문을 해 보세요.

▶ 공연에 못 가게 된 상황 문제 해결

Unfortunately, you have a problem which I need you to resolve. You are sick on the day of the performance. Call one of your friends and explain your situation. Then offer two alternatives to handle this situation.

안타깝게도, 당신이 해결해야 할 문제가 있습니다. 당신은 공연 당일에 몸이 좋지 않습니다. 친구들 중 한 명에게 전화를 걸어 상황을 설명해 보세요. 그런 다음, 이 상황에 대처할 수 있도록 두 가지 대안을 제시해 주세요.

▶ 표를 예매했지만 가지 못한 경험

That's the end of the situation. Have you ever had tickets for a performance or other events, but you couldn't go? If so, when did this happen? What problem was it? How did this affect your plan? Tell me about this experience in as much detail as you can.

상황극이 종료되었습니다. 공연 또는 다른 행사 입장권을 구입했지만 갈 수 없었던 적이 있었나요? 그렇다면, 언제 그런 일이 있었나요? 어떤 문제가 있었나요? 그 일이 당신 계획에 어떤 영향을 미쳤나요? 그 경험과 관련해 가능한 한 자세히 이야기해 주세요.

어휘/표현 익히기

☐ performance 공연
☐ ongoing (계속) 진행되는
☐ reserve ~을 예약하다
☐ hold ~을 개최하다, 열다
☐ popular 인기 있는
☐ general 일반적인
☐ admission 입장
☐ accept ~을 받아들이다, 수락하다
☐ unfortunately 아쉽게도, 유감스럽게도
☐ unexpectedly 예기치 못하게

☐ come down with (질병) ~에 걸리다
☐ take a rain check 다음으로 미루다
☐ notice 알림, 통보
☐ hit A up A에게 연락하다
☐ common 흔한
☐ cancel ~을 취소하다
☐ appointment 약속, 예약
☐ put off ~을 미루다, 연기하다
☐ in a hurry 급하게

문장 만들어보기

❶ 이번 주말에 진행되는 공연에 관한 정보를 좀 얻으려고 전화 드렸어요.

▶
_____

(call, get some information, ongoing performance)

❷ 첫 번째 질문은, 어떤 종류의 공연이 개최되고 있나요?

▶
_____

(the first, what kinds of, hold)

❸ 예기치 못하게 일이 좀 생겼어.

▶
_____

(come up, unexpectedly)

❹ 대부분의 경우에, 약속이나 계획이 마지막 순간에 취소되면 기분이 좋지 않죠.

▶
_____

(most of the time, feel bad, appointments, plans, at the last minute)

모범 답안
❶ I'm calling to get some information on ongoing performances this weekend.
❷ The first question that I have is, what kinds of performances are being held?
❸ Something came up unexpectedly.
❹ Most of the time, you feel bad when your appointments or plans are canceled at the last minute.

🔊 MP3 5_7

| 공연 보기 (구매) | 공연 티켓 구매 전화 문의 |

I would like to give you a situation and ask you to act it out. You want to watch a performance with your friends. Call the ticket office and ask three or four questions in order to buy tickets.

당신이 역할극을 해야 하는 상황이 있습니다. 당신은 친구들과 함께 공연을 관람하기를 원합니다. 매표소에 전화를 걸어 입장권을 구입할 수 있도록 서너 가지 질문을 해 보세요.

듣기 키워드

핵심 표현 　　　　　　　　　　　　　　　AL 표현 　　🔊 MP3 5_8

	핵심 표현	AL 표현
❶	이번 주말 공연에 관한 정보를 얻으려고 전화함	두 명 입장권을 예매하고 싶음
❷	첫번째 질문은, 어떤 종류의 공연이 열리고 있는지	지금 가장 인기 있는 것을 관람하고 싶음
❸	두번째로, 입장권의 가격이 궁금함	무대와 가까운 좌석이 있는지
❹	마지막으로, 이용 가능한 주차 공간이 있는지	

만능 답변

[도입부] Hello. ❶ I'm calling to get some information on ongoing performances this weekend. I would like to reserve tickets for two people. Since I have never been to your theater before, I have some questions for you. [본론] ❷The first question that I have is, what kinds of performances are being held? I'd like to watch the most popular one right now. ❸ Secondly, I'm wondering about prices for those tickets. Next, are there any seats close to the stage available? I really hate sitting too far from the stage. What is the difference between a special seat and a general admission ticket? Also, I'd like to see if you accept any discount cards. ❹ Lastly, are there any parking spaces available? [마무리] Thank you. I appreciate it. I really do.

안녕하세요. 이번 주말에 진행되는 공연에 관한 정보를 좀 얻으려고 전화 드렸어요. 두 명 입장권을 예매하고 싶어요. 제가 전에 그 극장에 한번도 가 본 적이 없어서, 질문이 좀 있어요. 제가 갖고 있는 첫 번째 질문은, 어떤 종류의 공연이 열리고 있나요? 저는 지금 가장 인기 있는 것을 관람하고 싶어요. 두 번째로, 그 입장권의 가격이 궁금해요. 다음으로는, 무대와 가까운 어느 좌석이든 있을까요? 제가 무대에서 멀리 떨어져서 앉는 걸 정말 싫어해서요. 특별 좌석과 일반 입장권 사이의 차이점은 무엇인가요? 그리고, 어느 할인 카드든 받으시는지도 알고 싶어요. 마지막으로, 이용 가능한 주차 공간이 있나요? 고마워요. 감사하게 생각해요. 정말로요.

핵심표현 　AL 표현

어휘 표현 | ongoing (계속) 진행되는　performance 공연　would like to do ~하고자 하다, ~하고 싶다　reserve ~을 예약하다　have been to ~에 가 본 적이 있다　hold ~을 개최하다, 열다　popular 인기 있는　wonder about ~을 궁금해하다　close to ~와 가까운　available 이용 가능한　too far from ~에서 너무 멀리 떨어져　general 일반적인　admission 입장　accept ~을 받아들이다, 수락하다　parking 주차　appreciate ~에 대해 감사하다

🔊 MP3 5_9

공연 보기 (구매) 공연에 못 가게 된 상황 문제 해결

Unfortunately, you have a problem which I need you to resolve. You are sick on the day of the performance. Call one of your friends and explain your situation. Then offer two alternatives to handle this situation.

안타깝게도, 당신이 해결해야 할 문제가 있습니다. 당신은 공연 당일에 몸이 좋지 않습니다. 친구들 중 한 명에게 전화를 걸어 상황을 설명해 보세요. 그런 다음, 이 상황에 대처할 수 있도록 두 가지 대안을 제시해 주세요.

듣기 키워드

핵심 표현   **AL 표현**   🔊 MP3 5_10

	핵심 표현	AL 표현
❶	예상치 못한 일이 생겼음	
❷	오늘 아침에 열이 났음	감기 같은 게 걸릴 것 같음
❸	괜찮다면, 다음에 갈 수 있는지	나 없이 가도 괜찮음
❹	네가 방문할 때 함께 저녁 먹자	우리 집 근처에 아주 좋은 이탈리안 레스토랑이 있음

만능 답변

(도입부) Hi, it's me, Soo-yeon. Unfortunately, I have some bad news for you. (본론) ❶ Something came up unexpectedly. ❷ I woke up with a fever this morning. <u>I think I'm coming down with a cold or something.</u> I took some fever medicine. Fortunately, I'm feeling a little better. But I think I should go see a doctor today. ❸ If it's okay with you, can you take a rain check? <u>You can go without me.</u> Or I can give you my ticket if you have anyone to go with. You can pick it up whenever you're available. I'm so sorry for the last minute notice. I was hoping to watch the music performance with you. Hopefully, next time. ❹ Let's have dinner together when you visit. <u>There's a nice Italian restaurant near my place.</u> I'll treat you to dinner there. (마무리) Once again, I'm so sorry. When you get this message, hit me up. Text me or call me on my cell. Take care. Bye.

안녕, 나야, 수연이. 안타깝게도, 좋지 않은 소식이 있어. 예상치 못하게 일이 좀 생겼어. 오늘 아침에 일어나 보니까 열이 나. 감기 같은 게 걸리려나 봐. 해열제를 좀 먹었어. 다행히, 조금 나아진 것 같아. 하지만 오늘 병원에 진찰 받으러 가야 할 것 같아. 괜찮으면, 다음에 갈래? 나 없이 가도 돼. 아니면 함께 갈 사람이 있으면 내 입장권을 줄 수 있어. 언제든 시간 될 때 가져가면 돼. 마지막 순간에 알려줘서 정말 미안해. 너랑 그 음악 공연을 보고 싶었는데, 다음엔 그렇게 할 수 있으면 좋겠어. 네가 방문할 때 함께 저녁 먹자. 우리 집 근처에 아주 좋은 이탈리안 레스토랑이 있어. 내가 거기서 저녁 살게. 다시 한번, 정말 미안해. 이 메시지 받으면, 연락 좀 줘. 내 휴대전화로 문자 보내거나 전화하면 돼. 잘 있어. 안녕.

핵심표현 <u>AL 표현</u>

어휘 표현 ┃ unfortunately 안타깝게도, 유감스럽게도 unexpectedly 예기치 못하게 fever 열 come down with (질병) ~에 걸리다 go see a doctor 병원 진찰을 받으러 가다 take a rain check 다음으로 미루다, 다음을 기약하다 notice 알림, 통보 treat A to B A에게 B를 대접하다 hit A up A에게 연락하다

공연 보기 (구매)	공연에 못 가게 된 상황 문제 해결

That's the end of the situation. Have you ever had tickets for a performance or other events, but you couldn't go? If so, when did this happen? What problem was it? How did this affect your plan? Tell me about this experience in as much detail as you can.

상황극이 종료되었습니다. 공연 또는 다른 행사 입장권을 구입했지만 갈 수 없었던 적이 있었나요? 그렇다면, 언제 그런 일이 있었나요? 어떤 문제가 있었나요? 그 일이 당신 계획에 어떤 영향을 미쳤나요? 그 경험과 관련해 가능한 한 자세히 이야기해 주세요.

듣기 키워드

핵심 표현   **AL** 표현   ◁)) MP3 5_12

❶	내 기억이 맞다면 약 두세 달 전에 몸이 좋지 않았던 때임	친구와 약속하고 만나기로 되어 있던 전날에
❷	다음 날 아침에 일어나니 전보다 훨씬 더 좋지 않았음	
❸	친구에게 급히 전화해서 상황을 설명했음	약속에 갈 수 없을 것 같다고 말함
❹	다행히, 친구가 그렇게 실망하진 않았음	

만능 답변

(도입부) I've experienced this kind of situations. Most of the time, you feel bad when your appointments or plans are canceled at the last minute. (본론) ❶ If I'm not mistaken, it was about two or three months ago when I was not feeling well <u>the day before I was supposed to meet up with my friend.</u> I got some cold symptoms the night before, and I thought it seemed like no big deal. ❷ But I woke up the next morning feeling even worse than before. ❸ So I called my friend in a hurry to explain the situation <u>and tell him that I wouldn't be able to make it.</u> ❹ Fortunately, he wasn't too disappointed. (마무리) There are times you suddenly get sick, but you get even more disappointed because you can't do what you wanted to do so badly. Health is not something that you can really control.

저도 이런 상황을 겪어 봤어요. 대부분의 경우에, 약속이나 계획이 마지막 순간에 취소되면 기분이 좋지 않죠. 제 기억이 맞다면, 약 두세 달 전이었는데, 제가 친구와 약속하고 만나기로 되어 있던 전날에 몸이 좋지 않았어요. 전날 밤에 감기 증상이 좀 있었는데, 별일 아닌 것 같다고 생각했어요. 하지만 다음 날 아침에 일어나보니 전보다 훨씬 더 좋지 않았어요. 그래서 친구한테 급히 전화해서 상황을 설명하고 갈 수 없을 거라고 말했죠. 다행히, 친구가 그렇게 실망하진 않았어요. 갑자기 몸이 아플 때도 있긴 하지만, 너무 하고 싶어했던 것을 할 수 없기 때문에 훨씬 더 실망하게 돼요. 건강은 사람이 정말 통제할 수 있는 게 아니에요.

핵심표현 <u>AL 표현</u>

어휘 표현 | cancel ~을 취소하다   appointment 약속, 예약   at the last minute 마지막 순간에   meet up with ~와 약속하고 만나다   symptom 증상   no big deal 별일 아닌 것, 대수롭지 않은 것   in a hurry 급하게   fortunately 다행히 disappointed 실망한   badly (강조) 너무, 몹시   control 제어하다, 통제하다

MP3 플레이어

▶ MP3 플레이어에 대해 질문

I'd like to give you a situation to act out. You want to borrow an MP3 player from your friend. Explain your situation and ask him three to four questions to borrow the MP3 player.

당신이 역할극을 해야 하는 상황이 있습니다. 당신은 친구에게서 MP3 플레이어를 빌리고 싶어합니다. 그 상황을 설명한 다음, MP3 플레이어를 빌릴 수 있도록 서너 가지 질문을 해 보세요.

▶ 빌린 MP3 플레이어를 고장 낸 상황 문제 해결

I am sorry, but you have a problem to resolve. You accidentally broke your friend's MP3 player. Tell your friend what happened and suggest two or three solutions to resolve the problem.

유감스럽게도, 당신이 해결해야 할 문제가 있습니다. 당신이 실수로 친구의 MP3 플레이어를 망가뜨렸습니다. 친구에게 무슨 일이 있었는지 얘기한 다음, 이 문제를 해결할 수 있도록 두세 가지 해결책을 제안해 주세요.

▶ 빌린 물건을 고장 낸 경험

That's the end of the situation. Have you ever broken something that you borrowed from your friend or family member? Or have you ever had someone else break something that you lent them? When was it? What was the problem? How did you handle it? Tell me everything in detail.

상황극이 종료되었습니다. 친구나 가족으로부터 빌리신 것을 망가뜨린 적이 있나요? 아니면 다른 누군가에게 빌려 준 것을 그 사람이 망가뜨린 적이 있었나요? 그때가 언제였나요? 어떤 문제가 있었나요? 그 일에 어떻게 대처했나요? 자세히 모두 이야기해 주세요.

필수 표현과 문장

어휘/표현 익히기

- [ ] **on one's way** ~에 가는 길에, 도중에
- [ ] **broken** 고장 난
- [ ] **somehow** 왠지 (모르겠지만)
- [ ] **lent A B** A에게 B를 빌려주다
- [ ] **take good care of** ~을 잘 챙기다
- [ ] **return** 돌아오다, 복귀하다
- [ ] **let A know** A에게 알리다
- [ ] **appreciate** ~에 대해 감사하다
- [ ] **accidently** 실수로
- [ ] **get cracked** 갈라지다, 금이 가다

- [ ] **scratched** 긁힌
- [ ] **fall out of** ~에서 빠져 나오다, 떨어지다
- [ ] **work** 작동되다
- [ ] **replacement** 대체(품), 교체(품)
- [ ] **convenient** 편리한
- [ ] **result in** ~을 초래하다, ~라는 결과를 낳다
- [ ] **repair shop** 수리점
- [ ] **make up for** ~에 대해 보상하다, 만회하다
- [ ] **entire** 전체의, 모든

문장 만들어보기

❶ 무슨 일이냐 하면, 내가 내일 혼자 일주일 동안 부산으로 여행을 갈 거야.

▶

(the thing is, alone, for a week)

❷ 아쉽게도, 내 MP3 플레이어가 왠지 모르겠지만 지금 고장 나 있어.

▶

(unfortunately, broken, somehow)

❸ 괜찮으면, 일주일 동안 MP3 플레이어 좀 빌려 줄 수 있어?

▶

(mind, lend, for a week)

❹ 다른 게 사고 싶으면 돈으로 줘도 될까?

▶

(give some money, buy a different one)

❺ 어떤 게 너에게 더 편리한지 알고 싶어.

▶

(which one, convenient)

모범답안

❶ The thing is that I am going to travel to Busan alone for a week from tomorrow.
❷ Unfortunately, my MP3 player is broken now somehow.
❸ If you don't mind, could you lend me your MP3 player for a week?
❹ Can I give you some money for it if you want to buy a different one?
❺ I would like to know which one is more convenient for you.

만능 답변

질문 ▶ 문제 해결 ▷ 관련 경험

🔊 MP3 5_13

MP3 플레이어 | MP3 플레이어에 대해 질문

I'd like to give you a situation to act out. You want to borrow an MP3 player from your friend. Explain your situation and ask him three to four questions to borrow the MP3 player.

당신이 역할극을 해야 하는 상황이 있습니다. 당신은 친구에게서 MP3 플레이어를 빌리고 싶어합니다. 그 상황을 설명한 다음, MP3 플레이어를 빌릴 수 있도록 서너 가지 질문을 해 보세요.

듣기 키워드

핵심 표현   **AL** 표현   🔊 MP3 5_14

❶	그곳에 가는 길에 음악을 듣고 싶음	하지만 왠지 모르겠지만 내 MP3 플레이어가 고장이 났음
❷	일주일 동안 MP3 플레이어 빌릴 수 있을지	잘 챙겨서 아무 일도 없게 할 것임
❸	돌아오면 돌려줄 예정임	
❹	언제 시간이 괜찮은 지 알려주길 바람	

만능 답변

(도입부) Hi, Peter. This is Tony. (본론) I'm calling to ask you something. I want you to do me a favor. The thing is that I am going to travel to Busan alone for a week from tomorrow. ❶ I want to listen to music on my way there, but unfortunately, my MP3 player is broken now somehow. If you don't mind, ❷ could you lend me your MP3 player for a week? Don't worry. I'm going to take good care of it. And nothing's going to happen. ❸ I'll get it back to you when I return. I'll buy you a nice coffee. ❹ Let me know when you are going to be available. (마무리) Alright, thank you very much, Peter. I appreciate it. I really do.

안녕, 피터. 토니야. 뭐 좀 물어 보려고 전화했어. 내 부탁 좀 들어줬으면 해. 무슨 일이냐 하면, 내가 내일 혼자 일주일 동안 부산으로 여행을 갈 거야. 그곳으로 가는 길에 음악을 듣고 싶은데, 아쉽게도, 내 MP3 플레이어가 왠지 모르겠지만 지금 고장 나 있어. 괜찮으면, 일주일 동안 MP3 플레이어 좀 빌려 줄 수 있어? 걱정하지마. 내가 잘 챙길게. 그리고 아무 일도 없을 거야. 내가 돌아오면 돌려줄게. 내가 맛있는 커피 사줄게. 언제 시간이 괜찮은 지 알려줘. 좋아, 너무 고마워, 피터. 감사하게 생각해. 정말로.

핵심표현 **AL 표현**

어휘 표현 | do A a favor A의 부탁을 들어주다   on one's way 가는 길에, 도중에   broken 고장 난   somehow 왠지 (모르겠지만)   if you don't mind 괜찮다면   lend A B A에게 B를 빌려주다   take good care of ~을 잘 챙기다, 잘 돌보다   get A back to B A를 B에게 돌려주다   return 돌아오다, 복귀하다   available (사람들을 만날) 시간이 있는

🔊 MP3 5_15

MP3 플레이어 | 빌린 MP3 플레이어를 고장 낸 상황 문제 해결

I am sorry, but you have a problem to resolve. You accidentally broke your friend's MP3 player. Tell your friend what happened and suggest two or three solutions to resolve the problem.

유감스럽게도, 당신이 해결해야 할 문제가 있습니다. 당신이 실수로 친구의 MP3 플레이어를 망가뜨렸습니다. 친구에게 무슨 일이 있었는지 얘기한 다음, 이 문제를 해결할 수 있도록 두세 가지 해결책을 제안해 주세요.

듣기 키워드

핵심 표현 / AL 표현

🔊 MP3 5_16

	핵심 표현	AL 표현
❶	네가 전에 빌려준 MP3 플레이어에 문제가 생겼다는 걸 알려주려고 전화함	
❷	실수로 주머니에서 있던 걸 떨어트리게 됨	터치 스크린이 갈라지고 심하게 긁힘
❸	대체품을 사줘도 될지	다른 게 사고 싶다면 돈으로 줘도 될지
❹	네가 선택하는 다른 모델을 구입해 줄 수도 있음	어떤 게 너에게 더 편리할지 알고 싶음

만능 답변

[도입부] Hello. It is me, Jiwan. [본론] ❶ I'm calling to let you know that I have a problem with the MP3 player you lent me the other day. ❷ The main problem is that I accidently let it fall out of my pocket somehow. <u>The touch screen got cracked and badly scratched.</u> Furthermore, it doesn't seem to be working. What am I supposed to do? I don't know what to do. ❸ I was wondering if I could buy you a replacement. <u>Can I give you some money for it if you want to buy a different one?</u> ❹ Or I could buy you another model of your choice. <u>I would like to know which one is more convenient for you.</u> What do you think? [마무리] I'm so sorry about this. Thank you. I appreciate it. I really do.

여보세요. 나야, 지완이. 네가 일전에 빌려준 MP3 플레이어에 문제가 있다는 걸 알려주려고 전화했어. 가장 큰 문제는, 왠지 모르겠지만 실수로 주머니에 있던 걸 떨어트리게 되었어. 터치 스크린이 갈라지고 심각하게 긁혔어. 게다가, 작동되는 것 같지도 않아. 내가 어떻게 하면 될까? 어떻게 해야 할지 잘 모르겠어. 내가 대체품을 사줘도 될지 궁금해. 다른 게 사고 싶으면 돈으로 줘도 될까? 아니면 네가 선택하는 다른 모델을 구입해 줄 수도 있어. 어떤 게 너에게 더 편리한지 알고 싶어. 어떻게 생각해? 이런 일이 생겨서 너무 미안해. 고마워, 감사하게 생각해. 정말로.

핵심표현 <u>AL 표현</u>

어휘 표현 | the other day 일전에　accidently 실수로　let A do A에게 ~하게 하다　fall out of ~에서 빠져 나오다, 떨어지다　somehow 왠지 (모르겠지만)　get cracked 갈라지다, 금이 가다　scratched 긁힌　furthermore 게다가, 더욱이　work 작동되다　be supposed to do ~을 해야 하다, ~하기로 되어 있다　wonder if ~인지 궁금하다　replacement 대체(품), 교체(품)　of one's choice ~가 선택하는　would like to do ~하고 싶다, ~하고자 하다　convenient 편리한　appreciate ~에 대해 감사하다

◁》MP3 5_17

| **MP3 플레이어** | 빌린 물건을 고장 낸 경험 |

That's the end of the situation. Have you ever broken something that you borrowed from your friend or family member? Or have you ever had someone else break something that you lent them? When was it? What was the problem? How did you handle it? Tell me everything in detail.

상황극이 종료되었습니다. 친구나 가족으로부터 빌리신 것을 망가뜨린 적이 있나요? 아니면 다른 누군가에게 빌려 준 것을 그 사람이 망가뜨린 적이 있었나요? 그때가 언제였나요? 어떤 문제가 있었나요? 그 일에 어떻게 대처했나요? 자세히 모두 이야기해 주세요.

듣기 키워드

핵심 표현   **AL 표현**

◁》MP3 5_18

❶	친구에게서 MP3 플레이어를 빌렸음	실수로 MP3 플레이어를 떨어트려서 젖게 되었음
❷	배터리를 꺼냈음	MP3 플레이어를 건조시킨 후 배터리를 다시 끼워 넣음
❸	하지만 작동하지 않음	그날 늦게, 한 수리점으로 가져 갔음
❹	다음날 아침, 친구에게 전화해서 상황을 설명했음	친구가 선택한 것으로 다른 모델을 사줬음

만능 답변

(도입부) The last time I went on a trip to Busan, the same thing happened to me. (본론) ❶ I borrowed an MP3 player from a friend of mine. During the trip there, I enjoyed walking on the beach, but it resulted in something unexpected. I accidently dropped the MP3 player and got it wet. ❷ So, I took out the battery, and then I let the MP3 player dry out before putting the battery back in. ❸ But it didn't work. Later that day, I took it to one of the repair shops. They said it was so damaged that it was beyond repairs. ❹ The next morning, I called my friend and explained what had happened. To my surprise, he was so cool about it. I bought him a different model of his choice. And I bought him lunch to make up for my mistake. (마무리) It was one of the most terrible experiences that I've had in my entire life.

제가 지난 번에 부산으로 여행 갔을 때, 같은 일이 일어났어요. 제 친구에게 MP3 플레이어를 빌렸어요. 그곳에서 여행하던 중에, 해변을 즐겁게 걷고 있었는데, 예기치 못한 일이 초래됐죠. 실수로 MP3 플레이어를 떨어트려서 젖었거든요. 그래서, 배터리를 꺼낸 다음, MP3 플레이어를 건조시킨 후에 배터리를 다시 끼워 넣었어요. 하지만 작동되지 않았죠. 그날 늦게, 한 수리점으로 가져 갔어요. 너무 손상돼서 수리할 수 없을 정도라고 하더라고요. 다음날 아침에, 친구에게 전화해서 무슨 일이 있었는지 설명했죠. 놀랍게도, 친구는 그 일에 대해 아주 침착했어요. 저는 친구가 선택한 것으로 다른 모델을 사줬어요. 그리고 제 실수에 대해 보상하기 위해 점심도 사줬어요. 제 평생 동안 겪은 가장 끔찍한 경험 중 하나였죠.

핵심표현 AL 표현

어휘 표현 | result in ~을 초래하다, ~라는 결과를 낳다   accidently 실수로   drop ~을 떨어뜨리다   take out ~을 꺼내다   dry out 건조시키다   work 작동되다   repair shop 수리 전문점   damaged 손상된, 피해를 입은   beyond repairs 수리할 수 없을 정도인   make up for ~에 대해 보상하다, 만회하다

영화 보기 (약속)

▶ 영화 관련 질문

Now, I would like to give you a situation and ask you to act it out. Let's suppose that you want to watch a movie with your friend. Call your friend and ask three or four questions to make a plan.

이제, 당신이 역할극을 해야 하는 상황이 있습니다. 친구와 함께 영화를 관람하고 싶어한다고 가정해 보겠습니다. 친구에게 전화를 걸어 약속을 잡기 위해 서너 가지 질문을 해 보세요.

▶ 영화 관람 약속을 못 지키는 상황 문제 해결

I'm sorry, but you have a problem I need you to resolve. You and your friend were supposed to watch a movie together, but you can't make it because of an emergency. Call your friend and explain the situation, and offer two or three alternatives.

유감스럽게도, 당신이 해결해야 할 문제가 있습니다. 친구와 함께 영화를 관람하기로 되어 있었지만, 급한 일 때문에 갈 수 없습니다. 친구에게 전화를 걸어 상황을 설명한 다음, 두세 가지 대안을 제시해 주세요.

▶ 친구와의 약속을 취소한 경험

That's the end of the situation. Have you ever had a situation in which you canceled plans with your friend due to some unexpected matters? If so, what was the problem? Please tell me everything that happened on that day.

상황극이 종료되었습니다. 어떤 예기치 못한 일로 인해 친구와의 계획을 취소한 상황을 겪은 적이 있었나요? 그렇다면, 무엇이 문제였나요? 그날 일어났던 모든 일을 이야기해 주세요.

필수 표현과 문장

어휘/표현 익히기

- □ performance 공연
- □ ongoing (계속) 진행되는
- □ reserve ~을 예약하다
- □ hold ~을 개최하다, 열다
- □ popular 인기 있는
- □ close to ~와 가까운
- □ too far from ~에서 너무 멀리 떨어져
- □ general 일반적인
- □ admission 입장
- □ accept ~을 받아들이다, 수락하다
- □ unfortunately 아쉽게도, 유감스럽게도

- □ unexpectedly 예기치 못하게
- □ come down with (질병) ~에 걸리다
- □ take a rain check 다음으로 미루다
- □ notice 알림, 통보
- □ hit A up A에게 연락하다
- □ common 흔한
- □ cancel ~을 취소하다
- □ appointment 약속, 예약
- □ put off ~을 미루다, 연기하다
- □ in a hurry 급하게

문장 만들어보기

❶ 내 부탁 좀 들어줬으면 해.

  ▶
  ....
  (do a favor)

❷ 내가 갈 수 없을 거라는 사실을 알려 주려고 전화했어.

  ▶
  ....
  (let, be able to)

❸ 대신, 내가 조만간 아주 맛있는 저녁 살게.

  ▶
  ....
  (instead, treat, soon)

❹ 게다가, 예기치 못하게 불쑥 생긴 가족 문제도 있었어요.

  ▶
  ....
  (besides, family matters, pop up)

❶ I want you to do me a favor.
❷ I'm calling to let you know that I won't be able to make it
❸ Instead, I'll treat you to a nice dinner very soon.
❹ Besides, I had family matters that popped up unexpectedly.

만능 답변

질문 〉 문제 해결 〉 관련 경험

MP3 5_19

영화 보기 [약속] | 영화 관련 질문

Now, I would like to give you a situation and ask you to act it out. Let's suppose that you want to watch a movie with your friend. Call your friend and ask three or four questions to make a plan.

이제, 당신이 역할극을 해야 하는 상황이 있습니다. 친구와 함께 영화를 관람하고 싶어한다고 가정해 보겠습니다. 친구에게 전화를 걸어 약속을 잡기 위해 서너 가지 질문을 해 보세요.

듣기 키워드

핵심 표현   **AL 표현**   MP3 5_20

	핵심 표현	AL 표현
❶	함께 영화 보러 가고 싶은지 궁금함	액션 영화와 코미티 영화 중 어느 게 더 좋은지
❷	새로 개봉한 영화는 어떤지	주말을 시작하는 아주 좋은 방법이지 않은지
❸	여유 시간 중 하고 싶은 또 다른 것이 있는지	
❹	어디서 만날지	데리러 가길 원하는지

만능 답변

(도입부) Good morning, Peter. How do you feel today? Do you have anything planned for today? Yes, it's a great day to watch a movie. (본론) ❶ I was wondering if you would like to catch a movie with me. <u>Which do you like better, action movies or comedy movies?</u> ❷ How about a newly released movie? It's a superhero movie and it's going to be fun. How does that sound? <u>Don't you think that sounds like a great way to start off the weekend?</u> ❸ What other things do you want to do during our free time? ❹ By the way, where do you want to meet? <u>Do you want me to pick you up?</u> Or do you want to meet at the theater? Either one would be fine. (마무리) Okay. That will work. See you then. Bye.

안녕, 피터. 오늘 기분이 어때? 오늘 계획한 일이라도 있어? 그래, 영화 보기 아주 좋은 날이야. 함께 영화 보러 가고 싶은지 궁금했어. 액션 영화랑 코미디 영화 중에서 어느 게 더 좋아? 새로 개봉한 영화는 어때? 슈퍼히어로 영화인데, 재미 있을 거야. 어떻게 생각해? 주말을 시작하는 아주 좋은 방법이라고 생각하지 않아? 여유 시간 중에 하고 싶은 또 다른 것도 있어? 어쨌든, 어디서 만나고 싶어? 내가 데리러 갈까? 아니면 극장에서 만나고 싶어? 둘 중 어느 쪽이든 좋을 것 같아. 좋아. 그러면 될 거야. 그때 보자, 안녕.

핵심표현 <u>AL 표현</u>

어휘 표현 | catch (영화, TV 등) ~을 보다   **released** 개봉된, 출시된, 공개된   **way to do** ~하는 방법   **by the way** (화제 전환 시) 어쨌든, 그건 그렇고   **pick A up** A를 데리러 가다, 데려 오다   **either** 둘 중 하나의   **That will work** (일정이나 계획 등에 대해) 그러면 될 거야, 그렇게 하면 되겠다

🔊 MP3 5_21

영화 보기 (약속) 영화 관람 약속을 못 지키는 상황 문제 해결

I'm sorry, but you have a problem I need you to resolve. You and your friend were supposed to watch a movie together, but you can't make it because of an emergency. Call your friend and explain the situation, and offer two or three alternatives.

유감스럽게도, 해결해 주셨으면 하는 문제가 한 가지 있습니다. 친구와 함께 영화를 관람하시기로 되어 있었지만, 급한 일 때문에 가실 수 없습니다. 친구에게 전화를 걸어 상황을 설명하신 다음, 두세 가지 대안을 제시해 보세요.

듣기 키워드

핵심 표현　　　　　　　　　　　**AL 표현**　　🔊 MP3 5_22

	핵심 표현	AL 표현
❶	약속을 지킬 수 없을 것 같아서 전화함	오늘 저녁에 영화보러 가기로 했음
❷	엄마가 당장 와 달라고 했음	엄마한테서 급한 전화가 왔음
❸	일이 좀 정리되고 나서 만나는 건 어떤지	16일에 만날 수 있을지
❹	대신 조만간 아주 맛있는 저녁 대접하려고 함	

만능 답변

[도입부] Hi, Peter. It's me, Sunny. [본론] ❶ I'm calling to let you know that I won't be able to make it. I know we were supposed to go to the movies this evening. Sorry, something really urgent came up at the last minute. So, I think I can't make it today. ❷ I just got a quick call from my mom and she said she needs me to do something right away. So, I think I should take care of it first. Oh, don't worry. It's not that serious. ❸ Why don't we get together after things clear up? Can we meet on the 16th? I'd much prefer Friday, if that's alright with you. ❹ Instead, I'll treat you to a nice dinner very soon. [마무리] Sorry once again. I'll talk to you soon. Take care. Bye.

안녕, 피터, 나야, 써니. 내가 갈 수 없을 거라는 사실을 알려 주려고 전화했어. 우리가 오늘 아침에 쇼핑하러 가기로 한 거 알아. 미안하지만, 정말 급한 일이 마지막 순간에 생겼어. 그래서 오늘 갈 수 없을 것 같아. 방금 엄마한테서 급한 전화가 왔는데, 내가 당장 뭔가 해야 한다고 하셨거든. 그래서, 그걸 먼저 처리해야 할 것 같아. 아, 걱정하지마. 그렇게 심각한 건 아냐. 일 좀 정리되고 나서 만나는 건 어때? 16일에 만날 수 있어? 난 금요일이 훨씬 더 좋아, 너만 괜찮다면. 대신, 내가 조만간 아주 맛있는 저녁 살게. 다시 한번 미안해. 곧 또 얘기하자. 잘 있어. 안녕.

핵심표현　AL 표현

강쌤의 5초 꿀팁 ⏱

롤플레이 유형은 크게 약속, 예약(예매), 구매 세 가지 상황으로 구분할 수 있습니다. 주제는 달라지지만 누군가와 약속을 잡거나 예약을 하거나 무언가를 구매하는 상황으로 크게 분류할 수 있기 때문입니다. 위 답변은 앞선 쇼핑 약속 취소와 매우 비슷한 답변입니다. 위 답변을 문제 해결 템플릿으로 활용하고 주제에 따라 바꿔 키워드를 바꿔 활용한다면 최소 암기로 최고 효율을 낼 수 있습니다.

🔊 MP3 5_23

영화 보기 (약속)	친구와의 약속을 취소한 경험

That's the end of the situation. Have you ever had a situation in which you canceled plans with your friend due to some unexpected matters? If so, what was the problem? Please tell me everything that happened on that day.

상황극이 종료되었습니다. 어떤 예기치 못한 일로 인해 친구와의 계획을 취소한 상황을 겪은 적이 있었나요? 그렇다면, 무엇이 문제였나요? 그날 일어났던 모든 일을 이야기해 주세요.

듣기 키워드

핵심 표현 / AL 표현

🔊 MP3 5_24

	핵심 표현	AL 표현
❶	친구와 나는 만나서 뭔가 먹으러 갈 계획이 있었음	
❷	예기치 못하게 생긴 가족 문제가 있었음	친구와의 약속을 취소할 수 밖에 없었음
❸	친구는 진짜 괜찮다고 했음 그 후에, 메시지 보내서 정말 괜찮은지 확인함	무뚝뚝하게 느껴져서 일이 좀 해결되고 난 뒤 만날 수 있다고 함 친구가 메시지 읽고 무시함
❹	친구가 분명 화가 났다고 생각함	친구에게 정말 뭔가 있다고 생각함

만능 답변

(도입부) It was about a week ago. ❶ My friend and I made plans to meet up and go have something to eat. It was a short notice kind of thing. (본론) I was sort of busy during the week. I had to catch up on my work and other stuff. ❷ Besides, I had family matters that popped up unexpectedly. So I had no choice but to cancel the plans with my friend. ❸ He messaged me back saying "totally ok cool". It seemed blunt so I told him I can meet him after things settle down. After that, I texted him to see if he was really okay. He just read it and ignored it. ❹ I think he's obviously pissed off. Was I wrong here? I think something is really going on with him. I don't know what it is. (마무리) I hope things get better soon.

약 일주일 전의 일이었어요. 제 친구와 저는 만나서 뭔가 먹으러 갈 계획을 세웠죠. 예고에 없던 일 같은 거였어요. 제가 주중에는 좀 바빴어요. 밀린 업무와 다른 일을 처리해야 했죠. 게다가, 예기치 못하게 불쑥 생긴 가족 문제도 있었어요. 그래서 친구와의 약속을 취소할 수 밖에 없었어요. 그 친구는 저에게 다시 메시지를 보내 "진짜 괜찮아. 그럴 수 있지."라고 말했어요. 무뚝뚝하게 느껴져서 일이 좀 해결되고 난 뒤에 만날 수 있다고 그 친구에게 말했어요. 그 후에, 저는 그 친구에게 문자 메시지를 보내서 정말 괜찮은지 확인했죠. 그 친구는 그냥 읽고 무시했어요. 저는 그 친구가 분명히 화가 났다고 생각해요. 여기서 제가 잘못한 건가요? 저는 그 친구에게 정말 뭔가 있다고 생각해요. 그게 뭔지는 모르겠어요. 저는 상황이 빨리 나아졌으면 좋겠어요.

핵심표현 AL 표현

어휘 표현 ᴵ meet up 약속하고 만나다 short notice 예고에 없던 일, 갑작스러운 일 kind of thing (명사 뒤에 쓰여) ~ 같은 것 sort of 좀, 어느 정도 catch up on 밀린 ~을 처리하다, 못다한 ~을 하다 pop up 불쑥 생기다, 갑자기 일어나다 unexpectedly 예기치 못하게 have no choice but to do ~할 수 밖에 없다 blunt 무뚝뚝한 settle down 해결되다, 진정되다 pissed off 열 받은, 화난

호텔 (예약)

▶ 객실 예약 질문

There's a situation I'd like you to act out. Let's suppose that you are planning a vacation with a friend. Call the travel agency and ask three or four questions to make a reservation for a hotel room.

당신이 역할극을 해야 하는 상황이 있습니다. 친구와 함께 휴가를 계획하는 중이라고 가정해 보겠습니다. 여행사에 전화를 걸어 호텔 객실 예약에 필요한 서너 가지 질문을 해 보세요.

▶ 항공편 취소 상황 문제 해결

I'm sorry, but there is a problem you need to resolve. When you arrive at the airport, you realize that your flight has been canceled. However, all of the other flights are fully booked. Explain the situation to your travel agent and suggest two or three solutions.

유감스럽게도, 당신이 해결해야 할 문제가 있습니다. 공항에 도착했을 때, 항공편이 취소되었다는 사실을 알게 됩니다. 하지만, 다른 항공편들은 모두 예약이 꽉 차 있는 상태입니다. 여행사 직원에게 상황을 설명하시면서 두세 가지 해결책을 제안해 보세요.

▶ 여행 중 문제를 겪은 경험

That's the end of the situation. Have you experienced a problem while traveling? What was the problem, and how did you deal with it? Describe it in as much detail as possible.

상황극이 종료되었습니다. 여행 중에 문제를 겪은 적이 있었나요? 어떤 문제였으며, 어떻게 대처했나요? 가능한 한 자세히 설명해 주세요.

강쌤의 5초 꿀팁

롤플레이 호텔/여행 관련 문제는 위에 주어진 문제들과 같이 여행을 가기 전 호텔 예약이나 여행 계획 관련 문제가 출제될 수도 있지만 아래와 같이 조금씩 다른 상황들도 주어질 수도 있으니 함께 알아 두고 호텔과 여행을 함께 준비하면 더욱 효율적으로 학습할 수 있습니다.

▶ 호텔 현장에서 방 예약
▶ 여행을 다녀 온 친구와의 약속
▶ 해외 출장 관련 호텔 문의

필수 표현과 문장

어휘/표현 익히기

- □ reserve ~을 예약하다
- □ recommend ~을 추천하다
- □ peak season 성수기
- □ vacancy 빈 방
- □ free 무료의
- □ access ~에 접속하다, ~을 이용하다
- □ per night 1박당
- □ parking lot 주차장
- □ make a reservation 예약하다
- □ appreciate ~에 대해 감사하다
- □ cancel ~을 취소하다

- □ attend ~에 참석하다
- □ available 이용 가능한
- □ souvenir 기념품
- □ result in ~을 초래하다, ~라는 결과를 낳다
- □ suitcase 여행 가방
- □ extra 추가의, 별도의
- □ charge 청구 요금
- □ frustrated 불만스러운, 좌절한
- □ purchase 구매(품)
- □ horrible 끔찍한, 지독한
- □ entire 전체의, 모든

문장 만들어보기

❶ 첫 번째 질문은, 이번 주 금요일에서 일요일까지 빈 객실이 있나요?

▶ _____

(vacancy, through)

❷ 다음으로, 1박당 객실 요금이 얼마인가요?

▶ _____

(how much, per night)

❸ 이용 가능한 어떤 직항편이든 있는지 알고 싶어요.

▶ _____

(whether, direct flight, available)

❹ 이용 가능한 어떤 좌석이든 있나요?

▶ _____

(available, seats)

모범 답안

❶ The first question that I have is, do they have any vacancies this Friday through Sunday?
❷ Next, how much is a room per night?
❸ I would like to know whether there are any direct flights available.
❹ Are there any available seats?

만능 답변

질문 ▷ 문제 해결 ▷ 관련 경험

🔊 MP3 5_25

호텔 (예약) | 객실 예약 질문

There's a situation I'd like you to act out. Let's suppose that you are planning a vacation with a friend. Call the travel agency and ask three or four questions to make a reservation for a hotel room.

당신이 역할극을 해야 하는 상황이 있습니다. 친구와 함께 휴가를 계획하는 중이라고 가정해 보겠습니다. 여행사에 전화를 걸어 호텔 객실 예약에 필요한 서너 가지 질문을 해 보세요.

듣기 키워드

핵심 표현 / AL 표현

🔊 MP3 5_26

	핵심 표현	AL 표현
❶	그곳에 있는 몇몇 호텔을 추천해줬으면 좋겠음	베네치아에 한 번도 가본 적이 없기 때문에
❷	첫 번째 질문은, 금요일에서 일요일까지 빈 객실이 있는지	지금 성수기라서 이미 예약이 꽉 찼을 지 조금 걱정됨
❸	둘째로, 각 객실에 무료 인터넷 서비스를 제공하는지	인터넷에 접속할 수 있었으면 좋겠음
❹	1박당 객실 요금이 얼마인지	마지막으로, 이용할 수 있는 무료 주차 공간이 있는지

만능 답변

(도입부) Hello. I'm calling to reserve a room for two people. ❶ Since I have never been to Venice before, I would like you to recommend some of the hotels there. OK. That sounds good to me. (본론) I have some questions for you about the hotel you just mentioned. ❷ The first question that I have is, do they have any vacancies this Friday through Sunday? I'm a little worried that they might already be full since it is the peak season. ❸ Secondly, do they offer free internet service in each room? I would like to be able to access the Internet. ❹ Next, how much is a room per night? Lastly, I'd like to see if they have any free parking spaces so that I can use one of those. If the reservation is made, please let me know. (마무리) Thank you. I appreciate it. I really do.

안녕하세요. 2인용 객실을 예약하기 위해 전화 드렸어요. 제가 베네치아에 한 번도 가 본 적이 없기 때문에, 그곳에 있는 몇몇 호텔을 추천해 주셨으면 해서요. 네. 저는 좋은 것 같아요. 방금 언급하신 호텔과 관련해 몇 가지 질문이 있어요. 첫 번째 질문은, 이번 주 금요일에서 일요일까지 빈 객실이 있나요? 지금 성수기라서 그곳에 이미 예약이 꽉 찼을지 좀 걱정이 돼요. 두 번째로, 그곳에서 각 객실에 무료 인터넷 서비스를 제공하나요? 저는 인터넷에 접속할 수 있었으면 좋겠어요. 다음으로, 1박당 객실 요금이 얼마인가요? 마지막으로, 제가 한 군데 이용할 수 있는 무료 주차 공간이 있는지 알아보고 싶어요. 예약이 이뤄지면, 제게 알려 주세요. 고마워요. 감사하게 생각해요. 정말로요.

핵심표현 AL 표현

어휘 표현

reserve ~을 예약하다   recommend ~을 추천하다   mention ~을 언급하다   vacancy 빈 방   A through B A부터 B까지   be worried that ~일까 걱정하다   peak season 성수기   free 무료의   access ~에 접속하다, ~을 이용하다   per night 1박당   see if ~인지 알아보다, 확인하다   parking 주차   make a reservation 예약하다   appreciate ~에 대해 감사하다

5 롤플레이 만능 답변   29

MP3 5_27

호텔 (예약) 항공편 취소 상황 문제 해결

I'm sorry, but there is a problem you need to resolve. When you arrive at the airport, you realize that your flight has been canceled. However, all of the other flights are fully booked. Explain the situation to your travel agent and suggest two or three solutions.

유감스럽게도, 당신이 해결해야 할 문제가 있습니다. 공항에 도착했을 때, 항공편이 취소되었다는 사실을 알게 됩니다. 하지만, 다른 항공편들은 모두 예약이 꽉 차 있는 상태입니다. 여행사 직원에게 상황을 설명하시면서 두세 가지 해결책을 제안해 보세요.

듣기 키워드

핵심 표현 / **AL 표현**

MP3 5_28

❶ 카운터에서 체크인했을 때, 항공편이 방금 취소되었다고 함 / 오늘 오후에 출발할 예정임

❷ 가장 큰 문제는 중요한 회의에 참석해야 함 / 무슨 일이 있어도 그곳에 가야함

❸ 누구든 취소하는 사람이 있다면 내가 탈 수 있을지 / 대신 더 이른 항공편을 탈 수 있는지

❹ 이용 가능한 어떤 직항편이든 있는지 / 빠를수록 좋음

만능 답변

(도입부) Hello. My name is Min-uk Lee. I'm calling to report a problem with my flight. (본론) ❶ I'm scheduled to leave this afternoon, but when I checked in at the counter, they said the flight just got canceled. And the next flight to Seoul departs at night. ❷ The main problem is that I have an important meeting to attend. So I need to get there no matter what it takes. What am I supposed to do? I don't know what to do. ❸ I was wondering if you could fit me in if anyone cancels. Can I take an earlier flight instead? ❹ I would like to know whether there are any direct flights available. The earlier the better. Are there any available seats? That sounds good to me. (마무리) Thank you. I appreciate it. I really do.

안녕하세요. 제 이름은 이민욱이에요. 제 항공편에 발생된 문제를 알리기 위해 전화 드렸어요. 제가 오늘 오후에 출발할 예정인데, 카운터에서 체크인했을 때, 항공편이 방금 취소되었다고 하더라고요. 그리고 서울로 가는 다음 항공편은 밤에나 출발해요. 가장 큰 문제는, 제가 중요한 회의에 참석해야 해요. 그래서 무슨 일이 있어도 그곳에 가야 해요. 제가 어떻게 하면 될까요? 저는 어떻게 해야 할지 모르겠어요. 누구든 취소하는 사람이 있으면 제가 비행기를 탈 수 있는지 궁금해요. 대신 더 이른 항공편을 탈 수 있나요? 이용 가능한 어떤 직항편이든 있는지 알고 싶어요. 빠를수록 좋아요. 이용 가능한 어떤 좌석이든 있나요? 저는 좋은 것 같아요. 고마워요. 감사하게 생각해요. 정말로요.

핵심표현 AL 표현

어휘 표현 report ~을 알리다　be scheduled to do ~할 예정이다　leave 출발하다, 떠나다(= depart)　attend ~에 참석하다　no matter what it takes 무슨 일이 있어도, 어떻게 해서든지　fit A in (자리, 공간 등에) A를 집어넣다　take (교통편) ~을 타다, 이용하다　instead 대신　whether ~인지 (아닌지)　available 이용 가능한　The 비교급, the 비교급 더 ~할수록, 더 ~하다　appreciate ~에 대해 감사하다

MP3 5_29

호텔 (예약) 여행 중 문제를 겪은 경험

That's the end of the situation. Have you experienced a problem while traveling? What was the problem, and how did you deal with it? Describe it in as much detail as possible.

상황극이 종료되었습니다. 여행 중에 문제를 겪은 적이 있었나요? 어떤 문제였으며, 어떻게 대처했나요? 가능한 한 자세히 설명해 주세요.

듣기 키워드

핵심 표현 **AL 표현** MP3 5_30

❶	예상치 못한 일이 생김	지난번에 스위스 제네바에서 여행을 마치고 한국으로 돌아올 때
❷	내 수하물이 33킬로그램이라는 엄청난 무게로 측정됨	중량 제한에서 8킬로그램이 넘어서 추가 요금을 내야 했음
❸	스위스에 있는 친구에게 구매품을 맡겨 놓을 수 밖에 없다고 생각함	초과 수하물 요금 지불을 피할 수 있는 방법이 없었기 때문에
❹	평생 동안 겪은 가장 끔찍한 경험들 중 하나였음	

만능 답변

[도입부] ❶ The last time I was returning to Korea from a trip to Geneva, Switzerland, something unexpected happened to me. [본론] During the trip, I had bought a lot of souvenirs and clothes from the city, and this resulted in something unexpected at Geneva airport. I didn't think my suitcase would go over the weight limit. Unfortunately, I was wrong. ❷ My check-in baggage weighed in at a massive 33kgs. It was 8kgs over the limit and I had to pay the extra baggage charge for that. I was completely frustrated when I was told about this by the airline staff. ❸ There was no way I could avoid paying the excess baggage charge, so I thought I had no choice but to leave my purchases in Switzerland with my friend. [마무리] ❹ It was one of the most horrible experiences that I've had in my entire life.

지난번에 제가 스위스 제네바에서 여행을 마치고 한국으로 돌아올 때, 예기치 못한 일이 저에게 생겼어요. 여행 중에, 그 도시에서 기념품과 옷을 많이 구입했는데, 이것 때문에 제네바 공항에서 예기치 못한 일이 초래되었죠. 제 여행 가방이 중량 제한을 초과할 거라곤 생각하지 못했거든요. 아쉽게도, 제가 틀렸어요. 제 체크인 수하물이 33킬로그램이라는 엄청난 무게로 측정되었어요. 중량 제한을 8킬로그램 넘었기 때문에, 이에 대해 추가 수하물 요금을 내야 했죠. 항공사 직원을 통해 이에 관한 얘기를 들었을 때 너무 불만스러웠어요. 초과 수하물 요금을 지불하는 걸 피할 수 있는 방법이 없었기 때문에, 스위스에 있는 제 친구에게 제 구매품들을 맡겨 놓을 수 밖에 없다고 생각했죠. 제가 평생 동안 겪은 가장 끔찍한 경험들 중 하나였어요.

핵심표현 AL 표현

어휘 표현 | souvenir 기념품 weight limit 중량 제한 massive 엄청난, 거대한 extra 추가의, 별도의 charge 청구 요금 frustrated 불만스러운, 좌절한 avoid -ing ~하는 것을 피하다 excess 초과한, 과도한 purchase 구매(품) horrible 끔찍한, 지독한

국내 여행

▸ 친구에게 여행 관련 질문

I would like to give you a situation and ask you to act it out. You want to go on a trip with your friend next week. Contact your friend and ask three or four questions in as much detail as possible.

당신이 역할극을 해야 하는 상황이 있습니다. 당신은 다음 주에 친구와 여행을 떠나고 싶어합니다. 친구에게 연락해 가능한 한 자세히 서너 가지 질문을 해보세요.

▸ 여행을 갈 수 없게 된 상황 문제 해결

I'm sorry, but there is a problem I need you to resolve. You are supposed to go traveling with your friend next week. Unfortunately, however, something unexpected has come up which will prevent you from traveling the following week. Contact your friend, explain what happened and suggest two or three solutions to this problem.

유감스럽게도, 당신이 해결해야 할 문제가 있습니다. 당신은 다음 주에 친구와 함께 여행을 떠나기로 되어 있습니다. 하지만, 아쉽게도, 예기치 못한 일이 발생되어 다음 주에 여행을 갈 수 없게 됩니다. 친구에게 연락해 무슨 일이 있었는지 설명한 다음, 이 문제에 대한 해결책 두세 가지를 제안해 보세요.

▸ 기억에 남는 여행 경험

That's the end of the situation. While traveling, there are times when unusual things happen. Have you ever experienced anything surprising, unexpected, or extraordinary while traveling? Provide the details of that experience. Discuss where and when you were traveling and explain the day from start to end.

상황극이 종료되었습니다. 여행 중에는, 흔치 않은 일이 일어날 때가 있습니다. 여행 중에 놀랍거나 예기치 못한 일, 또는 보기 드문 일을 한 번이라도 경험해 본 적이 있나요? 그 경험에 대한 세부 정보를 제공해 보세요. 언제 그리고 어디에서 여행을 하고 있었는지 얘기하면서 그날 일을 처음부터 끝까지 설명해 주세요.

어휘/표현 익히기

- □ **go on a trip** 여행 가다
- □ **relax** 쉬다, 휴식하다
- □ **pick A up** A를 데리러 가다, 데려오다
- □ **head for** ~로 가다, ~로 향하다
- □ **have A back** A를 다시 데려다 주다
- □ **pop up** 갑자기 생기다, 불쑥 나타나다
- □ **come up** 생기다, 발생하다
- □ **take a rain check** 다음으로 미루다
- □ **notice** 알림, 통보
- □ **hit A up** A에게 연락하다

- □ **get caught in** ~에 갇히게 되다
- □ **literally** 말 그대로
- □ **delay** ~을 지연시키다
- □ **dut to** ~로 인해
- □ **at least** 적어도, 최소한
- □ **go through** ~을 겪다, 거치다
- □ **go on** 지속되다
- □ **look forward to** ~을 고디하다
- □ **terrified** 두려움을 느낀, 무서워하는

문장 만들어보기

❶ 이번 연휴에 어떤 계획이 있어?

▶ _____

(plans, holiday)

❷ 내가 널 데리러 간 다음, 해변으로 갈까?

▶ _____

(come, pick up, head for)

❸ 괜찮다면, 좀 미뤄도 될까?

▶ _____

(okay with, take a rain check)

❹ 내 휴대전화로 문자 메시지 보내거나 전화하면 돼.

▶ _____

(text, call, cell)

❺ 말 그대로, 눈이 아주 많이 내려서 모든 항공편이 지연되거나 취소되었죠.

▶ _____

(literally, heavy, delayed, canceled)

모범 답안

❶ Do you have any plans for this holiday?
❷ Do you want me to come and pick you up and then head for the beach?
❸ If it's okay with you, can you take a rain check?
❹ Text me or call me on my cell.
❺ Literally, the snow was so heavy that all the fights were delayed or canceled.

만능 답변

🔊 MP3 5_31

국내 여행	친구에게 여행 관련 질문

I would like to give you a situation and ask you to act it out. You want to go on a trip with your friend next week. Contact your friend and ask three or four questions in as much detail as possible.

당신이 역할극을 해야 하는 상황이 있습니다. 당신은 다음 주에 친구와 여행을 떠나고 싶어합니다. 친구에게 연락해 가능한 한 자세히 서너 가지 질문을 해 보세요.

듣기 키워드

핵심 표현　　　　　　　　　　　　　　**AL 표현**　　　🔊 MP3 5_32

❶	함께 여행 갈 생각을 하고 있었음	해변에서 쉬면서 재미있게 보내면서
❷	널 데리러 간 다음 해변으로 갈지	그래도 괜찮을지
❸	이번 주 토요일 밤까지 너희 집에 데려다 줄 수 있음	
❹	무슨 일이든 생기면 알려주길 바람	

만능 답변

(도입부) Hi, Peter. It's me. You know what I'm calling you about? You know that we have a long holiday next week. We can do so many fun things. Do you have any plans for this holiday? Oh, yeah? (본론) ❶ I'm just thinking about going on a trip together, <u>relaxing on the beach and having fun.</u> ❷ Do you want me to come and pick you up and then head for the beach? <u>Would that be okay with you?</u> ❸ I could have you back at your house by this Saturday night. Don't you think that sounds like a great way to spend the holidays? (마무리) If you need anything that pops up, please let me know. You can call my cell or text me anytime. I'll catch you later. Bye.

안녕, 피터. 나야. 내가 무엇 때문에 전화하는지 알아? 우리가 다음 주에 긴 연휴가 있다는 거 너도 알잖아. 우리가 재미 있는 걸 아주 많이 할 수 있어. 이번 연휴에 무슨 계획이 있어? 아, 그래? 난 함께 여행 가서 해변에서 쉬면서 재미 있게 보낼 생각을 하고 있어. 내가 널 데리러 간 다음, 해변으로 갈까? 그래도 괜찮을 거 같아? 이번 주 토요일 밤까지 너희 집에 다시 데려다 줄 수 있어. 연휴를 보내는 아주 좋은 방법 같다고 생각하지 않아? 무슨 일이든 갑자기 생기면, 알려줘. 언제든지 내 휴대전화로 전화하거나 문자 메시지 보내도 돼. 나중에 보자. 안녕.

핵심표현 <u>AL 표현</u>

어휘 표현 ┃ go on a trip 여행 가다　relax 쉬다, 휴식하다　Do you want me to do? 내가 ~해줄까?　pick A up A를 데리러 가다, 데려 오다　head for ~로 가다, ~로 향하다　have A back A를 다시 데려다 주다　by (기한) ~까지　sound like ~인 것 같다　way to do ~하는 방법　pop up 갑자기 생기다, 불쑥 나타나다

🔊 MP3 5_33

호텔 (예약)	여행을 갈 수 없게 된 상황 문제 해결

I'm sorry, but there is a problem I need you to resolve. You are supposed to go traveling with your friend next week. Unfortunately, however, something unexpected has come up which will prevent you from traveling the following week. Contact your friend, explain what happened and suggest two or three solutions to this problem.

유감스럽게도, 당신이 해결해야 할 문제가 있습니다. 당신은 다음 주에 친구와 함께 여행을 떠나기로 되어 있습니다. 하지만, 아쉽게도, 예기치 못한 일이 발생되어 다음 주에 여행을 갈 수 없게 됩니다. 친구에게 연락해 무슨 일이 있었는지 설명한 다음, 이 문제에 대한 해결책 두세 가지를 제안해 보세요.

듣기 키워드

핵심 표현   AL 표현 🔊 MP3 5_34

❶	예상치 못하게 일이 생겨서 약속을 지킬 수 없을 것 같음	할머니가 오늘 편찮으심
❷	괜찮다면, 일정을 좀 미뤄도 될지	대신 내일 모레 우리집으로 오는 건 어떤지
❸	네가 방문하면 같이 저녁 먹자	우리집 근처에 아주 좋은 한식당이 있음
❹	내가 그곳에서 저녁 살게	

만능 답변

(도입부) Hi, it's me, John. Last time, I talked about our travel plans for this week, right? (본론) ❶ But something came up unexpectedly that made it impossible. <u>My grandma got sick today.</u> She has a fever. I think she's got the flu or something. She took some fever medicine. Fortunately, she's feeling a little better. But she should go see a doctor with me tomorrow. ❷ If it's okay with you, can you take a rain check? <u>Why don't you come to my house the day after tomorrow instead?</u> I'm so sorry for the last minute notice. I was really hoping to go on a trip with you. Hopefully, next time. ❸ Let's have dinner together when you visit. <u>There's a nice Korean restaurant near my place.</u> ❹ I'll treat you to dinner there. (마무리) Once again, I'm so sorry. When you get this message, hit me up. Text me or call me on my cell. Take care. Bye.

안녕, 나야, 존. 지난번에, 이번 주에 가는 우리 여행 계획 얘기했던 거 알지? 근데 예기치 못하게 일이 좀 생겨서 불가능하게 되었어. 우리 할머니가 오늘 편찮으셨어. 열이 있으셔. 독감 같은 게 걸리신 거 같아. 해열제도 드셨어. 다행히, 조금 나아지신 상태야. 하지만 내일 나랑 병원에 진찰 받으러 가셔야 해. 괜찮다면, 좀 미뤄도 될까? 대신 내일 모레 우리 집으로 오는 건 어때? 마지막 순간에 알려줘서 정말 미안해. 너랑 여행 갈 수 있기를 정말 바라고 있었어. 다음엔 그랬으면 좋겠어. 네가 방문하면 같이 저녁 먹자. 우리 집 근처에 아주 좋은 한식당이 있어. 내가 그곳에서 저녁 살게. 다시 한번, 정말 미안해. 이 메시지 받으면, 나한테 연락해 줘. 내 휴대전화로 문자 메시지 보내거나 전화하면 돼. 잘 있어. 안녕.

핵심표현 <u>AL 표현</u>

어휘 표현   **come up** 생기다, 발생하다   **fever** 열   **flu** 독감   **take a rain check** 다음으로 미루다, 다음을 기약하다   **hit A up** A에게 연락하다

MP3 5_35

| 호텔 (예약) | 기억에 남는 여행 경험 |

That's the end of the situation. While traveling, there are times when unusual things happen. Have you ever experienced anything surprising, unexpected, or extraordinary while traveling? Provide the details of that experience. Discuss where and when you were traveling and explain the day from start to end.

상황극이 종료되었습니다. 여행 중에는, 흔치 않은 일이 일어날 때가 있습니다. 여행 중에 놀랍거나 예기치 못한 일, 또는 보기 드문 일을 한 번이라도 경험해 본 적이 있나요? 그 경험에 대한 세부 정보를 제공해 보세요. 언제 그리고 어디에서 여행을 하고 있었는지 얘기하면서 그날 일을 처음부터 끝까지 설명해 주세요.

듣기 키워드

핵심 표현 / AL 표현

MP3 5_36

	핵심 표현	AL 표현
❶	모든 항공편이 지연되거나 취소됨	말 그대로, 눈이 아주 많이 내려서
❷	음식도 마실 것도 없었고 근무 중인 책임자는 쓸모 없는 정보만 줬음	그리고 모두를 뒤로 한 채 그냥 가버림
❸	공항에 있던 대부분은 라운지에 앉아 눈보라가 지나가길 기다림	이런 상황이 몇 시간 지속됨
❹	그 눈보라는 그 겨울 가장 심했던 것으로 드러남	

만능 답변

[도입부] One time I will never forget is when I got caught in a snowstorm. [본론] ❶ Literally, the snow was so heavy that all the fights were delayed or canceled. I was on my way home from a weeklong vacation in Jeju. When we got to the airport, we got a notice that the flight would be delayed for 3 hours. Then 3 hours later, we got another notice that the flight would be delayed for even longer. ❷ There was no food, nothing to drink , and the manager on duty came, gave some useless information and just walked away, leaving us all behind. ❸ Most of the people in the airport had no choice but to sit in the lounge and wait for the storm to pass. This went on for several hours. I couldn't believe how heavy the snow was in such a short time. ❹ That snowstorm turned out to be the heaviest that winter. Snow is something that some people look forward to or think is a symbol of beauty, but on that day, it was, for me, something that made me terrified.

제가 절대로 잊지 못할 순간이 눈보라에 갇혀 있었던 경우예요. 말 그대로, 눈이 아주 많이 내려서 모든 항공편이 지연되거나 취소되었죠. 저는 제주도에서 일주일 간의 휴가를 마치고 집으로 돌아오던 길이었어요. 우리가 공항에 갔을 때, 항공편이 3시간 동안 지연될 거라는 통보를 받았어요. 그런 다음, 3시간 후에, 항공편이 훨씬 더 오래 지연될 거라는 통보를 한 번 더 받았죠. 음식도 마실 것도 없었고, 근무 중인 책임자가 와서, 쓸모 없는 정보만 알려 주고, 우리 모두를 뒤로 한 채, 그냥 가버렸어요. 공항에 있던 사람들 대부분은 라운지에 앉아 눈보라가 지나가길 기다릴 수 밖에 없었어요. 이런 상황이 몇 시간 동안 지속됐죠. 눈이 그렇게 짧은 시간에 얼마나 심하게 내렸는지 믿기지 않았어요. 그 눈보라는 그 겨울에 가장 심했던 것으로 드러났죠. 어떤 사람들은 눈을 고대하거나 아름다움의 상징으로 생각하지만, 그날, 눈은, 저에겐, 두려움을 느끼게 해준 것이었어요.

핵심표현 AL 표현

기출 문제 예시

걷기 (약속)

▸ 친구에게 산책 약속 질문

I would like to give you a situation I need you to act out. Let's assume that you want to go for a walk with your friend. Call your friend and ask three or four questions about walking together.

당신이 역할극을 해야 하는 상황이 있습니다. 당신이 친구와 함께 산책 가고 싶어한다고 가정해 보겠습니다. 친구에게 전화를 걸어 함께 산책하는 것과 관련해 서너 가지 질문을 해 보세요.

▸ 약속에 늦는 상황 문제 해결

I'm sorry, but there is a problem you need to resolve. Something unexpected just happened. And you feel like you are not going to make it on time. You need to explain the situation to your friend and offer two or three alternatives to resolve the problem.

유감스럽게도, 당신이 해결해야 할 문제가 있습니다. 예상하지 못한 일이 막 일어났습니다. 그리고 당신은 제때 도착하시지 못할 것 같은 생각이 들고 있습니다. 친구에게 상황을 설명해야 하며, 문제를 해결하기 위해 두세 가지 대안을 제시해 보세요.

▸ 기억에 남는 산책 경험

That's the end of the situation. Have you ever experienced an interesting or memorable thing while walking alone or with your friends? What happened? Why was it so memorable to you? Tell me as many details as possible.

상황극이 종료되었습니다. 혼자 또는 친구와 함께 산책하다가 흥미롭거나 기억에 남는 일을 경험해 본 적이 있나요? 무슨 일이 있었나요? 그것이 왜 기억에 남게 되었나요? 가능한 한 많은 세부 정보를 이야기해 주세요.

어휘/표현 익히기

- ☐ hang out 함께 어울리다
- ☐ stop in 잠깐 들르다
- ☐ suit ~에게 알맞다, 적합하다
- ☐ up to (결정, 선택 등이) ~에게 달려 있는
- ☐ go for a walk 걸으러 가다, 산책하다
- ☐ arrive 도착하다
- ☐ cause ~을 초래하다, 야기하다
- ☐ massive 엄청난, 거대한
- ☐ traffic jam 교통 체증
- ☐ on time 제때, 제 시간에

- ☐ as soon as possible 가능한 빨리
- ☐ make it up to ~에게 보답하다, 보상하다
- ☐ get together 만나다, 모이다
- ☐ extra 여분의, 추가의
- ☐ in case ~할 경우에 (대비해)
- ☐ issue 문제, 사안
- ☐ arise 발생되다, 일어나다
- ☐ miss ~을 지나치다, 놓치다
- ☐ unable to ~할 수 없는
- ☐ get back 돌아가다

문장 만들어보기

❶ 산책하러 갈 생각 있는지 궁금했어.

▶
_____

(wonder if, go for a walk)

❷ 난 둘 중 언제든 괜찮아.

▶
_____

(either, fine)

❸ 차선 하나가 폐쇄되어서, 엄청난 교통 체증을 초래하는 바람에 제때 갈 수 없어.

▶
_____

(lane, closed, cause, massive, traffic jam, make it)

❹ 한 시간 뒤로 계획을 변경할 수 있는지 궁금했어.

▶
_____

(wonder if, change, later)

❺ 저는 제가 한 일과 무슨 일이 있었는지에 대해 친구들에게 솔직하게 말하려 했어요.

▶
_____

(try to, honest, happen)

모범 답안

❶ I was wondering if you would like to go for a walk.
❷ Either will be fine with me.
❸ A lane was closed, and it caused a massive traffic jam, and I can't make it on time.
❹ I was wondering if we could change our plans to an hour later.
❺ I tried to be honest with my friends about what I did and what happened.

만능 답변

걷기 [약속] 친구에게 산책 약속 질문

I would like to give you a situation I need you to act out. Let's assume that you want to go for a walk with your friend. Call your friend and ask three or four questions about walking together.

당신이 역할극을 해야 하는 상황이 있습니다. 당신이 친구와 함께 산책 가고 싶어한다고 가정해 보겠습니다. 친구에게 전화를 걸어 함께 산책하는 것과 관련해 서너 가지 질문을 해 보세요.

듣기 키워드

핵심 표현 / AL 표현

MP3 5_38

	핵심 표현	AL 표현
❶	오늘 계획이 있는지	
❷	산책하러 갈 생각이 있는지 궁금했음	일기 예보를 봤더니, 하루 종일 맑고 서늘할 예정이라고 함
❸	그럼 나랑 같이 공원에 산책하러 가지 않을지	걷고 나서 점심으로 신선한 해산물을 먹으러 잠깐 들를 수도 있음
❹	몇 시가 더 좋을 지, 9시 아니면 10시	나는 둘 중 언제든 괜찮음

만능 답변

(도입부) Good morning, Jennifer. How is it going today? What are you getting up to? ❶ Do you have any plans for today? It is a great day to go outside. The weather is perfect. (본론) ❷ I was wondering if you would like to go for a walk. <u>I saw the weather forecast and it looks like it will be nice and cool for all day.</u> ❸ Would you like to go for a walk in the park then? I was thinking we could hang out. <u>After walking, we could go to stop in and eat some fresh seafood for lunch.</u> How does that sound? We'll have a lot of fun. ❹ What time suits you better, 9 or 10? <u>Either will be fine with me.</u> It's up to you. (마무리) Okay, see you then. Bye.

안녕, 제니퍼. 오늘 하루 잘 보내고 있어? 뭐 할 생각이야? 오늘 계획이라도 있어? 밖에 나가기 아주 좋은 날이야. 날씨가 완벽해. 산책하러 갈 생각 있는지 궁금했어. 내가 일기 예보를 봤는데, 하루 종일 맑고 서늘할 예정이래. 그럼 나랑 같이 공원에 산책하러 가지 않을래? 우리 같이 시간을 보낼까 생각하고 있었어. 걷고 난 다음에는, 점심으로 신선한 해산물을 먹으러 잠깐 들를 수도 있어. 어떤 것 같아? 정말 재미 있을 거야. 몇 시가 더 좋아? 9시 아니면 10시? 난 둘 중 언제든 괜찮아. 네가 결정해. 좋아, 그럼 그때 보자. 안녕.

핵심표현 <u>AL 표현</u>

어휘 표현 ㅣ would like to do ~하고 싶다, ~하고자 하다   it looks like ~인 것 같다   nice and cool (날씨가) 맑고 서늘한   hang out 함께 어울리다   stop in 잠깐 들르다   How does that sound? 어떤 것 같아?   suit ~에게 알맞다, 적합하다   either 둘 중의 하나   up to (결정, 선택 등이) ~에게 달려 있는

MP3　5_39

걷기 (약속)　약속에 늦는 상황 문제 해결

I'm sorry, but there is a problem you need to resolve. Something unexpected just happened. And you feel like you are not going to make it on time. You need to explain the situation to your friend and offer two or three alternatives to resolve the problem.

유감스럽게도, 당신이 해결해야 할 문제가 있습니다. 예상하지 못한 일이 막 일어났습니다. 그리고 당신은 제때 도착하시지 못할 것 같은 생각이 들고 있습니다. 친구에게 상황을 설명해야 하며, 문제를 해결하기 위해 두세 가지 대안을 제시해 보세요.

듣기 키워드

핵심 표현　　　　　　　　　　　　　　　　**AL 표현**　　　　　MP3　5_40

	핵심 표현	AL 표현
❶	늦을 것 같다는 걸 알려주려고 전화함	우리가 얘기했던 시간에 도착하지 못할 것 같음
❷	차선 하나가 폐쇄되어서 엄청난 교통 체증을 일으킴	그래서 제 시간에 갈 수가 없음
❸	한 시간 뒤로 계획을 변경할 수 있는지	
❹	근처 좋은 카페에 가서 기다리는 동안 커피 마시는 건 어떤지	만약 이미 그곳에 왔다면

만능 답변

(도입부) Hello, Jennifer. It's me, Hankyung. (본문) ❶ I'm calling to let you know I'll be late. <u>I won't be able to arrive at the time we talked about.</u> Sorry for being late. ❷ A lane was closed, and it caused a massive traffic jam, <u>and I can't make it on time.</u> There is no way I can make it on time. What am I supposed to do? I don't know what to do. ❸ I was wondering if we could change our plans to an hour later. ❹ <u>If you are already there,</u> why don't you go to a good café nearby, and drink some coffee while waiting? I will be there as soon as possible. (마무리) I am so sorry. I'll make it up to you later. I'm going to buy you a good lunch or something. See you there. Bye.

안녕, 제니퍼. 나야, 한경이. 내가 늦는다는 걸 알려 주려고 전화했어. 우리가 얘기했던 시간에 도착하지 못할 거야. 늦어서 미안해, 차선 하나가 폐쇄되어서, 엄청난 교통 체증을 일으키는 바람에 제때 갈 수 없어. 내가 제때 갈 수 있는 방법이 없어. 내가 어떻게 하면 될까? 어떻게 해야 할지 모르겠어. 한 시간 뒤로 계획을 변경할 수 있는지 궁금했어. 이미 거기 왔으면, 근처에 있는 좋은 카페에 가서 기다리는 동안 커피를 좀 마시는 건 어때? 가능한 한 빨리 갈게. 정말 미안해. 내가 나중에 보답할게. 내가 맛있는 점심 같은 거라도 사줄게. 거기서 보자. 안녕.

핵심표현　AL 표현

어휘 표현 ｜ **arrive** 도착하다　**cause** ~을 초래하다, 야기하다　**massive** 엄청난, 거대한　**traffic jam** 교통 체증　**make it** (모임, 약속 등에) 가다, 참석하다　**on time** 제때, 제 시간에　**be supposed to do** ~해야 하다, ~하기로 되어 있다　**wonder if** ~인지 궁금하다　**as soon as possible** 가능한 한 빨리　**make it up to** (잘못 등에 대해) ~에게 보답하다, 보상하다　**or something** (명사 뒤에서) ~ 같은 것

🔊 MP3 5_41

걷기 (약속)	기억에 남는 산책 경험

That's the end of the situation. Have you ever experienced an interesting or memorable thing while walking alone or with your friends? What happened? Why was it so memorable to you? Tell me as many details as possible.

상황극이 종료되었습니다. 혼자 또는 친구와 함께 산책하다가 흥미롭거나 기억에 남는 일을 경험해 본 적이 있나요? 무슨 일이 있었나요? 그것이 왜 기억에 남게 되었나요? 가능한 한 많은 세부 정보를 이야기해 주세요.

듣기 키워드

핵심 표현 　　　　　　　　　　　　　　　　　AL 표현 　　　　　　🔊 MP3 5_42

❶	하루는, 지하철에서 잠이 드는 바람에 늦음	친구들과 만나 즐겁게 걷기로 했던 공원으로 가는 길에
❷	내려야 할 정거장을 지나쳐 30분을 더 가서 깸	다시 돌아가도 제때 갈 수 없었음
❸	친구들에게 무슨 일이 일어났는지 솔직하게 말하려 함	친구들은 아주 이해심이 깊었음
❹	할 수 있는 것을 하면서 즐거운 시간을 보냄	내가 도착하기 전까지

만능 답변

[도입부] Sometimes, you just can't help being late for getting together with friends. Things happen, things go wrong, and it can be hard to get out of the house to arrive at the place you are supposed to meet your friends in a timely manner. [본문] ❶ One day, I was running late because I fell asleep on the subway train on the way to the park where I was supposed to meet my friends and enjoy walking. ❷ But I missed my stop, only to wake up 30 minutes further down the track, unable to get back to make it on time. ❸ I tried to be honest with my friends about what I did and what happened. They were very understanding. ❹ They said they did what they could do and had a good time before I arrived. [마무리] I still don't understand myself for making such a mistake, but at the same time, knowing that I have good, understanding friends around makes me feel so good.

때로는, 친구들과 만나기로 한 자리에 늦는 게 그저 어쩔 수 없는 것 같아요. 뭔가 일이 생기기도 하고, 잘못되는 경우도 있어서, 집에서 나와 친구들과 만나기로 되어 있는 장소에 시간에 맞춰 도착하는 게 힘들 수도 있어요. 하루는, 친구들과 만나 즐겁게 걷기로 했던 공원으로 가는 도중에 지하철에서 잠이 드는 바람에 늦은 상태였어요. 하지만 저는 내려야 하는 정거장을 지나쳤는데, 그 결과 열차를 탄 채 30분을 더 가서야 잠에서 깨면서, 다시 돌아가도 제때 갈 수 없었어요. 저는 제가 한 일과 무슨 일이 있었는지에 대해 친구들에게 솔직하게 말하려 했어요. 친구들은 아주 이해심이 깊었어요. 제가 도착하기 전까지 할 수 있는 것을 하면서 즐거운 시간을 보냈다고 하더라고요. 저는 여전히 그런 실수를 한 제 자신이 이해되지 않지만, 그와 동시에, 착하고 이해심 많은 친구들이 제 주변에 있다는 것이 알게 된 게 저를 아주 기분이 좋게 만들어 줘요.

핵심표현 AL 표현

어휘 표현 | fall asleep 잠이 들다　miss ~을 지나치다, 놓치다　only to do 그 결과 ~할 뿐이다　get back 돌아가다

집안일(식물 돌보기)

▸ 식물 돌보기 관련 부탁 질문

I'd like to give you a situation and ask you to act it out. Imagine that a neighbor or family member asks you to take care of his or her plants while he or she is away. Ask three or four questions to find out what you need to do.

당신이 역할극을 해야 하는 상황이 있습니다. 이웃 사람 또는 가족 중 한 명이 멀리 가 있는 동안 당신에게 식물을 돌봐 달라는 요청을 한다고 상상해 보세요. 무엇을 해야 하는지 알아 보기 위해 서너 가지 질문을 해 보세요.

▸ 식물에 문제가 생긴 상황 문제 해결

I'm sorry, but there's a problem which you need to resolve. While your neighbor or family is gone, you notice that there's a serious problem with one of his or her special plants. Call your friend or your family member, explain in detail what happened to the plant, and make two or three suggestions to resolve the problem.

유감스럽게도, 당신이 해결해야 할 문제가 있습니다. 이웃 사람 또는 가족이 멀리 가 있는 동안, 그 사람의 특별한 식물들 중 하나에 심각한 문제가 있다는 것을 알게 됩니다. 친구 또는 가족에게 전화를 걸어, 그 식물에 무슨 일이 있었는지 자세히 설명한 다음, 그 문제를 해결할 수 있도록 두세 가지 제안을 해 보세요.

▸ 기억에 남는 집 관련 문제 경험

That's the end of the situation. Have you ever experienced any problems in your house or in your neighborhood? What happened? Where and when did it occur? What made it so memorable? Please describe it as much detail as you can.

상황극이 종료되었습니다. 당신이 살고 있는 집 또는 지역에서 어떤 문제든 한 번이라도 겪어 본 적이 있나요? 무슨 일이 있었나요? 어디에서 그리고 언제 그 일이 발생되었나요? 무엇 때문에 그 일이 그렇게 기억에 남았나요? 가능한 한 자세히 설명해 주세요.

어휘/표현 익히기

- ☐ chores 집안일
- ☐ leave 떠나다
- ☐ drop by ~에 들르다
- ☐ water ~에 물을 주다
- ☐ take care of ~을 처리하다, 다루다
- ☐ away 자리를 비운, 부재중인
- ☐ appreciate ~에 대해 감사하다
- ☐ collect ~을 수거하다, 모으다
- ☐ place 놓다, 두다
- ☐ wither 시들다
- ☐ brownish 누르스름한
- ☐ plumber 배관공

- ☐ nearby 근처에
- ☐ solution 해결책
- ☐ come up with ~을 생각해내다, 제시하다
- ☐ wear out 닳다, 낡아서 떨어지다
- ☐ break 고장 나다, 망가지다
- ☐ temperature 기운
- ☐ due to ~로 인해, ~때문에
- ☐ crack 파열되다, 갈라지다
- ☐ insulation 단열재
- ☐ replace ~을 교체하다
- ☐ withstand ~을 견디다
- ☐ specialist 전문가

문장 만들어보기

❶ 제가 뭘 해드려야 하는지에 관한 정보를 좀 얻고 싶어서요.

▶ ....

(get some information, what I should do)

❷ 두 번째는, 자리를 비우신 동안 제가 어떤 일상적인 집안일을 처리해 드리면 되나요?

▶ ....

(secondly, daily chores, take care of, while)

❸ 특히, 검은색 화분에 들어 있는 게 잎이 누르스름하게 변하고 있어요.

▶ ....

(especially, turn brownish)

❶ I would like to get some information on what I should do for you.

❷ Secondly, what are the daily chores that you want me to take care of while you are away?

❸ Especially, the one in the black pot is turning brownish on its leaves.

만능 답변

질문 ▷ 문제 해결 ▷ 관련 경험

🔊 MP3 5_43

| 집안일 (식물 돌보기) | 식물 돌보기 관련 부탁 질문 |

I'd like to give you a situation and ask you to act it out. Imagine that a neighbor or family member asks you to take care of his or her plants while he or she is away. Ask three or four questions to find out what you need to do.

당신이 역할극을 해야 하는 상황이 있습니다. 이웃 사람 또는 가족 중 한 명이 멀리 가 있는 동안 당신에게 식물을 돌봐 달라는 요청을 한다고 상상해 보세요. 무엇을 해야 하는지 알아 보기 위해 서너 가지 질문을 해 보세요.

듣기 키워드

핵심 표현   **AL 표현**   🔊 MP3 5_44

❶	정확히 언제 떠나는지	원하시면 떠나기 하루 전에 집에 들를 수 있음
❷	자리를 비운동안 어떤 일상적인 집안일을 처리해주면 되는지	
❸	얼마나 자주 식물에 물을 주고 강아지에게 밥을 줘야 하는지	어떤 설명이든 해주시면 감사하겠음
❹	신문과 우편물도 수거해줘야 하는지	

만능 답변

도입부 Hello. It's me, Minji. I would like to get some information on what I should do for you. To be honest, I haven't done anything like this before. 본론 ❶ The first question that I have is when are you leaving exactly? I can drop by your place a day before you leave if you want. ❷ Secondly, what are the daily chores that you want me to take care of while you are away? ❸ Next, how often do I have to water the plants and feed your puppy? I'm not good at doing that. So any instructions would be appreciated. ❹ Lastly, do you want me to collect your newspapers and mail as well? Should I place them on the kitchen counter? 마무리 Please let me know when you're available. I'll catch you later. Bye.

안녕하세요. 저예요, 민지. 제가 뭘 해드려야 하는지에 관한 정보를 좀 얻고 싶어서요. 솔직히, 전에 이런 걸 해 본 적이 없어요. 제가 갖고 있는 첫 번째 질문은, 언제 정확히 떠나시나요? 원하시면 떠나기 하루 전에 댁에 들를 수 있어요. 두 번째는, 자리를 비우신 동안 제가 어떤 일상적인 집안일을 처리해 드리면 되나요? 다음으로, 얼마나 자주 식물에 물을 주고 강아지에게 밥을 줘야 하죠? 제가 그런 일은 잘하지 못해요. 그래서 어떤 설명이든 해주시면 감사하겠습니다. 마지막으로, 신문과 우편물도 수거해 드릴까요? 그것들을 주방 조리대에 올려 놓으면 되나요? 언제 시간이 되시는지 알려주세요. 곧 뵙겠습니다. 안녕히 계세요.

핵심표현 AL 표현

어휘
표현 | to be honest 솔직히 (말해서)   leave 떠나다, 출발하다   exactly 정확히   drop by ~에 들르다   chores 집안일, 잡일   want A to do A에게 ~하기를 원하다   take care of ~을 처리하다, 다루다   water ~에 물을 주다   feed ~에게 먹이를 주다   be good at -ing ~하는 것을 잘하다   instructions 설명, 안내, 지시   appreciate ~에 대해 감사하다   collect ~을 수거하다, 모으다   as well ~도, 또한   place A on B A를 B에 놓다, 두다   counter 조리대   let A know A에게 알리다   available (사람) 시간이 나는

🔊 MP3　5_45

집안일 (식물 돌보기)　식물에 문제가 생긴 상황 문제 해결

I'm sorry, but there's a problem which you need to resolve. While your neighbor or family is gone, you notice that there's a serious problem with one of his or her special plants. Call your friend or your family member, explain in detail what happened to the plant, and make two or three suggestions to resolve the problem.

유감스럽게도, 당신이 해결해야 할 문제가 있습니다. 이웃 사람 또는 가족이 멀리 가 있는 동안, 그 사람의 특별한 식물들 중 하나에 심각한 문제가 있다는 것을 알게 됩니다. 친구 또는 가족에게 전화를 걸어, 그 식물에 무슨 일이 있었는지 자세히 설명한 다음, 그 문제를 해결할 수 있도록 두세 가지 제안을 해 보세요.

듣기 키워드

핵심 표현　　　　　　　　　　　　　　　AL 표현　　　　🔊 MP3　5_46

	핵심 표현	AL 표현
❶	특히, 검은색 화분에 있는 식물의 잎이 누르스름하게 변하고 있음	좋은 징조 같진 않음
❷	근처에 꽃집이 없는지	그 꽃집으로 가져가야 할지
❸	더 좋은 해결책이라도 있는지	
❹	한 시간 후에 전화해도 될지	

만능 답변

도입부 Minju, is everything okay? Are you having a good vacation? You know what? 본론 The thing is that I watered the plants as you said, but some plants seem to wither. ❶ Especially, the one in the black pot is turning brownish on its leaves. <u>I don't think it is a good sign.</u> I don't know what's wrong with it. I don't know much about growing plants and I don't know what's really going on, so if you tell me what to do, I'll do exactly as you say. That's right. ❷ Isn't there a flower shop nearby? <u>Do you want me to take it to the flower shop?</u> They should know what's wrong with it and what I should do. ❸ Do you have any better solution you may come up with? If you don't mind, I'm going to do that and let you know. ❹ Can I call you in an hour? Sounds great. Let's do that. 마무리 Alright. I'll talk to you later. Bye.

민주 씨, 잘 계시죠? 휴가 잘 보내고 계신가요? 그거 아세요? 문제가 있는데, 얘기하신 대로 식물에 물을 줬는데, 몇몇 식물이 시드는 것 같아요. 특히, 검은색 화분에 들어 있는 게 잎이 누르스름하게 변하고 있어요. 좋은 징조 같진 않아요. 뭐가 잘못된 건지 모르겠어요. 제가 식물을 기르는 일과 관련해서 아는 것도 많지 않고, 정말 어떻게 되는 건지 모르겠어요. 뭘 해야 하는지 얘기해 주시면, 말씀하시는 대로 정확하게 할게요. 맞아요. 근처에 꽃집이 없나요? 그 꽃집으로 가져 갈까요? 그분들이 뭐가 잘못됐는지 그리고 제가 뭘 해야 하는지 아실 거예요. 생각 나실 만한 더 좋은 해결책이라도 있을까요? 괜찮으시면, 그렇게 한 다음, 알려 드릴게요. 한 시간 후에 전화 드려도 될까요? 아주 좋은 것 같아요. 그렇게 해요. 좋아요. 나중에 또 얘기해요. 안녕히 계세요.

핵심표현　AL 표현

◁)) MP3 5_47

집안일 (식물 돌보기)	기억에 남는 집 관련 문제 경험

That's the end of the situation. Have you ever experienced any problems in your house or in your neighborhood? What happened? Where and when did it occur? What made it so memorable? Please describe it in as much detail as you can.

상황극이 종료되었습니다. 당신이 살고 있는 집 또는 지역에서 어떤 문제든 한 번이라도 겪어 본 적이 있나요? 무슨 일이 있었나요? 어디에서 그리고 언제 그 일이 발생되었나요? 무엇 때문에 그 일이 그렇게 기억에 남았나요? 가능한 한 자세히 설명해 주세요.

듣기 키워드

핵심 표현　　　　　　　　　　　　　　　**AL 표현**　　　　　　　◁)) MP3 5_48

❶	아주 추운 기상 상태로 인해 수도관이 얼어서 파열됨	
❷	그 전에, 건물 관리자가 수도 계량기에 단열재를 설치해줌	추운 날씨를 대비해 노출된 수도관에도 설치해줌
❸	전문 배관공에게 전화했지만, 우리 아파트에 오기까지 한동안 시간이 걸림	동일한 문제가 모든 곳에서 발생되었기 때문에
❹	마침내 우리집에 들러 수도관을 교체해줌	정말 프로였음

만능 답변

(도입부) Things wear out or break. Last winter, it was deadly cold. The temperature had been well below zero for two weeks straight. (본론) ❶ Due to the freezing weather conditions, the water pipes froze and cracked. My family could use no water. ❷ Previously, the building manager had put some insulation around the water meter and exposed pipes for the cold weather. But it was pointless. That couldn't withstand the cold weather. The pipes cracked and it seemed that the whole system had to be replaced. At first, we tried to fix them ourselves. But we couldn't. ❸ So I called a professional plumber, but it took a while for him to get to my apartment because the same problems had occurred everywhere. ❹ He finally dropped by my house and replaced the water pipes. It took him about an hour. He was a real pro. (마무리) The lesson I learned is to call a specialist first no matter how minor or complicated a problem is.

물건은 닳기도 하고 망가지기도 하죠. 지난 겨울에, 날씨가 지독할 정도로 추웠어요. 기온이 2주 연속으로 영하를 훨씬 밑돌았어요. 아주 추운 기상 상태로 인해, 수도관이 얼어서 파열됐죠. 우리 가족은 물을 이용할 수 없었어요. 그 전에, 건물 관리자가 추운 날씨에 대비해 수도 계량기와 노출된 수도관 주변에 단열재를 설치해줬어요. 하지만 무의미했죠. 그게 추운 날씨를 견딜 수 없었어요. 수도관은 파열되었고, 전체 시스템이 교체되어야 했던 것 같았어요. 처음엔, 우리가 직접 고치려 했어요. 하지만 할 수 없었죠. 그래서 전문 배관공에게 전화했는데, 그분이 우리 아파트로 오시는 데 한동안 시간이 걸렸는데, 동일한 문제가 모든 곳에서 발생되었기 때문이었어요. 그분께서 마침내 우리 집에 들러서 수도관을 교체해 줬어요. 한 시간 정도 걸렸어요. 정말 프로였어요. 제가 배운 교훈은 문제가 얼마나 사소하든 아니면 복잡하든 상관없이 전문가에게 먼저 전화해야 한다는 것이에요 .

핵심표현 **AL 표현**

콘서트 보기 (티켓 구매)

▸ 티켓 구매 질문

I'd like to give you a situation and ask you to act it out. You want to buy two tickets to go watch a concert tonight. Call the theater and ask two to three questions about how to get tickets.

당신이 역할극을 해야 하는 상황이 있습니다. 당신은 오늘밤 콘서트를 보러 가기 위해 입장권을 두 장 구입하고 싶어합니다. 공연장에 전화를 걸어 입장권 구입 방법과 관련해 두세 가지 질문을 해 보세요.

▸ 몸이 아파 콘서트를 보러 가지 못하는 상황 문제 해결

I'm sorry, but there is a problem I need you to resolve. You bought the concert tickets for today, but at the last minute you became so sick that you can't even get out of bed. Call your friend and explain your situation. Give two or three alternatives to your friend.

유감스럽게도, 당신이 해결해야 할 문제가 있습니다. 오늘 열리는 콘서트 입장권을 구입했지만, 마지막 순간에 몸이 너무 아파져서 심지어 침대에서 나오실 수도 없는 상태입니다. 친구에게 전화를 걸어 상황을 설명해 보세요. 친구에게 두세 가지 대안을 제시해 보세요.

▸ 예상치 못한 일로 약속을 취소한 경험

That's the end of the situation. Have you ever bought concert tickets or made plans for a trip, or made plans for other things, but had to cancel at the last minute because of something that happened unexpectedly? Tell me everything about what happened in as much detail as possible.

상항극이 종료되었습니다. 당신은 한 번이라도 콘서트 입장권을 구입했거나 여행 계획 또는 다른 일에 대한 계획을 세웠다가 예기치 못한 일이 생기는 바람에 마지막 순간에 취소해야 했던 적이 있나요? 가능한 한 자세히 어떤 일이 있었는지 모두 이야기해 주세요.

필수 표현과 문장

어휘/표현 익히기

- ☐ **pick up** 데리러 가다, 데려 오다
- ☐ **give a call** 전화하다
- ☐ **make it to** ~에 가다, 참석하다
- ☐ **short notice** 갑작스러운 통보
- ☐ **annoying** 짜증나게 하는
- ☐ **terrible** 끔찍한
- ☐ **enough to** ~할 정도로 충분히
- ☐ **catch a cold** 감기에 걸리다
- ☐ **be supposed to** ~해야 하다, ~하기로 되어 있다
- ☐ **that way** 그렇게 하면, 그런 방법으로

- ☐ **miss** ~을 놓치다
- ☐ **hopefully** 희망하여, 기대하여
- ☐ **real soon** 진짜 빨리, 정말로 곧
- ☐ **for ages** 오랫동안
- ☐ **frustrated** 좌절한, 불만스러운
- ☐ **rest** 쉬다, 휴식하다
- ☐ **in person** 직접
- ☐ **annual** 연례적인, 해마다의
- ☐ **perform** 공연하다

문장 만들어보기

① 진행 중인 프로모션이 있는지 궁금해요.

▶ ....

(promotions, going on)

② 내가 거기로 가서 전화할게.

▶ ....

(give a call, get)

③ 이렇게 말하는 게 좀 갑작스러운 일이라는 거 알아.

▶ ....

(know, short notice)

④ 몇가지 대안이 있어.

▶ ....

(alternatives)

⑤ 콘서트에 가기로 되어 있던 날, 저는 식중독에 걸렸어요.

▶ ....

(on the day, be supposed to, get food poisoning)

모범 답안

① I wonder if you have promotions going on.
② I'm going to give you a call when I get there.
③ I know this is a bit of a short notice.
④ Here're some alternatives.
⑤ On the day I was supposed to go to the concert, I got food poisoning.

만능 답변

🔊 MP3 5_49

콘서트 보기 (티켓 구매) | 티켓 구매 질문

I'd like to give you a situation and ask you to act it out. You want to buy two tickets to go watch a concert tonight. Call the theater and ask two to three questions about how to get tickets.

한 가지 상황을 알려 드리고 그것을 해 보시도록 요청 드리고자 합니다. 당신은 오늘밤 콘서트를 보러 가기 위해 입장권을 두 장 구입하고 싶어합니다. 공연장에 전화를 걸어 입장권 구입 방법과 관련해 두세 가지 질문을 해 보세요.

듣기 키워드

핵심 표현 / AL 표현

🔊 MP3 5_50

	핵심 표현	AL 표현
❶	친구와 나를 위한 티켓 두 장을 사고 싶음	
❷	어떤 종류의 티켓이 구매 가능한지	무대에서 가까운 좌석이 있는지
❸	가격대가 궁금함	얼마인지 알려줄 수 있는지
❹	진행 중인 프로모션이 있는지	할인 카드를 받는지

만능 답변

[도입부] Hi there, I'm calling to ask some questions about tonight's concert. [본문] ❶ I would like to buy two tickets for me and my friend. ❷ What kinds of tickets are available? <u>Are there any seats close to the stage?</u> ❸ I'm wondering about prices. <u>Can you tell me how much they are?</u> ❹ I wonder if you have any promotions going on. <u>I would like to see if you accept any discount cards.</u> [마무리] Thank you. Have a good one. Bye.

안녕하세요, 오늘밤 콘서트에 대해 몇 가지 질문이 있어 전화했어요. 저와 제 친구를 위한 티켓 두 장을 사고 싶어요. 어떤 종류의 티켓이 구매 가능한가요? 무대에서 가까운 좌석이 있나요? 가격대도 궁금해요. 얼마인지 알려줄 수 있나요? 진행 중인 프로모션이 있는지 궁금해요. 할인 카드를 받는지 알고 싶어요. 감사해요. 좋은 하루 되세요. 안녕히 계세요.

핵심표현 <u>AL 표현</u>

어휘 표현 | available 이용 가능한   promotions 프로모션, 홍보 (판촉)   accept 받아들이다, 받아 주다   discount 할인, 할인하다

강쌤의 5초 꿀팁 ⏱

롤플레이 유형에서는 친구에게 전화하는 상황 혹은 관련 시설에 전화하여 문의하는 경우 두 가지로 주로 출제됩니다. 콘서트 티켓 구매 관련해서도 같이 갈 친구에게 전화해서 질문을 하는 상황과 영화관에 전화해 티켓이나 영화 관련해서 물어볼 수도 있습니다.

🔊 MP3 5_51

콘서트 보기 (티켓 구매) 몸이 아파 콘서트를 보러 가지 못하는 상황 문제 해결

I'm sorry, but there is a problem I need you to resolve. You bought the concert tickets for today, but at the last minute you became so sick that you can't even get out of bed. Call your friend and explain your situation. Give two or three alternatives to your friend.

유감스럽게도, 당신이 해결해야 할 문제가 있습니다. 오늘 열리는 콘서트 입장권을 구입했지만, 마지막 순간에 몸이 너무 아파져서 심지어 침대에서 나오실 수도 없는 상태입니다. 친구에게 전화를 걸어 상황을 설명해 보세요. 친구에게 두세 가지 대안을 제시해 보세요.

듣기 키워드

핵심 표현 | **AL 표현** 🔊 MP3 5_52

	핵심 표현	AL 표현
❶	콘서트에 갈 수 없을 거라는 사실을 알려 주려고 전화함	
❷	사실은 어제 저녁부터 정말 끔찍하게 아픈 느낌이 들기 시작했음	그리고 오늘 아침엔 훨씬 더 좋지 않은 것 같음
❸	막 감기에 걸렸음	다른 사람들에게 뭐든 옮기는 위험을 감수하고 싶지 않음
❹	전자 입장권을 네 휴대전화에 문자 메시지로 보내줄 것임	그렇게 하면, 네가 함께 가고 싶은 사람이랑 갈 수 있음

만능 답변

[도입부] Hello. It's me, Jun-ho. [본론] ❶ I'm calling to let you know I won't be able to make it to the concert. I know this is a bit of a short notice. There is no way I can make it today. ❷ The truth is that I started feeling really terrible yesterday evening and feel even worse this morning. I'm not well enough to get outside. ❸ I've just caught a cold and I don't want to risk passing anything on to others. I must stay in bed to get better. Thank you for your understanding. Here're some alternatives. ❹ I'm going to text my e-ticket to you on your cell. That way, you can go to the concert with someone you want to go with. Hopefully, I will get better to see you sometime soon. I hope we'll be able to go to the next concert real soon. [마무리] Once again, I'm so sorry.

여보세요. 나야, 준호. 내가 콘서트에 갈 수 없을 거라는 사실을 알려 주려고 전화했어. 이렇게 말하는 게 좀 갑작스러운 일이라는 거 알아. 내가 오늘 갈 수 있는 방법이 없어. 사실은 어제 저녁부터 정말 끔찍하게 아픈 느낌이 들기 시작해서 오늘 아침엔 훨씬 더 좋지 않게 느껴져. 충분히 밖에 나갈 수 있을 정도로 좋은 상태가 아냐. 막 감기에 걸렸기 때문에, 다른 사람들에게 뭐든 옮기는 위험을 감수하고 싶지 않아. 나아질 수 있도록 반드시 침대에 누워 있어야 해. 이해해줘서 고마워. 몇가지 대안이 있어. 내가 전자 입장권을 네 휴대전화에 문자 메시지로 보내줄게. 그렇게 하면, 네가 함께 가길 원하는 사람이랑 콘서트에 갈 수 있어. 내가 바라는 건, 나아서 조만간 너랑 만나는 거야. 정말 곧 만나서 다음 콘서트에 같이 갈 수 있기를 바라. 다시 한번, 정말 미안해.

핵심표현 AL 표현

어휘 표현 | short notice 갑작스러운 연락, 급한 통보　terrible 끔찍한　catch a cold 감기에 걸리다　risk -ing ~하는 위험을 감수하다　pass A on to B A를 B에게 옮기다　that way 그렇게 하면, 그런 방법으로　hopefully 희망하여, 기대하여　real soon 진짜 빨리, 정말로 곧

MP3 5_53

콘서트 보기 (티켓 구매) 예상치 못한 일로 약속을 취소한 경험

That's the end of the situation. Have you ever bought concert tickets or made plans for a trip, or made plans for other things, but had to cancel at the last minute because of something that happened unexpectedly? Tell me everything about what happened in as much detail as possible.

상항극이 종료되었습니다. 당신은 한 번이라도 콘서트 입장권을 구입했거나 여행 계획 또는 다른 일에 대한 계획을 세웠다가 예기치 못한 일이 생기는 바람에 마지막 순간에 취소해야 했던 적이 있나요? 가능한 한 자세히 어떤 일이 있었는지 모두 이야기해 주세요.

듣기 키워드

핵심 표현 　　　　　　　　　　　　　　**AL 표현**　　　　　　　　　　MP3 5_54

❶	콘서트에 갈 수 없었음	친구와 함께 오랫동안 계속 고대했던 콘서트였음
❷	식중독에 걸렸음	콘서트에 가기로 되어 있던 날에
❸	그날 종일 침대에 누워있었음	어머니가 다정하게 보살펴주심
❹	한 일이라곤 침대에서 자고 쉰 것 밖에 없음	곧 나아져서 계획된 다음 콘서트에 가는 것뿐이었음

만능 답변

(도입부) It was 2 years ago. (본론) ❶ I couldn't go to a concert that I'd been looking forward to for ages with my best friend. ❷ On the day I was supposed to go to the concert, I got food poisoning. It was awful. So, I decided it was for the best that I didn't go. It was not like I even had the choice because I was burning up and suffering from it. ❸ I stayed in bed for the whole day and my mom kindly took care of me. ❹ All I did was sleep in bed and rest, hoping to get better soon and go to the next concert we planned. A year later, I saved up for an annual BTS concert. I was lucky to see them in person brilliantly perform on stage. (마무리) It was quite an experience.

2년 전에 있었던 일이었어요. 저는 친구와 함께 오랫동안 계속 고대했던 콘서트에 갈 수 없었어요. 콘서트에 가기로 되어 있던 날, 저는 식중독에 걸렸어요. 끔찍했죠. 그래서 저는 가지 않는 게 가장 좋다는 결정을 내렸죠. 심지어 선택권이 있는 것 같지도 않았는데, 몸이 펄펄 끓고 식중독으로 너무 아팠기 때문이었죠. 저는 그날 종일 침대에 누워 있었고, 어머니가 다정하게 저를 보살펴주셨어요. 제가 한 일이라곤 침대에서 자고 쉬면서, 곧 나아져서 계획된 다음 콘서트에 가는 것뿐이었어요. 1년 후에, 저는 연례 BTS 콘서트를 위해 돈을 모았어요. 무대에서 훌륭하게 공연하는 모습을 직접 보게 되어서 운이 좋았죠. 상당히 멋진 경험이었어요.

핵심표현 AL 표현

어휘 표현 | look forward to ~을 고대하다　for ages 오랫동안　get food poisoning 식중독에 걸리다　decide ~라고 결정하다　choice 선택(권)　burn up 몸이 펄펄 끓다　save up for ~을 위해 돈을 모으다, 저축하다　annual 연례의　in person 직접 (가서)　perform 공연하다

공원 가기 (약속)

▸ 친구에게 공원 약속 관련 질문

I would like to give you a situation I need you to act out. Let's imagine that a friend of yours asks you to go to the park with him next weekend. Ask three or four questions to find out the plans in detail.

당신이 역할극을 해야 하는 상황이 있습니다. 친구 한 명이 다음 주말에 함께 공원에 가자고 물어봤다고 상상해 보세요. 그 계획을 자세히 알아보기 위해 서너 가지 질문을 해 보세요.

▸ 공원에 못 가게 된 상황 문제 해결

I'm sorry, but there is a problem I need you to resolve. You have just found out that the park you are going to visit will be closed next weekend. Contact your friend to explain the situation and provide two or three alternatives to the issue.

유감스럽게도, 당신이 해결해야 할 문제가 있습니다. 방문하려고 하는 공원이 다음 주말에 문을 닫는다는 사실을 막 알게 되었습니다. 친구에게 연락해 상황을 설명한 다음, 이 문제 대한 두세 가지 대안을 제공해 보세요.

▸ 기억에 남는 공원 관련 경험

That's the end of the situation. Have you ever had memorable experiences visiting a park? Describe this experience in detail. When and where did it happen? And tell me what happened that day and what makes it so memorable.

상황극이 종료되었습니다. 공원을 방문하면서 기억에 남는 경험을 해 본 적이 있나요? 그 경험을 자세히 설명해 보세요. 언제 그리고 어디에서 그 일이 있었나요? 그리고 그날 무슨 일이 있었는지, 무엇 때문에 그렇게 기억에 남게 되었는지 이야기해 주세요.

어휘/표현 익히기

- ☐ several 여럿의, 몇몇의
- ☐ beat ~을 능가하다, ~을 이기다
- ☐ in the middle of ~의 한 가운데에 있는
- ☐ under stress 스트레스를 받는
- ☐ take a picture 사진을 찍다
- ☐ here and there 여기저기서
- ☐ amazing 놀라운

- ☐ take walks 산책하다
- ☐ exercise 운동하다
- ☐ riverside park 강변 공원
- ☐ hang out 어울려 놀다
- ☐ swings 그네
- ☐ refreshed 상쾌한
- ☐ breeze 상쾌한 공기

문장 만들어보기

❶ 토요일에 가는 걸로 할까?

▶ _____

(shall, this Saturday)

❷ 토요일 저녁에 갈 수 있어?

▶ _____

(make it)

❸ 몇 시가 가장 좋아?

▶ _____

(what time, suit, the best)

❹ 내가 어딘가 멋진 곳으로 데려갈게.

▶ _____

(take, someplace nice)

❺ 저는 여기저기서 사진 찍는 게 너무 좋았어요.

▶ _____

(take pictures, here and there)

모범 답안
❶ Shall we say this Saturday?
❷ Can you make it on Saturday evening?
❸ What time suits you the best?
❹ I am going to take you someplace nice.
❺ I loved taking pictures here and there

만능 답변

질문 문제 해결 관련 경험

🔊 MP3 5_55

공원 가기 (약속) 친구에게 공원 약속 관련 질문

I would like to give you a situation I need you to act out. Let's imagine that a friend of yours asks you to go to the park with him next weekend. Ask three or four questions to find out the plans in detail.

당신이 역할극을 해야 하는 상황이 있습니다. 친구 한 명이 다음 주말에 함께 공원에 가자고 물어봤다고 상상해 보세요. 그 계획을 자세히 알아보기 위해 서너 가지 질문을 해 보세요.

듣기 키워드

핵심 표현   AL 표현   🔊 MP3 5_56

	핵심 표현	AL 표현
❶	공원에서 열리는 축제가 있음	정말 좋다고 들음
❷	나랑 같이 공원에 가지 않을지	토요일에 가는 걸로 할지
❸	몇 시에 만나고 싶은지	
❹	어디서 만나고 싶은지	너희 집으로 데리러 갈지

만능 답변

[도입부] Hi Susan. It's Amy . How are things? [본론] Listen, ❶ there is a festival in the park. I've heard it's really good. ❷ Would you like to go to the park with me? Shall we say this Saturday? Okay. Can you make it on Saturday evening? Great. ❸ What time do you want to meet? ❹ Where do you want to meet? Do you want me to pick you up at your place? Fine. I'm going to give you a call when I get there. See you on Saturday. [마무리] Let me know if something comes up. Bye.

안녕, 수전. 나 톰이야. 잘 지내? 있잖아, 공원에서 열리는 축제가 있어. 정말 좋다고 하더라고. 나랑 공원에 가지 않을래? 토요일에 가는 걸로 할까? 좋아. 토요일 저녁에 갈 수 있어? 잘됐다. 몇 시에 만나고 싶어? 어디에서 만나고 싶어? 내가 너희 집으로 데리러 갈까? 좋아. 내가 거기로 가서 전화할게. 토요일에 보자. 무슨 이 있으면 알려줘. 안녕 .

핵심표현 AL 표현

어휘 표현 | How are things? 잘 지내?, 어떻게 지내? would like to do ~하고 싶다, ~하고자 하다 Shall we say ~? ~로 할까? make it (모임, 약속 등에) 가다, 참석하다 pick A up A를 데리러 가다, 데려 오다 give A a call A에게 전화하다 get there 그곳으로 가다 let A know A에게 알리다 come up 생기다, 발생하다

54 시원스쿨 OPIc 학습지 실전 전략편

공원 가기 (약속) 공원에 못 가게 된 상황 문제 해결

I'm sorry, but there is a problem I need you to resolve. You have just found out that the park you are going to visit will be closed next weekend. Contact your friend to explain the situation and provide two or three alternatives to the issue.

유감스럽게도, 당신이 해결해야 할 문제가 있습니다. 방문하려고 하는 공원이 다음 주말에 문을 닫는다는 사실을 막 알게 되었습니다. 친구에게 연락해 상황을 설명한 다음, 이 문제 대한 두세 가지 대안을 제공해 보세요.

듣기 키워드

핵심 표현 / **AL 표현**　MP3 5_58

	핵심 표현	AL 표현
❶	친척들 중 한 명, 사촌이 주말에 나를 방문하러 올 예정임	그녀와 함께 시간을 보내야 함
❷	대신 일요일은 어떤지	
❸	몇 시가 가장 좋은지	같은 시간, 같은 장소에서 보는 게 좋은지
❹	내가 보답할 예정임	어딘가 멋진 곳으로 데려갈 것임

만능 답변

〔도입부〕Hello. It's Tom. Listen, I'm calling about Friday. I'm afraid I can't make it. 〔본론〕❶ You see, one of my relatives, actually my cousin is coming to visit me for the weekend and I have to spend some time with her. Also, I heard the park we were supposed to visit will be closed next weekend. ❷ Can we do Sunday instead? ❸ What time suits you the best? Great. Same time, same place? I owe you this time. ❹ I'll make it up to you. I am going to take you someplace nice. I would like to buy you a good coffee or drink of your choice. 〔마무리〕Once again, I'm so sorry. See you then. Bye.

안녕. 나 톰이야. 있잖아, 금요일과 관련해서 전화했어. 유감이지만 내가 갈 수 없을 것 같아. 그러니까, 친척들 중 한 명이, 사실 내 사촌이 주말에 나를 방문하러 오는데 , 함께 시간을 좀 보내야 해. 또한, 내가 듣기로 우리가 가기로 한 공원이 다음 주 주말에 문을 닫는다고 들었어. 대신 일요일로 할 수 있어? 몇 시가 가장 좋아? 잘됐다. 같은 시간에, 같은 장소에서? 이번에 너한테 신세 졌어. 내가 보답할게. 내가 어딘가 멋진 곳으로 데려갈게. 네가 고르는 것으로 맛있는 커피나 음료를 사주고 싶어. 다시 한번, 정말 미안해. 그때 보자. 안녕.

핵심표현 AL 표현

어휘 표현 | make it (모임, 약속 등에) 가다, 참석하다　relative 친척　instead 대신　suit ~에게 알맞다, 적합하다　owe ~에게 신세 지다, 빚지다　make it up to ~에게 보답하다, 보상하다　take ~을 데려 가다　would like to do ~하고 싶다, ~하고자 하다　of one's choice ~가 선택하는

🔊 MP3 5_59

공원 가기 [약속] 기억에 남는 공원 관련 경험

That's the end of the situation. Have you ever had memorable experiences visiting a park? Describe this experience in detail. When and where did it happen? And tell me what happened that day and what makes it so memorable.

상황극이 종료되었습니다. 공원을 방문하면서 기억에 남는 경험을 해 본 적이 있나요? 그 경험을 자세히 설명해 보세요. 언제 그리고 어디에서 그 일이 있었나요? 그리고 그날 무슨 일이 있었는지, 무엇 때문에 그렇게 기억에 남게 되었는지 이야기해 주세요.

듣기 키워드

핵심 표현 | **AL** 표현 🔊 MP3 5_60

	핵심 표현	AL 표현
❶	북한산 공원만한 곳은 없음	우리 가족과 나는 여행을 많이 해서 여러 공원을 방문해 봄
❷	자연 한 가운데 있는 것 같음	
❸	그곳 직원들이 진행하는 몇몇 재미있는 활동들이 있었음	
❹	여기저기서 사진 찍는 게 너무 좋았음	그곳에서 좋은 시간을 보내면서 아주 많이 즐거웠음

만능 답변

(도입부) ❶ My family and I travel a lot and have visited several parks, but, nothing can beat Bukhansan National Park. (본론) ❷ It was like I was in the middle of nature. Before I went to the park, I was under tremendous stress, but a step into the park and all my anxiety and stress vanished. We really enjoyed walking along in the sunshine. We even found a fairy garden. I wish I had stayed longer. ❸ There were some fun activities held by their staff. My father, who usually does not interact much with strangers was in full form, playing games and dancing around. ❹ I loved taking pictures here and there and enjoyed spending a lovely time there so much. It was amazing. I feel like it was yesterday. (마무리) I wish I could return to the moment.

우리 가족과 저는 여행을 많이 하기 때문에 여러 공원을 방문한 적이 있지만, 북한산 국립 공원만한 곳은 없어요. 마치 제가 자연 한 가운데에 있는 것 같았어요. 그 공원에 가기 전에, 제가 엄청난 스트레스를 받고 있었는데, 그 공원에 발을 내딛는 순간, 제 모든 걱정거리와 스트레스가 사라졌어요. 우리는 햇살을 받으면서 계속 걷는 게 정말 즐거웠어요. 심지어 요정의 정원도 발견했어요. 더 오래 머물러 있었으면 좋았을 거예요. 그곳 직원들이 진행하는 몇몇 재미 있는 활동들도 있었어요. 아버지는, 보통 낯선 사람들과 많이 소통하지 않는데, 컨디션이 최상이어서, 게임도 하고 곳곳에서 춤도 추셨어요. 저는 여기저기서 사진 찍는 게 너무 좋았고, 그곳에서 좋은 시간을 보내면서 아주 많이 즐거웠어요. 놀라운 시간이었죠. 마치 어제 있었던 일 같아요. 그때로 다시 돌아갈 수 있다면 좋겠어요 .

핵심표현 AL 표현

어휘 표현 I several 여럿의, 몇몇의 beat ~을 능가하다, ~을 이기다 in the middle of ~의 한 가운데에 있는 commercial 상업적인 under stress 스트레스를 받는 tremendous 엄청난, 굉장한 anxiety 걱정, 불안 vanish 사라지다 fairy 요정의, 요정 같은 hold ~을 진행하다, 개최하다 interact with ~와 소통하다, 교류하다 in full form 컨디션이 최상인

OPIc
학습지

실전 전략편

6

IH+ 목표
실전 모의고사

시원스쿨
OPIc 학습지
실전 전략편

초판 1쇄 발행 2022년 9월 23일

지은이 강지완 · 시원스쿨어학연구소
펴낸곳 (주)에스제이더블유인터내셔널
펴낸이 양홍걸 이시원

홈페이지 www.siwonschool.com
주소 서울시 영등포구 국회대로74길 12 남중빌딩 시원스쿨
교재 구입 문의 02)2014-8151
고객센터 02)6409-0878

ISBN 979-11-6150-629-6 13740
Number 1-110606-18180400-06

IH+ 목표
실전 모의고사

학습 목표

⊘ 다양한 어휘와 문장 구조를 사용하여 발화량을 높일 수 있다.

⊘ 롤플레이와 돌발 주제에도 도입부-본론-마무리 순으로 답변할 수 있다.

⊘ 최신 이슈를 활용해 돌발 주제에 응용하여 답변할 수 있다.

목차

거주, 음악 감상하기, 집에서 보내는 휴가 + 재활용, 쇼핑 RP(약속)

문제 영상 보기

사전 설문조사(Background Survey)

1. 현재 귀하는 어느 분야에 종사하고 계십니까?
   ☐ 일 경험 없음

2. 현재 귀하는 학생이십니까?
   ☐ 아니오   ☐ 수강 등록 후 5년 이상 지남

3. 현재 귀하는 어디에 살고 계십니까?
   ☐ 개인 주택이나 아파트에 홀로 거주

아래의 4~7번 문항에서 12개 이상을 선택해 주시기 바랍니다.

4. 귀하는 여가 활동으로 주로 무엇을 하십니까? (두 개 이상 선택)
   ☐ 영화 보기   ☐ 공연 보기   ☐ 콘서트 보기

5. 귀하의 취미나 관심사는 무엇입니까? (한 개 이상 선택)
   ☐ 음악 감상하기

6. 귀하는 주로 어떤 운동을 즐기십니까? (한 개 이상 선택)
   ☐ 걷기   ☐ 조깅   ☐ 자전거
   ☐ 하이킹/트레킹   ☐ 운동을 전혀 하지 않음

7. 당신은 어떤 휴가나 출장을 다녀온 경험이 있습니까? (한 개 이상 선택)
   ☐ 국내 여행   ☐ 해외 여행   ☐ 집에서 보내는 휴가

자가 평가

1차: 4단계 - 2차: 4단계

강쌤의 5초 꿀팁 ⏱

개인 주택이나 아파트에 홀로 거주를 선택하면 주거 관련 출제의 범위를 현저히 줄일 수 있습니다. 함께 사는 구성원에 대한 문제가 출제되지 않도록 만들 수 있습니다. 5번 항목에서는 음악 감상하기 하나만 고르는 것이 전략입니다. 최소한의 개수를 선택하여 출제율이 높은 주제를 집중적으로 학습하는 것이 효율적인 오픽 학습의 지름길입니다.

강쌤 총평 듣기

기본 주제   자기소개

Q1   Let's start the interview now. Can you tell me about yourself?

돌발 주제   재활용

Q2   우리나라의 재활용   **만능답변** 4_p.8

I would like to know about the recycling system in your country. How is recycling practiced in your country? What do people do for recycling? What is special about recycling? Give me all the details.

| 도입부 | 본론 | 마무리 |

▶   ▶

Q3   내가 하는 재활용   **만능답변** 4_p.9

Tell me about how you personally do your recycling. How do you recycle? Do you do your recycling every day? Where do you do your recycling? Tell me the steps you do in as much detail as possible.

| 도입부 | 본론 | 마무리 |

▶   ▶

Q4   재활용 관련 기억에 남는 경험   **만능답변** 4_p.10

Do you have any unforgettable experience about recycling? For example, you did something wrong, or it was not collected properly. Tell me about it in as much detail as possible.

| 도입부 | 본론 | 마무리 |

▶   ▶

Q5 좋아하는 작곡가/음악가 **만능답변** 3_p.31

You indicated that you like listening to music in the survey. What types of music do you enjoy listening to? And tell me about your favorite composers or musicians.

도입부	본론	마무리

▶　　　　　　▶

Q6 음악을 듣는 루틴 **만능답변** 3_p.32

Where and when do you normally listen to music? How do you usually listen to music? Tell me about a variety of ways that you enjoy music.

도입부	본론	마무리

▶　　　　　　▶

Q7 음악에 관심을 갖게 된 계기 **만능답변** 3_p.36

When did you first become interested in music? What types of music did you enjoy at the time? Tell me about your musical interest from childhood until now.

도입부	본론	마무리

▶　　　　　　▶

선택 주제 | 집에서 보내는 휴가

Q8 휴가 중 활동

You have indicated in your survey that you like staying at home during vacation. What are activities you do during your vacation? Please give me details as much as you can.

도입부   본론   마무리

▶   ▶

Q9 최근 집에서 보낸 휴가

When was the recent vacation you had at home? What did you do? Who did you spend time with? Tell me everything in detail.

도입부   본론   마무리

▶   ▶

Q10 기억에 남는 집에서 보낸 휴가

Do you have unforgettable memories when you have a vacation at home? Let me know about one of your special events from your vacation at home.

도입부   본론   마무리

▶   ▶

Q11 쇼핑 관련 질문　만능답변 5_p.9

I'd like to give you a situation to act out. Suppose that you want to go shopping with your friend. Call your friend and ask three or four questions about shopping together.

도입부　　　　　　　　　본론　　　　　　　　　마무리

▶　　　　　　　　▶

Q12 쇼핑 관련 문제 해결　만능답변 5_p.10

I'm sorry, but there is a problem I need you to resolve. You and your friend were supposed to go shopping together, but you can't make it. Call your friend and explain the situation. And offer two or three alternatives.

도입부　　　　　　　　　본론　　　　　　　　　마무리

▶　　　　　　　　▶

Q13 기억에 남는 쇼핑 경험　만능답변 5_p.11

That's the end of the situation. Have you ever had any special experience while shopping - maybe a time when something unexpected happened, or simply a very enjoyable or recent experience? First tell me some background about when and where this occurred, and then tell me what happened to make the experience so memorable for you.

도입부　　　　　　　　　본론　　　　　　　　　마무리

▶　　　　　　　　▶

기본 주제	거주

Q14 내가 사는 집 만능답변 2_p.13

Please tell me about your house. What does it look like? How many rooms do you have? I'd like to know detailed information about the rooms in your house.

도입부	본론	마무리
▶	▶	

Q15 거주지 관련 질문

I live in the United States. Ask me three or four questions about my house.

도입부	본론	마무리
▶	▶	

거주, 조깅, 공연RP(구매) + 도시, 컴퓨터

문제 영상 보기

사전 설문조사(Background Survey)

1. 현재 귀하는 어느 분야에 종사하고 계십니까?
   - ☐ 일 경험 없음

2. 현재 귀하는 학생이십니까?
   - ☐ 아니오
   - ☐ 수강 등록 후 5년 이상 지남

3. 현재 귀하는 어디에 살고 계십니까?
   - ☐ 개인 주택이나 아파트에 홀로 거주

아래의 4~7번 문항에서 12개 이상을 선택해 주시기 바랍니다.

4. 귀하는 여가 활동으로 주로 무엇을 하십니까? (두 개 이상 선택)
   - ☐ 영화 보기
   - ☐ 공연 보기
   - ☐ 콘서트 보기

5. 귀하의 취미나 관심사는 무엇입니까? (한 개 이상 선택)
   - ☐ 음악 감상하기

6. 귀하는 주로 어떤 운동을 즐기십니까? (한 개 이상 선택)
   - ☐ 걷기
   - ☐ 조깅
   - ☐ 자전거
   - ☐ 하이킹/트레킹
   - ☐ 운동을 전혀 하지 않음

7. 당신은 어떤 휴가나 출장을 다녀온 경험이 있습니까? (한 개 이상 선택)
   - ☐ 국내 여행
   - ☐ 해외 여행
   - ☐ 집에서 보내는 휴가

자가 평가

1차: 4단계 – 2차: 4단계

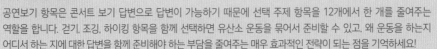

강쌤의 5초 꿀팁

공연보기 항목은 콘서트 보기 답변으로 답변이 가능하기 때문에 선택 주제 항목을 12개에서 한 개를 줄여주는 역할을 합니다. 걷기, 조깅, 하이킹 항목을 함께 선택하면 유산소 운동을 묶어서 준비할 수 있고, 왜 운동을 하는지 어디서 하는 지에 대한 답변을 함께 준비해야 하는 부담을 줄여주는 매우 효과적인 전략이 되는 점을 기억하세요!

강쌤 총평 듣기

기본 주제 자기소개

Q1 Let's start the interview now. Tell me about yourself.

기본 주제 거주

Q2 내가 사는 집 **만능답변** 2_p.12

I would like to know where you live. Do you live in an apartment or a house? What does it look like? How many rooms does it have? Describe it in as much detail as possible.

도입부 본론 마무리

▶ ▶

Q3 집에서 사용하는 가전 제품

Can you tell me about the household appliances in your house? What is your favorite one among them? Why do you like it the most?

도입부 본론 마무리

▶ ▶

Q4 새 집으로 이사 한 경험 **만능답변** 2_p.25

Please tell me about an experience of moving into a new house. Did anything interesting or unexpected happen while you were moving? And what kind of help did you get?

도입부 본론 마무리

▶ ▶

Q5　내가 사는 도시

Discuss the city where you live. Explain what the city that you live in is like. What are the people like there? Describe the buildings in your city. Provide many details to explain your city.

도입부	본론	마무리
▶	▶	

Q6　주말 행사 및 활동

What do the people in the city do on the weekends? Explain some of the special events and activities that go on in the city. Discuss the things people in the city do during the weekends.

도입부	본론	마무리
▶	▶	

Q7　지난 주말 활동

Describe something that you did last weekend. Explain what you did, who you went with, and where the event took place. Provide details that explain something interesting that you did last weekend.

도입부	본론	마무리
▶	▶	

선택 주제 조깅

Q8 조깅하는 장소 **만능답변** 3_p.47

You indicated in the survey that you like to go jogging. Tell me about the places you like to go jogging at. Why do you enjoy jogging there?

도입부   본론   마무리

▶   ▶

Q9 최근 조깅한 경험

Tell me about your recent jogging experience. When was it? Where did you go jogging? Who were you with?

도입부   본론   마무리

▶   ▶

Q10 기억에 남는 조깅 경험 **만능답변** 3_p.55

Have you ever had any jogging experience that is unforgettable? If so, start by telling me when it was and where you were running. Then tell me about all the things that made the experience so unforgettable.

도입부   본론   마무리

▶   ▶

Q11 공연 티켓 구매 전화 문의 **만능답변** 5_p.14

I would like to give you a situation and ask you to act it out. You want to watch a performance with your friends. Call the ticket office and ask three to four questions in order to buy tickets.

도입부	본론	마무리

▶ ▶

Q12 공연에 못 가게 된 상황 문제 해결 **만능답변** 5_p.15

Unfortunately, you have a problem which I need you to resolve. You are sick on the day of the performance. Call one of your friends and explain your situation. Then offer two alternatives to handle this situation.

도입부	본론	마무리

▶ ▶

Q13 표를 예매했지만 가지 못한 경험 **만능답변** 5_p.16

That's the end of the situation. Have you ever had tickets for a performance or other events, but you couldn't go? If so, when did this happen? What problem was it? How did this affect your plan? Tell me about this experience in as much detail as you can.

도입부	본론	마무리

▶ ▶

Q14 내가 사용하는 소프트웨어

I would like to know about the computer you use at home and the software you use most often.

도입부	본론	마무리
▶	▶	

Q15 컴퓨터에 관해 질문

I also use a computer at my house. Please ask three or four questions about my computer.

도입부	본론	마무리
▶	▶	

거주, 음악 감상하기(MP3플레이어) RP, 하이킹/트레킹 + 지형/지리, 친구

문제 영상 보기

사전 설문조사(Background Survey)

1. 현재 귀하는 어느 분야에 종사하고 계십니까?
   ☐ 일 경험 없음

2. 현재 귀하는 학생이십니까?
   ☐ 아니오   ☐ 수강 등록 후 5년 이상 지남

3. 현재 귀하는 어디에 살고 계십니까?
   ☐ 개인 주택이나 아파트에 홀로 거주

아래의 4~7번 문항에서 12개 이상을 선택해 주시기 바랍니다.

4. 귀하는 여가 활동으로 주로 무엇을 하십니까? (두 개 이상 선택)
   ☐ 영화 보기   ☐ 공연 보기   ☐ 콘서트 보기

5. 귀하의 취미나 관심사는 무엇입니까? (한 개 이상 선택)
   ☐ 음악 감상하기

6. 귀하는 주로 어떤 운동을 즐기십니까? (한 개 이상 선택)
   ☐ 걷기   ☐ 조깅   ☐ 자전거
   ☐ 하이킹/트레킹   ☐ 운동을 전혀 하지 않음

7. 당신은 어떤 휴가나 출장을 다녀온 경험이 있습니까? (한 개 이상 선택)
   ☐ 국내 여행   ☐ 해외 여행   ☐ 집에서 보내는 휴가

자가 평가

1차: 4단계 - 2차: 4단계

강쌤의 5초 꿀팁 ⏱

선택 주제를 전략적으로 했을 때 가장 많이 출제되는 형태의 모의고사 세트입니다. 잘 준비해두면 실제 시험에서도 상당히 적중률이 높은 실전 문제가 될 수 있습니다. 최근 지형(Geography)주제는 돌발 주제에서 매우 자주 출제되는 돌발주제로 연습해 두는 것과 그렇지 않은 경우와 큰 차이를 만들 수 있습니다. 반드시 답변할 내용을 미리 구상해 놓으세요.

강쌤 총평 듣기

기본 주제 자기소개

Q1 Let's start the interview now. Tell me about yourself.

기본 주제 거주

Q2 내가 사는 집 **만능답변** 2_p.14

I would like to know where you live. Describe your house in detail. How many rooms are there? What is your favorite room at home? Do you live alone or who do you live with? Tell me everything in as much detail as you can.

도입부	본론	마무리
▶	▶	

Q3 집에서 하는 활동

While staying at home, what activities do you usually enjoy doing? Please describe the activities you like to do in detail.

도입부	본론	마무리
▶	▶	

Q4 집 관련 문제 경험 **만능답변** 2_p.24

Tell me about problems you have experienced at home. Pick one of the problems you've mentioned above and tell me in detail about what happened.

도입부	본론	마무리
▶	▶	

Q5 우리나라의 지형   **만능답변** 4_p.13

Tell me about the geography of your country. Are there a lot of lakes, rivers, beaches or mountains? Please describe it in as much detail as possible.

도입부	본론	마무리
▶	▶	

Q6 우리나라 사람들의 야외 활동   **만능답변** 4_p.14

What kinds of activities do people in your country usually do for entertainment? Please give me a detailed description of the things that people like to do in your country.

도입부	본론	마무리
▶	▶	

Q7 어렸을 때 기억에 남는 경험   **만능답변** 4_p.15

I'd like to know about a memorable thing that you experienced during your childhood. For example, it could have been a special event or an experience you had with your friends or family members. Tell me about the event and everything that happened.

도입부	본론	마무리
▶	▶	

Q8   내 친구   만능답변 4_p.18

Tell me about one of your friends. Describe his or her personality and appearance in as much detail as possible.

도입부   본론   마무리

▶   ▶

Q9   친구와 주로 하는 일들   만능답변 4_p.19

What are the activities you usually do with your friends on the weekends? Tell me everything in detail.

도입부   본론   마무리

▶   ▶

Q10   친구와 알게 된 계기   만능답변 4_p.20

How did you meet the friend you have just mentioned earlier? How did you get to know each other, and what kind of effort did you make to be close?

도입부   본론   마무리

▶   ▶

Q11 MP3 플레이어에 대해 질문 **만능답변** 5_p.19

I'd like to give you a situation to act out. You want to borrow an MP3 player from your friend. Explain your situation and ask him three to four questions to borrow the MP3 player.

도입부   본론   마무리

▶   ▶

Q12 빌린 MP3 플레이어를 고장 낸 상황 문제 해결 **만능답변** 5_p.20

I am sorry, but you have a problem to resolve. You accidentally broke your friend's MP3 player. Tell your friend what happened and suggest two or three solutions to resolve the problem.

도입부   본론   마무리

▶   ▶

Q13 빌린 물건을 고장 낸 경험 **만능답변** 5_p.21

That's the end of the situation. Have you ever broken something that you borrowed from your friend or family member? Or have you ever had someone else break something that you lent them? When was it? What was the problem? How did you handle it? Tell me everything in detail.

도입부   본론   마무리

▶   ▶

Q14 하이킹 활동

You indicated you like hiking. Where, when and how often do you go hiking? Do you bring anything for hiking? What are the benefits of hiking? Tell me everything in detail.

도입부   본론   마무리

▶   ▶

Q15 하이킹 관련 질문

I also like hiking. Ask me three or four questions about hiking.

도입부   본론   마무리

▶   ▶

자전거, 영화 보기 RP(약속), 거주(집안일) + 재활용, 호텔

문제 영상 보기

사전 설문조사(Background Survey)

1. 현재 귀하는 어느 분야에 종사하고 계십니까?
   - ☐ 일 경험 없음

2. 현재 귀하는 학생이십니까?
   - ☐ 아니오
   - ☐ 수강 등록 후 5년 이상 지남

3. 현재 귀하는 어디에 살고 계십니까?
   - ☐ 개인 주택이나 아파트에 홀로 거주

아래의 4~7번 문항에서 12개 이상을 선택해 주시기 바랍니다.

4. 귀하는 여가 활동으로 주로 무엇을 하십니까? (두 개 이상 선택)
   - ☐ 영화 보기
   - ☐ 공연 보기
   - ☐ 콘서트 보기

5. 귀하의 취미나 관심사는 무엇입니까? (한 개 이상 선택)
   - ☐ 음악 감상하기

6. 귀하는 주로 어떤 운동을 즐기십니까? (한 개 이상 선택)
   - ☐ 걷기
   - ☐ 조깅
   - ☐ 자전거
   - ☐ 하이킹/트레킹
   - ☐ 운동을 전혀 하지 않음

7. 당신은 어떤 휴가나 출장을 다녀온 경험이 있습니까? (한 개 이상 선택)
   - ☐ 국내 여행
   - ☐ 해외 여행
   - ☐ 집에서 보내는 휴가

자가 평가

1차: 4단계 – 2차: 4단계

강쌤의 5초 꿀팁

돌발주제는 IH나 AL를 선별하기 위한 돌발 주제입니다. 최근 환경에 대한 중요성이 더 해지면서 재활용과 지구 온난화에 대한 주제가 빈번하게 출제가 되고 있습니다. 최근 기준으로 높은 출제율을 기록하고 있으므로 각별한 대비가 필요합니다.

강쌤 총평 듣기

기본 주제 자기소개

Q1 Let's start the interview now. Tell me about yourself.

돌발 주제 재활용

Q2 우리나라의 재활용 **만능답변** 4_p.8

Recycling is a common practice. I would like to know how recycling is practiced in your country. What do people specifically do? Tell me how things are recycled.

도입부	본론	마무리
▶	▶	

Q3 재활용하는 물건

Tell me about all the different kinds of things that you recycle. How do you recycle? What are the steps you do? Please tell me everything in as much detail as possible.

도입부	본론	마무리
▶	▶	

Q4 재활용 관련 문제 경험 **만능답변** 4_p.10

Problems sometimes occur when recycling. Perhaps, the pick-up service did not come as planned. Or the items were too big for the containers. Tell me about something memorable related to recycling.

도입부	본론	마무리
▶	▶	

Q5 우리나라의 호텔 만능답변 4_p.23

I would like to know about the hotels in your country. What are they like? Where are they located? Are they different from the hotels in other countries? Tell me about the hotels in your country.

도입부	본론	마무리
▶	▶	

Q6 최근 호텔 경험 만능답변 4_p.24

When was the last time you went to a hotel? Describe your last hotel experience in as much detail as possible.

도입부	본론	마무리
▶	▶	

Q7 기억에 남는 호텔 경험 만능답변 4_p.25

Tell me about a memorable hotel you stayed at. Why was that hotel special? How did you pick that hotel in the first place? What do you remember most about your stay at that hotel?

도입부	본론	마무리
▶	▶	

Q8   자전거 타는 루틴   **만능 답변** 3_p.49

You indicated in the survey that you enjoy biking. Biking is a very popular hobby. When do you enjoy riding your bicycle? Where do you usually go and with whom?

도입부	본론	마무리
▶	▶	

Q9   자전거 타기에 관심을 갖게 된 계기   **만능 답변** 3_p.54

How did you develop your interest in bike riding? Who taught you how to ride and how old were you? Provide as many details as possible.

도입부	본론	마무리
▶	▶	

Q10   기억에 남는 자전거 탄 경험

Describe a memorable experience you have had while biking. When did it occur? Who were you with? What happened? Tell me everything that happened in detail.

도입부	본론	마무리
▶	▶	

Q11 영화 관련 질문　만능답변 5_p.24

Now, I would like to give you a situation and ask you to act it out. Let's suppose that you want to watch a movie with your friend. Call your friend and ask three or four questions to make a plan.

도입부　　　　　　　　　본론　　　　　　　　　마무리

▶　　　　　　　　　▶

Q12 영화 관람 약속을 못 지키는 상황 문제 해결　만능답변 5_p.25

I'm sorry, but you have a problem I need you to resolve. You and your friend were supposed to watch a movie together, but you can't make it because of an emergency. Call your friend and explain the situation, and offer two or three alternatives.

도입부　　　　　　　　　본론　　　　　　　　　마무리

▶　　　　　　　　　▶

Q13 친구와의 약속을 취소한 경험　만능답변 5_p.26

That's the end of the situation. Have you ever had a situation in which you canceled plans with your friend due to some unexpected matters? If so, what was the problem? Please tell me everything that happened on that day.

도입부　　　　　　　　　본론　　　　　　　　　마무리

▶　　　　　　　　　▶

Q14 나의 집안일

What is your responsibility at home or in your family? What is your role? Tell me in detail.

도입부	본론	마무리
	▶	▶

Q15 집안일 관련 질문

I also do some house chores at home. Ask me three or four questions about my house chores.

도입부	본론	마무리
	▶	▶

거주지, 여행RP(호텔 예약),
음악 감상하기 + 지형/지리, 친구

문제 영상 보기

사전 설문조사(Background Survey)

1. 현재 귀하는 어느 분야에 종사하고 계십니까?
☐ 일 경험 없음

2. 현재 귀하는 학생이십니까?
☐ 아니오   ☐ 수강 등록 후 5년 이상 지남

3. 현재 귀하는 어디에 살고 계십니까?
☐ 개인 주택이나 아파트에 홀로 거주

아래의 4~7번 문항에서 12개 이상을 선택해 주시기 바랍니다.

4. 귀하는 여가 활동으로 주로 무엇을 하십니까? (두 개 이상 선택)
☐ 영화 보기   ☐ 공연 보기   ☐ 콘서트 보기

5. 귀하의 취미나 관심사는 무엇입니까? (한 개 이상 선택)
☐ 음악 감상하기

6. 귀하는 주로 어떤 운동을 즐기십니까? (한 개 이상 선택)
☐ 걷기   ☐ 조깅   ☐ 자전거
☐ 하이킹/트레킹   ☐ 운동을 전혀 하지 않음

7. 당신은 어떤 휴가나 출장을 다녀온 경험이 있습니까? (한 개 이상 선택)
☐ 국내 여행   ☐ 해외 여행   ☐ 집에서 보내는 휴가

자가 평가

1차: 4단계 – 2차: 4단계

강쌤의 5초 꿀팁 ⏱

해외여행과 국내여행을 동시에 선택하면 하나가 출제되는 점을 활용하여 해외와 국내여행지를 서로 바꾸어 쓸 수 있게 답변을 준비해 두면 매우 유리합니다. 호텔 예약 관련된 롤플레이는 연습이 반드시 필요한 문제이니 11, 12, 13번을 연속적으로 대비할 수 있게 준비해주세요.

강쌤 총평 듣기

기본 주제 자기소개

Q1 Let's start the interview now. Tell me about yourself.

돌발 주제 지형/지리

Q2 우리나라의 지형 **만능 답변** 4_p.13

Tell me about the geography of your country. Are there a lot of lakes, rivers or mountains? Please describe it in as much detail as possible.

도입부 ▶ 본론 ▶ 마무리

Q3 우리나라 사람들이 여유 시간에 하는 활동 **만능 답변** 4_p.14

What do people in your country do in their free time? How do they spend time with their family or friends? What is special about those activities?

도입부 ▶ 본론 ▶ 마무리

Q4 지형 관련 내가 가 본 국내 장소 **만능 답변** 4_p.15

Describe the last place you visited related to the geography of your country. What was special about that place? What did you do there? Tell me everything about the landscape and why you went there.

도입부 ▶ 본론 ▶ 마무리

Q5 내가 사는 집 만능답변 2_p.13

I'd like to know about the place where you live. Do you live in an apartment or a house? What does it look like? How many rooms does it have? Describe it in as much detail as possible.

도입부   본론   마무리

▶   ▶

Q6 과거와 현재의 집 비교 만능답변 2_p.28

Compare the home you lived in before to the one you live in now. What are the differences between those two homes? Describe them in as much detail as possible.

도입부   본론   마무리

▶   ▶

Q7 집 관련 문제 경험 만능답변 2_p.23

Have you ever had any problems with your home? What was your problem, and how did you deal with it? How did the problem turn out? Give me as many details as possible.

도입부   본론   마무리

▶   ▶

Q8 내 친구 만능답변 4_p.18

Tell me about one of your friends. Describe his or her personality and appearance in as much detail as possible.

도입부   본론   마무리

▶   ▶

Q9 친구와 주로 하는 일들 만능답변 4_p.19

What are the activities you usually do with your friends on the weekends? Tell me everything in detail.

도입부   본론   마무리

▶   ▶

Q10 친구와 알게 된 계기 만능답변 4_p.20

How did you meet the friend you have just mentioned earlier? How did you get to know each other, and what kind of effort did you make to be close?

도입부   본론   마무리

▶   ▶

Actual Test 5

Q11 객실 예약 질문　만능답변 5_p.29

There's a situation I'd like you to act out. Let's suppose that you are planning a vacation with a friend. Call the travel agency and ask three or four questions to make a reservation for a hotel room.

도입부　　　　　　　　　　본론　　　　　　　　　　마무리

▶　　　　　　　　　　▶

Q12 항공편 취소 상황 문제 해결　만능답변 5_p.30

I'm sorry, but there is a problem you need to resolve. When you arrive at the airport, you realize that your flight has been canceled. However, all of the other flights are fully booked. Explain the situation to your travel agent and suggest two or three solutions.

도입부　　　　　　　　　　본론　　　　　　　　　　마무리

▶　　　　　　　　　　▶

Q13 여행 중 문제를 겪은 경험　만능답변 5_p.31

That's the end of the situation. Have you experienced a problem while traveling? What was the problem, and how did you deal with it? Describe it in as much detail as possible.

도입부　　　　　　　　　　본론　　　　　　　　　　마무리

▶　　　　　　　　　　▶

Q14 좋아하는 가수 **만능답변** 3_p.31

Tell me about your favorite musician or singer. What kind of songs does he or she sing? Why do you like him or her? Describe him or her in as much detail as possible.

도입부	본론	마무리
▶	▶	

Q15 악기 연주 관련 질문

I play the violin in an orchestra. Ask me three or four questions about this activity.

도입부	본론	마무리
▶	▶	

음악 감상하기, 수영,
국내 여행 RP + 기술/산업, 건강

문제 영상 보기

사전 설문조사(Background Survey)

1. 현재 귀하는 어느 분야에 종사하고 계십니까?
   - ☐ 일 경험 없음

2. 현재 귀하는 학생이십니까?
   - ☐ 아니오　　　　　☐ 수강 등록 후 5년 이상 지남

3. 현재 귀하는 어디에 살고 계십니까?
   - ☐ 개인 주택이나 아파트에 홀로 거주

아래의 4~7번 문항에서 12개 이상을 선택해 주시기 바랍니다.

4. 귀하는 여가 활동으로 주로 무엇을 하십니까? (두 개 이상 선택)
   - ☐ 영화 보기　　　　☐ 공연 보기　　　　☐ 콘서트 보기

5. 귀하의 취미나 관심사는 무엇입니까? (한 개 이상 선택)
   - ☐ 음악 감상하기

6. 귀하는 주로 어떤 운동을 즐기십니까? (한 개 이상 선택)
   - ☐ 걷기　　　　　　☐ 조깅　　　　　　☐ 수영
   - ☐ 하이킹/트레킹　　☐ 운동을 전혀 하지 않음

7. 당신은 어떤 휴가나 출장을 다녀온 경험이 있습니까? (한 개 이상 선택)
   - ☐ 국내 여행　　　　☐ 해외 여행　　　　☐ 집에서 보내는 휴가

자가 평가

1차: 5단계 - 2차: 5단계

강쌤의 5초 꿀팁 ⏱

돌발 주제로 기술과 산업이 출제된 오픽 기출문제 세트입니다. 돌발 주제는 각각 연습 때 나올 때마다 하나씩 차곡차곡 준비해 두면 좋습니다. 특히 평상시 한국어로도 많이 이야기하지 않는 주제이므로 키워드를 미리 준비해서 키워드를 중심으로 말을 할 수 있게 준비하면 효과적입니다.

강쌤 총평 듣기

주제별 문제 구성 알아보기

MP3 AT6_Q

기본 주제 자기소개

Q1 Let's start the interview now. Tell me about yourself.

돌발 주제 기술/산업

Q2 사람들이 사용하는 기술 **만능답변** 4_p.28

What kind of technology do people use these days? What is it? What is it used for? Please tell me about it in as much detail as you can.

도입부	본론	마무리
▶	▶	

Q3 내가 자주 사용하는 기술 **만능답변** 4_p.29

What kinds of technology do you think are used in daily life? What technology do you enjoy most frequently? Why do you think you use that technology?

도입부	본론	마무리
▶	▶	

Q4 과거와 현재의 기술 비교 **만능답변** 4_p.30

Could you describe how technology has changed from the past to the present? Do you think it has been developed in a better way? Tell me about changes in technologies you use.

도입부	본론	마무리
▶	▶	

Q5 좋아하는 음악 장르와 가수 **만능답변** 3_p.29, 31

You indicated that you like listening to music in the survey. What types of music do you enjoy listening to? And tell me about your favorite composers or musicians.

도입부	본론	마무리

▶ ▶

Q6 음악에 관심을 갖게 된 계기 **만능답변** 3_p.36

When did you first become interested in music? What types of music did you initially enjoy? Tell me about your musical interest from childhood until now.

도입부	본론	마무리

▶ ▶

Q7 음악 관련 기억에 남는 경험 **만능답변** 3_p.35

Tell me about the most memorable experience you have had while listening to music. When was it? Where did it happen? What makes the experience so memorable? Please describe it in as much detail as possible.

도입부	본론	마무리

▶ ▶

Q8 수영 루틴 **만능 답변** 3_p.51

You have indicated in your survey that you like swimming. When do you enjoy swimming? With whom do you usually go swimming? Where do you go swimming?

도입부   본론   마무리

▶   ▶

Q9 최근 수영 활동

I would like to know about your recent swimming activities. When did you swim most recently? Where did you go? Who did you go with? Please tell me everything in as much detail as you can.

도입부   본론   마무리

▶   ▶

Q10 기억에 남는 수영 경험 **만능 답변** 3_p.57

Has anything memorable or special ever happened while you were swimming? When was it and what happened? Where were you when this happened? Who were you with? Provide as many details as possible.

도입부   본론   마무리

▶   ▶

Actual Test 6

Q11 친구에게 여행 관련 질문

I would like to give you a situation and ask you to act it out. You want to go on a trip with your friend next week. Contact your friend and ask three or four questions in as much detail as possible.

도입부   본론   마무리

▶   ▶

Q12 여행을 갈 수 없게 된 상황 문제 해결

I'm sorry, but there is a problem I need you to resolve. You are supposed to go traveling with your friend next week. Unfortunately, however, something unexpected has come up which will prevent you from traveling the following week. Contact your friend, explain what happened and suggest two or three solutions to this problem.

도입부   본론   마무리

▶   ▶

Q13 기억에 남는 여행 경험

That's the end of the situation. While traveling, there are times when unusual things happen. Have you ever experienced anything surprising, unexpected, or extraordinary while traveling? Provide the details of that experience. Discuss where and when you were traveling and explain the day from start to end.

도입부   본론   마무리

▶   ▶

돌발 주제	건강

Q14 건강한 사람 만능답변 4_p.33

I would like to ask you to describe a healthy person. What makes a person healthy? Why do you think that way? Tell me everything about the things you think make someone healthier.

도입부   본론   마무리

▶   ▶

Q15 과거와 현재의 운동 변화 만능답변 4_p.34

Could you describe how exercises people do have changed from the past to the present? Tell me about exercises in the past and present.

도입부   본론   마무리

▶   ▶

해외 여행, 거주, 영화 보기, 걷기 RP(약속) + 식당

문제 영상 보기

사전 설문조사(Background Survey)

1. 현재 귀하는 어느 분야에 종사하고 계십니까?
   - ☐ 일 경험 없음

2. 현재 귀하는 학생이십니까?
   - ☐ 아니오
   - ☐ 수강 등록 후 5년 이상 지남

3. 현재 귀하는 어디에 살고 계십니까?
   - ☐ 개인 주택이나 아파트에 홀로 거주

아래의 4~7번 문항에서 12개 이상을 선택해 주시기 바랍니다.

4. 귀하는 여가 활동으로 주로 무엇을 하십니까? (두 개 이상 선택)
   - ☐ 영화 보기
   - ☐ 공연 보기
   - ☐ 콘서트 보기

5. 귀하의 취미나 관심사는 무엇입니까? (한 개 이상 선택)
   - ☐ 음악 감상하기

6. 귀하는 주로 어떤 운동을 즐기십니까? (한 개 이상 선택)
   - ☐ 걷기
   - ☐ 조깅
   - ☐ 수영
   - ☐ 하이킹/트레킹
   - ☐ 운동을 전혀 하지 않음

7. 당신은 어떤 휴가나 출장을 다녀온 경험이 있습니까? (한 개 이상 선택)
   - ☐ 국내 여행
   - ☐ 해외 여행
   - ☐ 집에서 보내는 휴가

자가 평가

1차: 5단계 − 2차: 5단계

운동과 관련된 롤플레이는 약속을 잡는 경우와 관련용품을 구입하는 쇼핑 문제로 나뉘어 출제됩니다. 약속관련 롤플레이는 친구와 어떤 활동을 하는 문제에 모두 적용이 되는 경우가 많으므로 철저한 준비가 필요합니다.

강쌤 총평 듣기

MP3 AT7_Q

기본 주제　자기소개

Q1　Let's start the interview now. Tell me about yourself.

선택 주제　해외 여행

Q2　내가 가 본 국가나 도시　**만능 답변** 3_p.74

You have indicated in the survey that you go on trips internationally. I would like you to describe one of the countries or cities you have visited. What was it like over there and What kind of impression did you get from the locals?

도입부	본론	마무리

▶　　　　　　　　▶

Q3　여행 관련 루틴　**만능 답변** 3_p.72

When you go traveling, who do you usually go with? And when and where do you go traveling? Can you describe for me some of the things that you enjoy doing while traveling around?

도입부	본론	마무리

▶　　　　　　　　▶

Q4　기억에 남는 여행 경험　**만능 답변** 3_p.75

Could you describe your most memorable trip? Maybe something funny, unexpected or challenging happened. Start by teling me when and where you were traveling and who you were with. Tell me everything in detail.

도입부	본론	마무리

▶　　　　　　　　▶

Q5　내가 좋아하는 식당　**만능답변** 4_p.41

Can you describe one of your favorite restaurants? What does it look like? What kind of dishes does it serve? Tell me in as much detail as possible.

도입부　　　　　　　　　본론　　　　　　　　　마무리

▶　　　　　▶

Q6　어렸을 때 갔던 식당　**만능답변** 4_p.43

Tell me about a restaurant you used to go to when you were a child. What do you remember of that place? How are the restaurants you went to when you were young different from the ones you go to today? How have they changed?

도입부　　　　　　　　　본론　　　　　　　　　마무리

▶　　　　　▶

Q7　식당에서 일어난 기억에 남는 경험

Do you have any memorable experience that happened while you were at a restaurant? Tell me what happened in detail.

도입부　　　　　　　　　본론　　　　　　　　　마무리

▶　　　　　▶

Q8 내가 사는 집　만능답변 2_p.15

I would like to know about where you live. Describe your house in detail. What is your favorite room at home? Please tell me everything in as much detail as you can.

도입부	본론	마무리
▶	▶	

Q9 새 집으로 이사 한 경험　만능답변 2_p.25

Please tell me about an experience of moving into a new house. Did anything interesting or unexpected happen while you were moving? And what kind of help did you get?

도입부	본론	마무리
▶	▶	

Q10 집 관련 문제 경험　만능답변 2_p.25

Things happen from time to time. Tell me about one of the problems you have experienced at home and tell me in detail about what happened.

도입부	본론	마무리
▶	▶	

Q11　친구에게 산책 약속 질문　만능답변 5_p.39

I would like to give you a situation I need you to act out. Let's assume that you want to go for a walk with your friend. Call your friend and ask three or four questions about walking together.

도입부　　　　　　　본론　　　　　　　마무리

▶　　　　▶

Q12　약속에 늦는 상황 문제 해결　만능답변 5_p.40

I'm sorry, but there is a problem you need to resolve. Something unexpected just happened. And you feel like you are not going to make it on time. You need to explain the situation to your friend and offer two or three alternatives to resolve the problem.

도입부　　　　　　　본론　　　　　　　마무리

▶　　　　▶

Q13　기억에 남는 산책 경험　만능답변 5_p.41

That's the end of the situation. Have you ever experienced an interesting or memorable thing while walking alone or with your friends? What happened? Why was it so memorable to you? Tell me as many details as possible.

도입부　　　　　　　본론　　　　　　　마무리

▶　　　　▶

Q14 과거와 현재의 영화 비교   만능답변 3_p.22

Could you compare the movies made today to movies you saw while you were growing up? How have movies changed over the years? What are the differences and similarities?

도입부   본론   마무리

▶   ▶

Q15 사람들이 이야기하는 영화 관련 이슈

What are the issues regarding movies people usually discuss? Why are these issues interesting? Why are they so important?

도입부   본론   마무리

▶   ▶

영화 보기, 음악 감상하기, 거주 + 날씨, 식료품 쇼핑

문제 영상 보기

사전 설문조사(Background Survey)

1. 현재 귀하는 어느 분야에 종사하고 계십니까?
- ☐ 일 경험 없음

2. 현재 귀하는 학생이십니까?
- ☐ 아니오
- ☐ 수강 등록 후 5년 이상 지남

3. 현재 귀하는 어디에 살고 계십니까?
- ☐ 개인 주택이나 아파트에 홀로 거주

아래의 4~7번 문항에서 12개 이상을 선택해 주시기 바랍니다.

4. 귀하는 여가 활동으로 주로 무엇을 하십니까? (두 개 이상 선택)
- ☐ 영화 보기
- ☐ 공연 보기
- ☐ 콘서트 보기

5. 귀하의 취미나 관심사는 무엇입니까? (한 개 이상 선택)
- ☐ 음악 감상하기

6. 귀하는 주로 어떤 운동을 즐기십니까? (한 개 이상 선택)
- ☐ 수영
- ☐ 자전거
- ☐ 조깅
- ☐ 걷기
- ☐ 하이킹/트레킹
- ☐ 운동을 전혀 하지 않음

7. 당신은 어떤 휴가나 출장을 다녀온 경험이 있습니까? (한 개 이상 선택)
- ☐ 국내 여행
- ☐ 해외 여행
- ☐ 집에서 보내는 휴가

자가 평가

1차: 5단계 – 2차: 5단계

강쌤의 5초 꿀팁 ⏱

모의고사를 통한 실전 문제로 준비를 하면 반복적인 선택 주제 콤보 문제를 접하게 됩니다. 선택한 주제에 대해 준비가 잘 된 상태에 돌발 주제와 롤플레이로 대비하는 범위를 넓혀가며 다가오는 오픽 시험을 준비해보세요.

강쌤 총평 듣기

기본 주제 자기소개

Q1 Let's start the interview now. Tell me about yourself.

돌발 주제 날씨

Q2 우리나라의 날씨 **만능 답변** 4_p.46

What is the weather like in your country? Are there distinct changes in the seasons? Describe what the weather is like in the summer. What is the weather like in the winter? Provide a detailed description of each of the four seasons.

도입부	본론	마무리
▶	▶	

Q3 좋아하는 날씨와 활동 **만능 답변** 4_p.47

Can you tell me about your favorite season? Describe some of the activities that you do during this time of year.

도입부	본론	마무리
▶	▶	

Q4 날씨 관련 기억에 남는 경험 **만능 답변** 4_p.48

Discuss a memorable event in your life that you either heard about or experienced firsthand that was associated with weather in some way. For instance, it may have been a drought that affected the people in your town or a flood that you read about that caused many to lose their homes. Describe the event, when it occurred, and all of the details that you remember about it.

도입부	본론	마무리
▶	▶	

Q5 좋아하는 영화 장르 **만능답변** 3_p.9

You indicated that you like to go to the movies. What is your favorite genre of movie? Why do you like those types of movies?

도입부	본론	마무리

▶ ▶

Q6 좋아하는 배우 **만능답변** 3_p.23

Who is your favorite movie actor or actress? Tell me a specific story about something this actor did that you heard about in the news. Begin the story with some details about the actor or actress and then tell me all the details of what happened.

도입부	본론	마무리

▶ ▶

Q7 과거와 현재의 영화 비교 **만능답변** 3_p.22

Could you compare the movies made today to movies you saw while you were growing up? How have movies changed over the years? What are some similarities and differences?

도입부	본론	마무리

▶ ▶

Q8 좋아하는 음악 장르와 가수 만능답변 3_p.29, 31

You indicated that you like to listen to music. What type of music do you like listening to? Plus, who is your favorite singer or composer? What is special about his or her music?

도입부   본론   마무리

▶   ▶

Q9 음악에 관심을 갖게 된 계기 만능답변 3_p.39

How did you first get interested in music? What kind of music did you listen to when you were young? How was that music different from the music you listen to today? How has your interest in music changed over the years?

도입부   본론   마무리

▶   ▶

Q10 라이브 음악을 들으러 간 경험 만능답변 3_p.37

Tell me about a time when you went to listen to some live music. Perhaps it was at a concert or a live cafe. What was the mood like and how did you like the music you listened to there?

도입부   본론   마무리

▶   ▶

Actual Test 8

Q11 식물 돌보기 질문　만능답변 5_p.44

I'd like to give you a situation and ask you to act it out. Imagine that a neighbor or family member asks you to take care of his or her plants while he or she is away. Ask three or four questions to find out what you need to do.

도입부　　　　　　　　　본론　　　　　　　　　마무리

▶　　　　　　　　　▶

Q12 식물에 문제가 생긴 상황 문제 해결　만능답변 5_p.45

I'm sorry there's a problem which you need to resolve. While your neighbor or family is gone, you notice that there's a serious problem with one of his or her special plants. Call your friend or your family member, explain in detail what happened to the plant, and make two or three suggestions to resolve the problem.

도입부　　　　　　　　　본론　　　　　　　　　마무리

▶　　　　　　　　　▶

Q13 기억에 남는 집 관련 문제 경험　만능답변 5_p.46

That's the end of the situation. Have you ever experienced any problems in your house or in your neighborhood? What happened? Where and when did it occur? What made it so memorable? Please describe in as much detail as you can.

도입부　　　　　　　　　본론　　　　　　　　　마무리

▶　　　　　　　　　▶

Q14 우리나라의 식료품 쇼핑　**만능 답변** 4_p.51

What is grocery shopping like in your country? What do people regularly purchase at the grocery store? How often do people go grocery shopping? Tell me about grocery shopping in your country. How does grocery shopping today differ from in the past?

도입부	본론	마무리

▶　　　　　　　　　　▶

Q15 건강 및 식료품 쇼핑 관련 이슈　**만능 답변** 4_p.52

Let's talk about some of the events or issues that people are talking about these days related to health and food consumption. Select one of these events or issues and give me a detailed description of it. Why is it of concern or interest to society?

도입부	본론	마무리

▶　　　　　　　　　　▶

집에서 보내는 휴가, 콘서트 보기 RP (티켓 구매), 음악 감상하기 + 호텔, 재활용

문제 영상 보기

사전 설문조사(Background Survey)

1. 현재 귀하는 어느 분야에 종사하고 계십니까?
   ☐ 일 경험 없음

2. 현재 귀하는 학생이십니까?
   ☐ 아니오   ☐ 수강 등록 후 5년 이상 지남

3. 현재 귀하는 어디에 살고 계십니까?
   ☐ 개인 주택이나 아파트에 홀로 거주

아래의 4~7번 문항에서 12개 이상을 선택해 주시기 바랍니다.

4. 귀하는 여가 활동으로 주로 무엇을 하십니까? (두 개 이상 선택)
   ☐ 영화 보기   ☐ 공연 보기   ☐ 콘서트 보기

5. 귀하의 취미나 관심사는 무엇입니까? (한 개 이상 선택)
   ☐ 음악 감상하기

6. 귀하는 주로 어떤 운동을 즐기십니까? (한 개 이상 선택)
   ☐ 걷기   ☐ 조깅   ☐ 자전거
   ☐ 수영   ☐ 하이킹/트레킹   ☐ 운동을 전혀 하지 않음

7. 당신은 어떤 휴가나 출장을 다녀온 경험이 있습니까? (한 개 이상 선택)
   ☐ 국내 여행   ☐ 해외 여행   ☐ 집에서 보내는 휴가

자가 평가

1차: 5단계 – 2차: 5단계

강쌤의 5초 꿀팁

강쌤 총평 듣기

가장 많이 출제되는 호텔과 재활용 주제가 돌발 주제로 출제되었고, 콘서트와 음악 감상, 집에서 보내는 휴가가 선택 주제로 출제된 문제 세트입니다. 티켓 구매 관련된 업체 문제는 영화, 공연, 콘서트, 여행시 비행기표 구매하는 문제에 모두 활용이 가능한 롤플레이 콤보 문제입니다. 각별히 신경 써 주세요.

🔊 MP3 AT9_Q

기본 주제 자기소개

Q1 Let's start the interview now. Tell me about yourself.

돌발 주제 호텔

Q2 우리나라의 호텔 **만능답변** 4_p.23

I would like you to tell me about 5 star hotels in your country. Where are they usually located? Do they have any facilities that are unique to your country? Give as many details as possible.

도입부	본론	마무리
▶	▶	

Q3 우리나라의 호텔 업계 변화

Describe the hotel industry in your country. Describe some of the changes that have occurred. Provide specific examples of how the industry has developed.

도입부	본론	마무리
▶	▶	

Q4 기억에 남는 호텔 경험 **만능답변** 4_p.25

Tell me about one of your most memorable experiences using a hotel. When was it and where did you go? What happened? What made it so memorable? Did anything interesting or unexpected happen? Talk about it in as much detail as possible.

도입부	본론	마무리
▶	▶	

Q5 휴가 중 활동

You indicated in your survey that you prefer to stay at home during vacations. How do you spend your vacations at home? What do you usually do? Give me as many details as possible.

도입부	본론	마무리

▶ ▶

Q6 기억에 남는 휴가 경험

I would like to know about the most memorable vacation you have spent at home. When was it? What did you do and who were you with? Why was it so memorable?

도입부	본론	마무리

▶ ▶

Q7 어린 시절 기억에 남는 휴가 경험

Have you ever had a special experience at home in your childhood? Who were you with? What happened? Tell me about the experience in detail, and explain what made it memorable.

도입부	본론	마무리

▶ ▶

Q8 우리나라의 재활용 **만능답변** 4_p.8

Tell me about recycling in your country. What kind of items do people usually recycle? Please describe the recycling system in your country in detail.

도입부	본론	마무리
▶	▶	

Q9 재활용 관련 기억에 남는 경험 **만능답변** 4_p.10

Tell me about a memorable experience you had while recycling. What happened? What made it so memorable? Tell me in as much detail as possible.

도입부	본론	마무리
▶	▶	

Q10 재활용 관련 이슈

Tell me about something that you heard or read about recycling in the news recently. What was it about? What is being done to address that issue? Give me all the details about that issue on recycling.

도입부	본론	마무리
▶	▶	

Q11 티켓 구매 질문　**만능답변** 5_p.49

I'd like to give you a situation and ask you to act it out. You want to buy two tickets to go watch a concert tonight. Call the theater and ask two to three questions about how to get tickets.

도입부	본론	마무리
▶	▶	

Q12 몸이 아파 콘서트를 보러 가지 못하는 상황 문제 해결

I'm sorry, but there is a problem I need you to resolve. You bought the concert tickets for today, but at the last minute you became so sick that you can't even get out of bed. Call your friend and explain your situation. Give two or three alternatives to your friend.

도입부	본론	마무리
▶	▶	

Q13 예상치 못한 일로 약속을 취소한 경험　**만능답변** 5_p.51

That's the end of the situation. Have you ever bought concert tickets or made plans for a trip, or made plans for other things, but had to cancel at the last minute because of something that happened unexpectedly? Tell me everything about what happened in as much detail as possible.

도입부	본론	마무리
▶	▶	

Q14 좋아하는 음악과 감상 방법

You have indicated in the survey that you enjoy listening to music. What kind of music do you like? Why do you like it? When and where do you usually listen to music? How do you listen to music?

도입부	본론	마무리
▶	▶	

Q15 두 음악가 비교

Please choose one musician and compare him or her with another musician that you like. Are there any similarities between the two? What are the differences between them? Please talk about them in detail.

도입부	본론	마무리
▶	▶	

영화 보기, 국내 여행, 공원 가기|RP (약속), 거주 + 지구 온난화

문제 영상 보기

사전 설문조사(Background Survey)

1. 현재 귀하는 어느 분야에 종사하고 계십니까?

☐ 일 경험 없음

2. 현재 귀하는 학생이십니까?

☐ 아니오 ☐ 수강 등록 후 5년 이상 지남

3. 현재 귀하는 어디에 살고 계십니까?

☐ 개인 주택이나 아파트에 홀로 거주

아래의 4~7번 문항에서 12개 이상을 선택해 주시기 바랍니다.

4. 귀하는 여가 활동으로 주로 무엇을 하십니까? (두 개 이상 선택)

☐ 영화 보기 ☐ 공연 보기 ☐ 콘서트 보기
☐ 공원 가기

5. 귀하의 취미나 관심사는 무엇입니까? (한 개 이상 선택)

☐ 음악 감상하기

6. 귀하는 주로 어떤 운동을 즐기십니까? (한 개 이상 선택)

☐ 자전거 ☐ 조깅 ☐ 걷기
☐ 운동을 전혀 하지 않음

7. 당신은 어떤 휴가나 출장을 다녀온 경험이 있습니까? (한 개 이상 선택)

☐ 국내 여행 ☐ 해외 여행 ☐ 집에서 보내는 휴가

자가 평가

1차: 5단계 – 2차: 5단계

강쌤의 5초 꿀팁 ⏱️

선택 주제로 주거 문제, 영화 보기, 공원 가기, 국내 여행이 출제되고, 돌발 주제로 지구 온난화가 출제된 모의고사입니다. 공원 가기는 운동 관련된 롤플레이에 모두 활용이 가능하니 한 번 제대로 연습해 두면 활용도가 높은 주제인 만큼 시험 전 반드시 준비하도록 합니다.

강쌤 총평 듣기

기본 주제 | 자기소개

Q1 Let's start the interview now. Tell me about yourself.

돌발 주제 | 지구 온난화

Q2 우리나라의 지구 온난화 **만능답변** 4_p.55

These days we have many environmental issues like global warming and climate change. Please tell me about global warming in your country.

도입부   본론   마무리

▶   ▶

Q3 지구 온난화의 원인과 해결책 **만능답변** 4_p.56

What are the causes of global warming and what measures can governments and individuals take to solve the issue? How has global warming affected your life?

도입부   본론   마무리

▶   ▶

Q4 기상 이변 관련 기억에 남는 경험 **만능답변** 4_p.57

Tell me about a memorable experience you had related to severe weather conditions. Perhaps a city was flooded, or maybe businesses or schools closed due to heavy snow. What was the problem? Where and when did this happen? Provide a detailed summary of this experience from start to end. What made this experience unique and memorable for you?

도입부   본론   마무리

▶   ▶

Actual Test 10

Q5   자주 가는 영화관

You have indicated in the survey that you like going to the movies. Where do you usually go to see a movie? Describe the movie theater you frequently visit.

도입부	본론	마무리
▶	▶	

Q6   영화 관람 루틴

I would like to know about the things that you do before going to the movies. Do you check what is playing at the theater? If so, how do you get information? Please tell me about things that you usually do before and after the movie.

도입부	본론	마무리
▶	▶	

Q7   영화 관람에 관심을 갖게 된 계기   만능답변 3_p.21

How did you first become interested in going to the movies? What made you become interested in watching movies? How has your movie taste changed since then? Please explain everything in as much detail as possible.

도입부	본론	마무리
▶	▶	

Q8 자주 가는 국내 여행 장소 만능답변 3_p.70

You indicated in your survey that you like traveling in your country. I would like you to talk about a few of the places you enjoy traveling to and the reasons why you like going there.

도입부	본론	마무리

▶   ▶

Q9 어린 시절 여행 경험

Think back to some of the trips that you went on during your younger years. Explain where you went who went on the trips with you, and the things that you saw while on the trip.

도입부	본론	마무리

▶   ▶

Q10 기억에 남는 여행 경험 만능답변 3_p.75

Traveling to different places can lead to different kinds of exciting, wonderful and amazing experiences. Please describe the trips you have taken to me. Explain something so memorable to me. When did this happen? Please let me know about the things that made the experience so memorable.

도입부	본론	마무리

▶   ▶

Q11 친구에게 공원 약속 관련 질문 | 만능답변 5_p.54

I would like to give you a situation I need you to act out. Let's imagine that you want to go to the park with your friend. Call your friend and ask three to four questions to make the plan.

도입부	본론	마무리

▶ ▶

Q12 공원에 못 가게 된 상황 문제 해결 | 만능답변 5_p.55

I'm sorry, but there is a problem I need you to resolve. You have just found out that the park you are going to visit will be closed next weekend. Contact your friend to explain the situation and provide two or three alternatives to the issue.

도입부	본론	마무리

▶ ▶

Q13 기억에 남는 공원 관련 경험 | 만능답변 5_p.56

That's the end of the situation. Have you ever had memorable experiences visiting a park? Describe this experience in detail. When and where did it happen? And tell me what happened that day and what makes it so memorable.

도입부	본론	마무리

▶ ▶

기본 주제 거주

Q14 지난 5~10년 간 집에 있었던 변화와 현재와의 비교 **만능답변** 2_p.29

I would like you to talk about any changes to your home in the last 5 or 10 years. Describe in detail the similarities and differences between your home today and a home when you grew up.

도입부	본론	마무리

Q15 주택 공급 관련 이슈 **만능답변** 2_p.32

Housing has become a widespread topic in the news. What are the issues and trends in housing in your country so far? Talk about some of the issues people in your country are discussing regarding housing. Or what are individuals and other organizations doing to solve these problems?

도입부	본론	마무리

시원스쿨 LAB

OPIc
학습지

실전 전략편

7

AL 목표
실전 모의고사

시원스쿨
OPIc 학습지
실전 전략편

초판 1쇄 발행 2022년 9월 23일

지은이 강지완 · 시원스쿨어학연구소
펴낸곳 (주)에스제이더블유인터내셔널
펴낸이 양홍걸 이시원

홈페이지 www.siwonschool.com
주소 서울시 영등포구 국회대로74길 12 남중빌딩 시원스쿨
교재 구입 문의 02)2014-8151
고객센터 02)6409-0878

ISBN 979-11-6150-629-6 13740
Number 1-110606-18180400-06

AL 목표
실전 모의고사

학습 목표

⊘ 문장과 문장간의 결속력을 높여 일관되게 답변할 수 있다.

⊘ 다양한 개인 및 사회 관련 돌발 주제에 익숙해 질 수 있다.

⊘ 전체적인 문제 구성과 출제 경향을 파악할 수 있다.

목차

공원 가기, 국내 여행, 거주 + 교통수단, 도서관 RP

문제 영상보기

사전 설문조사(Background Survey)

1. 현재 귀하는 어느 분야에 종사하고 계십니까?
   ☐ 일 경험 없음

2. 현재 귀하는 학생이십니까?
   ☐ 아니오   ☐ 수강 등록 후 5년 이상 지남

3. 현재 귀하는 어디에 살고 계십니까?
   ☐ 개인 주택이나 아파트에 홀로 거주

아래의 4~7번 문항에서 12개 이상을 선택해 주시기 바랍니다.

4. 귀하는 여가 활동으로 주로 무엇을 하십니까? (두 개 이상 선택)
   ☐ 영화 보기   ☐ 공연 보기   ☐ 콘서트 보기
   ☐ 공원 가기

5. 귀하의 취미나 관심사는 무엇입니까? (한 개 이상 선택)
   ☐ 음악 감상하기

6. 귀하는 주로 어떤 운동을 즐기십니까? (한 개 이상 선택)
   ☐ 수영   ☐ 자전거   ☐ 조깅
   ☐ 걷기   ☐ 하이킹/트레킹

7. 당신은 어떤 휴가나 출장을 다녀온 경험이 있습니까? (한 개 이상 선택)
   ☐ 국내 여행   ☐ 해외 여행

자가 평가

1차: 5단계 – 2차: 5단계

강쌤의 5초 꿀팁 ⏱

롤플레이 문제 유형에서 돌발 주제가 출제되면 문제 난이도가 더욱 높게 느껴집니다. 롤플레이 유형은 질문하기, 문제 해결하기, 관련 경험 말하기 순서로 출제되기 때문에 주제에 관계없이 필수 템플릿을 암기하는 것을 추천 드립니다. 문제 해결 능력과 질문 가능 여부도 중요하지만 주어진 상황에 따라 감정을 실어 이야기할 수 있는 연기력도 함께 챙겨주세요.

강쌤 총평 듣기

주제별 문제 구성 알아보기

🔊MP3 AT11_Q

기본 주제 자기소개

Q1 Let's start the interview now. Tell me about yourself.

돌발 주제 교통수단

Q2 우리나라의 교통수단 **만능 답변** 4_p.60

I would like to know about the transportation in your country. What do people in your country usually use when they move around?

도입부	본론	마무리
▶	▶	

Q3 내가 자주 이용하는 교통수단 **만능 답변** 4_p.61

What do you usually use when you're on the move? Why do you use it often? How often do you use it? Please explain it in as much detail as possible.

도입부	본론	마무리
▶	▶	

Q4 주중 주말에 이용하는 교통수단 **만능 답변** 4_p.62

I would like to know more about the transportation people in your country use. What do people take on weekdays? How about on the weekends? And what do people use when they go to the countryside?

도입부	본론	마무리
▶	▶	

Q5 내가 가는 공원

You indicated in the survey that you like to go to the park. Which park do you go to and whom do you go with? Why do you go there? And what do you do when you go there?

도입부	본론	마무리
▶	▶	

Q6 최근에 간 공원

When was the last time you went to the park? Do you remember what time you arrived and left there? And what did you do in the park? Was there anything interesting happening in the park?

도입부	본론	마무리
▶	▶	

Q7 기억에 남는 공원 관련 경험

Tell me about a memorable experience you had at a park. There might be a special event, or something unexpected could happen. Tell me everything that happened that day.

도입부	본론	마무리
▶	▶	

Q8 내가 좋아하는 국내여행 장소 만능답변 3_p.70

You indicated in the survey that you like domestic trips. Where do you like to go and why do you like going there? What's special about the place? Can you explain what it is like in detail?

도입부	본론	마무리
▶	▶	

Q9 어렸을 때 갔던 여행

I would like to hear about your trips in your childhood. Can you tell me about one of the memorable trips? When and where did you go? Whom did you go with? How did you travel, by car or public transportation? Explain any special happenings that you had on your trip.

도입부	본론	마무리
▶	▶	

Q10 기억에 남는 여행 만능답변 3_p.75

While you were on a trip, have you been involved in any unexpected or interesting situation? What happened? Were you by yourself or with other people when it happened? What did you do to deal with it? How did you feel about it?

도입부	본론	마무리
▶	▶	

Q11 도서관 이용 방법 질문

I would like to give you a situation to act out. There's a new library open in your neighborhood. Now you are visiting the library, but you don't know how to use the library. You need to find a librarian and ask some questions about the library and what you can do there.

도입부	본론	마무리
▶	▶	

Q12 도서 대여 관련 문제 해결

I'm sorry, but there's a problem I need you to resolve. There's a book you wanted to borrow but the library doesn't have this book. But you need this one for a project immediately. Contact a librarian, explain the situation and suggest some alternatives to this problem.

도입부	본론	마무리
▶	▶	

Q13 도서관에서 겪었던 문제 경험

That's the end of the situation. I guess you might have experienced this kind of inconvenient situation in the library. If so, when was it and what did you do to handle it? Did you get some help from other people?

도입부	본론	마무리
▶	▶	

기본 주제   거주

Q14 과거와 현재의 집 비교   만능답변 2_p.28

Tell me about the house or apartment you lived in when you were a child. How was it different from the one you live in now? What are the similarities and differences?

도입부	본론	마무리

▶   ▶

Q15 주택 관련 문제   만능답변 2_p.31

Talk about the problems people have when they rent a house or an apartment. Why do those problems occur and how do people solve those problems?

도입부	본론	마무리

▶   ▶

영화 보기, 요리하기 + 도시, 인터넷, 약속 RP

문제 영상 보기

사전 설문조사(Background Survey)

1. 현재 귀하는 어느 분야에 종사하고 계십니까?
   ☐ 일 경험 없음

2. 현재 귀하는 학생이십니까?
   ☐ 아니오　　　　　☐ 수강 등록 후 5년 이상 지남

3. 현재 귀하는 어디에 살고 계십니까?
   ☐ 개인 주택이나 아파트에 홀로 거주

아래의 4~7번 문항에서 12개 이상을 선택해 주시기 바랍니다.

4. 귀하는 여가 활동으로 주로 무엇을 하십니까? (두 개 이상 선택)
   ☐ 영화 보기　　　　　☐ 공연 보기　　　　　☐ 콘서트 보기

5. 귀하의 취미나 관심사는 무엇입니까? (한 개 이상 선택)
   ☐ 요리하기

6. 귀하는 주로 어떤 운동을 즐기십니까? (한 개 이상 선택)
   ☐ 수영　　　　　☐ 자전거　　　　　☐ 조깅
   ☐ 걷기　　　　　☐ 하이킹/트레킹

7. 당신은 어떤 휴가나 출장을 다녀온 경험이 있습니까? (한 개 이상 선택)
   ☐ 국내 여행　　　　　☐ 해외 여행　　　　　☐ 집에서 보내는 휴가

자가 평가

1차: 5단계 - 2차: 5단계

강쌤의 5초 꿀팁 ⏱

취미와 관심사 선택 사항 중 요리하기는 집안일, 음식, 건강 등 기본 주제와 돌발 주제에도 활용 가능한 주제입니다. 또한 돌발 주제로 출제된 인터넷 주제는 기술, 스마트폰, 평소 집에서 하는 활동 등에 답변이 가능하기 때문에 시험 전 반드시 준비하도록 합니다.

강쌤 총평 듣기

🔊 MP3 AT12_Q

기본 주제 | 자기소개

Q1   Let's start the interview now. Tell me about yourself.

돌발 주제 | 도시

Q2   내가 살고 있는 도시의 건물

Let's talk about buildings. What do the buildings in your city look like? What kinds of buildings are there? Please describe the buildings in detail.

도입부	본론	마무리

▶   ▶

Q3   내가 좋아하는 건물

I would like you to tell me about some buildings which you like in your neighborhood. Why do you like the buildings?

도입부	본론	마무리

▶   ▶

Q4   내가 방문해 본 건물

What is the tallest building that you've ever visited in your country? When did you visit and what did you do there? Tell me about what you liked in detail.

도입부	본론	마무리

▶   ▶

Q5   우리나라의 음식

I would like to know about Korean food. What's your favorite Korean food? What ingredients are in it?

도입부	본론	마무리
▶	▶	

Q6   식사 전후 활동

I would like to ask you about your mealtimes. What activities do you usually do before and after a meal? Tell me about all the activities in as much detail as possible.

도입부	본론	마무리
▶	▶	

Q7   기억에 남는 식사 경험

Let's talk about a memorable mealtime. Who did you recently have a meal with and when was it? Why was it so memorable? Please tell me in as much detail as possible.

도입부	본론	마무리
▶	▶	

돌발 주제　인터넷

Q8　인터넷 사용 목적　**만능 답변** 4_p.65

Now, let's talk about the Internet. The Internet can be used for various purposes. Tell me what the main purpose of surfing the Internet is.

　　　도입부　　　　　　　　　　본론　　　　　　　　　　마무리

▶　　　　　　　　　▶

Q9　내가 자주 방문하는 웹사이트　**만능 답변** 4_p.66

What websites do you frequently visit? What activities do you do on the websites? Also, tell me about the reason you are interested in the websites.

　　　도입부　　　　　　　　　　본론　　　　　　　　　　마무리

▶　　　　　　　　　▶

Q10　처음 인터넷을 사용했던 경험　**만능 답변** 4_p.67

Think back to the day when you first used the Internet. What was your first impression while surfing the internet to search for some data?

　　　도입부　　　　　　　　　　본론　　　　　　　　　　마무리

▶　　　　　　　　　▶

Q11　약속 관련 항공사 문의 질문

There is a situation that I need you to act out. Let's suppose that you and your friend are scheduled to meet tomorrow, but your flight has been delayed for a couple of hours. Go to the information desk, and ask three or four questions to find out everything you need to know to reach the meeting place on time.

도입부	본론	마무리

▶　　　　　　　　　　▶

Q12　약속에 늦는 상황 문제 해결　**만능답변** 5_p.40

I'm sorry, but there is a problem I need you to resolve. You are late for the meeting with your friend. Call him or her, and explain what the situation is. Also, offer him or her two possible alternatives to solve the problem.

도입부	본론	마무리

▶　　　　　　　　　　▶

Q13　약속에 늦은 경험

That's the end of the situation. Have you ever been late for a meeting with friends, professors, or family members due to some problems? If so, tell me about that experience. What were the circumstances, and how did you handle the problem? Please tell me in detail.

도입부	본론	마무리

▶　　　　　　　　　　▶

Q14 과거와 현재의 영화 비교   만능답변 3_p.22

Could you compare the movies made today to movies you saw while you were growing up? How have movies changed over the years? What are some similarities and differences?

도입부   본론   마무리

▶   ▶

Q15 내가 좋아하는 배우 관련 이슈   만능답변 3_p.23

Who is your favorite movie actor or actress? Have you ever heard an interesting story about him or her on the news? Begin the story with some information about the actor or actress and then tell me what happened in detail.

도입부   본론   마무리

▶   ▶

TV보기, 해외 여행 RP, 걷기 + 외국어, 은행

문제 영상 보기

사전 설문조사(Background Survey)

1. 현재 귀하는 어느 분야에 종사하고 계십니까?
   ☐ 일 경험 없음

2. 현재 귀하는 학생이십니까?
   ☐ 아니오   ☐ 수강 등록 후 5년 이상 지남

3. 현재 귀하는 어디에 살고 계십니까?
   ☐ 개인 주택이나 아파트에 홀로 거주

아래의 4~7번 문항에서 12개 이상을 선택해 주시기 바랍니다.

4. 귀하는 여가 활동으로 주로 무엇을 하십니까? (두 개 이상 선택)
   ☐ 영화 보기   ☐ TV보기   ☐ 콘서트 보기

5. 귀하의 취미나 관심사는 무엇입니까? (한 개 이상 선택)
   ☐ 음악 감상하기

6. 귀하는 주로 어떤 운동을 즐기십니까? (한 개 이상 선택)
   ☐ 수영   ☐ 자전거   ☐ 조깅
   ☐ 걷기   ☐ 하이킹/트레킹

7. 당신은 어떤 휴가나 출장을 다녀온 경험이 있습니까? (한 개 이상 선택)
   ☐ 국내 여행   ☐ 해외 여행   ☐ 집에서 보내는 휴가

자가 평가

1차: 5단계 – 2차: 5단계

강쌤의 5초 꿀팁 ⏱

공원 가기는 다른 운동 활동들과 묶어서 한 번에 준비할 수 있습니다. 예를 들어 자전거 타기, 걷기, 조깅 등의 유산소 활동을 하는 장소를 공원으로 답변할 수 있습니다. 또한 교통 수단은 식당, 호텔과 같은 사회기반 시설과 관련된 돌발 주제에 답변으로 활용할 수 있습니다.

강쌤 총평 듣기

🔊 MP3 AT13_Q

기본 주제 자기소개

Q1   Let's start the interview now. Tell me about yourself.

돌발 주제 외국어

Q2   내가 공부하는 외국어

Many people study a foreign language. You may also study a foreign language like English or Chinese. How did you start to learn the foreign language, and how have you been learning it so far?

도입부   본론   마무리

▶   ▶

Q3   외국어를 공부하는 이유

What is your main purpose of learning a foreign language? Tell me about your purpose in as much detail as possible.

도입부   본론   마무리

▶   ▶

Q4   외국어 공부 중 어려움을 겪었던 경험

While learning the foreign language, you may have experienced some difficulties. How did you deal with them? Please tell me about them in detail.

도입부   본론   마무리

▶   ▶

Actual Test 13

Q5 내가 자주 가는 은행 **만능답변** 4_p.70

I would like to know about the bank you often visit. Where is it located? Please give me a detailed description of the bank.

도입부   본론   마무리

▶   ▶

Q6 우리나라의 은행원 **만능답변** 4_p.71

Let's talk about bankers in your country. Please tell me about their qualifications and main duties.

도입부   본론   마무리

▶   ▶

Q7 기억에 남는 은행 관련 경험 **만능답변** 4_p.72

You may have some memorable experience in a bank. When was it? What exactly happened? Please tell me about your experience in detail.

도입부   본론   마무리

▶   ▶

Q8   내가 좋아하는 TV 프로그램

You may enjoy watching TV shows. What kinds of TV programs do you like the most? Please tell me why you enjoy watching them.

도입부   본론   마무리

▶   ▶

Q9   내가 좋아하는 연예인

I would like to know about TV entertainers. Who is your favorite entertainer? And please tell me why you like him or her the most in detail.

도입부   본론   마무리

▶   ▶

Q10 기억에 남는 TV 프로그램

Let's talk about a memorable TV show. What kind of show was it? Why was it so memorable to you? Tell me about all the things you can remember about the memorable show in as much detail as possible.

도입부   본론   마무리

▶   ▶

Q11　여행사에 여행 관련 질문　만능답변 5_p.29

There is a situation that I need you to act out. Let's suppose that you want to take a trip. Call a travel agency and ask three or four questions to get some information for your trip.

도입부　　　　　　　　　본론　　　　　　　　　마무리

▶　　　　　　　　　▶

Q12　여행 일정을 변경해야 하는 상황 문제 해결

I'm sorry, but there's a problem that I need you to resolve. You booked a group trip a few weeks ago. But something popped up at the last minute. So you have to change your trip schedule. Call the travel agency and explain your situation. Then offer some ways to solve this problem.

도입부　　　　　　　　　본론　　　　　　　　　마무리

▶　　　　　　　　　▶

Q13　기억에 남는 여행 경험　만능답변 5_p.31

That's the end of the situation. Have you had any special experience while traveling? Maybe something funny, unexpected or challenging happened. What is the most memorable experience you have had while traveling? When and where did you go? What happened? Why was it memorable? Describe the experience in as much detail as possible.

도입부　　　　　　　　　본론　　　　　　　　　마무리

▶　　　　　　　　　▶

Q14 걷기 일상(루틴)　**만능답변** 3_p.48

You indicated in the survey that you like walking. Talk about the things you do when you go for a walk. Where do you walk and whom do you go with?

도입부	본론	마무리

▶　　　　　　　　▶

Q15 과거와 현재의 걷기 변화

Tell me about why you started walking. How has your interest changed over the years? Why do you take a walk now?

도입부	본론	마무리

▶　　　　　　　　▶

Actual Test 13

음악 감상하기, 국내 여행, 자전거 + 시골, 식당 RP (약속)

문제 영상 보기

사전 설문조사(Background Survey)

1. 현재 귀하는 어느 분야에 종사하고 계십니까?
   ☐ 일 경험 없음

2. 현재 귀하는 학생이십니까?
   ☐ 아니오　　　　　☐ 수강 등록 후 5년 이상 지남

3. 현재 귀하는 어디에 살고 계십니까?
   ☐ 개인 주택이나 아파트에 홀로 거주

아래의 4~7번 문항에서 12개 이상을 선택해 주시기 바랍니다.

4. 귀하는 여가 활동으로 주로 무엇을 하십니까? (두 개 이상 선택)
   ☐ 영화 보기　　　　　☐ 공연 보기　　　　　☐ 콘서트 보기

5. 귀하의 취미나 관심사는 무엇입니까? (한 개 이상 선택)
   ☐ 음악 감상하기

6. 귀하는 주로 어떤 운동을 즐기십니까? (한 개 이상 선택)
   ☐ 수영　　　　　☐ 자전거　　　　　☐ 조깅
   ☐ 걷기　　　　　☐ 하이킹/트레킹　　　　　☐ 운동을 전혀 하지 않음

7. 당신은 어떤 휴가나 출장을 다녀온 경험이 있습니까? (한 개 이상 선택)
   ☐ 국내 여행　　　　　☐ 해외 여행

자가 평가

1차: 5단계 – 2차: 5단계

강쌤의 5초 꿀팁 ⏱

Self-Assessment에서 난이도 5-5, 6-6을 선택하면 14번 문제는 비교, 변화, 대조 문제가 출제되고, 15번은 최신 이슈나 뉴스, 문제점에 대한 문제가 출제될 확률이 높습니다. 이는 IH와 AL를 구별하는 문항들이기 때문에 고득점을 목표로 한다면 반드시 시험 전 최근 출제된 문제들을 확인하고 답변 아이디어 브레인스토밍과 표현 정리가 필요합니다.

강쌤 총평 듣기

◀》MP3 AT14_Q

기본 주제 | 자기소개

Q1 Let's start the interview now. Tell me about yourself.

돌발 주제 | 시골

Q2 우리나라의 시골

What does the countryside look like in your country? Please give me a detailed description of the rural areas in your country.

도입부   ▶   본론   ▶   마무리

Q3 시골 지역에 사는 사람들

Let's talk about people living in rural areas. What do they do during the weekends? How is that different from what people living in cities do on the weekends?

도입부   ▶   본론   ▶   마무리

Q4 기억에 남는 시골 방문 경험

I would like to know about an interesting or unforgettable event that happened while visiting the countryside. What did you do at that time? Why was it so interesting or unforgettable? Tell me all the details.

도입부   ▶   본론   ▶   마무리

Q5 좋아하는 음악 장르 **만능답변** 3_p.29

You indicated in the survey that you like to listen to music. Can you tell me what kind of music you like? And also, tell me why you like that type of music.

도입부   본론   마무리

▶   ▶

Q6 좋아하는 가수 **만능답변** 3_p.31

Now, let's talk about one of the singers you like. Describe your favorite singer to me. Also, describe his or her features.

도입부   본론   마무리

▶   ▶

Q7 과거와 현재의 음악 스타일 변화 **만능답변** 3_p.39

What things have changed in the music style you like from the past up to now? Please tell me about all the changes in as much detail as possible.

도입부   본론   마무리

▶   ▶

Q8 내가 좋아하는 국내 여행 장소   만능답변 3_p.70

You indicated in your survey that you like traveling in your country. I would like you to talk about a few of the places you enjoy traveling to and the reasons why you like going there.

도입부   본론   마무리

▶   ▶

Q9 여행가기 전 준비 과정   만능답변 3_p.71

What things do you prepare for a trip? Describe all the things you do right before going on a trip.

도입부   본론   마무리

▶   ▶

Q10 기억에 남는 여행 경험   만능답변 3_p.75

Traveling to different places can lead to different kinds of exciting, wonderful and amazing experiences. Please describe the trips you have taken to me. Explain something so memorable to me. When did this happen? Please let me know about the things that made the experience so memorable.

도입부   본론   마무리

▶   ▶

Q11 식당 관련 문의 질문

I would like to give you a situation to act out. Let's say that your friend invites you to have dinner together at a restaurant, but you've never been there. Call your friend, and leave a message, asking three or four questions to find out about where the restaurant is.

도입부	본론	마무리

▶　　　　　　　　▶

Q12 약속을 지키지 못하는 상황 문제 해결

I'm sorry, but there is a problem which I need you to resolve. Because there was a car accident, you couldn't arrive at the restaurant on time. Call your friend, and explain the situation. And offer him or her two alternatives in order to solve the matter.

도입부	본론	마무리

▶　　　　　　　　▶

Q13 기억에 남는 식당 관련 경험

That's the end of the situation. Has anything interesting ever happened while you were at a restaurant? If so, what was it? Please tell me all the details.

도입부	본론	마무리

▶　　　　　　　　▶

Q14 자전거 타기에 관심을 갖게 된 계기와 변화

When did you first become interested in biking? Why did you start? Has your physical strength changed since you started biking? How has it changed?

<table>
<tr><td>도입부</td><td>본론</td><td>마무리</td></tr>
<tr><td></td><td>▶</td><td>▶</td></tr>
</table>

Q15 자전거 타기 관련 요즘 이슈

What are some of the safety issues related to bike riding today? What has caused them? And please tell me how bike riders are dealing with these issues.

<table>
<tr><td>도입부</td><td>본론</td><td>마무리</td></tr>
<tr><td></td><td>▶</td><td>▶</td></tr>
</table>

쇼핑하기, 호텔(국내 여행, 해외 여행) + 은행, 외식, 기술/산업

문제 영상 보기

사전 설문조사(Background Survey)

1. 현재 귀하는 어느 분야에 종사하고 계십니까?
   - ☐ 일 경험 없음

2. 현재 귀하는 학생이십니까?
   - ☐ 아니오
   - ☐ 수강 등록 후 5년 이상 지남

3. 현재 귀하는 어디에 살고 계십니까?
   - ☐ 개인 주택이나 아파트에 홀로 거주

아래의 4~7번 문항에서 12개 이상을 선택해 주시기 바랍니다.

4. 귀하는 여가 활동으로 주로 무엇을 하십니까? (두 개 이상 선택)
   - ☐ 영화 보기
   - ☐ 공연 보기
   - ☐ 콘서트 보기
   - ☐ 쇼핑하기

5. 귀하의 취미나 관심사는 무엇입니까? (한 개 이상 선택)
   - ☐ 음악 감상하기

6. 귀하는 주로 어떤 운동을 즐기십니까? (한 개 이상 선택)
   - ☐ 수영
   - ☐ 자전거
   - ☐ 조깅
   - ☐ 걷기
   - ☐ 하이킹/트레킹
   - ☐ 운동을 전혀 하지 않음

7. 당신은 어떤 휴가나 출장을 다녀온 경험이 있습니까? (한 개 이상 선택)
   - ☐ 국내 여행
   - ☐ 해외 여행

자가 평가

1차: 5단계 – 2차: 5단계

강쌤의 5초 꿀팁 ⏱️

쇼핑하기는 선택 주제로도 출제될 수 있지만 돌발 주제로도 출제가 가능합니다. 오픽 시험에서 돌발 주제는 최대 3개까지 출제될 수 있습니다. 돌발 주제의 출제 비중이 높아질수록 문제의 난이도가 더욱 어렵게 느껴지기 때문에 고득점을 위해서는 다양한 돌발 주제를 접해보고 답변 아이디어를 키워드 중심으로 준비해 둘 필요가 있습니다.

강쌤 총평 듣기

기본 주제 자기소개

Q1 Let's start the interview now. Tell me about yourself.

돌발 주제 은행

Q2 우리나라의 은행

Please describe the banks in your country. When do they open and when do they close?
Describe what you normally do at a bank.

도입부	본론	마무리
▶	▶	

Q3 신용카드 발급 과정

Now please tell me about how a credit card is issued. What do you need to do to get a new credit
card? Explain the whole process from start to end.

도입부	본론	마무리
▶	▶	

Q4 최근 은행 방문 경험

Can you tell me about the last experience you had at a bank? Please start by telling me when it
was and who you went with. Then tell me everything that happened at the bank that day.

도입부	본론	마무리
▶	▶	

Q5   내가 가는 식당   **만능답변** 4_p.41

Tell me about the restaurant you usually go to. What's its menu like? How do you go there?

도입부	본론	마무리

▶   ▶

Q6   외식 일상

Who do you usually go to the restaurant with? Why do you go there? How often do you go there? Please tell me everything in as much detail as possible.

도입부	본론	마무리

▶   ▶

Q7   기억에 남는 외식 경험

Describe the most memorable dish you've ever experienced. When was it, and why was it so memorable?

도입부	본론	마무리

▶   ▶

Q8 학교에서 사용되는 기기

What technologies do you have at school? Describe the technologies at school in detail.

도입부   본론   마무리

▶   ▶

Q9 새로운 기기로 인한 문제와 해결

Did a new technology cause any trouble at school? Can students use their smartphones in class? Is every student provided with a computer? Why is the problem happening? What kind of effort are students or faculty making to solve it?

도입부   본론   마무리

▶   ▶

Q10 요즘 자주 사용하는 기기

What kind of technology do you use the most these days? A smartphone, laptop computer or any other handheld device? Please tell me about your experience using technology.

도입부   본론   마무리

▶   ▶

Q11　호텔 예약 질문　만능답변 5_p.29

I'd like to give you a situation and I want you to act it out. Let's say you want to book a hotel room for tonight. Call the reservation desk and ask a few questions in order to book a room.

도입부	본론	마무리
▶	▶	

Q12　객실 문제 해결

I'm sorry, but there's a problem. You went to a hotel and checked in. But the room is very messy and small. Call the front desk and explain the situation. Offer two or three alternatives to solve this matter.

도입부	본론	마무리
▶	▶	

Q13　기억에 남는 호텔 관련 경험

Have you ever had a memorable experience while you stayed in a hotel? What was it? Why was it memorable? Tell me about the situation in detail.

도입부	본론	마무리
▶	▶	

Q14 쇼핑 습관 변화

What are some changes in people's shopping habits? What is the most significant change in shopping trends?

도입부	본론	마무리
▶	▶	

Q15 쇼핑 관련 문제나 우려

What are some issues or concerns people have regarding shopping? What do people do to address those issues or concerns?

도입부	본론	마무리
▶	▶	

공연 보기, 하이킹/트레킹, 해외 여행 + 건강, 외식 RP

문제 영상 보기

사전 설문조사(Background Survey)

1. 현재 귀하는 어느 분야에 종사하고 계십니까?
   - ☐ 일 경험 없음

2. 현재 귀하는 학생이십니까?
   - ☐ 아니오　　　　☐ 수강 등록 후 5년 이상 지남

3. 현재 귀하는 어디에 살고 계십니까?
   - ☐ 개인 주택이나 아파트에 홀로 거주

아래의 4~7번 문항에서 12개 이상을 선택해 주시기 바랍니다.

4. 귀하는 여가 활동으로 주로 무엇을 하십니까? (두 개 이상 선택)
   - ☐ 영화 보기　　　　☐ 공연 보기　　　　☐ 콘서트 보기

5. 귀하의 취미나 관심사는 무엇입니까? (한 개 이상 선택)
   - ☐ 음악 감상하기

6. 귀하는 주로 어떤 운동을 즐기십니까? (한 개 이상 선택)
   - ☐ 자전거　　　　☐ 조깅　　　　☐ 걷기
   - ☐ 수영　　　　☐ 하이킹/트레킹　　　　☐ 운동을 전혀 하지 않음

7. 당신은 어떤 휴가나 출장을 다녀온 경험이 있습니까? (한 개 이상 선택)
   - ☐ 국내 여행　　　　☐ 해외 여행

자가 평가

1차:6단계 - 2차:6단계

강쌤의 5초 꿀팁 ⏱

최근 오픽 시험에서 건강이나 음식 관련된 주제가 돌발 문제로 자주 출제되고 있습니다. 돌발 주제는 Background Survey에서 선택하지 않았지만 누구나 이야기할 수 있는 개인 및 사회 관련 소재들로 이루어져 있습니다. 또한 요즘 발생하고 있는 최신 이슈에 관한 것들도 시험에 반영이 되는 경향이 있으므로 여러 가지 주제를 접해보고 표현 위주로 아이디어를 떠올려보는 연습이 중요합니다.

강쌤 총평 듣기

기본 주제 | 자기소개

Q1 Let's start the interview now. Tell me about yourself.

돌발 주제 | 건강

Q2 건강 유지 방법 **만능 답변** 4_p.36

There are many different ways to stay healthy. People should eat good food and get enough exercise if they want to stay healthy. What kind of foods do you think people eat these days to stay healthy? Provide me with as many details as possible.

도입부	본론	마무리
▶	▶	

Q3 건강에 좋은 음식 **만능 답변** 4_p.37

What kind of foods help you stay healthy? Why are those kinds of food healthy for you? How often do you eat those foods?

도입부	본론	마무리
▶	▶	

Q4 최근 건강식 먹은 경험 **만능 답변** 4_p.38

Tell me about a healthy food you had recently. What happened? Who were you with? Why did you eat healthy food? Please tell me everything from start to end.

도입부	본론	마무리
▶	▶	

Actual Test 16

Q5   내가 좋아하는 콘서트나 공연   **만능 답변** 3_p.12

What kind of concerts or performances do you like to watch? Why do you like to watch these kinds of performances? Please explain everything in as much detail as possible.

도입부   본론   마무리

▶   ▶

Q6   처음 관람했던 공연   **만능 답변** 3_p.19

Do you remember the first performance you watched? What was it? When was it? Tell me everything in as much detail as you can.

도입부   본론   마무리

▶   ▶

Q7   기억에 남는 공연 관람 경험   **만능 답변** 3_p.18

I'd like to know the most memorable performance you have ever seen. When was it? What kind of performance was it? Why was it so memorable to you? Tell me about it in as much detail as possible.

도입부   본론   마무리

▶   ▶

선택 주제 하이킹/트레킹

Q8 하이킹할 때 입는 옷과 용품 **만능답변** 3_p.52

What type of clothing and footwear do you wear for hiking or trekking? Discuss the supplies and foods that you typically take with you. Where do you usually go?

도입부	본론	마무리
▶	▶	

Q9 하이킹 준비 과정

How do you prepare for hiking trips? What factors help you to determine where and when to go hiking? Discuss all of the things you do in preparation for a hiking trip.

도입부	본론	마무리
▶	▶	

Q10 최근 하이킹 경험 **만능답변** 3_p.59

What was the most recent hiking or trekking trip you went on? Explain where and when you went hiking or trekking and discuss this trip from start to end.

도입부	본론	마무리
▶	▶	

Q11 외식 관련 질문

There is a situation I need you to act out. Let's assume that your friends want to eat out with your family. Call one of the family members and ask three or four questions about eating out together.

도입부	본론	마무리
	▶	▶

Q12 외식을 할 수 없는 상황 문제 해결

I am sorry, but there is a problem I need you to resolve. One of the family members is sick and cannot go to the restaurant you booked. Call your friends to explain the situation and then suggest two alternatives to resolve the problem.

도입부	본론	마무리
	▶	▶

Q13 아파서 약속을 취소했던 경험

That's the end of the situation. Have you ever had any difficulty with a member of your family being sick? Maybe your family couldn't go somewhere because of that. If so, when did this occur? What problem was it? How did this affect your plan? Tell me about this experience in as much detail as you can.

도입부	본론	마무리
	▶	▶

Q14 두 가지 여행 경험 비교

Tell me about two trips that you have had and compare them. Describe three or four similarities or differences.

도입부   본론   마무리

▶   ▶

Q15 해외 여행 관심사

When people think about traveling to other countries, what may be some of the things they are most interested in? Why do you think these things are of such interest to travelers?

도입부   본론   마무리

▶   ▶

영화 보기, 걷기, 여행 + 지형/지리, MP3 플레이어 RP

문제 영상 보기

사전 설문조사(Background Survey)

1. 현재 귀하는 어느 분야에 종사하고 계십니까?
   - ☐ 일 경험 없음

2. 현재 귀하는 학생이십니까?
   - ☐ 아니오
   - ☐ 수강 등록 후 5년 이상 지남

3. 현재 귀하는 어디에 살고 계십니까?
   - ☐ 개인 주택이나 아파트에 홀로 거주

아래의 4~7번 문항에서 12개 이상을 선택해 주시기 바랍니다.

4. 귀하는 여가 활동으로 주로 무엇을 하십니까? (두 개 이상 선택)
   - ☐ 영화 보기
   - ☐ 공연 보기
   - ☐ 콘서트 보기

5. 귀하의 취미나 관심사는 무엇입니까? (한 개 이상 선택)
   - ☐ 음악 감상하기

6. 귀하는 주로 어떤 운동을 즐기십니까? (한 개 이상 선택)
   - ☐ 자전거
   - ☐ 조깅
   - ☐ 걷기
   - ☐ 수영
   - ☐ 운동을 전혀 하지 않음

7. 당신은 어떤 휴가나 출장을 다녀온 경험이 있습니까? (한 개 이상 선택)
   - ☐ 국내 여행
   - ☐ 해외 여행

자가 평가

1차: 6단계 – 2차: 6단계

강쌤의 5초 꿀팁 ⏱

이번 회차 롤플레이에서는 친구에게 MP3 플레이어를 빌리거나 상점에 전화해 구매 관련 문의를 하는 상황이 주어졌습니다. 롤플레이 문제 유형은 질문하기, 문제 해결하기, 관련 경험 말하기 순으로 출제되기 때문에 해당 유형에 맞는 템플릿을 준비하는 것이 매우 중요합니다.

강쌤 총평 듣기

🔊 MP3 AT17_Q

기본 주제 자기소개

Q1 Let's start the interview now. Tell me about yourself.

돌발 주제 지형/지리

Q2 우리나라의 지형 만능답변 4_p.13

Describe the geography in your country. Are there mountains, lakes or beaches? Please tell me all about the geography and landscape in as much detail as possible.

도입부	본론	마무리
▶	▶	

Q3 우리나라 사람들의 야외 활동 만능답변 4_p.14

What types of activities do people in your country usually do for entertainment? Are they interested in different types of things than people from other countries? Provide a detailed description of the things that people like to do in your country.

도입부	본론	마무리
▶	▶	

Q4 우리나라의 지형 변화

Tell me about the changes in the geography of your country. What changes have you seen over the years? How did the change influence people's activities? Please tell me as much about the changes in the geography of your country as possible.

도입부	본론	마무리
▶	▶	

Q5　영화 관람 일상　**만능답변** 3_p.10

You have indicated in the survey that you like watching movies. Who do you usually go to the movies with? Are there any special reasons that you watch movies with this person? What do you do with this person after seeing a movie? What do you usually do before you go to a movie theater? What do you do after watching the movie?

| 도입부 | 본론 | 마무리 |

▶

▶

Q6　최근 영화 관람

I would like to know about a movie you have seen recently. Which movie was it? Where did you go? Who did you go with? Please describe what you did there in detail.

| 도입부 | 본론 | 마무리 |

▶

▶

Q7　기억에 남는 영화 관람 경험　**만능답변** 3_p.15

I'd like you to tell me about one of the most memorable movies you've seen. What is the story about? Who was the main actor or actress? How did the movie affect you?

| 도입부 | 본론 | 마무리 |

▶

▶

Q8 걷기 일상(루틴) **만능 답변** 3_p.48

You have indicated in the survey that you like walking. Describe the locations where you usually go for a walk. Explain what the place where you walk looks like.

도입부   본론   마무리

▶   ▶

Q9 걷기에 관심을 갖게 된 계기와 변화 **만능 답변** 3_p.61

When did you first become interested in walking? Why did you start walking? Has your physical strength changed since you started walking? How has it changed?

도입부   본론   마무리

▶   ▶

Q10 기억에 남는 산책 경험 **만능 답변** 3_p.55

Has anything memorable or special ever happened while you were walking? When was it and what happened? Where were you when this happened? Who were you with? Provide as many details as possible.

도입부   본론   마무리

▶   ▶

Q11　MP3 플레이어 관련 질문

There is a situation that I need you to act out. Let's suppose that you want to borrow an MP3 player from your friend. Call your friend and ask three to four questions to borrow an MP3 player.

도입부	본론	마무리
▶	▶	

Q12　빌린 MP3 플레이어를 고장 낸 상황 문제 해결

I'm sorry, but there is a problem I need you to resolve. You borrowed an MP3 player from your friend. Unfortunately, you accidently broke it. Contact your friend and describe how it broke and explain the situation. Then suggest two or three solutions to resolve the problem.

도입부	본론	마무리
▶	▶	

Q13　고장 난 기기 관련 경험

That's the end of the situation. Have you ever had some sort of equipment that broke or was not working properly? Provide the background surrounding this situation and describe what happened and how you dealt with the situation.

도입부	본론	마무리
▶	▶	

Q14 5년 간 여행의 변화   **만능답변** 3_p.79

Many people think that travel has changed over the past 5 years. Please tell me about the changes you have noticed while traveling. How are travelers and the travel experience in general affected by these changes you have noticed while traveling?

도입부   본론   마무리

▶   ▶

Q15 최근 여행 관련 걱정과 우려   **만능답변** 3_p.78

When people talk about travel, what are the main issues they are concerned about? What are these concerns? How are they being addressed for the future?

도입부   본론   마무리

▶   ▶

거주, 집에서 보내는 휴가, 공원 가기
조깅 RP(약속) + 음식

문제 영상 보기

사전 설문조사(Background Survey)

1. 현재 귀하는 어느 분야에 종사하고 계십니까?
   - ☐ 일 경험 없음

2. 현재 귀하는 학생이십니까?
   - ☐ 아니오
   - ☐ 수강 등록 후 5년 이상 지남

3. 현재 귀하는 어디에 살고 계십니까?
   - ☐ 개인 주택이나 아파트에 홀로 거주

아래의 4~7번 문항에서 12개 이상을 선택해 주시기 바랍니다.

4. 귀하는 여가 활동으로 주로 무엇을 하십니까? (두 개 이상 선택)
   - ☐ 영화 보기
   - ☐ 공연 보기
   - ☐ 콘서트 보기

5. 귀하의 취미나 관심사는 무엇입니까? (한 개 이상 선택)
   - ☐ 음악 감상하기
   - ☐ 공원 가기

6. 귀하는 주로 어떤 운동을 즐기십니까? (한 개 이상 선택)
   - ☐ 자전거
   - ☐ 조깅
   - ☐ 걷기
   - ☐ 운동을 전혀 하지 않음

7. 당신은 어떤 휴가나 출장을 다녀온 경험이 있습니까? (한 개 이상 선택)
   - ☐ 국내 여행
   - ☐ 해외 여행
   - ☐ 집에서 보내는 휴가

자가 평가

1차:6단계 – 2차:6단계

강쌤의 5초 꿀팁 ⏱

조깅하기 롤플레이 문제는 걷기, 자전거 타기, 하이킹/트레킹에도 활용 가능한 답변입니다. 또한 친구와의 약속으로 출제되는 돌발 주제에서도 친구와 조깅하는 약속을 잡는 상황으로 활용해 답변할 수 있습니다. Self-Assessment 5단계 혹은 6단계를 선택하게 되면 마지막 14번, 15번 유형은 비교/대조 및 최근 이슈에 대한 문제가 출제될 확률이 매우 높습니다. IH, AL을 목표로 하는 수험자라면 반드시 대비가 필요한 유형입니다.

강쌤 총평 듣기

기본 주제 자기소개

Q1 Let's start the interview now. Tell me about yourself.

돌발 주제 음식점

Q2 좋아하는 음식점 만능답변 4_p.41

Can you describe one of your favorite restaurants? What does it look like? What kind of dishes does it serve? Tell me in as much detail as possible.

도입부	본론	마무리
▶	▶	

Q3 최근 음식점 방문 경험 만능답변 4_p.42

Think of a memorable meal that you have had recently. Who were you with? What did you eat? Provide me a detailed description of a recent meal you have had. What makes it so memorable?

도입부	본론	마무리
▶	▶	

Q4 과거와 현재의 음식점 변화 만능답변 4_p.43

Tell me about a restaurant you used to go to when you were a child. What do you remember of that place? How are the restaurants you went to when you were young different from the ones you go to today? How have they changed?

도입부	본론	마무리
▶	▶	

Actual Test 18

Q5 내가 사는 집 **만능답변** 2_p.12

I would like you to talk about where you live. Describe your house to me. What does it look like? Where is it located? How many rooms do you have?

도입부   본론   마무리

▶   ▶

Q6 집에서 발생한 문제 **만능답변** 2_p.23, 24

Some problems often happen at home. Discuss some issues in your home, such as plumbing problems and other problems that have occurred in your home.

도입부   본론   마무리

▶   ▶

Q7 문제 상황과 해결 경험 **만능답변** 2_p.23, 24

Choose one of the problems you mentioned earlier and describe to me everything that occurred. When did this happen and what types of things caused this problem? Then tell me all of the steps that you did in order to solve this issue.

도입부   본론   마무리

▶   ▶

Q8　휴가 중 만나는 사람

You have indicated in your survey that you spend vacation at home. Describe the people you enjoy seeing and spending time with while on vacation.

도입부	본론	마무리

▶　　　　　　　　▶

Q9　최근 집에서 보낸 휴가

I would like to know about the things that you did while on your last vacation spent at home. Provide a detailed description of what you did from the start to end of the day with all the activities you participated in and all of the people you saw that day.

도입부	본론	마무리

▶　　　　　　　　▶

Q10　기억에 남는 집에서 보낸 휴가

Now I would like you to talk about an unexpected, unusual or satisfying experience while on vacation. Explain all the details of that experience. Discuss why it happened and what makes it unforgettable.

도입부	본론	마무리

▶　　　　　　　　▶

Q11 조깅 약속 관련 질문

There is a situation I need you to act out. Let's suppose that a friend of yours has asked you to go for a jog. Ask your friend three or four questions about these plans.

도입부　　　　　　　본론　　　　　　　마무리

▶　　　　　　▶

Q12 약속 취소 상황 문제 해결

I'm sorry, but that there is a problem I need you to resolve. Unfortunately, you just found out that you will be unable to join your friend as planned. Contact your friend and explain the situation and why you will not be able to join him or her and provide two or three alternatives to solve this problem.

도입부　　　　　　　본론　　　　　　　마무리

▶　　　　　　▶

Q13 기억에 남는 조깅 경험　**만능답변** 3_p.55

That's the end of the situation. Have you ever had any jogging experience that stands out? Perhaps it was something unusual, enjoyable or interesting. When and where did it occur? And what makes it especially memorable?

도입부　　　　　　　본론　　　　　　　마무리

▶　　　　　　▶

공원 가기

Q14 아이들과 어른들의 공원 활동 비교

Compare what kids do in the park with what adults do. Lots of facilities in the park can accommodate both children and adults. What are some differences and similarities between them?

도입부   본론   마무리

▶   ▶

Q15 공원 관련 이슈와 문제

Take a moment to discuss some issues about parks today. What are the biggest concerns about parks these days? Discuss the causes of these concerns and describe some steps we are taking to address these issues to protect the parks or those who enjoy them.

도입부   본론   마무리

▶   ▶

자전거, 국내 여행 RP(예약/예매), 음악 감상하기 + 휴일, 은행

문제 영상 보기

사전 설문조사(Background Survey)

1. 현재 귀하는 어느 분야에 종사하고 계십니까?
   - ☐ 일 경험 없음

2. 현재 귀하는 학생이십니까?
   - ☐ 아니오
   - ☐ 수강 등록 후 5년 이상 지남

3. 현재 귀하는 어디에 살고 계십니까?
   - ☐ 개인 주택이나 아파트에 홀로 거주

아래의 4~7번 문항에서 12개 이상을 선택해 주시기 바랍니다.

4. 귀하는 여가 활동으로 주로 무엇을 하십니까? (두 개 이상 선택)
   - ☐ 영화 보기
   - ☐ 공연 보기
   - ☐ 콘서트 보기

5. 귀하의 취미나 관심사는 무엇입니까? (한 개 이상 선택)
   - ☐ 음악 감상하기

6. 귀하는 주로 어떤 운동을 즐기십니까? (한 개 이상 선택)
   - ☐ 자전거
   - ☐ 조깅
   - ☐ 걷기
   - ☐ 수영
   - ☐ 하이킹/트레킹
   - ☐ 운동을 전혀 하지 않음

7. 당신은 어떤 휴가나 출장을 다녀온 경험이 있습니까? (한 개 이상 선택)
   - ☐ 국내 여행
   - ☐ 해외 여행

자가 평가

1차:6단계 - 2차:6단계

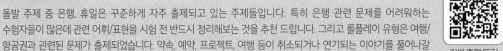

강쌤의 5초 꿀팁 ⏱

돌발 주제 중 은행, 휴일은 꾸준하게 자주 출제되고 있는 주제들입니다. 특히 은행 관련 문제를 어려워하는 수험자들이 많은데 관련 어휘/표현을 시험 전 반드시 정리해보는 것을 추천 드립니다. 그리고 롤플레이 유형은 여행/항공권과 관련된 문제가 출제되었습니다. 약속, 예약, 프로젝트, 여행 등이 취소되거나 연기되는 이야기를 풀어나갈 때 본인이 아프거나 교통체증과 관련된 답변으로 준비하면 활용도가 높습니다.

강쌤 총평 듣기

기본 주제 자기소개

Q1 Let's start the interview now. Tell me about yourself.

돌발 주제 휴일

Q2 우리나라의 휴일 **만능답변** 4_p.75

What kind of holidays do you have in your country? What do people usually do and what kinds of food do they eat for each holiday?

도입부 본론 마무리

▶ ▶

Q3 휴일에 하는 활동 **만능답변** 4_p.76

Choose one of the holidays and discuss what people do to celebrate. Are there particular foods or meals prepared for this holiday? Are there specific events or traditions for this special holiday celebration?

도입부 본론 마무리

▶ ▶

Q4 기억에 남는 어린 시절 휴일 관련 경험 **만능답변** 4_p.76

Talk about special childhood memories related to the holidays. Which holiday was most memorable for you? Was there a special event that was especially memorable? Please provide what happened in as much detail as possible.

도입부 본론 마무리

▶ ▶

Q5   자전거를 타는 일상   만능답변 3_p.49

You indicated in the survey that you like riding a bicycle. How often do you ride a bicycle? Where do you ride it? Tell me everything in detail.

도입부	본론	마무리
▶	▶	

Q6   처음 자전거 타기를 배운 과정   만능답변 3_p.54

How did you first start riding a bicycle? When was the first time you rode a bike and who taught you how to ride it? Has your interest changed since you started biking? How has it changed?

도입부	본론	마무리
▶	▶	

Q7   기억에 남는 자전거 타기 경험

Tell me about a special experience you had while biking. Has anything memorable or special ever happened while you were biking? When was it and what happened? Where were you when this happened? Who were you with? Maybe a time when something funny or unexpected happened or simply a very enjoyable or recent experience. And tell me what happened to make this experience so memorable or enjoyable for you.

도입부	본론	마무리
▶	▶	

Q8   우리나라의 은행

I would like you to tell me about banks in your country. How do the banks look as far as the interior and exterior structures? Where are they typically located? What are their business hours? Do you often go to banks? How are the employees at these banks?

도입부	본론	마무리

▶   ▶

Q9   은행과 은행원의 역할   **만능답변** ??_p.??   **만능답변** 4_p.71

What types of transactions usually take place at a bank? What things do clients do with the employees? What are some responsibilities of employees?

도입부	본론	마무리

▶   ▶

Q10   최근 은행 방문 경험

I would like to know about your last banking experience. When and where did this experience take place? Do you remember specifically what bank you went to? Was the bank staff helpful? And what was your purpose of your visit to the bank in the first place? Discuss everything you experienced during your last visit to the bank.

도입부	본론	마무리

▶   ▶

Q11 여행사에 여행 관련 문의 질문

There is a situation I would like you to act out. Let's suppose that you are planning to go on a trip within your own country. Contact the travel agent and ask three or four questions in order to get the information that you need.

도입부	본론	마무리
▶	▶	

Q12 환불 불가한 항공권 문제 해결

I'm sorry there is a problem I need you to resolve. You have purchased and booked a non-refundable airline ticket. Unfortunately, however, something unexpected has come up and you will not be able to travel the following week. Contact your travel agent, explain the situation, and suggest two or three alternatives to this problem.

도입부	본론	마무리
▶	▶	

Q13 여행 계획 관련 문제 경험　**만능 답변** 5_p.31

That's the end of the situation. Have you ever had any difficulty making plans for a vacation? I would like you to provide the details of this experience and explain what you had to do to resolve the problem.

도입부	본론	마무리
▶	▶	

Q14 두 명의 작곡가 비교   **만능답변** 3_p.40

Compare two different composers or types of music. Explain both of them in as much detail as possible. What are their similarities and differences?

도입부	본론	마무리
▶	▶	

Q15 음악 감상을 위한 최신 기기   **만능답변** 3_p.33

Describe new high-tech electronic gadgets or devices that people who enjoy music are currently interested in. Why do they like to buy some of the new products they are interested in?

도입부	본론	마무리
▶	▶	

음악 감상하기, 영화 보기, 조깅 + 호텔, 가구 RP (구매)

문제 영상 보기

사전 설문조사(Background Survey)

1. 현재 귀하는 어느 분야에 종사하고 계십니까?
   - ☐ 일 경험 없음

2. 현재 귀하는 학생이십니까?
   - ☐ 아니오
   - ☐ 수강 등록 후 5년 이상 지남

3. 현재 귀하는 어디에 살고 계십니까?
   - ☐ 개인 주택이나 아파트에 홀로 거주

아래의 4~7번 문항에서 12개 이상을 선택해 주시기 바랍니다.

4. 귀하는 여가 활동으로 주로 무엇을 하십니까? (두 개 이상 선택)
   - ☐ 영화 보기
   - ☐ 공연 보기
   - ☐ 콘서트 보기

5. 귀하의 취미나 관심사는 무엇입니까? (한 개 이상 선택)
   - ☐ 음악 감상하기

6. 귀하는 주로 어떤 운동을 즐기십니까? (한 개 이상 선택)
   - ☐ 자전거
   - ☐ 조깅
   - ☐ 걷기
   - ☐ 수영
   - ☐ 하이킹/트레킹
   - ☐ 운동을 전혀 하지 않음

7. 당신은 어떤 휴가나 출장을 다녀온 경험이 있습니까? (한 개 이상 선택)
   - ☐ 국내 여행
   - ☐ 해외 여행

자가 평가

1차: 6단계 – 2차: 6단계

강쌤의 5초 꿀팁 ⏱️

거주지와 관련된 문제는 크게 집 내부와 외부, 이웃, 동네 등으로 나뉘어집니다. 또한 거주지 관련 문제가 롤플레이 유형으로 출제된다면 가구 구매 상황으로 출제될 가능성이 높습니다. 특히 고득점 획득을 위해서는 12번으로 출제되는 가구에 생긴 문제 상황을 구체적으로 설명하고 알맞은 해결책을 요구할 수 있는 답변의 논리성을 확보하는 것이 중요합니다.

강쌤 총평 듣기

기본 주제	자기소개

Q1 Let's start the interview now. Tell me about yourself.

돌발 주제	호텔

Q2 우리나라의 호텔 만능답변 4_p.23

I would like to know about hotels in your country. Describe the hotels that you have been to. What are they like? Where are they located? Please tell me about them in detail.

도입부   본론   마무리

▶   ▶

Q3 최근 호텔 방문 만능답변 4_p.24

When was the last time you went to a hotel? Describe your last hotel experience in as much detail as possible.

도입부   본론   마무리

▶   ▶

Q4 기억에 남는 호텔 경험 만능답변 4_p.25

Tell me about the most memorable hotel you have ever stayed at. Why was the hotel special? How did you choose the hotel? What do you remember most about your stay at the hotel? What makes it so memorable?

도입부   본론   마무리

▶   ▶

Q5 좋아하는 작곡가/음악가 **만능답변** 3_p.31

Tell me about your favorite musician or singer. What kind of songs does he or she sing? Why do you like him or her? Describe him or her in as much detail as possible.

도입부   본론   마무리

▶   ▶

Q6 처음 음악을 듣게 된 계기와 취향 변화 **만능답변** 3_p.39

Tell me about the time when you first started listening to music. Why did you like the music and how did it influence you? How has your musical interests changed from childhood until now?

도입부   본론   마무리

▶   ▶

Q7 기억에 남는 라이브 음악 감상 경험 **만능답변** 3_p.37

Do you remember any memorable moments when you listened to live music? Maybe it was at a concert or a live cafe. What was it like? When was it? Where was it? Who did you go with? What happened? What especially made the performance unforgettable or unique?

도입부   본론   마무리

▶   ▶

Q8 좋아하는 영화 장르 | **만능 답변** 3_p.9

You indicated in the survey that you like to go to the movies. What is your favorite genre of movies? Why do you like those types of movies?

도입부	본론	마무리
▶	▶	

Q9 최근 영화 관람

When was the last time you went to see a movie? Did anything happen? What was it? Please tell me about it in detail.

도입부	본론	마무리
▶	▶	

Q10 좋아하는 영화 배우 관련 뉴스

Who is your favorite actor or actress? Describe a particular story about something this person did that you heard about in the news. Begin with some details about the actor or actress and then describe all the details of what occurred. In particular, tell me about the things that made this experience so memorable to people who like movies.

도입부	본론	마무리
▶	▶	

Q11 가구 구입 관련 질문

There is a situation that I would like you to act out. Let's suppose that you want to buy new furniture for your house. Ask a salesperson three or four questions about the furniture you are looking for.

도입부	본론	마무리
▶	▶	

Q12 구입한 가구 문제 해결

I am sorry there is a problem I need you to resolve. You discover a problem with the furniture that you bought. Call the store and explain the problem and provide three or four alternatives to resolve the problem.

도입부	본론	마무리
▶	▶	

Q13 가구에 문제가 있었던 경험

That's the end of the situation. Have you ever had a problem with something you purchased for your house? Talk about what the problem was. How did you solve the problem? Tell me everything about what happened from beginning to end.

도입부	본론	마무리
▶	▶	

Q14 두 가지 운동 비교   만능답변 3_p.62

Please choose one exercise such as swimming or cycling and compare it with jogging. Are there any similarities between the two? What are the differences between them? Please talk about the activities in detail.

도입부	본론	마무리
▶	▶	

Q15 조깅 관련 부상과 조치   만능답변 3_p.64

Is jogging dangerous to joggers in any way? Explain some of the injuries that joggers can sustain. What are some of the steps that can be taken to avoid such injuries?

도입부	본론	마무리
▶	▶	

시원스쿨 LAB

시원스쿨LAB